"十四五"高等职业教育城市轨道交通供配电技术专业系列教材

编审委员会

"十四五"高等职业教育城市轨道交通供配电技术专业系列教材

牵引变电所运行与维护

丁荔芳　丁雄勇◎主　编
袁芦北　熊　智　涂燕萍　李兆祥◎副主编
姜余发◎主　审

中国铁道出版社有限公司
CHINA RAILWAY PUBLISHING HOUSE CO., LTD.

内 容 简 介

本书是根据高等职业学校城市轨道交通供配电技术专业教学标准，遵循职业教育“必需、够用为度”的原则编制的活页式教材。本书强调核心能力培养，注重整体性，删繁就简，突出重点，将学习内容模块化，并全部按照基于工作过程的流程体系组织编写。全书包括牵引供电系统及其电气设备、牵引变电所工作、牵引变电所的二次回路三个模块共17个任务。通过对各任务的学习，读者可学懂弄通牵引变电所的构造、运行原理和维护要求，掌握牵引变电所运行与维护的核心技能。本书内容具有模块化、工作过程化、交互性，以适应新时代技术技能人才培养的需求。

本书适合作为高等职业教育城市轨道交通供配电技术、铁道供电技术、城市轨道交通机电技术专业教材，也可作为相关行业岗位培训教材，还可供相关行业人员参考。

图书在版编目(CIP)数据

牵引变电所运行与维护/丁荔芳，丁雄勇主编．—北京：中国铁道出版社有限公司，2024.8
“十四五”高等职业教育城市轨道交通供配电技术专业系列教材
ISBN 978-7-113-30856-8

Ⅰ.①牵…　Ⅱ.①丁…　②丁…　Ⅲ.①电气化铁道-牵引变电所-运行-高等职业教育-教材②电气化铁道-牵引变电所-维修-高等职业教育-教材　Ⅳ.①U224

中国国家版本馆CIP数据核字(2024)第065572号

书　　名：牵引变电所运行与维护
作　　者：丁荔芳　丁雄勇

策　　划：曹莉群　　**编辑部电话：**(010)83527746
责任编辑：李中宝
编辑助理：张家畅
封面设计：高博越
责任校对：安海燕
责任印制：樊启鹏

出版发行：中国铁道出版社有限公司(100054，北京市西城区右安门西街8号)
网　　址：https://www.tdpress.com/51eds/
印　　刷：北京联兴盛业印刷股份有限公司
版　　次：2024年8月第1版　2024年8月第1次印刷
开　　本：787 mm×1 092 mm　1/16　**印张：**18.25　**字数：**436千
书　　号：ISBN 978-7-113-30856-8
定　　价：75.00元

前　言

轨道交通以电能为牵引动力，给列车供电的接触网（接触轨）电能来源于牵引变电所。 牵引变电所是牵引供电系统的核心，牵引供变电技术是轨道交通的关键技术之一，“牵引变电所运行与维护”也是高等职业院校牵引供电类专业的专业核心课。

目前我国轨道交通的发展如火如荼，供配电方向的微机保护、综合自动化等新技术不断应用，新的高压电气设备不断投入，牵引变电所也已实现了监控自动化、远动化、性能检测及故障诊断的现代化。 但是能够从事牵引变电所运行与维护工作的技能型人才紧缺。 我国正在大力发展职业教育，开设牵引供电类专业的高职院校逐年增加，但现有教材缺少新技术、新设备、新系统的应用和较为复杂的供电专业知识，难以满足新时代技术技能人才培养的需求。

编者按照高等职业学校城市轨道供配电技术专业教学标准的要求，基于对牵引供电系统的理解，通过对多个项目的实际考察，参阅了大量文献和设备厂家的技术资料，充分评估其他教材的优缺点，通过对实际工作深度剖析，按照职业教育的最新理念，融入课程思政，将学习内容模块化，并全部按照基于工作过程的流程体系编写了适用于高等职业教育城市轨道交通供配电技术专业、铁道供电技术专业和城市轨道交通机电技术专业的本教材。 本书强调核心能力培养，注重整体性，力求达到培养高素质技术技能型人才的目标。

本书共设置三个模块：牵引供电系统及其电气设备、牵引变电所工作、牵引变电所的二次回路。 模块一牵引供电系统及其电气设备，介绍牵引变电所系统及其主要电气设备的运行与维护，包括牵引变电系统、牵引变压器、断路器、隔离开关、互感器、防雷及接地装置、无功补偿装置和其他装置的运行与维护；模块二牵引变电所工作，包括电气主接线的认知、常用工具的使用、牵引变电所值班、交接班与巡视、工作票和倒闸作业；模块三牵引变电所的二次回路，介绍二次回路的认知、高压开关的控制回路、牵引变压器的继电保护回路以及牵引变电所检修及事故处理。

本书在以下三个方面实现了创新：

1. 模块化

本书针对职业院校学生的特点编写，按照实际工作所需要的工作过程、技能和知识，分为 17 个模块化任务，循序渐进，实现了“一重一轻”，学习内容简洁持重，学习过程顺畅轻快。 本书摒弃当前已不再使用的设备及知识，简化繁杂的学科知识，尽量深入浅出。

2. 工作过程化

本书从培养技术技能型应用人才的目标出发，按照基于工作过程的流程体系组织编写。 本书以典型工作任务为中心组织课程内容，在典型工作任务中构建工作流程，进行工单化学习，设置了五大工单：学习任务单、资讯单、计划决策单、操作单、在线测试单，学习流程和工作流程相统一，理论与实践相统一，完整构建“五单化”学习。

3. 交互性

本书采用线上线下混合式教学模式，将重要知识技能点视频化，学生可以通过中国铁道出版社教育资源数字化平台（https://www.tdpress.com/51eds）获取学习微视频。以往教师布置、收集、批改作业的任务重、工作量大，本书取消了传统的课后作业练习模式，采用了“在线测试”的作业练习和评价模式，学生可进行多次在线测试，系统会自动批改评分，客观公正，随时随地，不受限制，测试过程可溯源，答案可解析。 此外，教师可发布任务和提问，学生可在线上传成果和答案。

本书的学习目标是让学生学懂弄通牵引变电所的构造、运行原理和维护要求，掌握牵引变电所运行与维护的核心技能。 通过完成 17 项工作任务，学生能掌握有关基础理论知识，提高实际操作能力，在学中做、做中学，知行合一，还可以增强团队协作精神、遵章守纪意识，以及培养安全生产、文明工作的态度。 建议本书教学学时不少于 80 学时，具体分配如下：

建议学时表

模　块	任　务	建议学时
模块一　牵引供电系统及其电气设备	任务 1　认知牵引供电系统	6
	任务 2　牵引变压器的运行与维护	6
	任务 3　断路器的运行与维护	4
	任务 4　隔离开关的运行与维护	4
	任务 5　互感器的运行与维护	6
	任务 6　防雷及接地装置的运行与维护	4
	任务 7　无功补偿装置及熔断器的运行与维护	4
	任务 8　其他装置的运行与维护	4
模块二　牵引变电所工作	任务 9　认知电气主接线	6
	任务 10　使用常用工具	4
	任务 11　牵引变电所值班、交接班与巡视	4
	任务 12　办理工作票	4
	任务 13　倒闸操作	6
模块三　牵引变电所的二次回路	任务 14　认知二次回路	6
	任务 15　认知高压开关的控制回路	4
	任务 16　认知牵引变压器的继电保护回路	4
	任务 17　牵引变电所检修及事故处理	4

本书由丁荔芳、丁雄勇任主编，袁芦北、熊智、涂燕萍、李兆祥任副主编，刘席朋参加编写，姜余发任主审。欢迎大家索取电子教案，可在中国铁道出版社教育资源数字化平台下载，或向编者索取。

本书编写过程中得到了江西交通职业技术学院轨道交通学院和各地铁公司的大力支持和帮助，在此深表谢意。

由于编者水平有限，书中难免有疏漏之处，恳请广大读者提出宝贵意见和建议。

编　者

2023 年 12 月

目 录

模块一 牵引供电系统及其电气设备

任务 1　认知牵引供电系统

引　言

牵引供电系统作为轨道交通运输中关键的组成部分，承担着为列车提供可靠电力的重要任务。本任务旨在介绍牵引供电系统，探讨系统的工作原理、组成结构和设备技术。首先介绍牵引供电系统的组成和功能，为后续的设备运行和维护打下基础；其次详细论述不同的供电制式及其区别，帮助读者了解每种制式的特点和适用范围；然后深入讲解牵引变电所向牵引网供电的方式，包括单边供电、双边供电和越区供电，并解释每种供电方式的原理和适用条件；最后介绍电力系统中性点接地方式的相关知识，以及牵引供电系统中的设备分类和基本要求。通过本任务的学习，能够提高读者对牵引供电系统的认知水平，更好地理解牵引供电系统在轨道交通运输中的作用和重要性，为系统的运行和维护提供理论指导和实践经验。

思维导图

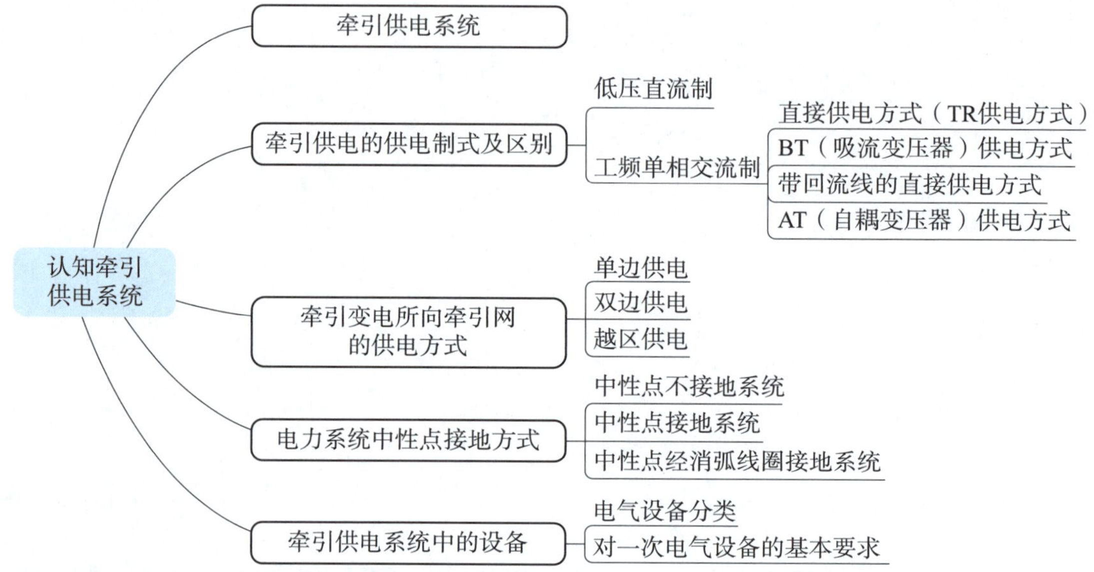

学习任务单

学习任务单见表 1-1。

表 1-1 学习任务单

• 任务描述	• 基于工作过程的学习	• 学习载体
实地参观牵引变电所，进行结构分析，对其组成设备进行实物辨识，结合设备功能和特性，着重理解牵引变电所的作用 • 知识目标 （1）了解轨道交通供电系统的功能 （2）熟悉轨道交通供电系统的要求 （3）掌握牵引供电系统的基本结构和各系统的功能 （4）认识牵引变电所的功能和全貌	资讯：根据资讯单中的资讯问题进行任务导入，学生通过预习、查找信息资料，建立总体印象 计划：与小组成员、老师或师傅讨论牵引供电系统和牵引变电所在轨道交通中的功能和要求 决策：确定工作步骤、所需工具和达成目标 实施：进行行动化学习，发现问题，共同分析，遇到无法解决的问题时请老师或师傅帮助解决 检查：工具准备、生产文件、安全事项 评价：进行点评和专业交流，给出改进建议	（1）电力系统 （2）牵引供电系统，如图 1-1 所示 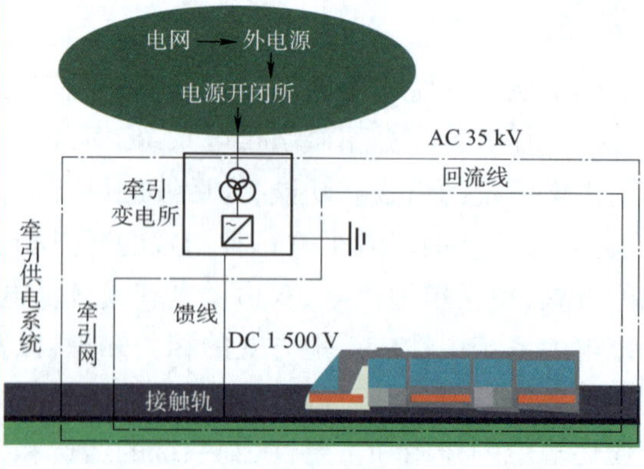 电网 外电源 电源开闭所 AC 35 kV 回流线 牵引变电所 牵引供电系统 牵引网 馈线 DC 1 500 V 接触轨 图 1-1 牵引供电系统

● 职业能力与职业素质	● 行动化学习任务	● 学习载体
(1)能理解电力系统和牵引供电系统的功能和要求 (2)能熟悉并列举牵引供电系统的组成及作用 (3)能熟悉和理解牵引供电的供电方式及区别 (4)能理解电力系统中性点接地方式 (5)熟悉牵引变电所的设备构成 (6)培养团队精神,鼓励协作 (7)培养爱岗敬业精神和吃苦耐劳品质	第一部分:进行牵引供电系统知识的学习 (1)查阅牵引供电规程中有关牵引供电系统的功能和要求 (2)查阅各种资料,熟悉牵引变电系统和牵引变电所的工作原理 (3)列出牵引供电系统的组成 (4)列出牵引变电所的设备组成 (5)查阅牵引变电所在运行中的规定 第二部分:进行牵引变电所的观察和巡视 (6)实施牵引供电系统组成表的填写 (7)完成牵引变电所的观察和巡视 (8)总结要点	(3)牵引供电制式及区别 (4)牵引供电方式 (5)电力系统中性点接地方式 (6)牵引变电所设备组成(见图1-2)和分类 图1-2 牵引变电所

任务资讯

资讯单见表1-2。

表1-2 资讯单

学习任务1	认知牵引供电系统	推荐学时	6
资讯方式	在图书馆、专业杂志、互联网上查询问题;咨询任课教师		
资讯问题	(1)电力牵引负荷有何特点?它对电力系统有哪些不利影响		
	(2)供配电系统由哪几部分组成?各有什么作用		
	(3)供电质量指标主要有哪些?允许的偏差各是多少		
	(4)电力负荷分为几级?各级负荷对供电有什么具体要求		
	(5)牵引供电的供电制式及区别是什么		
	(6)牵引变电所的作用是什么		
	(7)牵引变电所有哪几种		
	(8)牵引变电所的主要设备有哪些?各有什么功能		
	(9)牵引变电所的运行方式是什么		
	(10)电力系统中性点运行方式主要有哪些?各自的应用范围是什么		
	(11)牵引变压器在变电所中的位置及作用是什么?其中的中性点是什么含义		
	(12)一次设备有哪些?各有什么功能		
	(13)二次设备的作用是什么		
	(14)牵引变电所设备常见缺陷有哪些		
	(15)牵引变电所中哪里最容易出现事故		
资讯引导	以上问题可以在本课程的知识链接、《牵引变电所运行检修规程》、“牵引变电所”精品课程网站、专业资料等处查找		

计划决策

计划决策单见表 1-3。

表 1-3　计划决策单

小组协作成员（签字）		
组长：	组员 1：	组员 2：
组员 3：	组员 4：	组员 5：

计划决策		
学习步骤	学习计划	学习策略
第一步		
第二步		
第三步		
请将小组协作成员分工和计划决策内容拍照后，在线发送给授课老师，老师进行指导评价		

【知识延伸】

牵引变电所，被称为给轨道交通输送“血液”（供电）的“心脏”，其重要程度不言而喻。

在京雄城际铁路雄安站南侧，一座低调的牵引变电所隐藏于地下，不知情的路人会以为这里只有绿地景观。为将京雄城际铁路打造成绿色、安全、智能化的铁路，同时满足雄安新区的高标准规划要求，将铁路建设与城市景观融为一体，设计团队将雄安牵引变电所采用全地下下沉广场布置方式，打造了国内铁路第一座全地下牵引变电所。

变电所深埋地下，比地面建筑难度更高、风险更大，不仅要解决可能出现的渗水等问题，对设备检修也提出了更高要求。GFG 桩复合地基、多功能下沉广场、玻璃雨棚、垂直绿化、设备吊装通道……通过一系列措施，设计团队克服了功能布局、结构施工、运维安装、防水排水等诸多困难，硬生生把十几米高的变压器连同储油池一起“塞”进了地下。

知识链接

一、牵引供电系统

为了提高供电的可靠性和经济性，将发电厂的发电机、升压和降压变电站、输配电线路及用电设备有机连接起来的整体，称为电力系统。电力系统主要由发电厂、电力线路（电力网）、变配电所和电能用户四部分组成，对应发电、输电、变配电和用电四大环节。图 1-3 为电气化铁道供电系统和牵引供电系统示意图。

城市轨道交通作为城市电网的一个重要用户，主要有外部供电系统、牵引供电系统和动力照明供电系统三大组成部分。牵引供电系统和动力照明供电系统又称为内部供电系统。外部供电系统是指从发电厂（站）经升压、高压输电网、区域变电站至主降压变电站部分。

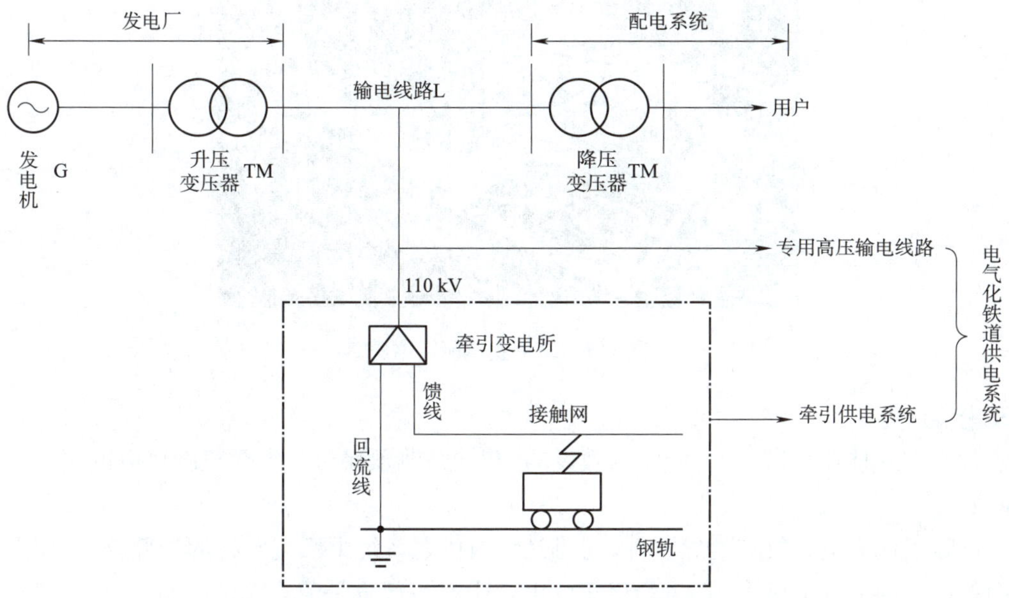

图 1-3 电气化铁道供电系统和牵引供电系统示意图

牵引供电系统由高压输电线、牵引变电所、接触网、分区所、开闭所等组成。

牵引供电回路构成:牵引变电所—馈电线—电力机车—钢轨和大地—回流线—牵引变电所,如图 1-4 所示。

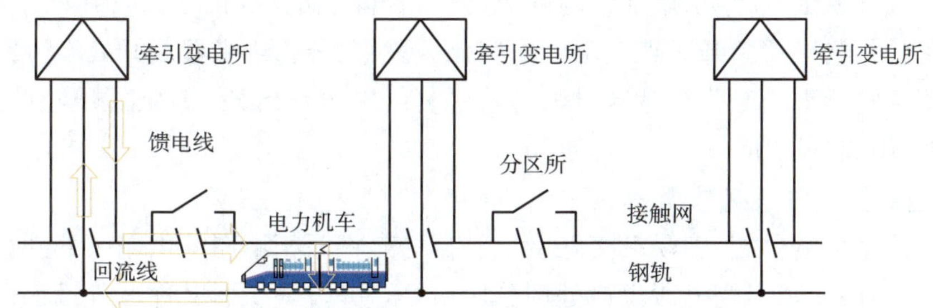

图 1-4 牵引供电回路

1. 牵引变电所

牵引变电所(简称变电所)是交流工频单相电力牵引供电系统的主要环节,它完成变压、变相和向牵引网供电等功能,并实现三相交流一次供电系统与单相电力牵引系统的接口及系统交换。牵引变电所停电后,可由相邻变电所实现越区供电,但牵引网电压水平有所下降。图 1-5 为牵引变电所实物图。

分类:根据牵引主变压器类型的不同,牵引变电所可分为单相牵引变电所、三相牵引变电所和三相-两相牵引变电所三种类型。

2. 馈电线

馈电线是连接牵引变电所和接触网的导线,也称馈线。馈电线一般采用钢芯铝绞线,将变电所的电能输送给接触网。

图 1-5　牵引变电所实物图

3. 接触网

接触网是悬挂在轨道上方,沿轨道敷设的、和铁路轨顶保持一定距离的输电网。

4. 轨道

轨道除了作为电力机车的导轨外,同时是牵引供电系统中回流电路的一部分,作用就是将大地中的电流导入变电所中(在供给机车的电流中有一部分是流入大地的)。

5. 回流线

回流线是牵引供电回路的一部分,是将轨道和牵引变电所主变压器接地相之间连接的导线,通过它将流经电力机车的负荷电流引入变电所中。

6. 分区所

在交流电气化铁道上,为了增加供电的灵活性,提高供电的可靠性,常在两个相邻供电分区的分界处用分相绝缘器断开。若是单线电气化区段,在分相绝缘器断开处设旁路隔离开关,以便实行一侧变电所事故时临时越区供电。若是复线电气化区段,则在断开处设置开关和相应的配电装置,组成分区所。

7. 分相绝缘器和分段绝缘器

分相绝缘器又称电分相,串联在接触网上。目的是将两相不同的供电区分开,并使电力机车光滑过渡,主要用在牵引变电所出口处和分区所处。分段绝缘器又称电分段,分为纵向电分段和横向电分段,前者用于区间接触网上,后者用于站场各条接触网之间。通过其上的隔离开关将有关接触网进行电气连通或断开,能够保证供电的可靠性、灵活性和缩短停电范围等。

8. 开闭所

开闭所设置在电气化铁道的枢纽站场,能送出多路馈电线的装置,如图 1-6 所示。开闭所相当于一个不变压的配电所。

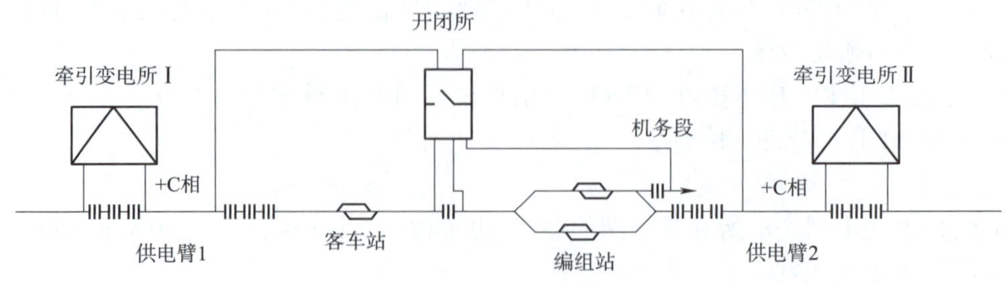

图 1-6　开闭所

二、牵引供电的供电制式及区别

1. 低压直流制

城市轨道交通牵引供电系统普遍为低压直流制，世界各国的城市轨道交通的供电电压都在直流550～1 500 V之间。IEC标准：600 V、750 V和1 500 V。我国国标：750 V、1 500 V。北京和天津地铁采用DC 750 V第三轨供电。上海、广州、南京、深圳和大连采用DC 1 500 V接触网供电。城市轨道交通牵引供电系统为主变电所以后的部分，包括：牵引变电所、馈电线、接触网、走行轨及回流线等，如图1-7所示。

在城市轨道交通牵引供电系统中，电能从牵引变电所经馈电线、接触网送给电动列车，再从电动列车经走行轨、回流线回到牵引变电所。

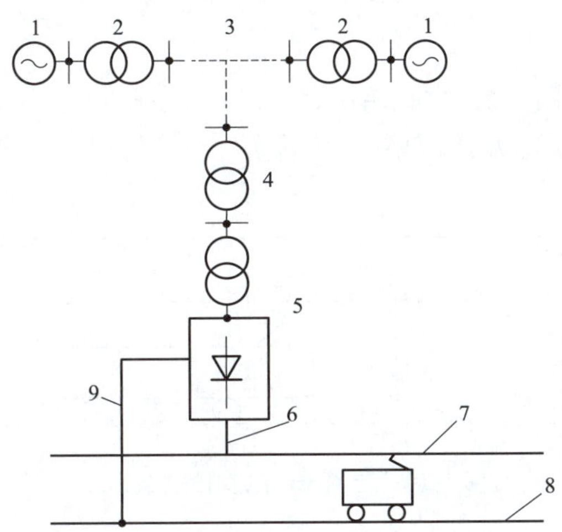

1—发电厂（站）；2—升压变压器；3—电力网；4—主变电所；5—牵引变电所；6—馈电线；7—接触网；8—走行轨；9—回流线。

图1-7 城市轨道交通牵引供电系统示意图

2. 工频单相交流制

我国干线电气化铁路采用供电电压25 kV。牵引变电所将电力系统输电线路的电压从110 kV（或220 kV）降到27.5 kV，经馈电线将电能送至接触网；接触网沿铁路上空架设，电力机车升弓后便可从其上取得电能，用以牵引列车。

目前单相工频25 kV牵引网供电方式主要有：

（1）直接供电方式（TR供电方式），如图1-8所示。

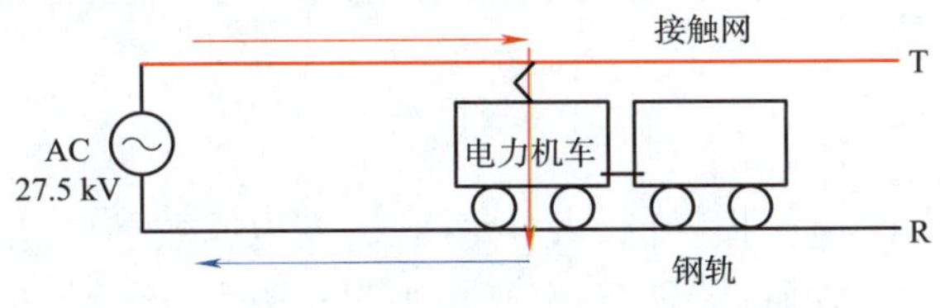

图1-8 直接供电方式

优点:结构简单,投资最省,回路电阻大,供电距离短。

缺点:对通信线路产生较大电磁干扰。

(2)BT(吸流变压器)供电方式,如图 1-9 所示。

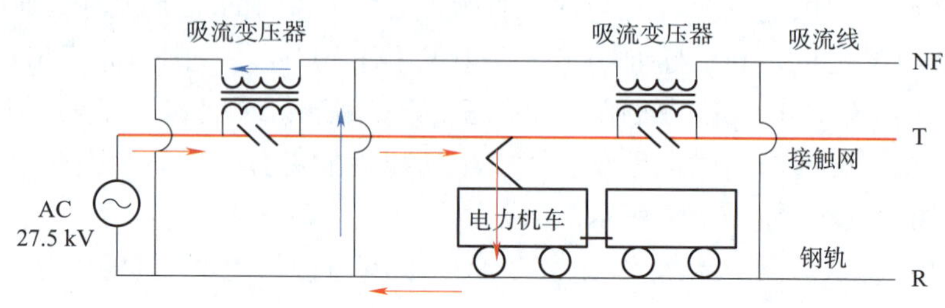

图 1-9　BT 供电方式

优点:对通信线路干扰小。

缺点:投资较大,牵引网阻抗大,能耗较大。

(3)带回流线的直接供电方式,如图 1-10 所示。

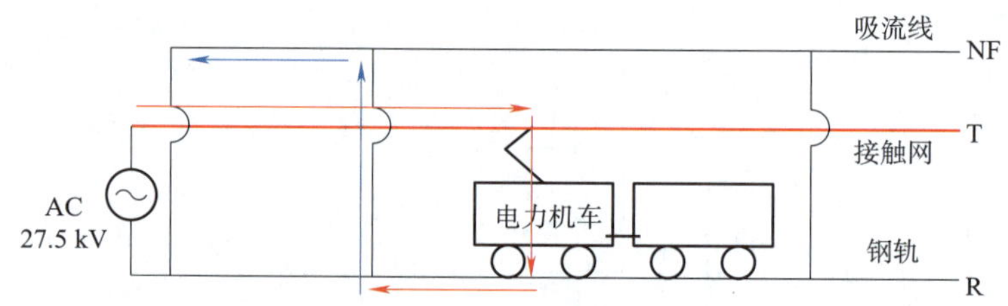

图 1-10　带回流线的直接供电方式

优点:供电回路结构简单、可靠,电气化投资小,电能损失较小。

缺点:对通信线路有一定干扰。

(4)AT(自耦变压器)供电方式,如图 1-11 所示。自耦变压器并联在接触网和正馈线之间,其中性点与钢轨相连;正馈线与接触线同杆架设。

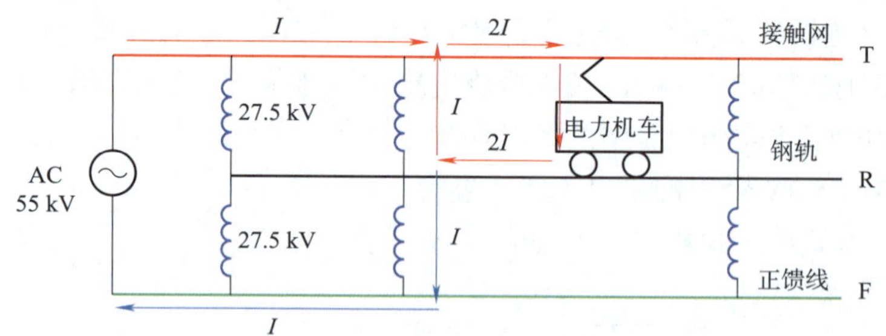

图 1-11　AT 供电方式

优点:牵引网阻抗很小,电能损耗低,供电距离长,变电所数量少,防干扰性好。

缺点:牵引变电所和牵引网比较复杂,电气化工程投资大,运营维护费用高。

三、牵引变电所向牵引网的供电方式

1. 单边供电(见图 1-12)

特点:每个供电分区只能从一端牵引变电所获取电能。

优点:相邻供电臂电气上独立,运行灵活,接触网发生故障时,只影响本供电分区,故障范围小,牵引变电所馈线保护装置较简单。

缺点:电动列车所需牵引电流全部由一边流过牵引网,牵引网电压降和电能损耗较大。

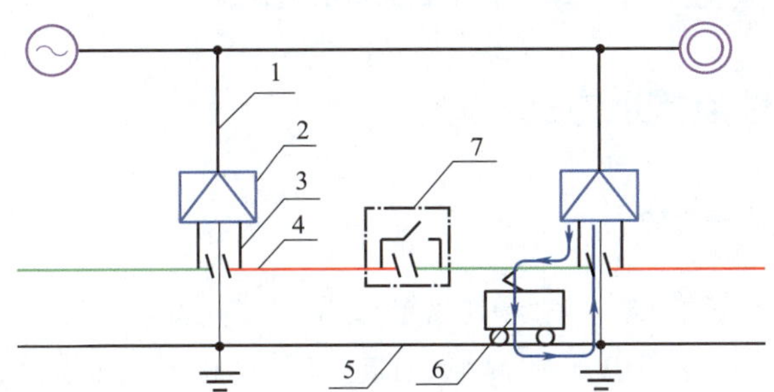

1—输电线;2—牵引变电所;3—馈电线;4—接触线;
5—钢轨;6—电力机车;7—分区所。

图 1-12 单边供电示意图

2. 双边供电(见图 1-13)

特点:由相邻两个牵引变电所同时向其间的接触网供电,在供电臂的末端由分区所连接起来。

优点:可提高接触网电压水平,减少电能损耗。

缺点:馈线及分区亭的保护及开关设备都较复杂,且有故障时,影响范围大。

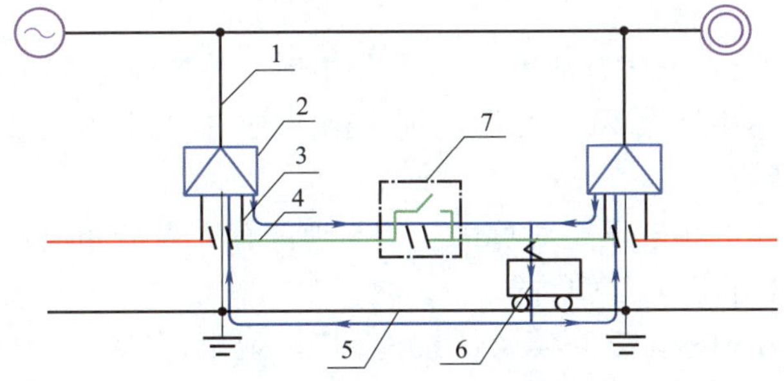

1—输电线;2—牵引变电所;3—馈电线;4—接触线;
5—钢轨;6—电力机车;7—分区所。

图 1-13 双边供电示意图

3. 越区供电(见图 1-14)

应用范围:越区供电增大了该变电所主变压器的负荷,对电气设备安全和供电质量影响较大,因此,只能在较短时间内实行越区供电,是避免中断运输的临时性措施。

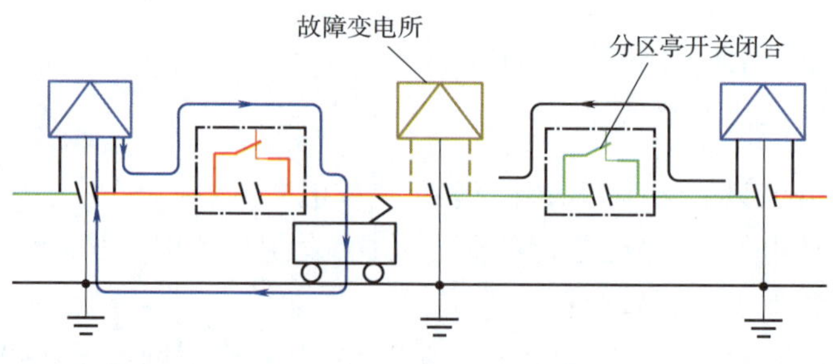

图 1-14　越区供电示意图

四、电力系统中性点接地方式

【思考】 什么是中性点?

电力系统中性点是指三相电力系统中绕组或线圈采用星形连接的电力设备(如发电机、变压器等)各相的连接对称点和电压平衡点,在电力系统正常运行时其对地电位为零或接近于零,如图 1-15 所示。

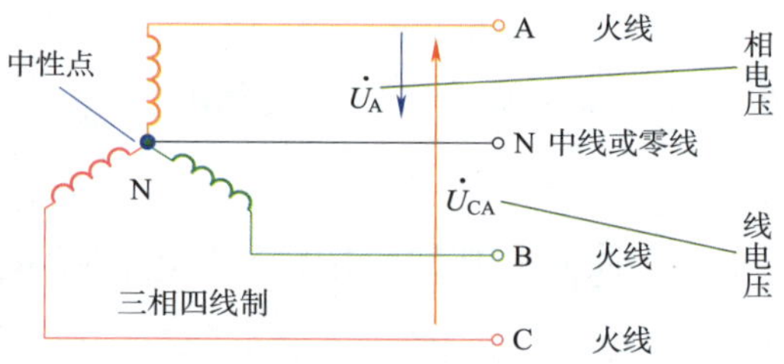

$\dot{U}_A$—A 相的相电压;$\dot{U}_{AC}$—A 相与 C 相间的线电压。

图 1-15　中性点

电力系统中性点的接地方式有两大类:一类是中性点直接接地或经过低阻抗接地,称为大电流接地系统;另一类是中性点不接地或经消弧线圈接地,称为小电流接地系统。

1. 中性点不接地系统

正常运行时,三个相的相电压是对称的。相与地间存在着分布电容,用集中电容 C 来表示。三个相的对地电容电流也是对称的。

单相接地故障时,设 C 相发生金属性接地,其接地电阻为零。中性点不接地系统如图 1-16 所示,发生单相接地短路时,非故障相对地电压值变为$\sqrt{3}$倍,变为线电压。故障相对地电流变为原来对地电容电流的 3 倍。

优点:三个线电压无改变,设备可以正常运行,供电的可靠性与持续性较好。

缺点:非故障相的对地电位上升到线电压,电力设备按线电压考虑绝缘水平。

若发生单相接地故障时,流过接地点的故障电流很小,称该系统为小电流接地系统,简称小电流系统(35 kV 及以下电网)。这种系统发生单相接地时,三相用电设备依然能正常工作,2 h 之内允许暂时继续运行,因此可靠性高;但该系统发生单相接地时,其他两条完好相的对地电压升高到线电压,是正常运行时电压的$\sqrt{3}$倍,因此绝缘要求高,进而增加绝缘费用。

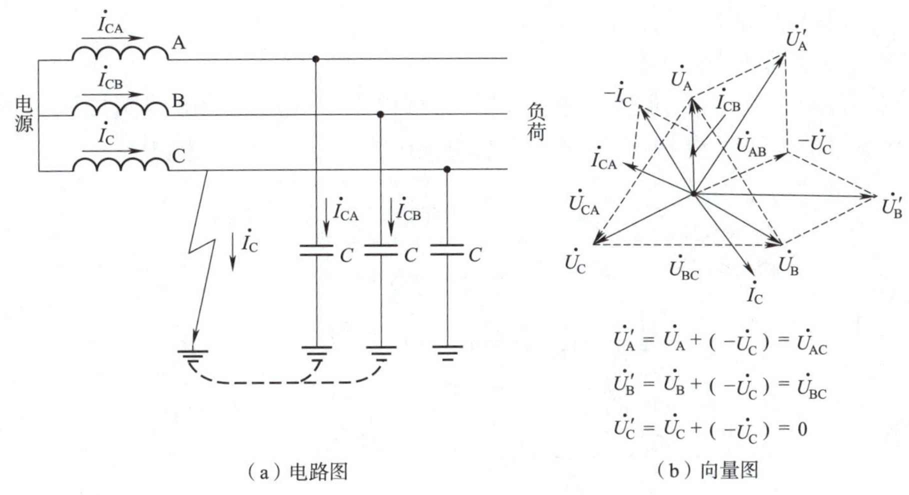

$\dot{U}_A$、$\dot{U}_B$、$\dot{U}_C$—相电压；$\dot{U}'_A$、$\dot{U}'_B$、$\dot{U}'_C$—C 相接地短路的相电压；$\dot{U}_{AB}$、$\dot{U}_{BC}$、$\dot{U}_{CA}$—相间电压；

$\dot{I}_C$—相电流；$\dot{I}_{CA}$、$\dot{I}_{CB}$—相间电流。

图 1-16 中性点不接地系统

2. 中性点接地系统

电力系统中性点接地是一种工作接地，保证电力设备和整个电力系统在正常及故障状态下具有适当的运行条件。

单相接地时，相间电压的对称关系被破坏，但未发生接地故障的另外两个完好相的对地电压不会升高，仍维持相电压，如图 1-17 所示。因此，中性点直接接地系统中的供电设备的相绝缘可以按相电压来考虑即可。

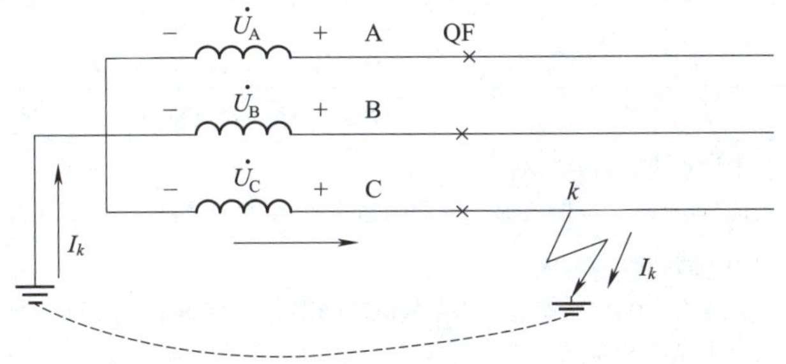

$\dot{U}_A$，$\dot{U}_B$，$\dot{U}_C$—相电压；I_k—短路电流；k—接地故障点；QF—断路器。

图 1-17 中性点接地系统

当发生单相接地故障时，流过接地点的故障电流很大，称该系统为大电流接地系统，简称大电流系统(110 kV 及以上电网)。这种系统发生单相接地时，其他两条完好相的对地电压不升高，因此可降低绝缘费用；但该系统发生单相接地时，短路电流大 I_k，必须迅速由保护装置切除故障部分(QF)，即其供电可靠性较差。

当电压等级变高时，比如对于 110 kV 及以上的系统，系统中高压电器，特别是超高压电器，它们的绝缘问题是影响电器设计制造的关键。电器绝缘要求的降低将直接降低电器的造价，同时还可改善电器的性能。

3. 中性点经消弧线圈接地系统

为了减小接地电流，使其降至允许值范围内，可以用中性点经消弧线圈接地的方法，该系统称为中性点经消弧线圈接地系统，如图 1-18 所示，其中 L 为消弧线圈电感。

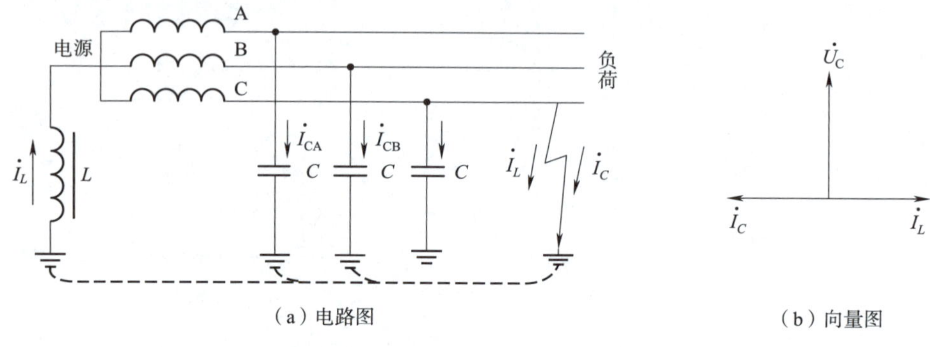

（a）电路图　　（b）向量图

图 1-18　中性点经消弧线圈接地系统

流过接地点的总电流是接地电容电流$\dot{I}_C$与流过消弧线圈电感电流$\dot{I}_L$的相量和。由于$\dot{I}_C$超前$\dot{U}_C$90°，而$\dot{I}_L$滞后$\dot{U}_C$90°，因此两者在接地点互相补偿，可使接地电流小于发生电弧的最小电流，从而消除接地点的电弧。

通常采取的补偿方式有全补偿、过补偿和欠补偿三种（全补偿：$\dot{I}_L=\dot{I}_C$、欠补偿：$\dot{I}_L<\dot{I}_C$、过补偿：$\dot{I}_L>\dot{I}_C$），由于全补偿和欠补偿电路极易产生过电压而损坏设备，所以一般不采用全补偿和欠补偿，而采用过补偿。与中性点不接地运行方式一样，该方式发生单相接地时，各线电压的相互关系与大小维护不变，而非故障相的对地电压上升到线电压。

表 1-4 为各电压等级系统采取的中性点接地方式。

表 1-4　各电压等级系统采取的中性点接地方式

电压等级系统	中性点接地方式及特点
220/380 V 系统	均采用中性点直接接地方式； 单相接地故障时，一般能使保护装置迅速动作，切除故障部分，保障人身安全
3～10 kV 系统	多采用中性点不接地方式； 在线路长或有电缆线路而且单相接地电流越限时，才采用经消弧线圈接地方式； 系统供电可靠性较高
35～66 kV 系统	多采用经消弧线圈接地方式； 可限制过大的单相接地电流
110 kV 及以上系统	多数采用中性点直接接地方式； 系统电压升高，绝缘费用在总投资中所占比重增大，中性点直接接地系统对降低绝缘水平有明显的优势

五、牵引供电系统中的设备

1. 电气设备分类

（1）一次设备，用于完成电能变换、输送、分配等功能的设备，或称为主设备，如高压开关、电力变压器、避雷器等，可以用一句话来理解：接触高电压的电气设备。

一次设备按其在一次电路中的功用又可分为：

①开关设备：用于正常控制主电路通断的设备。

②变换设备：用于变配电系统中改变电压或电流的设备。

③保护设备：用于变配电系统中进行过电流保护、过电压保护或者其他方式保护的设备。

④补偿设备：用于变配电系统中补偿无功功率、提高功率因数的设备。

⑤成套装置和组合电器：根据一次电路的要求，将各种一次设备组合为一个整体的电气装置。

(2)二次设备，用于完成对一次设备的控制、保护、检测和指示功能的设备，如继电保护装置、监视仪表等，也可以用一句话来简单理解：不直接接触高电压的弱电电气设备。

2. 对一次电气设备的基本要求

(1)能长期承受工频最高工作电压，短期承受内部过电压和外部过电压的作用而不被击穿。

(2)能长期承受额定电流、短期过载电流的作用，温升在允许范围之内。

(3)能承受短路电动力效应和热效应的作用而不被损坏。

(4)开关电器的断流能力应符合有关的规定。

(5)供测量和保护用变换电器应符合规定的精度要求。

(6)在规定的使用环境中能承受一定外界条件的影响并安全可靠地运行。

实施过程

操作单见表1-5。

表1-5 操作单

1. 小组成员共同探讨牵引供电系统的组成及作用

序号	组成	作用
(1)		
(2)		
(3)		
(4)		
(5)		
(6)		
(7)		
(8)		
(9)		
(10)		

2. 问题解答

(1)牵引供电的供电制式有几种？分别为什么形式？

自组织精炼回答：

【知识关联】

牵引供电的供电制式及区别。

【知识反哺】

牵引供电系统有两种主要制式:低压直流制和工频单相交流制。低压直流制适用于城市轨道交通,电压范围在550~1 500 V之间,而工频单相交流制适用于干线电气化铁路,供电电压为25 kV。低压直流制包括直流变电所、馈电线、接触网等部分;工频单相交流制有多种供电方式,如直接供电方式、BT供电方式、带回流线的直接供电方式和AT供电方式。这些方式在结构、投资、能耗、供电距离和抗电磁干扰等方面各有优缺点。总的来说,牵引供电系统的制式和方式选择取决于具体的应用场景和需求

(2)牵引变电所的高压电气设备有哪些?各自是什么功能?(列举五种)

自组织精炼回答:

【知识关联】

牵引供电系统中的设备。

【知识反哺】

牵引变电所的高压电气设备包括主变压器、断路器、隔离开关、失电保护装置、电流互感器、电压互感器、电容器、电抗器和避雷器等。主变压器降低电压,断路器切断和恢复电路,隔离开关连接与切断电路,失电保护装置监测失电并采取保护措施,电流互感器和电压互感器测量电流和电压,电容器和电抗器调整功率因数,避雷器保护设备免受雷击和过电压影响。这些设备共同组成了牵引变电所的供电系统,确保供电系统的安全、稳定和高效运行

(3)城市轨道交通牵引变电所的类型有哪些?

自组织精炼回答:

【知识关联】

牵引供电系统。

【知识反哺】

城市轨道交通牵引变电所主要有三相、单相和三相-两相三种类型。①三相牵引变电所:星形连接的变压器原边绕组,副边绕组为三角形连接,一边接轨道、另两边接左右两侧供电分区接触网。②单相牵引变电所:1~2台单相变压器。一台时,副边绕组一端接轨道,另一端同时供给左右两侧供电分区接触网;两台时,原边绕组分别接三相母线中两对不同的母线上,副边按V形接线,公共点接轨道,其余两端分别向分区供电。③三相-两相牵引变电所:T形连接的变压器原边绕组与三相高压母线连接,副边为两相连接,共用端接轨道,另两端分别接供电分区,相位差90°,两供电分区需隔开

(4)电力系统的中性点接地方式有哪些?各有什么特点?

自组织精炼回答:

【知识关联】

电力系统中性点接地方式。

【知识反哺】

电力系统的中性点接地方式主要可分为两种：

①大电流接地系统，即将中性点直接接地。这种系统的优点是，当发生单相接地故障时，可以形成单相接地短路，使线路保护装置迅速动作，断路器跳闸切除故障，可靠性较高。然而，这种系统会产生较大的接地电流，可能损坏设备，因此需要限制接地电流的大小，同时采取相应的安全措施和正确的继电保护配置。

②小电流接地系统，包括中性点不接地系统和中性点经消弧线圈接地系统。中性点不接地系统在发生单相接地故障时，非故障相对地电压会升高到原来的$\sqrt{3}$倍，可能导致设备的绝缘水平要求较高，投资较大。中性点经消弧线圈接地系统可以通过消弧线圈的补偿作用减小接地电流，使系统继续运行。但需要注意的是，如果接地电流过小，可能会产生间歇性电弧而引发过电压，损坏设备绝缘。

电力系统的中性点接地方式需要根据实际情况和运行环境进行选择。大电流接地系统具有较高的可靠性，但需要限制电流接地的大小；小电流接地系统可以减小接地电流，但设备的绝缘水平要求较高

(5)牵引变电所常见缺陷有哪些？

自组织精炼回答：

【知识反哺】

牵引变电所常见的缺陷有：

①制造和工艺问题，包括出线端松动、垫块松动、焊接不良、铁芯绝缘不良、抗短路强度不足以及油箱中留有异物等。

②变压器异常声音，包括声音尖锐、音调高或音量大，可能出现“哇哇”声、间歇性的“锤击”声或“吹风”声。变压器套管脏污或表面釉质脱落或有裂纹存在，会发出“嘶嘶”声。变压器铁芯接地线断裂，会产生劈裂声。

③跌落式熔断器或分接开关接触不良时，会发出“吱吱”的放电声。

④设计或安装不当导致的缺陷，例如不正确的线路布局、不合适的设备规格、不良的维护和保养等。

⑤环境因素导致的缺陷，例如恶劣的气候条件、过高的负载、过低的电压等。

⑥缺乏有效的维护和保养，可能导致设备故障和运行不良等问题。

⑦故意损坏或破坏，例如盗窃、人为破坏等

(6)迷流腐蚀形成的原因是什么？迷流的危害有哪些？如何防护？

自组织精炼回答：

【知识反哺】

迷流腐蚀是直流牵引供电系统的电流泄漏到大地中形成的现象(见图1-19)，由于钢轨与隧道或道床等结构之间的绝缘电阻不是无限大，导致一部分牵引电流泄漏到地下金属管道上，然后经过钢结构和大地流回牵引变电所的负极。这部分泄漏电流由于大地土壤的导电性质及地下金属管道的位置不同，可以分布很广，称为迷流或杂散电流。

迷流的危害主要包括以下几点：

①引起过高的接地电位，使某些含有电气接地装置的设备无法正常运行。

②引起牵引变电所的框架保护动作，进而使得牵引变电所的断路器跳闸，造成大范围停电事故。

③电腐蚀使得地下钢结构的寿命缩短。

为了防止迷流腐蚀，可以采取以下措施：

①回流电路的绝缘距离必须满足设计规定，以防止杂散电流通过大地回流。

②埋地金属管(如水管、电缆等)应与钢轨绝缘,以防止杂散电流通过金属管回流。
③直流牵引供电系统中应设置排流装置,以消除钢轨中的杂散电流。
④直流牵引供电系统可采用不锈钢或其他耐腐蚀材料构成腐蚀回路,以避免腐蚀发生

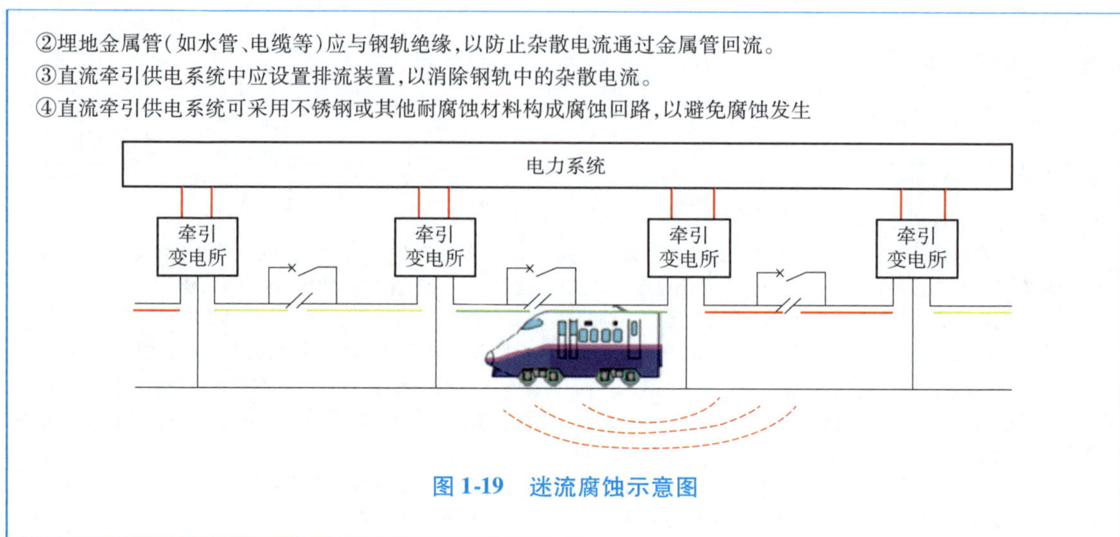

图 1-19　迷流腐蚀示意图

检查评价

在线测试单见表 1-6。

表 1-6　在线测试单

第一步	第二步	第三步
登录学习通 App	在学习通 App 中 找到考试图标并单击	输入考试码:t8571633 开始在线测试

你的得分:________　　评价等级:________(优秀/合格/不合格)

任务小结

本任务介绍了牵引供电系统在轨道交通运输中的重要性和作用,包括系统的组成和功能、不同供电制式、牵引变电所的供电方式、电力系统中性点接地方式、系统设备分类和基本要求。通过本任务的学习,读者可以提高对牵引供电系统的认知水平,为系统的运行和维护提供理论指导和实践经验。

任务 2　牵引变压器的运行与维护

引　言

牵引变压器是牵引变电所的核心,将高压电能转换为低压电能,以供电机驱动列车运行。了解牵引变压器的运行要点和维护方法对确保牵引供电系统的安全和可靠运行至关重要。本任务将介绍牵引变压器的基本工作原理和分类,详细讨论其结构和各个组成部分的功能。将介绍牵引变压器的连接方式,包括单相接线、单相 V/v 接线、三相 V/v 接线、三相 Yd 接线和斯科特接线。还将讨论牵引变压器正常、可靠运行的基本条件和相关规定要求。通过学习掌握牵引变压器的维护方法,包括定期检查外观和电气连接、处理变压器油污染问题、保持绝缘性能和维护冷却系统等,能够延长变压器的使用寿命,减少故障和损坏的风险。

思维导图

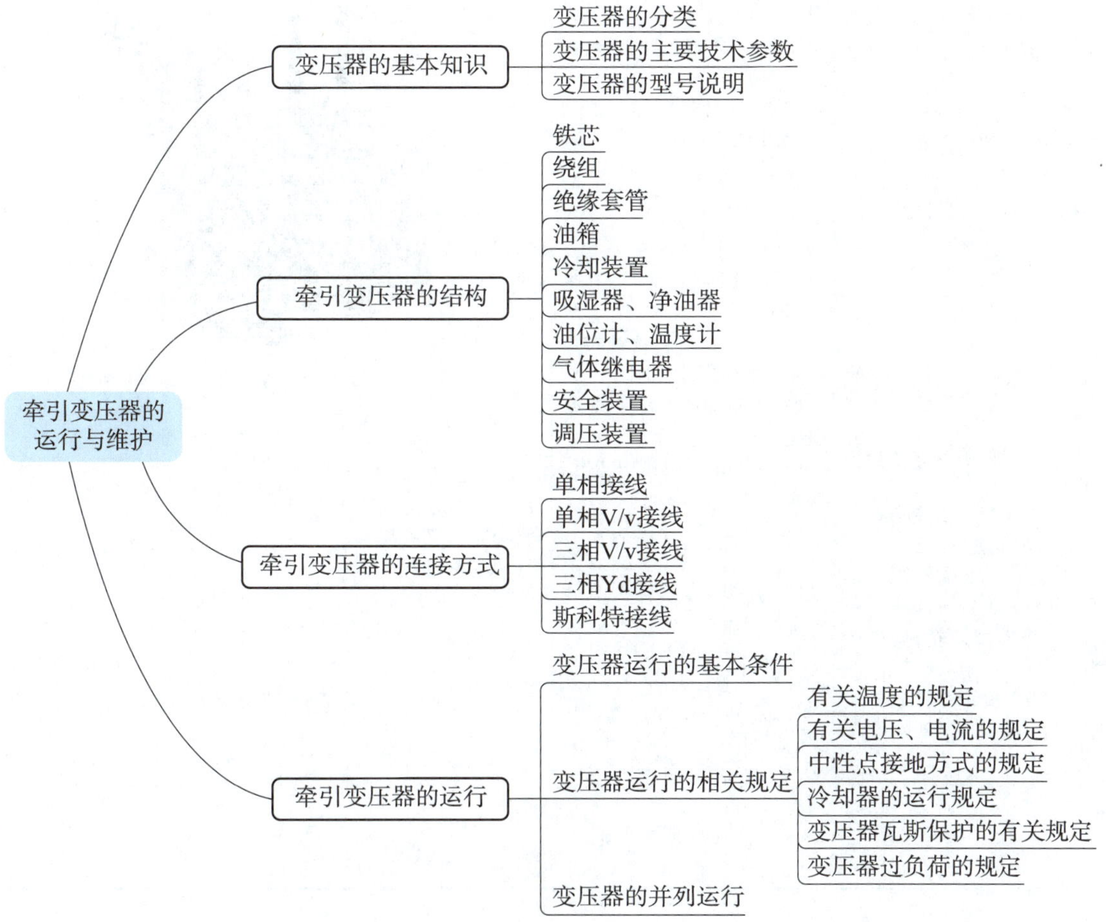

学习任务单

学习任务单见表 2-1。

表 2-1　学习任务单

● 任务描述	● 基于工作过程的学习	● 学习载体
对牵引变压器进行实物辨识、结构分析，结合设备功能及特性，着重理解其作用，能进行运行和维护	资讯：根据资讯单中的资讯问题进行任务导入，学生通过预习、查找信息资料，建立总体印象 计划：与小组成员、老师或师傅讨论牵引变压器在牵引变电所中的作用和影响 决策：确定工作步骤、所需工具和达成目标 实施：进行行动化学习，发现问题，共同分析，遇到无法解决的问题时请老师或师傅帮助解决 检查：工具准备、生产文件、安全事项 评价：进行点评和专业交流，给出改进建议	牵引变压器： （1）结构，如图 2-1 所示 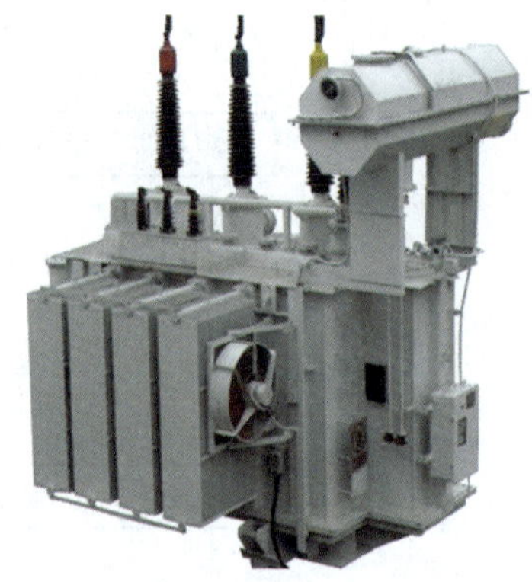 图 2-1　牵引变压器实物图 （2）工作原理 （3）铭牌内容 （4）接线方式 （5）正常巡视内容 （6）特殊巡视内容
● 知识目标		
（1）明确牵引变压器的作用、结构及工作原理 （2）明确牵引变压器运行中的要求 （3）对牵引变压器的日常巡视做出规划，确定所要涉及的内容、仪表、工具等 （4）了解牵引变压器运行中和检修时的注意事项		
● 职业能力与职业素质	● 行动化学习任务	
（1）能读懂牵引变压器的铭牌 （2）能弄清牵引变压器的结构 （3）能进行牵引变压器的正常巡视和特殊巡视 （4）树立高压安全意识，培养遵章守规的行为习惯 （5）培养团队精神，鼓励协作 （6）培养爱岗敬业精神和吃苦耐劳品质	第一部分：进行牵引变压器知识的学习 （1）查阅运行检修规程中有关牵引变压器的要求 （2）查阅各种资料，熟悉牵引变压器的结构 （3）列出牵引变压器结构表 （4）列出牵引变压器巡视表 （5）查阅牵引变压器在运行中的规定 第二部分：进行牵引变压器的日常巡视 （6）完成牵引变压器结构表的填写 （7）完成牵引变压器的巡视 （8）总结安全注意事项	

任务资讯

资讯单见表 2-2。

表 2-2 资讯单

学习任务 2	牵引变压器的运行与维护	推荐学时	6
资讯方式	在图书馆、专业杂志、互联网上查询问题;咨询任课教师		
资讯问题	(1)牵引变压器在变电所中的位置及作用是什么		
	(2)牵引变压器的结构包含哪些内容		
	(3)牵引变压器各部分的作用是什么		
	(4)牵引变压器的日常巡视内容是什么		
	(5)正常情况下牵引变压器在运行时的声音是什么		
	(6)正常情况下如何监测牵引变压器的运行		
	(7)瓦斯继电器安装在什么位置?有何作用		
	(8)如何检查牵引变压器引线的温度		
	(9)如何进行牵引变压器的温度表读数		
	(10)特殊天气时如何对牵引变压器进行巡视		
	(11)在牵引变压器的中性线上为什么要装设电流互感器		
	(12)牵引变压器在运行中有何规定?是否可以并列运行		
	(13)牵引变压器运行中与维护时需要哪些仪表和工具		
	(14)牵引变压器需要进行检修吗?检修周期和内容是什么		
	(15)对牵引变压器进行巡视时有什么安全注意事项		
资讯引导	以上问题可以在本课程的学习信息、《牵引变电所运行检修规程》、“牵引变电所”精品课程网站、专业资料等处查找		

计划决策

计划决策单见表 2-3。

表 2-3 计划决策单

小组协作成员(签字)		
组长:	组员 1:	组员 2:
组员 3:	组员 4:	组员 5:
计划决策		
学习步骤	学习计划	学习策略
第一步		
第二步		
第三步		
请将小组协作成员分工和计划决策内容拍照后,在线发送给授课老师,老师进行指导评价		

【知识延伸】

北京冬奥会冰壶项目比赛场馆扩建工程的“敞开式立体卷铁芯干式变压器”顺利完成送电,这是“侨都十大工匠”获得者梁庆宁和团队研发的产品在举世瞩目的工程舞台上的一次精彩亮相。他和他的团队在几年前就已经研制出了节材、节能、环保的S13新型节能型立体卷铁芯油浸式变压器。而这一次研发的铁芯,它的外形结构跟传统铁芯是完全不一样的,是一个创造性的设计。他们于2004年开始研发,2007年初步完成立体卷铁芯的结构设计,对整个行业来说是一个跨越,包括磁的原理、结构、应用,都发生了一个翻天覆地的变化。完成这样一项艰巨的工程不仅需要自身坚持不懈,还需要一个强大的团队。他的同事说,梁庆宁是个工作特别专注和投入、很爱“较劲”的人,而他认为,这份“劲”就是技术工作上最需要的坚持,他说“因为这份‘劲’,让我更爱接受挑战”。

知识链接

一、变压器的基本知识

【思考】 牵引变压器的作用?

变压器定义:变压器是利用电磁感应原理将某一电压、电流等级的电能转换为相同频率另一电压、电流等级电能的静止电器,因其主要作用是变换电压,故称变压器。变压器工作原理如图2-2所示。变压器变比 $K=\dfrac{N_1}{N_2}=\dfrac{u_1}{u_2}=\dfrac{i_2}{i_1}$

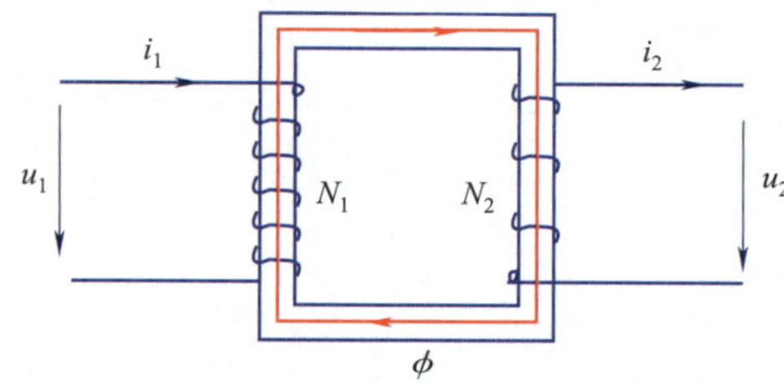

u_1—一次电压;u_2—二次电压;i_1—一次电流;i_2—二次电流;
N_1—一次线圈匝数;N_2—二次线圈匝数;ϕ—主磁通。

图2-2 变压器工作原理

1. 变压器的分类

变压器为了适应不同使用目的和工作条件,其类型很多,结构和使用原理也不尽相同。

(1)电力变压器按绕组材质可分为:铝绕组变压器和铜绕组变压器。

(2)按绝缘介质可分为:液浸式变压器、干式变压器和充气式变压器。

(3)按用途可分为:联络变压器、升压变压器、降压变压器、配电变压器、厂用变压器及站用变压器等。

(4)按绕组耦合方式可分为:独立绕组变压器和自耦变压器。

(5)按绕组数可分为:双绕组变压器、多绕组变压器。

(6)按相数可分为:三相变压器和单相变压器。

(7)按调压方式可分为:无调压变压器、无励磁调压变压器和有载调压变压器。

(8)按调容方式可分为:无励磁调容变压器、有载调容变压器和子母变压器调容。

(9)按冷却方式分为:自冷变压器、风冷变压器、强迫油循环风冷变压器、强迫油循环水冷变压器、强迫导向油循环风冷变压器和强迫导向油循环水冷变压器。

2. 变压器的主要技术参数

(1)额定容量 S_N:变压器在规定的使用条件下,能够保证正常运行的最大载荷视在功率,单位为 kV·A。

(2)额定电压 U_N:变压器长时间运行时,设计条件所规定的电压值(线电压,单位为 kV)。

(3)额定电流 I_N:变压器在额定电压和额定环境温度下各部分温升不超过允许值的长期允许通过电流,单位为 A。

(4)空载损耗 P_0:又称铁损,是指变压器一个绕组加上额定电压,其余绕组开路时,在变压器中消耗的功率。变压器的空载电流很小,它所产生的铜损可忽略不计,所以空载损耗可认为是变压器的铁损。

(5)负载损耗 P_L:又称铜损,指负载电流通过绕组时在电阻上的损耗。

(6)额定温升:变压器绕组或上层油面的温度与变压器外围空气的温度之差。

(7)空载电流 I_0:变压器一次侧施加额定电压,二次侧断开运行,一次绕组通过的电流,通常以额定电流的百分数表示。

3. 变压器的型号说明

变压器铭牌标注型号、额定容量、变换电压、厂家、出厂日期等,便于用户了解变压器的运行性能,如图 2-3 所示。

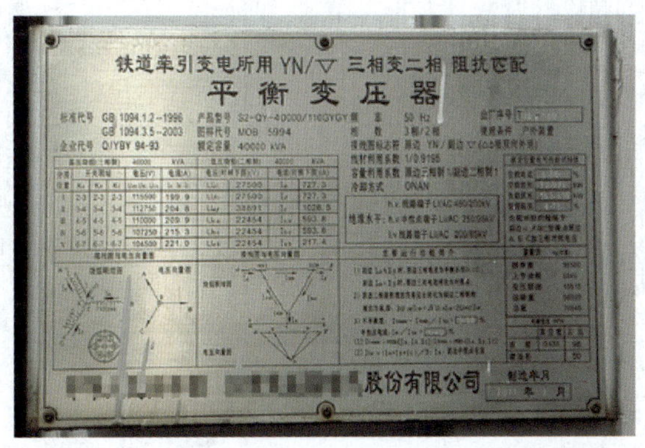

图 2-3 变压器铭牌

变压器型号表示方法为:基本型号 + 设计序号-额定容量(kV·A)/高压侧电压(kV)

其中字母排列顺序及含义为:

(1)绕组耦合方式:O—自耦;不标—独立。

(2)相数:S—三相;D—单相。

(3)绕组外绝缘介质:不标—变压器油;G—空气;Q—气体;C—成型固体浇注式;CR—包绕式;R—难燃液体。

(4)冷却装置种类:不标—自然循环冷却装置;F—风冷却器;S—水冷却器。

(5)油循环方式:不标—自然循环;P—强迫油循环。

(6)绕组数:不标—双绕组;S—三绕组;F—双分裂绕组。

(7)调压方式:不标—无励磁调压;Z—有载调压。

(8)绕组导向材质:不标—铜;B—铜箔;L—铝;LB—铝箔。

(9)铁芯材质:不标—电工钢片;H—非晶合金。

二、牵引变压器的结构

变压器基本结构有:铁芯、绕组(线圈)、油箱和变压器油及其他部分(包括温度计、铭牌、吸湿器、油表、安全气道、气体继电器、高压套管、低压套管、分接开关、放油阀、小车、接地端子),如图 2-4 所示。

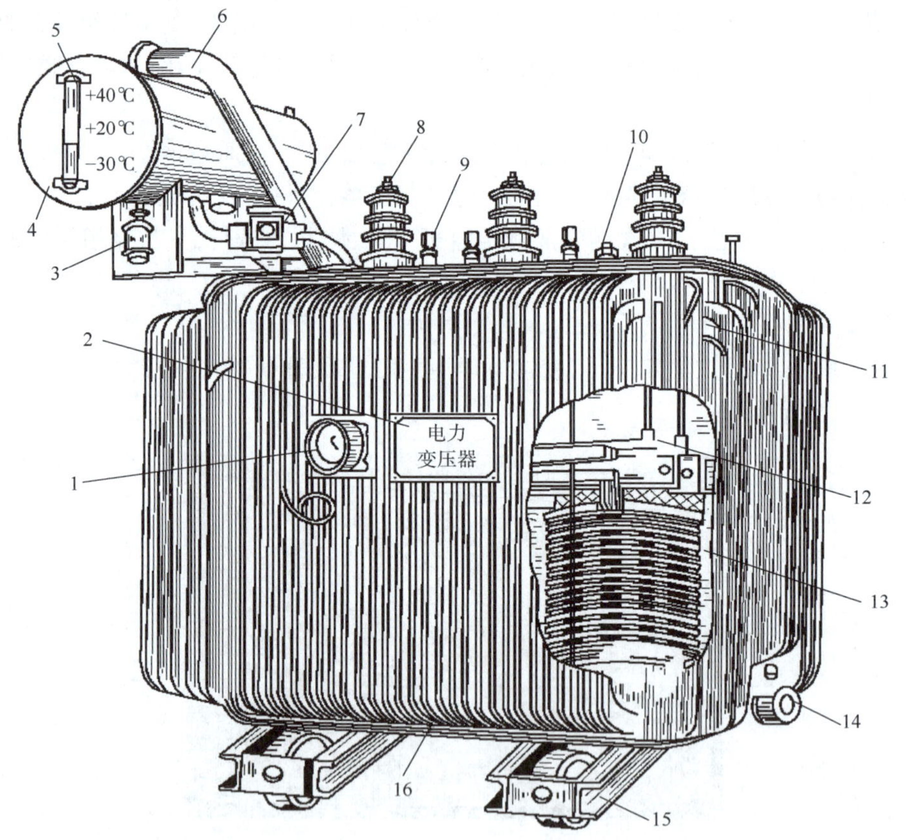

1—信号温度计;2—铭牌;3—呼吸器;4—油枕;5—油标;6—安全气道;7—气体继电器;8—高压套管;9—低压套管;10—分接开关;11—油箱;12—铁芯;13—绕组;14—放油阀;15—小车;16—接地端子。

图 2-4　变压器基本结构

1. 铁芯(见图 2-5)

铁芯是变压器的磁路部分。

组成：铁芯柱（柱上套装绕组）、铁轭（连接铁芯以形成闭合磁路）。

材料：为了减小涡流和磁滞损耗，提高磁路的导磁性，铁芯一般采用0.35 mm厚的涂绝缘漆的硅钢片交错叠成。为了充分利用空间，小型变压器铁芯截面为矩形或方形，大型变压器铁芯截面为阶梯形。

2. 绕组（见图2-5）

材料：绕组一般采用外包绝缘纸的铜线或铝线绕成，要求具有足够的耐压强度、机械强度和良好的冷却条件。

分类：按照高压绕组与低压绕组在铁芯柱上排列方式的不同，绕组可分为同芯式和交叠式两种。

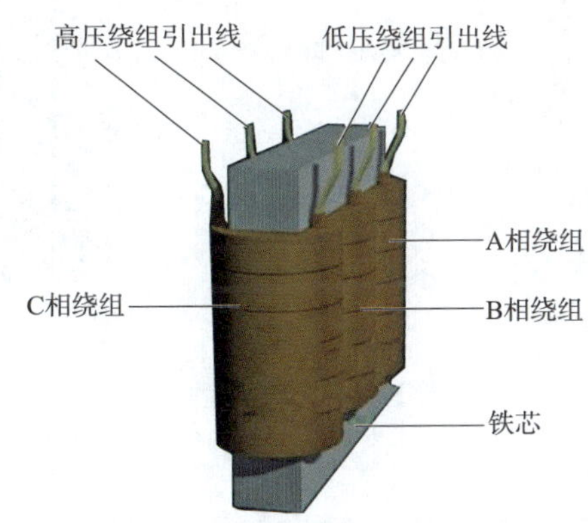

图2-5　铁芯与绕组

3. 绝缘套管

变压器引出线装置主要是绝缘套管，如图2-6所示。绝缘套管的作用主要是把变压器绕组引线引出油箱外，便于与线路进行连接，同时保证相间的绝缘和相对地的绝缘。

4. 油箱（见图2-7）

油箱中变压器油的作用是绝缘和散热，在有载调压油箱中还起灭弧作用。

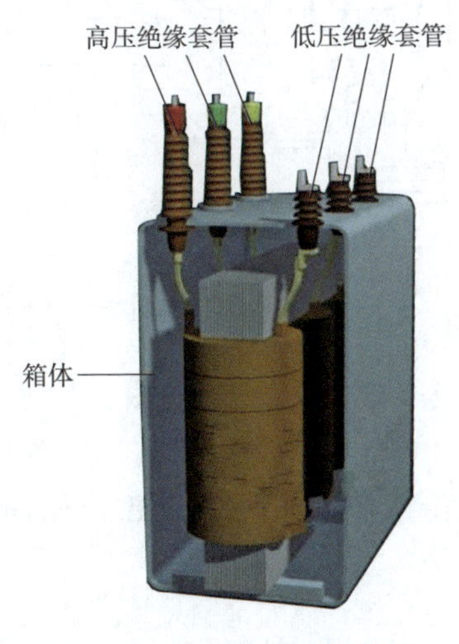

图2-6　变压器的绝缘套管

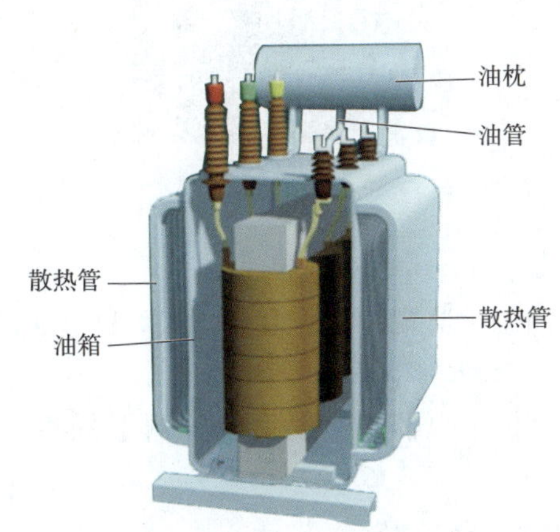

图2-7　变压器的油箱

5. 冷却装置

变压器运行时产生大量的热量，对于小容量(20 kV·A 以下)变压器，平顶油箱散热面已足够。对于容量稍大的变压器，需在油箱上装设圆管形或扁形散热器。较大容量的变压器，则装设专门的冷却装置，如风冷或水冷，如图 2-8 所示。

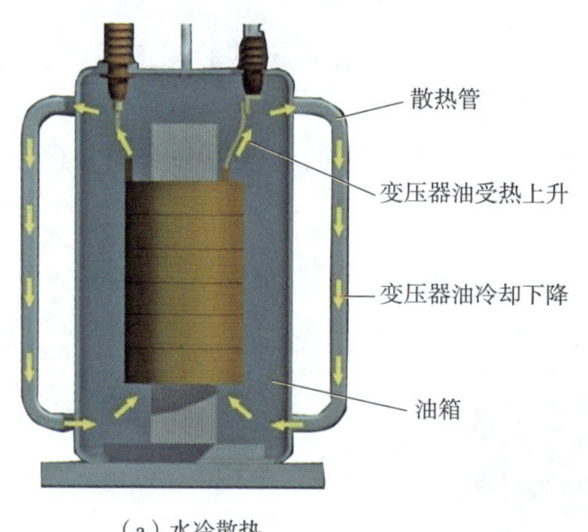

(a) 水冷散热

(b) 风冷散热

图 2-8　变压器散热

6. 吸湿器、净油器

吸湿器吸收空气潮气，如图 2-9 所示。净油器是对运行中的变压器油进行过滤净化，延缓变压器油老化的装置，如图 2-10 所示。

图 2-9　吸湿器

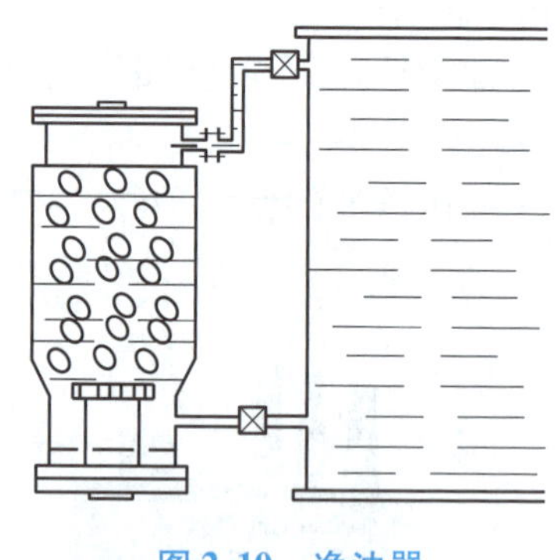

图 2-10　净油器

7. 油位计、温度计

油位计监视油位变化，如图 2-11 所示。温度计检测变压器上层油温，如图 2-12 所示。

8. 气体继电器(见图 2-13)

气体继电器是油浸式变压器上的重要安全保护装置，安装在变压器箱盖与储油柜的连管上。

9. 安全装置

安全装置主要指安全气道(防爆管，如图 2-14 所示)和压力释放器。

图 2-11 油位计

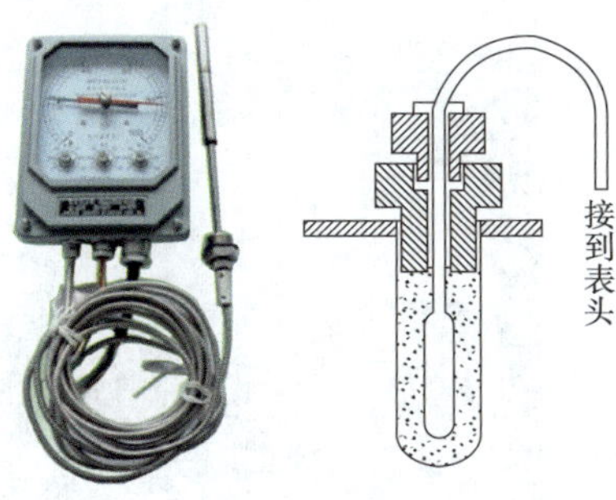

图 2-12 温度计

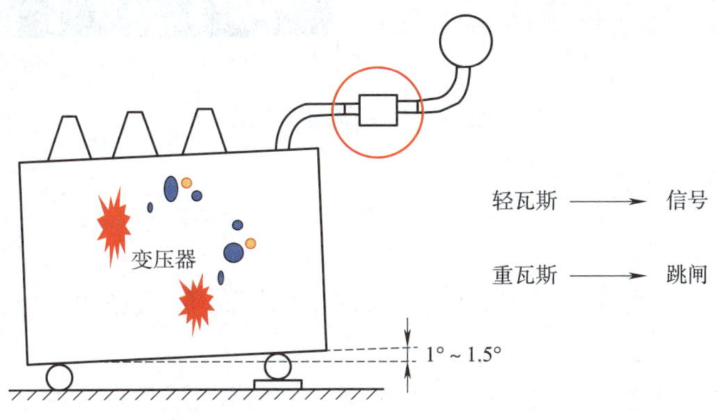

图 2-13 气体继电器

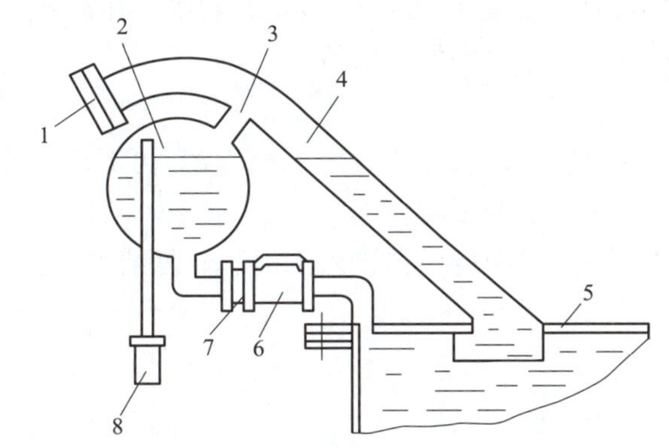

1—防爆膜;2—油枕;3—油枕与安全气道的连通管;4—防爆管;5—箱盖;
6—气体继电器;7—蝶形阀;8—吸湿器。

图 2-14 普通防爆管的结构图

10. 调压装置

调压:改变初级一次线圈匝数,从而改变初级与次级线圈匝数比,从而达到调压效果,改变电压水平。

有载调压:可以在运行中带负荷调压。调压速度快,调整范围大,但结构较复杂,故障率高。有载调压开关如图 2-15 所示。

无载调压:调压时需切断负载还要切断电源。无载调压具有简单、成本低、响应快、稳定性高等优点,但其电源效率低、电源波动大、适用范围有限。

（a）有载调压开关

（b）三相自耦式变压器高压有载调压开关

图 2-15　有载调压开关

三、牵引变压器的连接方式

1. 单相接线(见图 2-16)

优点：变压器容量得到充分利用，且变电所的主接线简单，设备少，占地面积小，投资少。

缺点：

(1)单相负荷在三相系统中造成三相不平衡，虽经换相连接在总体上可减少对三相系统的影响，但在局部的影响是较大的，故只用于电力系统容量较大，地方电网较发达地区。

(2)不能实现双边供电，且牵引变电所中无变电所自用三相电源，所需电源只能从附近电网引入或由劈相机、单相-三相变压器等方式供给。

2. 单相 V/v 接线(见图 2-17)

优点：变压器容量利用率高，可以供给变电所三相电源，可对牵引网实现双边供电。与单相接线比较，负序电流减小，对系统的影响较小。

缺点：当一台变压器故障时，备用变压器投入倒闸作业复杂。

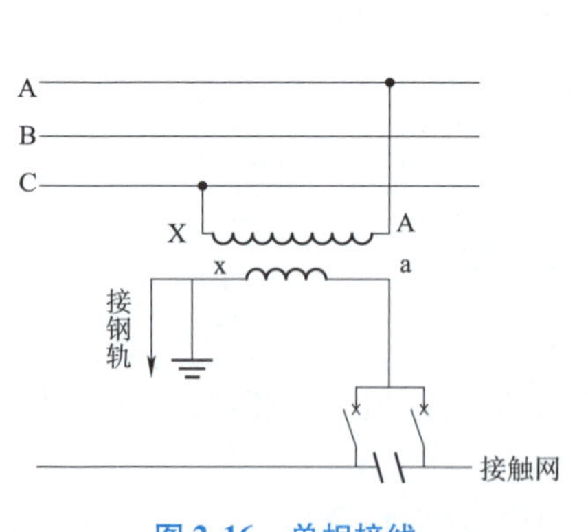

图 2-16　单相接线

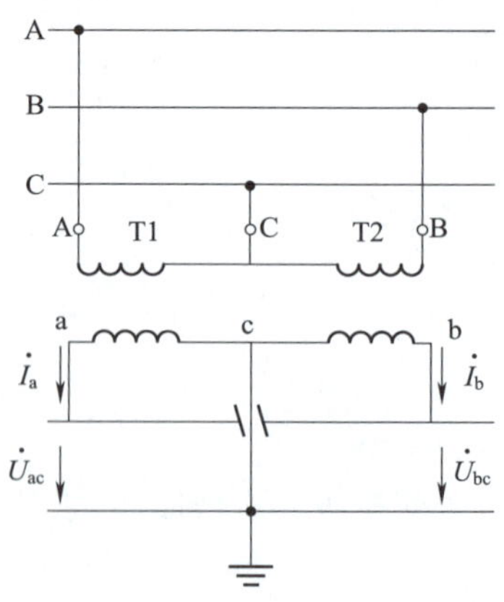

图 2-17　单相 V/v 接线

3. 三相 V/v 接线(见图 2-18)

优点：三相 V/v 接线变压器是在单相 V/v 接线基础上发展起来的新型结构，其在运行电气性能上类似于单相 V/v 接线，但在结构上较单相 V/v 结构紧凑，接线简单方便，易于设立固定备用变压器。

缺点：与单相 V/v 接线一样，当一台变压器故障时，备用变压器投入倒闸作业复杂。

4. 三相 Yd 接线（见图 2-19）

优点：变压器结构简单，原边采用 YN 接线，中性点引出接线方式与电力系统 110 kV 高压电网相适应，原边绕组可采用半绝缘结构，造价降低。三相牵引变电所在我国电气化区段应用最为广泛，所内有三相电源，还可以向地方负荷供电。

缺点：变压器容量不能充分利用，与单相变电所相比，接线较复杂。

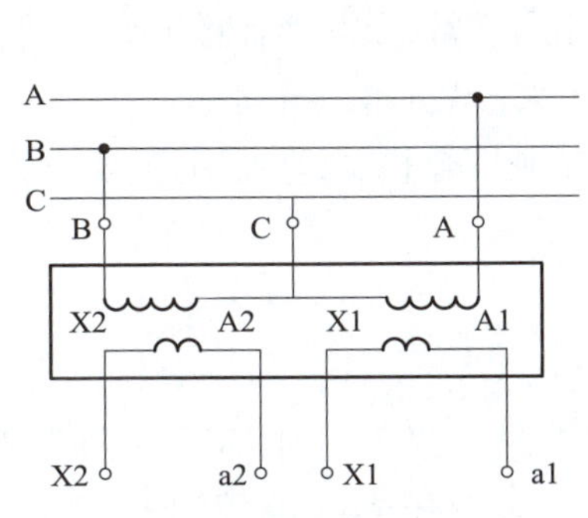

图 2-18　三相 V/v 接线

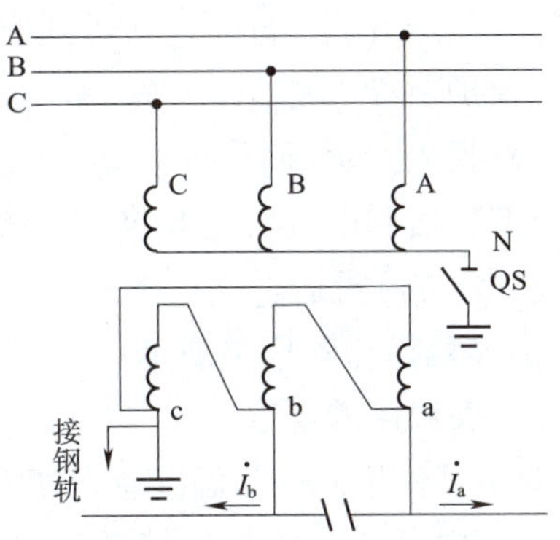

图 2-19　三相 Yd 接线

5. 斯科特接线（见图 2-20）

三相-两相牵引变电所中，一般采用斯科特接线的变压器作为主变压器。

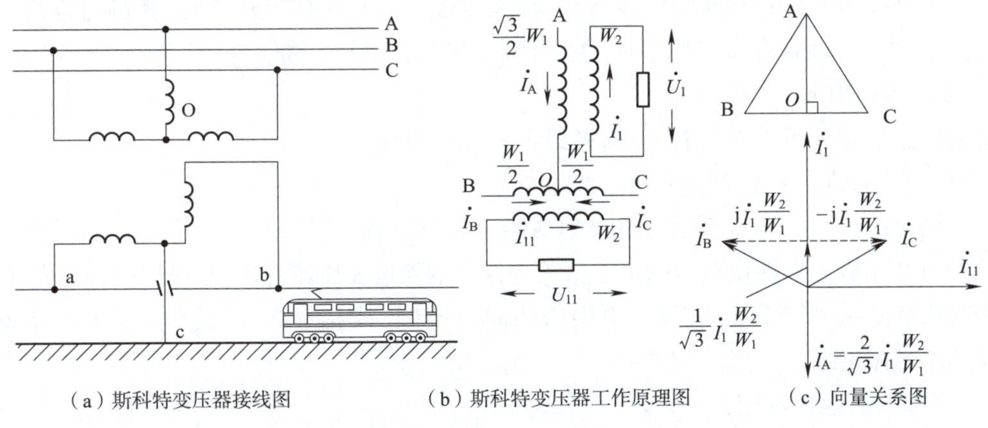

图 2-20　斯科特接线

采用斯科特接线的三相-两相牵引变电所优缺点如下：

优点：将三相对称电压变换成两相对称电压，又将副边两个单相负载变成原边的三相对称负载，大大降低了牵引负荷对系统的负序影响，同时利用逆斯科特接线变压器可以使变电所获得三相对称自用电源。

缺点：变压器制造难度大，绝缘要求全绝缘设计，成本高。

四、牵引变压器的运行

1. 变压器运行的基本条件

(1)变压器本体、内部铁芯及绕组经过检查应正常,所有电气试验结果应符合要求。

(2)冷却器、风扇、潜油泵旋转方向应正确、无杂声,油流继电器动作灵活、指示正常。

(3)调压装置、无励磁分接开关位置符合调度规定挡位,且三相一致。运行挡经复测直流电阻合格;有载调压开关装置远方及就地操作可靠,指示位置正确。

(4)套管无破损,油位指示正确,套管的电气、油化分析试验结果合格。

(5)变压器各放气部位应放尽残留空气,全部紧固件完好、齐全并紧固。

(6)保护装置与测量仪表全部符合要求,储油柜油位指示正常,吸湿器装置正确、呼吸畅通。

(7)新投入运营(简称投运)或大修后变压器的竣工(大修)资料应齐全。

(8)变压器和电抗器送电前必须试验合格,各项检查项目合格,按整定配置要求投入,并经验收合格,方可投运。

2. 变压器运行的相关规定

(1)有关温度的规定:

①变压器使用寿命与温度有密切关系,绝缘温度经常保持在 95 ℃时,使用年限为 20 年。

②运行中设备温度与环境温度高出的数值称为温升。变压器绕组的温升规定不超过 65 ℃,变压器上层油温不宜经常超过 85 ℃。

(2)有关电压、电流的规定:

①变压器的运行电压一般不应高于该运行分接额定电压的 105%,且不得超过系统最高运行电压。

②无励磁调压变压器在额定电压 ±5% 范围内改换分接头位置运行时,其额定容量不变。

③新装、大修、事故检修或换油后的变压器,在施加电压前静止时间不应小于以下规定:110 kV 为 24 h,220 kV 为 48 h。

④变压器三相负荷不平衡时,应监视最大一相的电流。

(3)中性点接地方式的规定:

①自耦变压器的中性点必须直接接地或经小电抗接地。

②110 kV 及以上中性点有效的接地系统中投运或停运变压器的操作,中性点必须先接地。

③变压器高压侧与系统断开时,由中压侧向低压侧(或相反方向)送电,变压器高压侧的中性点必须可靠接地。

(4)冷却器的运行规定:

定期切换冷却器电源及冷却器的运行方式,运行电流达到规定值时,自动投入风扇;当油温降低至 45 ℃,且运行电流降到规定值时,风扇退出运行。

(5)变压器瓦斯保护的有关规定:

①在新装、吊芯、调换气体继电器、更换变压器的散热器或套管后,投运时必须将空气排尽,变压器送电时瓦斯保护只投信号,跳闸连接片必须断开,在带负荷运行 24 h 无异常后投入。

②运行中的变压器进行下述工作时,重瓦斯保护应由跳闸位置改为信号位置运行:带电进行注油和滤油时;进行吸湿器畅通工作或更换硅胶时;除采油样和气体继电器上部放气阀放气

外,在其他所有地方打开放气、放油和走油阀门时;气体继电器二次回路上有工作时。

(6)变压器过负荷的规定:

①正常过负荷一般允许最高不超过额定容量的10%。

②事故过负荷只考虑变压器的冷却方式和当时的环境温度。

③事故过负荷允许过负荷倍数及持续时间参照规定数据执行。

3. 变压器的并联运行

变压器的并联运行是指将两台或以上变压器的一次绕组并联在同一电压的母线上,二次绕组并联在另一电压的母线上运行。

其意义是:当一台变压器发生故障时,并联运行的其他变压器仍可以继续运行,以保证重要用户的用电;或当变压器需要检修时,可以先并联上备用变压器,再将要检修的变压器停电检修,既能保证变压器的计划检修,又能保证不中断供电,提高供电质量。

并联运行变压器必须满足以下条件:

(1)电压比(变比)应相同。

(2)阻抗电压(短路电压)应相等。

(3)联结组别应相同。

除满足以上三个条件外,并联运行的变压器的容量比一般不超过3∶1。

综合来看,变压器的并联运行具有以下优点:(1)增加容量,满足更大负载需求;(2)提高系统的可靠性和稳定性;(3)分摊负荷,延长变压器的使用寿命。然而,变压器的并联运行也有缺点:(1)需要额外的投资和维护成本;(2)系统调节和控制更为复杂。因此,在实际应用中,需根据具体情况来决定是否采用变压器的并联运行。

实施过程

操作单见表2-4。

表2-4 操作单

1. 小组成员共同探讨主变压器的结构和作用。

序号	结构	作用
(1)		
(2)		
(3)		
(4)		
(5)		
(6)		
(7)		
(8)		
(9)		
(10)		

2. 填写主变压器的日常巡视内容

设备名称	看	听	闻	巡视要求

3. 每组选派2人完成牵引变压器的日常巡视对话

4. 问题解答

(1)写出图2-21中油浸式电力变压器各序号对应的组成部分名称,并简述油浸式电力变压器的工作原理。

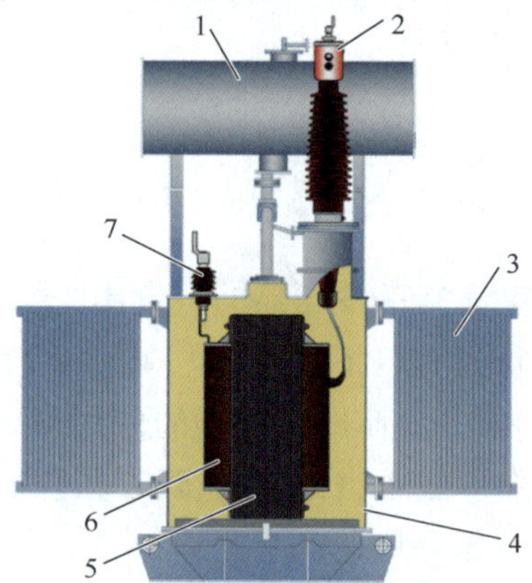

图2-21　油浸式电力变压器

自组织精炼回答:

【知识关联】

变压器的基本知识、牵引变压器的结构。

【知识反哺】

油浸式电力变压器结构主要由以下几部分组成:

铁芯:铁芯是电力变压器的基本磁路,通常由涂有绝缘漆的硅钢片叠合而成。铁芯分为铁芯柱和铁轭两部分,铁芯柱上套有绕组,铁轭将铁芯柱连接起来形成闭合磁路。

绕组:绕组是电力变压器的电路部分,它们套装在铁芯柱上。通常,绕组由纸包铜线或铝线制成,可以是一个或多个绕组。

油箱:油箱是电力变压器的外壳,用来盛装变压器油。油箱内还装有变压器油和各种部件。

变压器油:变压器油是一种高绝缘、非导电、非可燃的液体,用于冷却和绝缘变压器。

分接开关:分接开关是电力变压器的重要部件,用于改变绕组的匝数以调整输出电压。

储油柜:储油柜是用来储存和调节变压器油的装置,它包括油标、吸湿器等部件。

冷却装置：冷却装置用于将变压器产生的热量带走，以保持变压器正常运行。通常冷却装置包括散热器和风扇。

继电器：继电器是一种自动控制电器，用于控制变压器油箱中的温度和压力。

互感器：互感器是将交流电流或电压转换成可供测量的电压或电流的一种设备。

绝缘套管：绝缘套管是将电力变压器的高压端与低压端连接起来的部件，它保证了高电压与低电压之间的绝缘。

油浸式电力变压器的工作原理是基于电磁感应原理。它由一个固定的铁芯和缠绕在铁芯上的两个或多个绕组组成。当一次侧（初级）绕组接通交流电源时，交流电流在铁芯中产生交变磁场，这个磁场会在二次侧（次级）绕组中感应出电动势。由于磁场的耦合作用，二次绕组中将会有交流电流产生。通过调整一次侧和二次侧的匝数比，可以调整电力变压器的工作电压

（2）将备用变压器投入运行前应做哪些检查？

自组织精炼回答：

【知识关联】

牵引变压器的运行。

【知识反哺】

在将备用变压器投入运行前，需要进行以下检查项目，以确保变压器能够安全、稳定地运行：

①油枕、油位、油色应正常，无渗漏油现象。

②绝缘瓷瓶应清洁，无破损裂纹及放电痕迹。

③变压器接地应良好，且接地电阻值必须在允许范围内。

④变压器室、高压配电室的门窗应完好，门锁、警示牌及安全用具应配备齐全。

⑤变压器投入运行前，须确保一次侧和二次侧开关处于断开位置，且操作手柄处于规定位置。

⑥继电保护装置应完好，且整定值符合要求。

⑦变压器投入运行前，必须先进行空载试验，试验时间应在 24 h 以上，且无异常情况出现。

⑧变压器投入运行时，应先合上电源侧断路器，再合上负荷侧断路器，最后合上低压侧断路器。停运时，应先断开低压侧断路器，再断开负荷侧断路器，最后断开电源侧断路器。

（3）变压器在运行中，出现油面过高或有油从油枕中溢出时，应如何处理？

自组织精炼回答：

【知识关联】

牵引变压器的运行、牵引变压器的结构。

【知识反哺】

当变压器在运行中出现油面过高或有油从油枕中溢出时，需遵循安全规程和相关规程，采取以下全面的处理措施：

①检查变压器负荷和温度是否正常，调整负荷或联系供电部门协助处理。

②如果负荷和温度均正常，检查呼吸器和油标管是否堵塞，如果是其所导致的假油面，可以向当值调度员报告情况，并等待其同意后，将重瓦斯保护装置改接为信号模式，使用适当的工具疏通呼吸器或油标管，以降低油面。

③如果环境温度过高导致油枕溢油，需要采取放油处理。在放油前，需要确保变压器已经停止运行，并将其置于备用状态。然后打开油枕的放油阀，缓慢排放油液。观察排放的油液是否正常，如果有异常情况需要及时处理。排放后，关闭放油阀，并进行常规检查和维修。

④当溢油现象严重导致缺油时，应立即停用变压器。在停用前，应确保变压器已经脱离电网，并且要将重瓦斯保护改接信号或停用。

⑤如果变压器过负荷、负荷急剧变化和系统短路等情况，调整负荷或采取其他措施，加强监视并及时汇报上级主管部门。变压器过负荷，会产生沉重的"嗡嗡声"；变压器负荷急剧变化，会产生较重的"哇哇"或"咯咯"的突发间歇声；变压器发生系统短路，会产生很大的噪声。

⑥如果变压器内部故障放电打火，会发出"哧哧"或"劈啪"的放电声，立即停运变压器，通知专业人员进行检查和维修。

⑦如果外部气候引起的放电情况，比如套管处有蓝色的电晕或火花发出，说明瓷件污秽严重或设备线卡接触不良，应加强监视并待机停电处理

检查评价

在线测试单见表 2-5。

表 2-5　在线测试单

第一步	第二步	第三步
登录学习通 App	在学习通 App 中 找到考试图标并单击	输入考试码:t3841708 开始在线测试

你的得分:________　　评价等级:________(优秀/合格/不合格)

任务小结

首先，本任务介绍了牵引变压器的基本工作原理和作用。其次，详细讨论了牵引变压器的结构和各个组成部分的功能，以及不同的连接方式。然后，重点关注了牵引变压器的运行条件和规定要求，以确保其正常运行和可靠性。最后，强调了牵引变压器的维护方法，它可以提高安全性、保证牵引效率、延长变压器使用寿命、降低维修成本、保障列车正常运行。

任务3　断路器的运行与维护

引　言

断路器是电力系统中的关键设备,可在电路发生故障时切断电流,保护电力设备和人身安全。本任务将介绍断路器的基本知识,包括其作用、组成、分类、型号和技术参数;详细讨论断路器的基本原理,并分析常用的 SF_6 断路器和真空断路器特点和操作方法。通过本任务的学习,掌握断路器的操作方法和安全措施,确保断路器的正常、可靠运行,确保牵引供电系统的安全运行。

思维导图

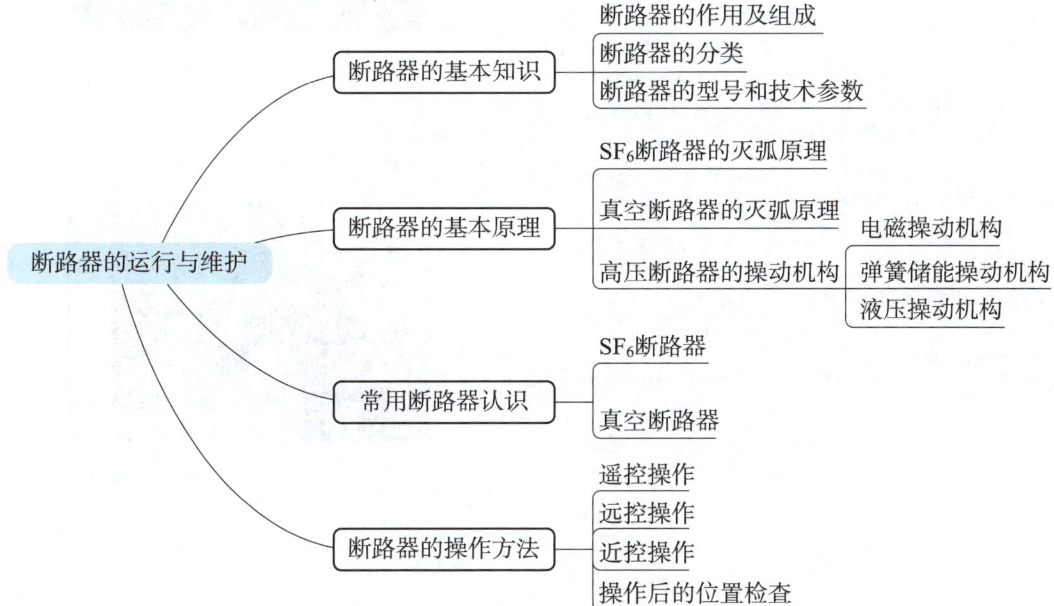

学习任务单

学习任务单见表3-1。

表3-1　学习任务单

● 任务描述	● 基于工作过程的学习	● 学习载体
对牵引变电所的断路器进行实物辨识、结构分析,结合设备功能及特性,着重理解其作用,能进行运行和维护	资讯:根据资讯单中的资讯问题进行任务导入,学生通过预习、查找信息资料,建立总体印象 计划:与小组成员、老师或师傅讨论断路器在牵引变电所中的作用和影响 决策:确定工作步骤、所需工具和达成目标	断路器: (1)结构,如图3-1所示
● 知识目标		
(1)明确断路器的作用、结构及工作原理		

<table>
<tr><td>● 知识目标</td><td>● 基于工作过程的学习</td><td>● 学习载体</td></tr>
<tr><td>（2）明确断路器运行中的要求
（3）对断路器的日常巡视做出规划，确定所要涉及的内容、仪表、工具等
（4）了解断路器运行中和检修时的注意事项</td><td>实施：进行行动化学习，发现问题，共同分析，遇到无法解决的问题时请老师或师傅帮助解决
检查：工具准备、生产文件、安全事项
评价：进行点评和专业交流，给出改进建议</td><td rowspan="3">
图 3-1　断路器结构
（2）灭弧原理
（3）铭牌内容
（4）操动机构，如图 3-2 所示

图 3-2　断路器的操动机构
（5）正常巡视内容
（6）特殊巡视内容</td></tr>
<tr><td>● 职业能力与职业素质</td><td>● 行动化学习任务</td></tr>
<tr><td>（1）能读懂断路器的铭牌
（2）能弄清断路器的结构
（3）能进行牵引变电所断路器的正常巡视和特殊巡视
（4）树立高压安全意识，培养遵章守规的行为习惯
（5）培养团队精神，鼓励协作
（6）培养爱岗敬业精神和吃苦耐劳品质</td><td>第一部分：进行断路器知识的学习
（1）查阅运行检修规程中有关断路器的要求
（2）查阅各种资料，熟悉断路器的结构和操动机构
（3）列出 SF_6 断路器的结构表
（4）列出真空断路器的结构表
（5）列出高压断路器的巡视表
第二部分：进行断路器日常巡视
（6）完成 SF_6 断路器结构表的填写
（7）完成真空断路器结构表的填写
（8）完成 SF_6 断路器的巡视
（9）完成真空断路器的巡视
（10）总结安全注意事项</td></tr>
</table>

任务资讯

资讯单见表 3-2。

表 3-2　资讯单

<table>
<tr><td>学习任务 3</td><td>断路器的运行与维护</td><td>推荐学时</td><td>4</td></tr>
<tr><td>资讯方式</td><td colspan="3">在图书馆、专业杂志、互联网上查询问题；咨询任课教师</td></tr>
<tr><td rowspan="6">资讯问题</td><td colspan="3">（1）断路器在牵引变电所中的作用是什么</td></tr>
<tr><td colspan="3">（2）断路器分布在牵引变电所中哪些地方</td></tr>
<tr><td colspan="3">（3）断路器的基本组成是什么？断路器有哪几种类型</td></tr>
<tr><td colspan="3">（4）SF_6 断路器由哪些部件组成</td></tr>
<tr><td colspan="3">（5）真空断路器的灭弧原理是什么</td></tr>
<tr><td colspan="3">（6）断路器的操动机构有哪几种？各有何特点</td></tr>
</table>

学习任务 3	断路器的运行与维护	推荐学时	4
资讯问题	(7)断路器的铭牌有哪些内容		
	(8)正常情况下如何监测断路器的运行		
	(9)SF_6断路器的日常巡视内容是什么		
	(10)真空断路器的日常巡视内容是什么		
	(11)断路器设备的旁边有端子箱吗		
	(12)断路器在运行中有何规定？在什么地方进行操作		
	(13)断路器运行中与维护时需要哪些仪表和工具		
	(14)断路器需要进行检修吗？检修周期和内容是什么		
	(15)对断路器进行巡视时有什么安全注意事项		
资讯引导	以上问题可以在本课程的学习信息、《牵引变电所运行检修规程》、“牵引变电所”精品课程网站、专业资料等处查找		

计划决策

计划决策单见表 3-3。

表 3-3　计划决策单

小组协作成员(签字)			
组长：		组员 1：	组员 2：
组员 3：		组员 4：	组员 5：
计划决策			
学习步骤	学习计划		学习策略
第一步			
第二步			
第三步			
请将小组协作成员分工和计划决策内容拍照后，在线发送给授课老师，老师进行指导评价			

【知识延伸】

毕业于郑州铁道职业技术学院铁道供电专业的孙宏杰刻苦钻研，技艺精湛，恪守“保电”职责。在武汉地铁供电重大技术改造工作中，他勇挑重担、敢于担当。2016 年，他带领团队提前一个月高质高效成功完成武汉地铁 1 号线一期 10 kV 保护装置和电力监控系统改造项目。2018 年，孙宏杰再次迎难而上，负责武汉地铁 1 号线一期 750 V 直流牵引供电系统改造。2019 年 ~2021 年，孙宏杰勇挑改造重任，自主完成 1 号线 400 V 框架断路器及 PLC 改造。在任务重、工期紧、接口多、施工现场改造设备与运营设备交叉运行的恶劣形势下，他提出“四次倒接法”工作方法，建立六类十六项台账，首创“十部动态环”工作方法，实施动态过程管控，大幅提高工作效率。改造项目实现“零失误、零隐患、零事故”，提前一个月完成项目主体工程，创造国内同类型设备改造时间最短的奇迹。有同事说，他就是金庸武侠小说中的“扫地僧”——看似不起眼，实则身负绝世武功。目前，他已享受国务院特殊津贴，获全国技术能手、湖北工匠等荣誉，他领办的工作室获评国家级技能大师工作室。

知识链接

一、断路器的基本知识

高压断路器又叫高压开关，是指额定电压在 1 kV 以上，主要用于开断和关合导电回路的电器（低压断路器用于 380/220 V 供电系统中，本书不做介绍）。

1. 断路器的作用及组成

高压断路器是高压电器设备中的重要设备，是一次系统中控制和保护电路的关键设备，如图 3-3 所示。断路器在电路中的图形符号如图 3-3（c）所示，文字符号用 QF 表示。

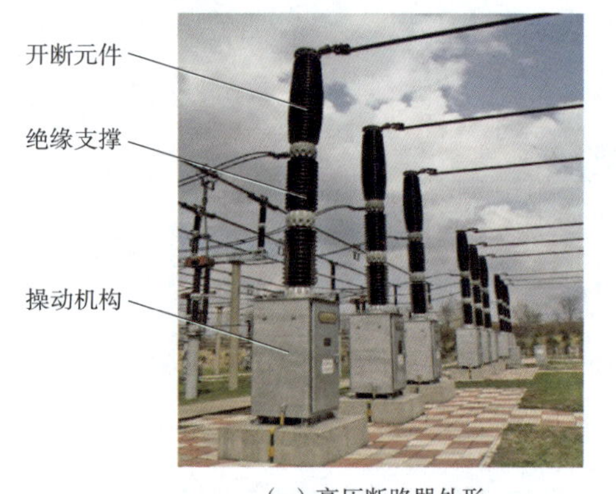

（a）高压断路器外形

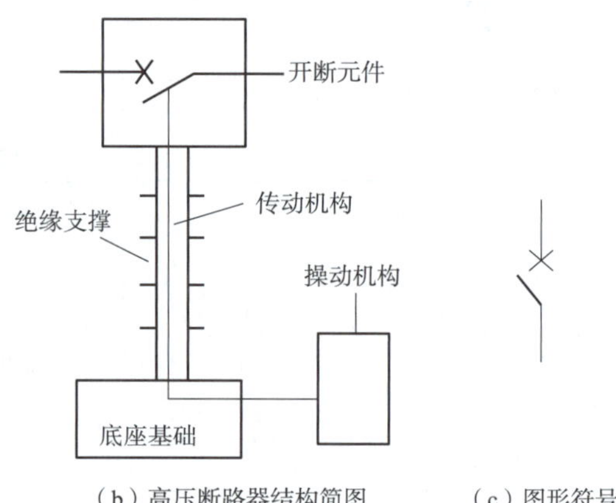

（b）高压断路器结构简图　　（c）图形符号

图 3-3　断路器

作用：断路器在正常运行时，用来接通或断开电路的负荷电流；当系统故障时，在继电保护装置的作用下，用来迅速断开短路电流，切除故障电路，以保障系统中非故障部分的正常运行；与自动装置配合，能完成自动重合闸任务，提高供电可靠性。

断路器的类型很多，但其结构总体来说，主要由开断元件、绝缘支撑、传动机构、操动机构和底座基础五部分组成。

（1）开断元件：开断元件是断路器的核心元件，包括触头、导电杆及灭弧室等。

（2）绝缘支撑：指绝缘支柱绝缘子，它主要起对地绝缘及其支撑的作用。

（3）传动机构：主要由连杆、绝缘杆、绝缘拐臂等组成，可将断路器的操作动力传输到导电杆及触头处，使断路器能进行分合闸。

（4）操动机构：指能提供给断路器分合闸操作动力的装置。它有很多种类型，如电磁式、弹簧储能式、液压式、气动式等。

（5）底座基础：指断路器安装在地面上或墙面上的构架基础。

2. 断路器的分类

(1)按灭弧介质分类

断路器可分为:油断路器、压缩空气断路器、SF_6 断路器、真空断路器。

油断路器和压缩空气断路器缺陷较多,随着技术的发展,逐渐被 SF_6 断路器和真空断路器所替代。

(2)按照操作能源形式分

断路器可分为:手动机构 CS、电磁机构 CD、弹簧机构 CT、液压机构 CY、气动机构 CQ。

(3)按安装地点分类

断路器可分为:户外断路器、户内断路器。

3. 断路器的型号和技术参数

断路器铭牌上的型号如图 3-4 所示。

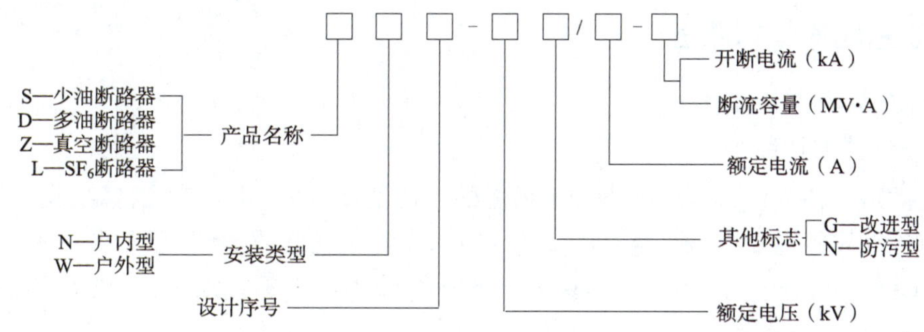

(a)铭牌表示的含义

(b)铭牌实物图

图 3-4 断路器铭牌上的型号

(1)额定电压 U_N。额定电压是指高压断路器长期正常工作的电压,一般指线电压。

(2)最高工作电压。考虑输电线路有电压降,线路供电端母线额定电压高于受电端母线额定电压,这样断路器可能在高于额定电压下长期工作。

(3)额定电流 I_N。额定电流是指高压断路器在标准环境温度下,可以长期通过的、发热不超过允许值的最大负荷电流。其大小与断路器触头和导电部分截面密切相关。

(4)额定开断电流 I_{NK}。额定开断电流是指在额定电压下,高压断路器能够可靠开断的最大电流,它表明了断路器的开断能力。

(5)额定断流容量 S_{NK}。额定断流容量是一个综合参数,由于断路器的开断能力与开断电流和额定电压有关,所以它表示断路器的开断能力。

(6)热稳定电流。热稳定电流是指高压断路器在规定时间内所允许通过的最大电流。断路器的额定热稳定电流等于额定开断电流。额定热稳定电流的持续时间为 2 s,需要大于 2 s 时,推荐 4 s。

(7)分闸时间。分闸时间是指在额定操作电压或压力下,从断路器接到分闸命令瞬间起到各相触头电弧完全熄灭为止的时间间隔。

(8)合闸时间。合闸时间是指在额定电压或压力下,从断路器合闸线圈通电开始至各相触头刚接触瞬间为止的时间间隔。

(9)自动重合闸无电流间隔时间。自动重合闸无电流间隔时间是指断路器第一次分闸、三相电弧完全熄灭起,至重合闸成功线路重新出现电流为止的时间间隔。

二、断路器的基本原理

1. SF_6 断路器的灭弧原理

(1)SF_6 气体的特性

SF_6 气体是一种无色、无臭、无毒和不可燃的人造惰性气体,化学性能稳定,具有优良的灭弧性能。SF_6 气体的绝缘性能是空气的 2.5 ~ 3 倍,不会老化变质。SF_6 气体是一种重气体,密度约为空气的 5 倍,分子质量大,容易液化,因此 SF_6 使用压力不宜太高,一般都应在 1.5 MPa 以下。

(2)SF_6 气体的灭弧特性

SF_6 气体是一种最好的电负性气体,能很快地吸附自由电子而结合成带负电的离子,又容易与正离子复合成中性粒子,去游离能力强。

SF_6 气体的分解温度比空气的分解温度低,而所需要的分解能高。因此,SF_6 气体分子分解时吸收的能量多,对弧柱的冷却作用强。

SF_6 气体中电弧的熄灭原理主要是利用 SF_6 气体特异的热化学性能和强电负性等特性,因而使 SF_6 气体具有强的灭弧能力。

(3)SF_6 断路器灭弧原理

SF_6 断路器常采用单压气吹式原理灭弧,即在单一气压的 SF_6 气体中,采用与触头并联的活塞装置,在分断的过程中,在喷口处形成气流,吹熄电弧。吹弧后 SF_6 气体不能排向大气,即 SF_6 气体必须处于一封闭的系统中。其灭弧原理如图 3-5 所示。

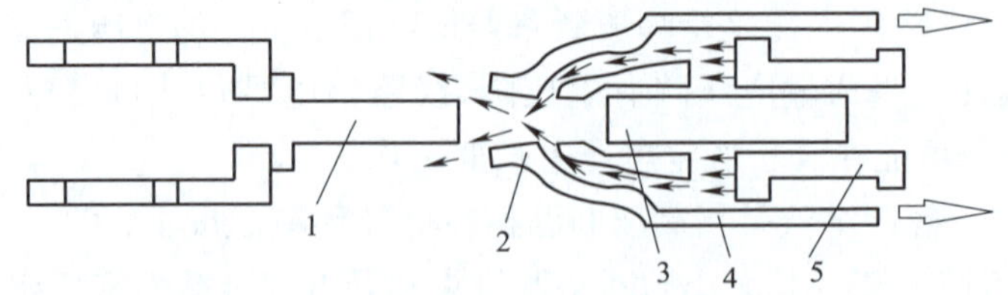

1—静触头;2—绝缘喷口;3—动触头;4—压气缸;5—活塞。

图 3-5　SF_6 断路器灭弧原理

2. 真空断路器的灭弧原理

如图 3-6 是真空断路器的结构图，主要由开断装置、绝缘支撑、传动机构、基座及操动机构五部分组成。

灭弧原理：真空电弧的熄灭是基于利用高真空介质的绝缘强度和在这种稀薄气体中电弧生成物（带电粒子和金属蒸气）具有很高的扩散速度，因而使电弧电流过零后，触头间隙的介质强度能很快恢复的原理实现的。

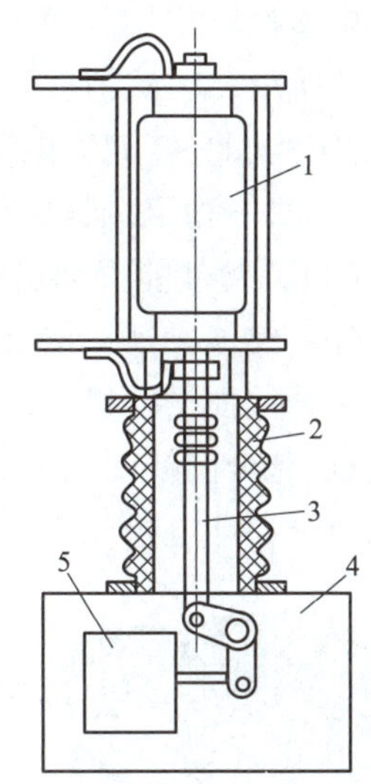

1—开断装置；2—绝缘支撑；
3—传动机构；4—基座；
5—操动机构。

图 3-6　真空断路器的结构图

3. 高压断路器的操动机构

高压断路器的工作可靠性和操动机构有很大的关系，或者说操动机构的可靠性也是非常重要的。操动机构也叫操作机构，是高压断路器的重要组成部分。操动机构是带动高压开关传动机构进行合闸与分闸的机构。由操动机构带动传动机构，开关触头可闭合或断开电路。操动机构的动作是依靠外界能源达到的，这个动力源可以是弹簧的势能，也可以是电磁铁的磁场能，也可以是压缩的空气能，还可以是液压能等等。操作机构由储能单元控制单元和力传递单元组成。

合闸操作：在正常情况下和有短路故障时，操动机构都能使断路器可靠合闸。

保持合闸：在合闸命令和合闸操作力消失后，操动机构应可靠地将断路器保持在合闸位置，不会因外力等原因引起触头分离。

分闸操作：不仅能接受自动或遥控指令使断路器快速电动分闸，而且在紧急情况下可在操动机构上进行手动分闸。分合闸都应具有快速性。

防跳跃和自由脱扣：在分合过程中，如电路发生故障，操动机构应使断路器自行分闸，即使合闸命令未解除，断路器也不能再度合闸，以避免无谓地多次分合故障电流。

跳跃现象是指断路器在关合有永久短路故障的线路时，继电保护装置会快速动作，命令操动机构立即自动分闸。这时若合闸命令尚未解除，断路器会在故障线路上再次合闸，即会造成断路器产生多次分合短路电流。

断路器防跳跃的方法：增加延时器、使用熔断器、调整过载保护参数、定期维护和检修以及进行系统改进。这些措施能够延迟断路器的动作时间、提供瞬态故障保护、优化断路器的过载保护参数、确保正常运行和灵敏度，并减少过电流和瞬态故障的发生。

自由脱扣是指操动机构在合闸过程中接到分闸命令时，机构将不再执行合闸命令而立即分闸，这样就避免了跳跃。

复位：断路器分闸后，操动机构的各个部件应能自动恢复到准备合闸的位置。

闭锁：为保证断路器操作的安全可靠，操动机构还需具备的闭锁功能。其类型有分、合闸位置闭锁，高、低气压（液压）闭锁，弹簧储能操动机构中合闸弹簧的位置闭锁。

高压断路器的操动机构按动力源类型来分一般有四种：电磁操动机构、弹簧储能操动机构、液压操动机构、永磁操动机构。

每种操动机构都要满足下列条件：①具有足够的合闸功率；②有可靠的分闸装置和足够的

分闸速度；③要保证分、合动作准确、连续，即分后准备合、合后准备分；④应能实现"防跳跃"；⑤结构简单、体积小、价格低廉。

（1）电磁操动机构

电磁操动机构是通过短时接通线圈电源，将电磁能转变为机械能作为合闸及分闸动力，如图 3-7 所示。因此，其机构为直接作用式机构，合闸线圈所需电流很大，达到几十安甚至几百安，跳闸线圈只需几安电流。一般所需电流均为直流，由于电磁操动机构能量受操作电源电压影响较大，不稳定，通电时间过长易烧坏线圈，因此基本被弹簧储能操动机构所替代。

（2）弹簧储能操动机构

弹簧储能操动机构组成：一般由储能系统、电磁系统和机械系统组成。

弹簧储能操动机构是目前比较常用的机构，如图 3-8 所示，其合闸、分闸都通过弹簧来提供能量，分合闸线圈只是提供能量来拔出弹簧的定位卡销，所以分合闸电流一般都不大，弹簧储能通过储能电机压紧弹簧储能，如图 3-9 所示。

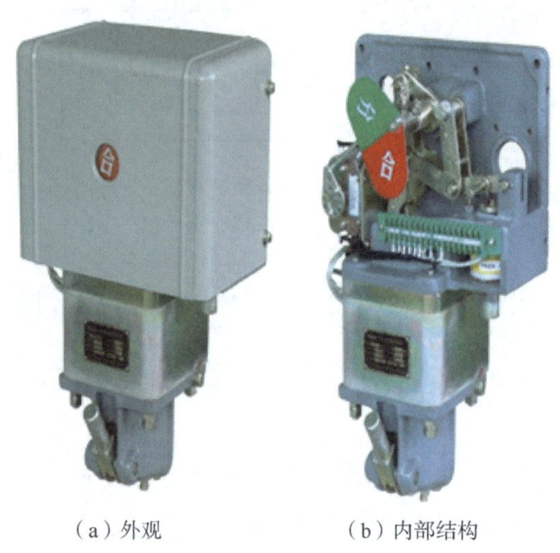

（a）外观　　（b）内部结构

图 3-7　电磁操动机构

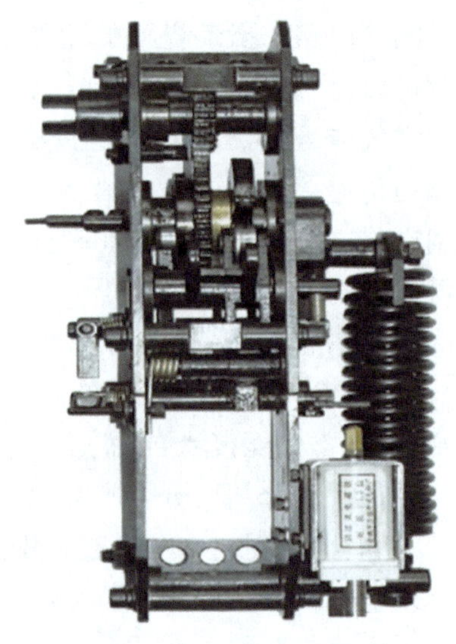

图 3-8　弹簧储能操动机构

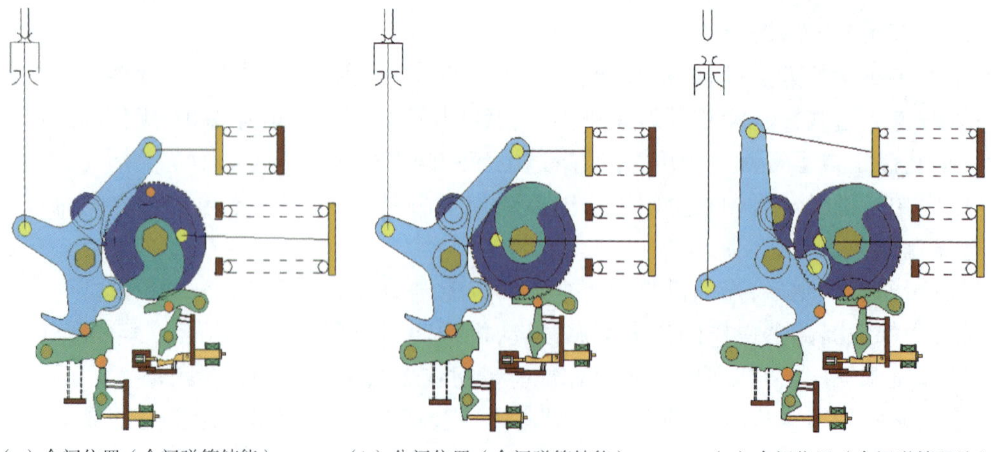

（a）合闸位置（合闸弹簧储能）　　（b）分闸位置（合闸弹簧储能）　　（c）合闸位置（合闸弹簧释放）

图 3-9　弹簧储能操动机构工作原理

优点：电源容量小、交直流电源都可以、暂时失去电源时仍可以操作一次。

缺点：结构复杂、零部件加工精度要求高、传动环节多。

(3)液压操动机构(见图 3-10)

运行原理：利用液压机构来实现断路器分合闸操作。

优点：不需要直流电源；暂时失去电源时仍能操作多次；功率大、动作快、操作平稳。

缺点：加工精度高，价格较贵。

应用：广泛应用于高压断路器，尤其是超高压、特高压断路器领域。

图 3-10 液压操动机构

三、常用断路器认识

1. SF_6断路器

采用具有优良的灭弧能力和绝缘能力的 SF_6气体作为灭弧介质。分断过程中，形成 SF_6气流，吹熄电弧。SF_6断路器价格昂贵，结构复杂。SF_6气体与空气作用生成有毒的低氟化硫，会对人体带来危害。但 SF_6断路器的缺点正在克服，今后 110 kV 以上的高压系统，SF_6断路器是主要发展方向。

变电所中采用的 SF_6断路器通常有三种方式：瓷柱式，如图 3-11 所示；落地罐式；手车式，如图 3-12 所示。

图 3-11 瓷柱式 SF_6 断路器

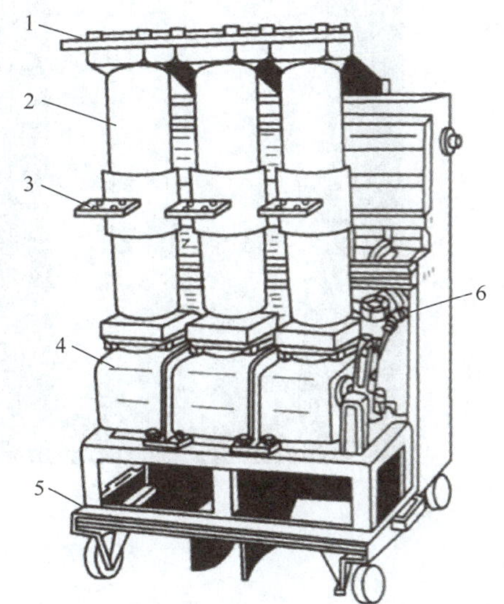

1—上接线端；2—绝缘筒；3—下接线端；4—操动机构；5—小车；6—分闸弹簧。

图 3-12 LN2-10 型手车式 SF_6 断路器

2. 真空断路器

利用真空度为 1.33×10^{-4} Pa 的高真空作为触头间绝缘与灭弧介质的断路器称为真空断路器，如图 3-13 所示。

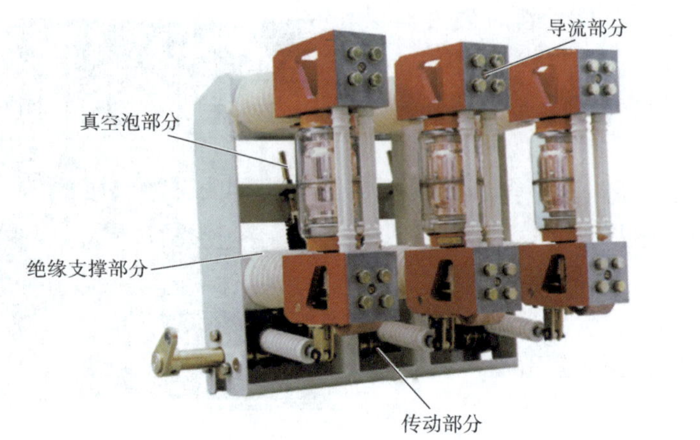

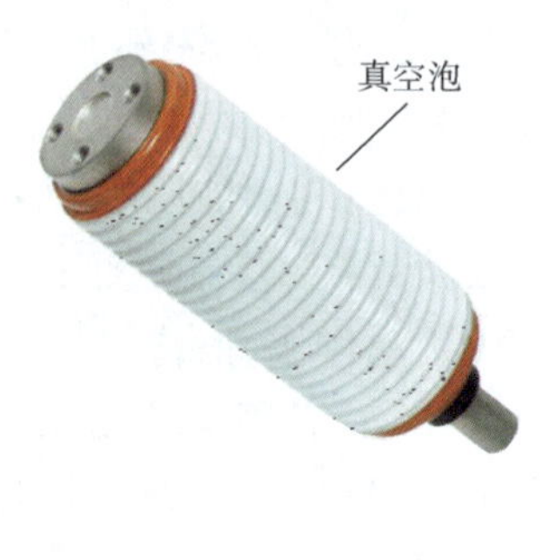

图 3-13　真空断路器组成

真空断路器开断能力强，开断时间短、体积小、占用面积小、无噪声、无污染、寿命长，可以频繁操作，检修周期长。真空断路器目前在我国的配电系统中已逐渐得到广泛应用。

ZN42-27.5 型真空断路器是一种专门为电气化铁路设计的户内、单相、单断口馈线断路器，采用手车式组合电器结构，配用 CT-100 型弹簧储能操动结构，其外形和结构如图 3-14 所示。

(a) 外观

(b) 内部结构

图 3-14　手车式真空断路器

ZN42-27.5 型真空断路器结构特点：

(1)真空灭弧室由一个金属筒与两个瓷管组成，触头被罩在灭弧室的金属壳体内，静导电杆固定在上出线座的法兰盘上，动导电杆通过波纹管、导向套与传动拐臂相连。灭弧室真空度为 1×10^{-6} Pa 以上。

(2)采用铜铬合金触头，截流值小于 5 A，提高了开关的开断能力和抗烧蚀能力，其额定电流可达 25 kA，开断次数 20 次以上。

(3)动、静触头开距 26^{+2}_{-1} mm,触头超行程(触头弹簧压缩量)3.5~5 mm,真空灭弧室尺寸更小。

(4)动触头采用下拉式(分闸时动触头向下运动)。

(5)传动系统结构简单,由平面四连杆结构和偏置的摇杆滑块结构组成。

(6)上、下出线底座是灭弧室通过两根环氧树脂绝缘子和两根绝缘支杆用螺栓和车架连成一个刚体,并与车架绝缘。车架由型钢和钢板弯制焊接组成。

(7)断路器小车与底板(轨道)间装有 CS6-1 型机构,通过一组四连杆与小车底架上的推进转轴相连,如图 3-15 所示。

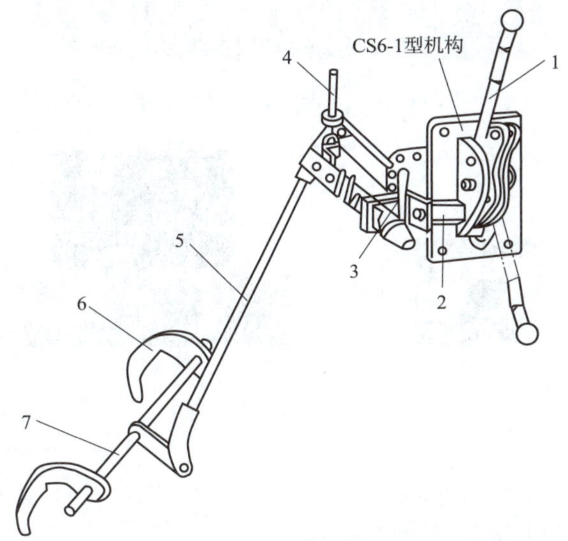

(a)内部结构

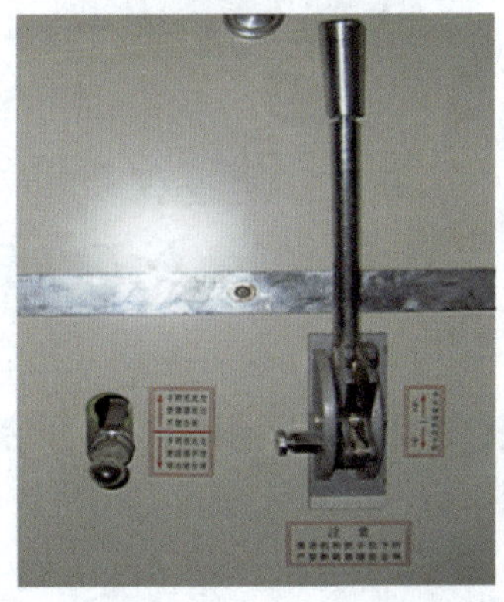

(b)外观

1—手柄;2—定位销;3—联锁杆手柄;4—联锁推杆;5—连杆;6—钩板;7—转轴。

图 3-15 推进联锁装置

四、断路器的操作方法

1. 遥控操作

将控制室、控制柜界面上的操作旋钮(见图 3-16)转换到“远方”位置,由供电调度人员远距离对断路器进行的分、合闸操作,称为遥控操作,如图 3-17 所示。

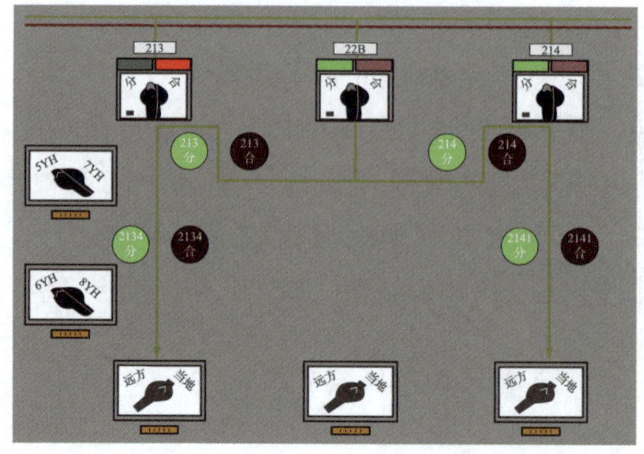

图 3-16　控制柜界面上的操作旋钮

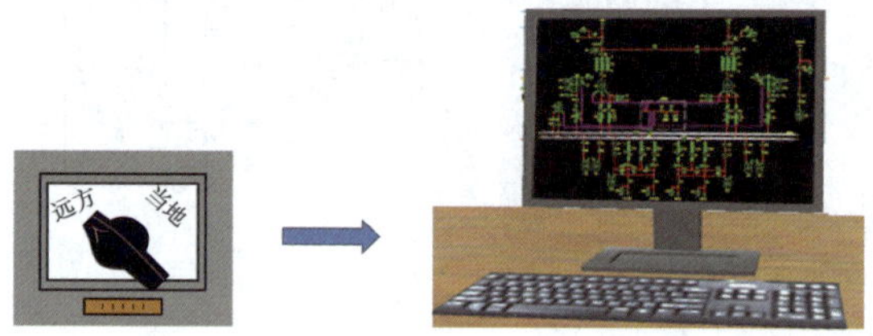

图 3-17　遥控操作

2. 远控操作

在控制室、控制柜上将开关转换到“当地”位置，通过断路器控制开关对断路器进行的操作称为远控操作，如图 3-18 所示。

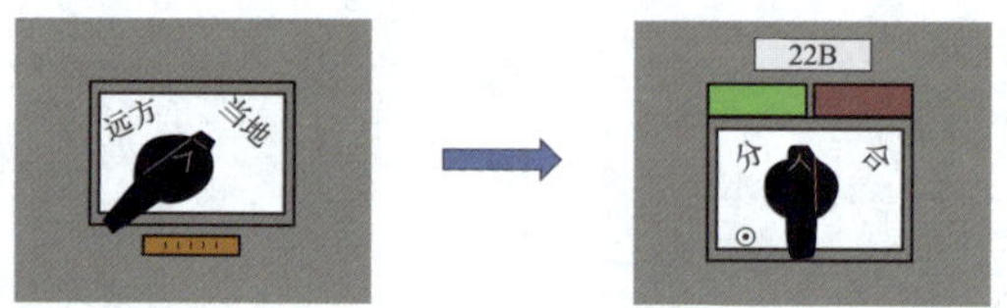

图 3-18　远控操作

3. 近控操作

在断路器现场控制面板上对断路器进行分合闸控制的操作称为近控操作，断路器的近控操作主要用于断路器检修中的调试操作，如图 3-19 所示。

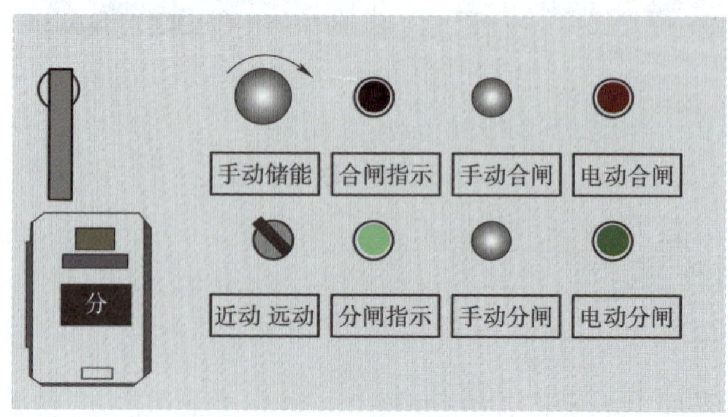

图 3-19　近控操作

4. 操作后的位置检查

断路器操作后的位置检查，应通过断路器红绿灯指示变化、电流表（电压表、功率表）指示变化、断路器三相位置指示变化等方面判断。

远控操作的断路器，应有两个及以上指示已发生对应变化，才能判断该断路器已操作到位。装有三相表计的断路器应检查三相表计。

现场检查断路器机械位置指示时，应根据断路器三相分合闸机械位置指示器的指示，确定断路器分、合闸位置状态。

实施过程

操作单见表3-4。

表3-4 操作单

1. 小组成员共同探讨 SF_6 断路器的结构和作用

序号	结构	作用
(1)		
(2)		
(3)		
(4)		
(5)		
(6)		
(7)		
(8)		
(9)		
(10)		

2. 填写断路器的日常巡视内容

设备名称	看	听	闻	巡视要求

3. 每组选派2人完成断路器的日常巡视对话

4. 问题解答

(1)断路器的主要作用是什么？

自组织精炼回答：

【知识关联】

断路器的基本知识。

【知识反哺】

断路器的主要作用是切断和接通负荷电路,以及切断故障电路,防止事故扩大,保证安全运行。具体来说,断路器可以根据运行需要,接入或切除部分电力设备或线路,也可以在电力设备或线路发生故障时,通过继电保护及自动装置作用于断路器,将故障部分从电网中迅速“切除”,以保护电网非故障部分的正常运行。当发生严重过载或者短路及欠压等故障时,断路器能自动切断电路

(2)真空断路器有哪些特点?

自组织精炼回答:

【知识关联】

断路器的基本原理、常用断路器认识。

【知识反哺】

真空断路器是一种特殊的断路器,其特殊之处在于它的灭弧介质和灭弧后触头间隙的绝缘介质都是高真空。这种设计使得真空断路器具有体积小、重量轻、适用于频繁操作、灭弧不用检修的优点,在配电网中应用较为普及。真空断路器可以用于3~10 kV、50 Hz三相交流系统中的户内配电装置,可供工矿企业、发电厂、变电站中作为电器设备的保护和控制之用,特别适用于要求无油化、少检修及频繁操作的使用场所

(3)断路器电动合闸时应注意什么?

自组织精炼回答:

【知识关联】

断路器的基本原理、断路器的操作方法。

【知识反哺】

断路器电动合闸时应注意以下事项:

①操作前应检查和了解保护及二次回路的状态,以及有无故障及异常情况,并巡视检查断路器合闸能源和操作手柄的位置正确。

②操作前,应将断路器操作手柄取下,以防误合断路器。

③手动合闸,如用绝缘棒操作,应戴绝缘手套,穿绝缘靴;如以电动机操作时,应将“合闸”连锁装置解除;如系远程操作,其拉、合位置应由两人进行,一人监护、一人操作。

④操作中如出现断路器的辅助触点打不开、断路器不能动作跳闸、绿灯闪光、电压回路断线等异常现象时,应立即停止操作。

⑤当电动机合闸时,应注意电动机的电流表指示是否正常。

⑥断路器合上后,应观察电流表、功率表以及其他指示仪表是否正常,如红灯亮时,绿灯应同时闪光。

⑦隔离开关一经操作后,不得再行改动,如要改动,必须先从断路器上把隔离开关拉开后再进行

(4)在什么情况下需将断路器的重合闸退出运行?

自组织精炼回答:

【知识关联】

断路器的基本原理、断路器的操作方法。

【知识反哺】

断路器的重合闸是一种自动恢复供电的方法,常用于架空线路。当故障发生后,断路器跳闸切断电流,然后自动进行重合闸操作,将电路重新连接起来。这个过程是自动完成的,不需要人工干预,但需要注意安全性和可靠性。在以下情况下,需要将断路器的重合闸退出运行:

①重合闸装置故障或失灵时。

②断路器的遮断容量小于母线短路容量时。

③断路器故障跳闸次数超过规定,或虽未超过规定,但断路器严重喷油、冒烟等,经调度同意后应将重合闸退出运行。

④线路有带电作业时,当值班调度员命令将重合闸退出运行。

⑤投检无压的重合闸装置,当线路 PT 保险熔断或其他原因失压时

检查评价

在线测试单见表 3-5。

表 3-5 在线测试单

第一步	第二步	第三步
登录学习通 App	在学习通 App 中 找到考试图标并单击	输入考试码:t3473289 开始在线测试

你的得分:________ 评价等级:________(优秀/合格/不合格)

任务小结

本任务首先介绍了断路器的基本知识,包括其作用、组成和分类。接着详细讨论了断路器的基本原理,特别是 SF_6 断路器和真空断路器的灭弧原理,以及不同操动机构的特点。然后,介绍了常用的 SF_6 断路器和真空断路器。最后,强调了断路器的操作方法和安全措施的重要性。通过对断路器进行定期运行检查和维护保养,确保其正常运行和可靠性,提高供电系统的安全性和稳定性。

任务4 隔离开关的运行与维护

引言

隔离开关是电力系统中常用的一种设备，在维护和检修设备时切断电路隔离其他设备，防止事故电流流入被检修设备，提供安全的工作环境。本任务将详细介绍隔离开关的基本结构、分类、技术参数及其操作方式。重点介绍常用的GW4-110D型户外式隔离开关。此外，还简要介绍高压负荷开关。通过了解隔离开关的基本知识和操作方式，可以正确操作和维护隔离开关，确保电力系统的安全运行。

思维导图

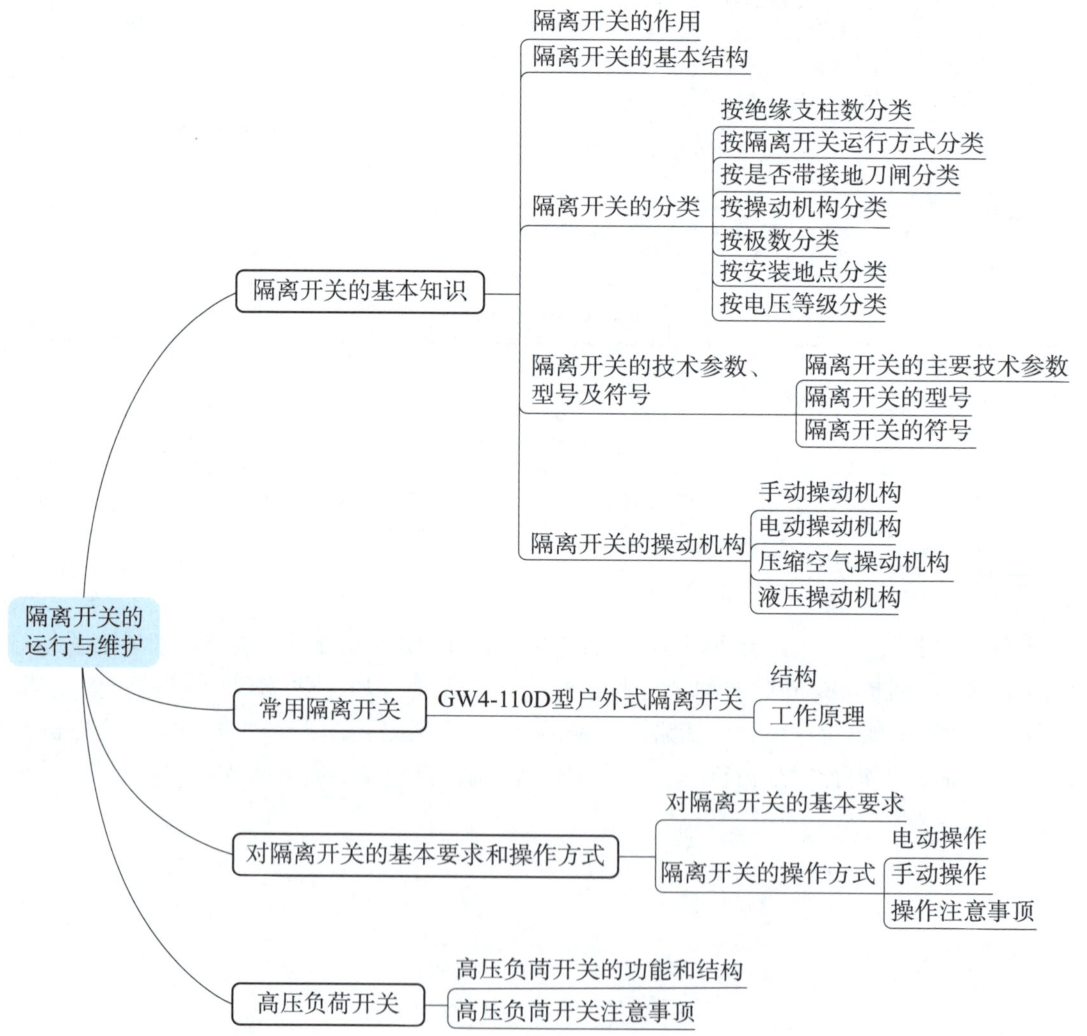

学习任务单

学习任务单见表4-1。

表4-1 学习任务单

<table>
<tr><td>● 任务描述</td><td>● 基于工作过程的学习</td><td>● 学习载体</td></tr>
<tr><td>对牵引变电所的隔离开关进行实物辨识、结构分析，结合设备功能及特性，着重理解其作用，能进行运行和维护</td><td rowspan="3">资讯：根据资讯单中的资讯问题进行任务导入，学生通过预习、查找信息资料，建立总体印象
计划：与小组成员、老师或师傅讨论隔离开关在牵引变电所中的作用和影响
决策：确定工作步骤、所需工具和达成目标
实施：进行行动化学习，发现问题，共同分析，遇到无法解决的问题时请老师或师傅帮助解决
检查：工具准备、生产文件、安全事项
评价：进行点评和专业交流，给出改进建议</td><td rowspan="5">隔离开关：
(1)结构，如图4-1所示

图4-1 隔离开关结构
(2)工作原理
(3)铭牌内容
(4)操动机构
(5)正常巡视内容(见图4-2)
(6)运行方式
(7)操动隔离开关时的注意事项

图4-2 对隔离开关进行巡视</td></tr>
<tr><td>● 知识目标</td></tr>
<tr><td>(1)明确隔离开关的作用、工作原理及操动机构
(2)明确隔离开关运行中的要求
(3)对隔离开关的日常巡视做出规划，确定所要涉及的内容、仪表、工具等
(4)了解隔离开关运行中和检修时的注意事项</td></tr>
<tr><td>● 职业能力与职业素质</td><td>● 行动化学习任务</td></tr>
<tr><td>(1)能读懂隔离开关的铭牌
(2)能弄清隔离开关的结构
(3)能进行牵引变电所隔离开关的正常巡视和特殊巡视
(4)树立高压安全意识，培养遵章守规的行为习惯
(5)培养团队精神，鼓励协作
(6)培养爱岗敬业精神和吃苦耐劳品质</td><td>第一部分：进行隔离开关知识的学习
(1)查阅运行检修规程中有关隔离开关的要求
(2)查阅各种资料，熟悉隔离开关的结构和理解工作原理
(3)列出隔离开关的结构表
(4)列出隔离开关的巡视表
(5)查阅隔离开关在运行中的规定
第二部分：进行隔离开关日常巡视
(6)实施完成隔离开关结构表的填写
(7)实施完成隔离开关的巡视
(8)总结安全注意事项</td></tr>
</table>

任务资讯

资讯单见表 4-2。

表 4-2　资讯单

学习任务 4	隔离开关的运行与维护	推荐学时	4
资讯方式	在图书馆、专业杂志、互联网上查询问题；咨询任课教师		
资讯问题	(1)隔离开关在牵引变电所中的作用是什么		
	(2)隔离开关分布在牵引变电所中哪些地方		
	(3)隔离开关的基本组成是什么		
	(4)隔离开关有哪几种类型		
	(5)隔离开关的操动机构有哪几种？各有什么特点		
	(6)隔离开关的铭牌有哪些内容		
	(7)正常情况下如何监测隔离开关的运行		
	(8)手动操动机构的隔离开关的日常巡视内容是什么		
	(9)电动操动机构的隔离开关的日常巡视内容是什么		
	(10)隔离开关设备的旁边有端子箱吗		
	(11)隔离开关在运行中有何规定？在什么地方进行操作		
	(12)隔离开关需要进行检修吗？检修周期和内容是什么		
	(13)对隔离开关进行巡视时有什么安全注意事项		
	(14)带接地刀闸的隔离开关在操作时有何规定		
资讯引导	以上问题可以在本课程的学习信息、《牵引变电所运行检修规程》、“牵引变电所”精品课程网站、专业资料等处查找		

计划决策

计划决策单见表 4-3。

表 4-3　计划决策单

小组协作成员(签字)		
组长：	组员 1：	组员 2：
组员 3：	组员 4：	组员 5：

计划决策		
学习步骤	学习计划	学习策略
第一步		
第二步		
第三步		
请将小组协作成员分工和计划决策内容拍照后，在线发送给授课老师，老师进行指导评价		

【知识延伸】

潘二保作为一名具有丰富经验的接触网工,有着敏锐的观察力,凭借自己精湛的技艺解决了很多接触网的“疑难杂症”。2016 年 7 月,地铁物资学院路站的一个接触网隔离开关出现烧蚀情况,潘二保立即与维修部主任研究抢险方案。当其他职工着手准备工具时,潘二保却发现故障现场设备的传动机构跟一期设备不一样,于是他立刻调整作业方案,仔细查看烧蚀的隔离开关并分析烧蚀原因。经分析,隔离开关的损坏与隧道环境有关,此外北京早晚高峰人流量巨大、车辆启动电流大等多重因素叠加造成开关烧蚀。“处方”开出,故障“药到病除”。但为了消除以后的隐患,潘二保又积极与厂家、其他同行商讨解决办法,经过研判,决定在易造成烧蚀处加装等电位线,解决隔离开关烧蚀的问题。像这样的故障,潘二保不知道处理了多少次,每逢遇到接触网疑难故障他都会主动请缨,直到故障排除。潘二保执着奉献,艺精于心,愿做一颗固网护线的螺丝钉。

为了磨炼自己,他于 2018 年代表北京地铁参加全国轨道交通行业技能竞赛接触网工全国总决赛,并取得第 4 名的好成绩,被授予“全国轨道交通行业技术能手”称号。2019 年他荣获“北京地铁劳动奖章”,在 2022 年被授予“北京地铁大工匠”称号。

知识链接

一、隔离开关的基本知识

隔离开关是高压开关电器中使用最多的一种电器。隔离开关结构简单,无灭弧装置,处于断开位置时有明显的断开点,分合状态直观,在电路中起隔离作用,如图 4-3 所示。

(a)户外高压隔离开关型号1

(b)户外高压隔离开关型号2

图 4-3 隔离开关

隔离开关的主要特点是无灭弧能力,只能在没有负荷电流的情况下分、合电路,不能来切断负荷电流和大电流;但它具有电动稳定性和热稳定性,不因短路电流通过而自动分开或烧坏触头。隔离开关分闸后,有明显断开点,使用时与断路器配合,只有断路器断开后才能进行操作。

1. 隔离开关的作用

(1)用于隔离电源,如图 4-4 所示。

(2)隔离开关与断路器配合进行倒闸操作,如图 4-5 所示。

隔离开关没有专门的灭弧装置,因此不能带负荷操作,否则将在断口间产生的电弧将烧毁触头或形成三相弧光短路,造成严重事故。隔离开关与断路器配合进行倒闸操作时,需要遵循一定的顺序和注意事项，以确保操作的安全性和有效性。当两者串联，合闸时则先合隔离开关后合断路器，分闸应先分断路器后分隔离开关；当两者并联，分闸则先分隔离开关后分断路器，合闸先合断路器后合隔离开关。

（a）闭合　　（b）断开

图 4-4　用于隔离电源

（a）隔离开关与断路器串联　　（b）隔离开关与断路器并联

图 4-5　隔离开关与断路器配合

（3）接通和断开小电流电路。

2. 隔离开关的基本结构

图 4-6 所示为 110 kV 隔离开关的基本结构图。它包括：导电部分、接线端、绝缘部分、传动部分、底座部分、操动机构部分。

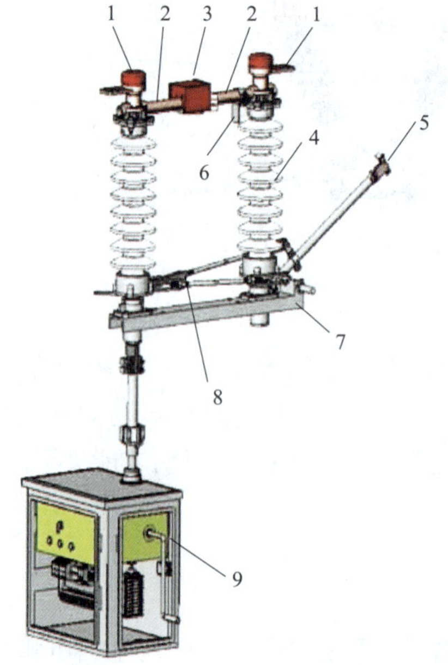

接线端	1—接线座
导电部分	2—刀闸； 3—主触头
绝缘部分	4—支撑绝缘支柱
接地部分	5—接地刀闸； 6—接地刀闸主触头
底座部分	7—底座
传动部分	8—交叉连杆和轴承
操动机构部分	9—操动机构

图 4-6　110 kV 隔离开关的基本结构

3. 隔离开关的分类

(1)按绝缘支柱数分类,有单柱式隔离开关、双柱式隔离开关、三柱式隔离开关,如图 4-7 所示。

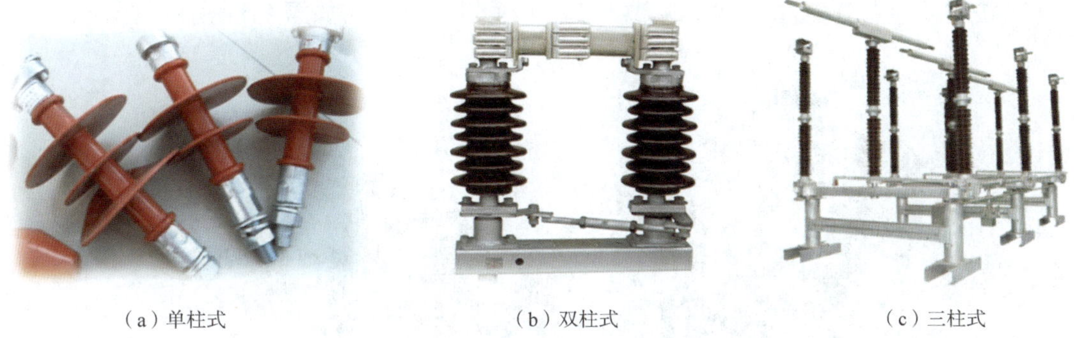
(a)单柱式　(b)双柱式　(c)三柱式

图 4-7　按绝缘支柱数分类

(2)按隔离开关运行方式分类,有水平旋转式隔离开关(见图 4-8)、垂直旋转式(闸刀式)隔离开关(见图 4-9)、摆动式隔离开关、插入式隔离开关。

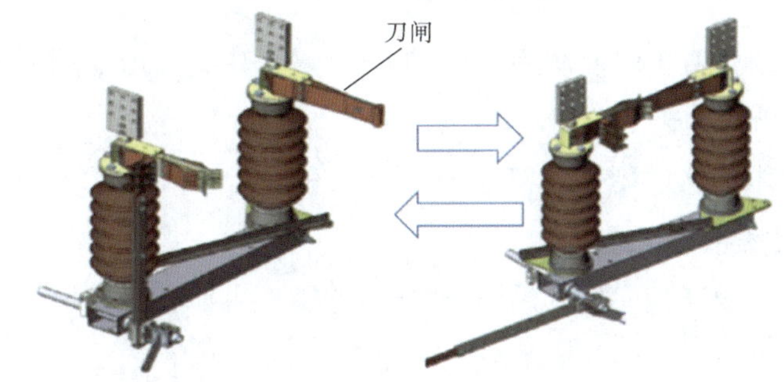

图 4-8　水平旋转式

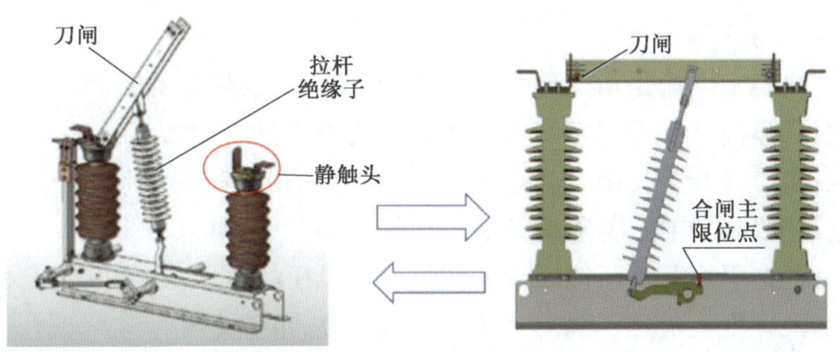

图 4-9　垂直旋转式隔离开关

(3)按是否带接地刀闸分类,有带接地刀闸的隔离开关(见图 4-10)、无接地刀闸的隔离开关。

隔离开关断开时,接地刀闸与接地刀闸触头相连,将停电部分可靠接地,保障检修作业人员的人身安全。

(4)按操动机构分类,有手动式隔离开关、电动式隔离开关、其他隔离开关(如气动式隔离开关、液压式隔离

图 4-10　带接地刀闸式

开关等)。

(5)按极数分类,有三极式隔离开关、单极式隔离开关。

(6)按安装地点分类,有户外式隔离开关、户内式隔离开关,如图 4-11 所示。

(a)户外式

(b)户内式

图 4-11　按安装地点分类

(7)按电压等级分类,有 10 kV 隔离开关、35 kV 隔离开关、110 kV 隔离开关、220 kV 隔离开关及其他电压等级隔离开关。

4. 隔离开关的技术参数、型号及符号

(1)隔离开关的主要技术参数

额定电压:指隔离开关在长期运行时所能承受的工作电压,与安装点电网的额定电压等级一致,单位为 kV。

额定电流:指隔离开关在长期工作时允许通过的最大工作电流,主要由温升来确定。额定电流的大小决定了触头和导电部分截面的大小,隔离开关长期通过额定电流时,各部分的发热不超过允许值,单位为 A。

热稳定电流:热稳定电流是指隔离开关在闭合状态时,在规定的时间内允许通过的最大电流有效值,它表明了隔离开关承受短路电流热稳定能力,单位为 kA。

动稳定电流:指隔离开关在闭合状态时,允许通过的最大瞬时电流冲击值,它表明了隔离开关承受短路电流动稳定能力,与隔离开关的机械强度有关,单位为 kA。

最高工作电压:指隔离开关所能承受的超过额定电压的电压,它不仅决定了隔离开关的绝缘要求,还在相当大程度上决定了隔离开关的外部尺寸,单位为 kV。

(2)隔离开关的型号

隔离开关型号的表示形式是:[1][2][3]-[4][5]/[6]

“1”表示产品代号,G 为隔离开关,J 为接地开关。

“2”表示安装场所代号,N 为户内式,W 为户外式。

“3”设计序号,用阿拉伯数字表示。

“4”额定电压(线电压),单位为 kV。

“5”特殊标志,T 为统一设计产品,G 为改进型产品,D 为带接地刀闸。

“6”额定电流,单位为 A。

例如:GN10-10/400 型是指 10 kV、400 A,第 10 次设计的户内高压隔离开关。

(3)隔离开关的符号

隔离开关的图形符号如图 4-12 所示,文字符号为 QS。

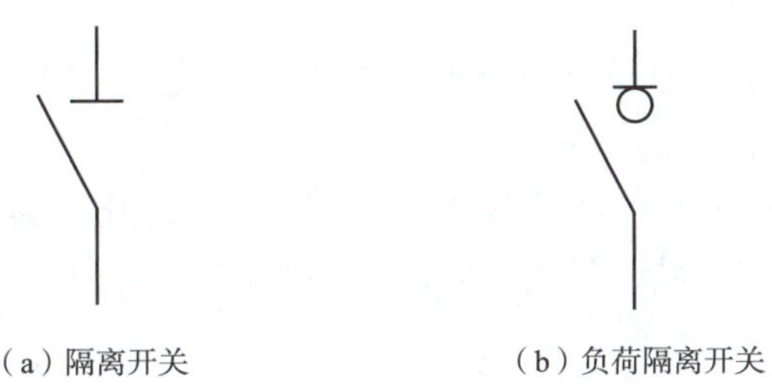

(a)隔离开关　　(b)负荷隔离开关

图 4-12　隔离开关的图形符号

5. 隔离开关的操动机构

高压隔离开关的分、合采用操动机构来控制,可以提高操作人员的安全性,同时可实现其操动机构和断路器操动机构的闭锁,防止误操作。隔离开关常用的操动机构有手动操动机构和电动操动机构。

(1)手动操动机构

组成:手动操动机构是以人力为操作动力,由凸轮、连杆等组成的一种简单操动机构。

分类:按操作杆动作方向不同,分为垂直操作(见图 4-13)和水平操作(见图 4-14)两种方式。

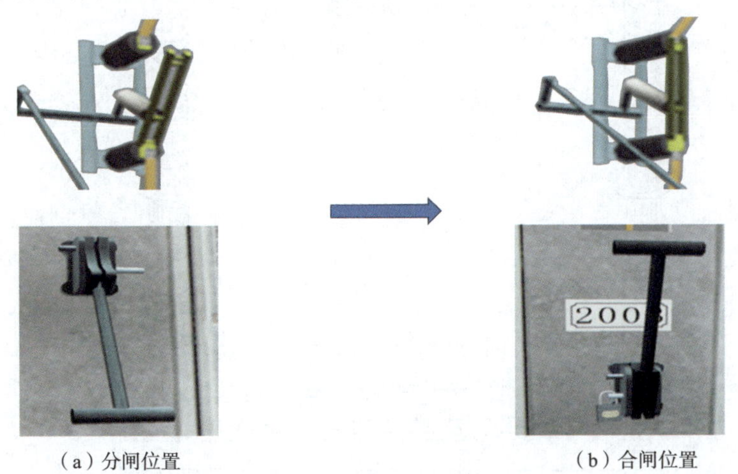

(a)分闸位置　　(b)合闸位置

图 4-13　垂直操作

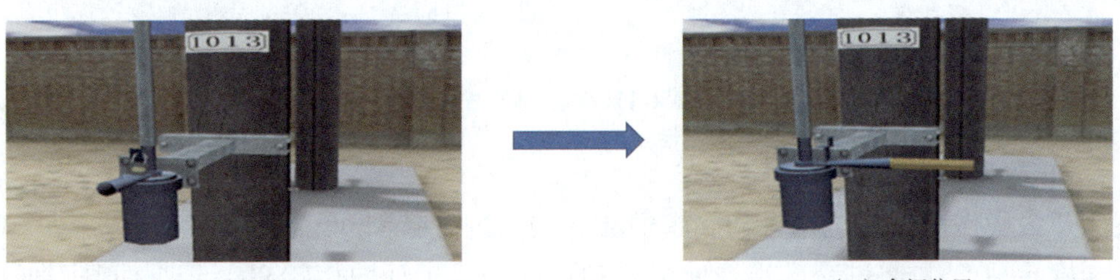

(a)分闸位置　　(b)分闸位置

图 4-14　水平操作

应用场合：垂直操作方式多用于 10 kV 及以下户内断路器柜内的隔离开关，水平操作机构多用于 20～110 kV 隔离开关的主刀闸和接地刀闸以及 220 kV 隔离开关的接地刀闸。通常三相式隔离开关的主刀闸和接地刀闸分别采用一个手动操动机构，且三相共用。

（2）电动操动机构

电动操动机构是以电动机为操作动力来实现隔离开关操作的一种操动机构。

（3）压缩空气操动机构

压缩空气操动机构是以压缩空气为操作动力，实现隔离开关的一种操动机构。通常需在变电站内设立集中的压缩空气站，通过管道、阀门系统向每组隔离开关的操动机构供气。

（4）液压操动机构

液压操动机构是以液压为操作动力，由液压缸中的活塞运动来实现隔离开关操作的一种操动机构。

二、常用隔离开关——GW4-110D 型户外式隔离开关

1. 结构

GW4-110D 型户外式隔离开关由底架、支柱绝缘子、导电部分、接地刀闸、传动系统和操动机构组成，双柱式水平旋转，断口为水平开距，如图 4-15 所示。

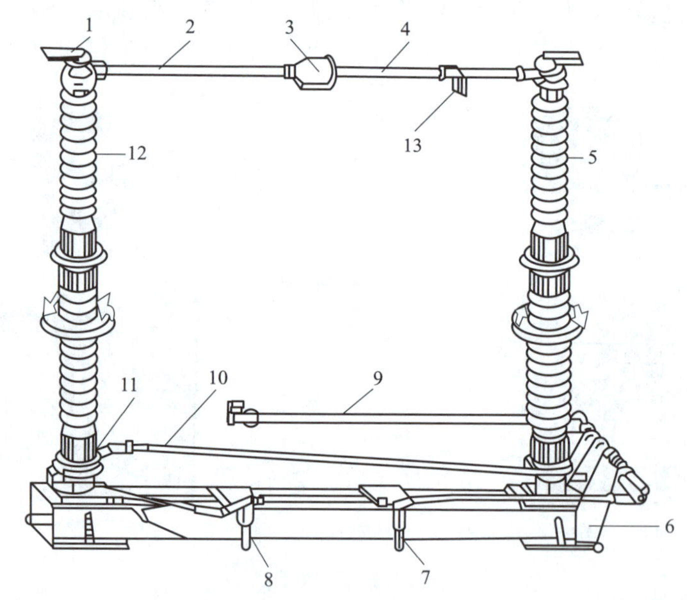

1—接线端；2、4—闸刀；3-主触头；5、12—棒式绝缘子；6—底架；7—接地刀闸转动轴；8—主闸刀转动轴；9—接地刀闸；10—交叉连杆；11—轴承座；13—接地刀闸触头。

图 4-15　GW4-110D 型户外式隔离开关结构

2. 工作原理

隔离开关操作由操动机构带动底座中部的传动轴旋转 180°，通过水平连杆带动一侧的支柱绝缘子旋转 90°，并通过交叉连杆使另一侧支柱绝缘子反向旋转 90°，于是两闸刀便向一侧分开或闭合。分闸后，两闸刀平行，合闸后两闸刀成一条直线。

接地刀关操动机构分合时，借助传动轴及水平连杆使接地开关转动轴旋转一角度，达到分合的目的。由于接地开关转轴上的扇形板与紧固于瓷柱法兰上的弧形板组成联锁，所以能确保按主分—地合—地分—主合的顺序动作。

三、对隔离开关的基本要求和操作方式

1. 对隔离开关的基本要求

(1)应有明显的断开点，运行人员能清楚看出隔离开关的分、合状态，易于区别电器是否与电网隔离。

(2)断开点间应具有可靠的绝缘。即要求断开点间有足够的安全距离，能保证在过电压和相间击穿的情况下，确保检修、运行人员安全。

(3)具有足够的热稳定性和动稳定性。即受到允许范围内电流的热效应和电动力作用时，其触头不能熔焊，也不能因电动力的作用而断开或损坏。

(4)对于用在气候寒冷地区的户外型隔离开关应具有设计要求的破冰能力，在冰冻的环境里应能可靠地分、合闸。

(5)带有接地刀开关的隔离开关，隔离开关的主刀开关与接地刀开关之间要有机械的或电气的联锁机构，以保证分闸时先断开隔离开关的主刀开关、后闭合接地刀开关；合闸时，先断开接地刀开关、后闭合隔离开关的主刀开关的操作顺序。

(6)隔离开关与断路器配合使用时，要有机械的或者电气的联锁装置，保证断路器分闸后隔离开关才分闸，隔离开关合闸后断路器才合闸。

(7)结构简单、动作准确可靠。

【小提示】

隔离开关应与断路器配合使用，满足“隔离开关先通后断”原则。
停电操作：先断断路器，再断负荷侧隔离开关，最后断电源侧隔离开关。
送电操作：先合电源侧隔离开关，再合负荷侧隔离开关，最后合断路器。

2. 隔离开关的操作方式

(1)电动操作(见图4-16)

①远方遥控操作，是指在监控微机主接线图上用鼠标或键盘选定相应的隔离开关图标进行的操作。

②就地电动操作，是指在现场通过隔离开关操动机构箱内分、合闸按钮来对隔离开关进行的操作。

(2)手动操作(见图4-17)

①手动操作的隔离开关必须通过人力对隔离开关进行分、合操作，操作时必须在现场才能进行。

②电动式操作的隔离开关由于电动机失灵或其他原因不能进行电动操作时，必须通过人力并使用摇柄传动机构齿轮来带动隔离开关进行分、合闸操作。在操作前，必须将电动机电源断开后才能进行。

（a）远方遥控操作

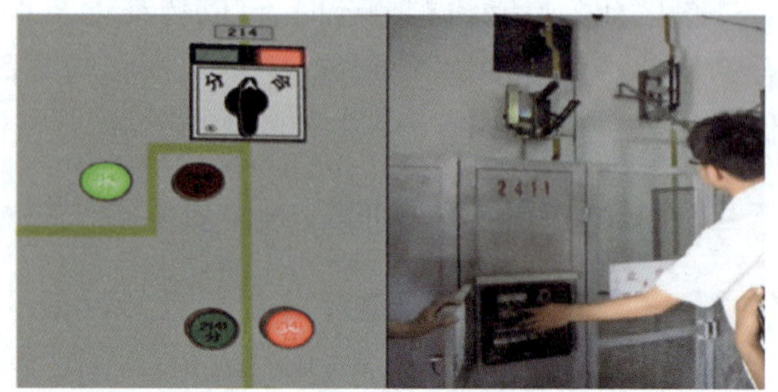

（b）就地电动操作

图 4-16　隔离开关的电动操作

注意：没有采取足够的安全措施，没有戴绝缘手套和安全帽、没有穿绝缘服。

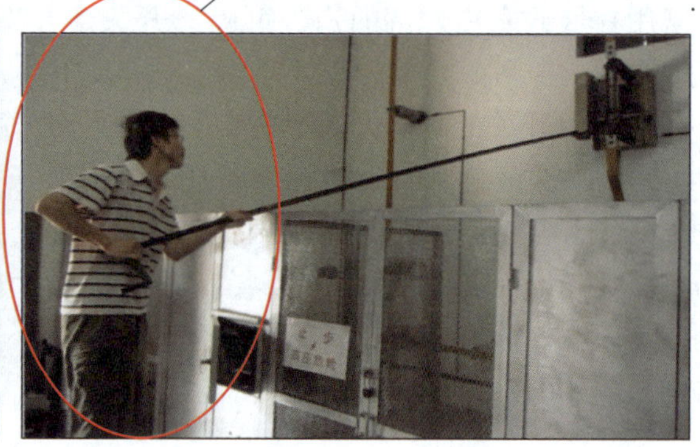

图 4-17　隔离开关的手动操作

（3）操作注意事项

隔离开关是一种没有灭弧装置的控制电器，因此严禁带负荷进行分、合闸操作。

①操作隔离开关前，应检查与隔离开关连接的断路器确实处于断开位置，以防带负荷分、合隔离开关。

②在正常情况下，隔离开关的操作方式应按先远控后近控的顺序优先采用，尽量避免手动操作方式。

③装有电气闭锁装置的隔离开关，禁止随意解除闭锁进行操作。

④隔离开关操作完毕，应检查其分、合位置，三相同期情况及触头接触深度均应正常，以免因传动机构或控制回路（指远方操作隔离开关）有故障，出现隔离开关拒合或拒分。

⑤在现场对隔离开关进行操作时，操作人员和监护人要选择正确的站位，防止瓷柱断裂伤人。若发现瓷柱断裂、倒塌或放电时，应迅速远离危险区域。

⑥在电动操动机构失灵、操作电源失压等情况下进行手动操作时，应认真检查操作条件，严格核对设备，防止误操作，并注意以下事项：

a. 手动闭合隔离开关时，开始要缓慢，当刀片接近刀嘴时，要迅速合上，以防产生弧光。在合到终了时，不得用力过猛，防止冲击力过大而损坏绝缘子。

b. 手动分离时，应按慢、快、慢的过程进行。

c. 单相隔离开关和跌落式熔断器的操作顺序:垂直排列时,停电拉闸应先断开中相,后断开两边相,送电合闸操作顺序与此相反;水平排列时,停电拉闸应从上到下依次断开各相,送电合闸操作顺序与此相反。

⑦在闭合隔离开关时如发生弧光或误合,则应将隔离开关迅速合上。

四、高压负荷开关

1. 高压负荷开关的功能和结构

高压负荷开关如图 4-18 所示。

功能:是一种功能介于高压断路器和高压隔离开关之间的电器,能通断一定的负荷电流和过负荷电流,但不能断开短路电流,因此它一般与高压熔断器串联使用,借助熔断器来切除短路故障。

结构:高压负荷开关有简单的灭弧装置,具有一定灭弧能力。操动机构有手动和电动储能弹簧机构等形式。

2. 高压负荷开关注意事项

高压负荷开关在分闸位置时要有明显可见的间隙。这样,负荷开关前面就无须串联隔离开关,在检修电气设备时只要开断负荷开关即可。

要能经受尽可能多的开断次数,而无须检修触头和调换灭弧室装置的组成元件。

负荷开关虽不要求断开短路电流,但要求能关合短路电流,并有承受短路电流的动稳定性和热稳定性的要求。

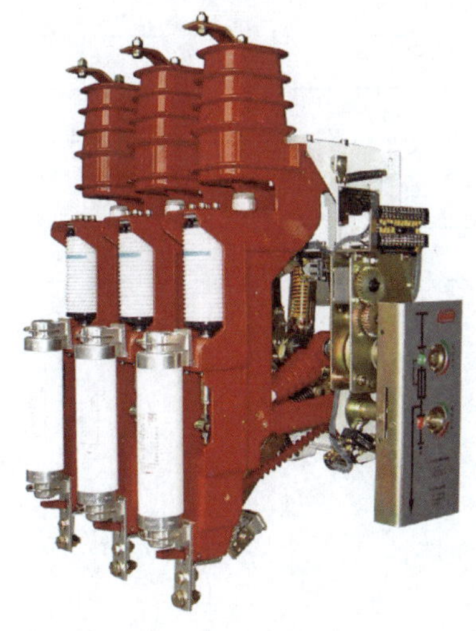

(a) 压气式高压负荷开关

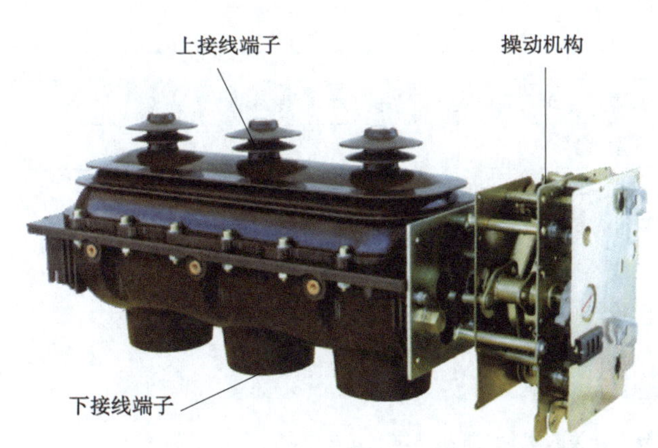

(b) 高压 SF_6 负荷开关

图 4-18　高压负荷开关

实施过程

操作单见表 4-4。

表 4-4　操作单

1. 小组成员共同探讨隔离开关的结构和作用

序号	结构	作用
(1)		
(2)		
(3)		
(4)		
(5)		
(6)		
(7)		
(8)		
(9)		
(10)		

2. 填写隔离开关的日常巡视内容

设备名称	看	听	闻	巡视要求

3. 每组选派 2 人完成隔离开关的日常巡视对话

4. 问题解答

(1)隔离开关有哪些常规巡视检查项目?

自组织精炼回答:

【知识关联】

对隔离开关的基本要求和操作方式。

【知识反哺】

隔离开关的常规巡视检查项目包括:

①隔离开关的支持绝缘子应清洁、完好,无异常声音。

②触头、接点应接触良好,无发热、变形现象。

③引线无松动,无严重摆动和烧伤断股现象,压环均牢固且不偏斜。

④隔离开关本体、连杆和转轴等机械部分应无变形,各部件连接良好,位置正确。

⑤隔离开关带电部分应无杂物。

⑥操作机构箱、端子箱和辅助接点盒应关闭且密封良好,能防雨防潮。
⑦操作机构箱、端子箱内部应无异常,熔断器、继电器、二次接线、端子连线、加热器等应完好。
⑧隔离开关的防误闭锁装置应良好,电磁锁、机械锁无损坏现象。
⑨定期用红外线测温仪检测隔离开关触头、接点的温度。
注意:这些只是隔离开关常规巡视的一般检查项目,实际操作中可能需要根据具体情况进行调整和补充

(2)隔离开关可以用来切断负荷电流和短路电流吗?为什么?隔离开关的主要用途是什么?
自组织精炼回答:

【知识关联】

隔离开关的基本知识。

【知识反哺】

隔离开关不能用来切断负荷电流和短路电流,因为隔离开关没有专门的灭弧装置,无法熄灭负荷电流和短路电流产生的强大电弧。隔离开关的主要用途是隔离电源、倒闸操作、用以连通和切断小电流电路。具体来说,它可以在电路断开的情况下分合电路,或者接通及断开符合规定的小电流电路。隔离开关通常与断路器配合使用,通过断路器进行负荷电流和短路电流的开断操作

(3)隔离开关的小修有哪些项目?
自组织精炼回答:

【知识关联】

对隔离开关的基本要求和操作方式。

【知识反哺】

隔离开关的小修项目包括以下内容:
①清除绝缘子表面污垢,同时检查有无破损、龟裂等缺陷;检查绝缘电阻是否合格。
②检查导电接触面平整、无氧化膜,载流部分无严重凹陷及锈蚀。如有轻微烧黑痕迹,可用细纱布研磨修理后用汽油清洗,再薄涂一层工业用凡士林;烧损严重、无法修理的部件应予更换。
③清除传动机构、操作机构外露部分的灰尘、油垢,在其主要活动部位加润滑油。
④进行3~5次拉合试验,隔离开关的动作应灵活、正确,接触应严密,机械联锁、电气联锁、辅助开关的触点应无卡滞或传动不到位的现象。
⑤清除个别部件的缺陷,轻擦触头接触面,涂导电膏

检查评价

在线测试单见表4-5。

表4-5 在线测试单

第一步	第二步	第三步
登录学习通App	在学习通App中 找到考试图标并单击	输入考试码:t5807890 开始在线测试

你的得分:________ 评价等级:________(优秀/合格/不合格)

任务小结

隔离开关具有重要的隔离作用。本任务介绍了隔离开关的作用、基本结构、分类，以及其技术参数的含义。细致说明了隔离开关的操作方式有手动和电动两种，操作时需注意顺序、力度和安全措施，同时，还简要介绍了高压负荷开关。强调了正确操作和维护的重要性。通过掌握隔离开关的知识，正确操作和维护隔离开关，从而保障供电设备的安全运行，为保障设备的维护和检修工作提供安全的工作环境，减少事故风险。

任务5 互感器的运行与维护

引 言

互感器是一种通过电磁感应原理测量电压和电流的装置。互感器的主要作用是提供适宜的电压或电流信号,为电力系统运行提供必要的数据支持。电压互感器用于测量电压,将高电压转换为低电压。电压互感器可以是电磁式或电容式。电磁式电压互感器利用电流在导线中产生的磁场来感应电压,而电容式电压互感器则通过电容器将高电压分压为低电压进行测量。电流互感器用于测量电流,当高电流通过互感器的绕组时,产生的磁场感应到次级绕组中,从而转换为低电流。互感器的选择和使用应根据实际需求和系统的要求进行。在安装和操作互感器时,需要注意接线方式和运行规定,电压互感器不能短路、电流互感器不能开路,确保测量的准确性和电力系统的安全运行。

思维导图

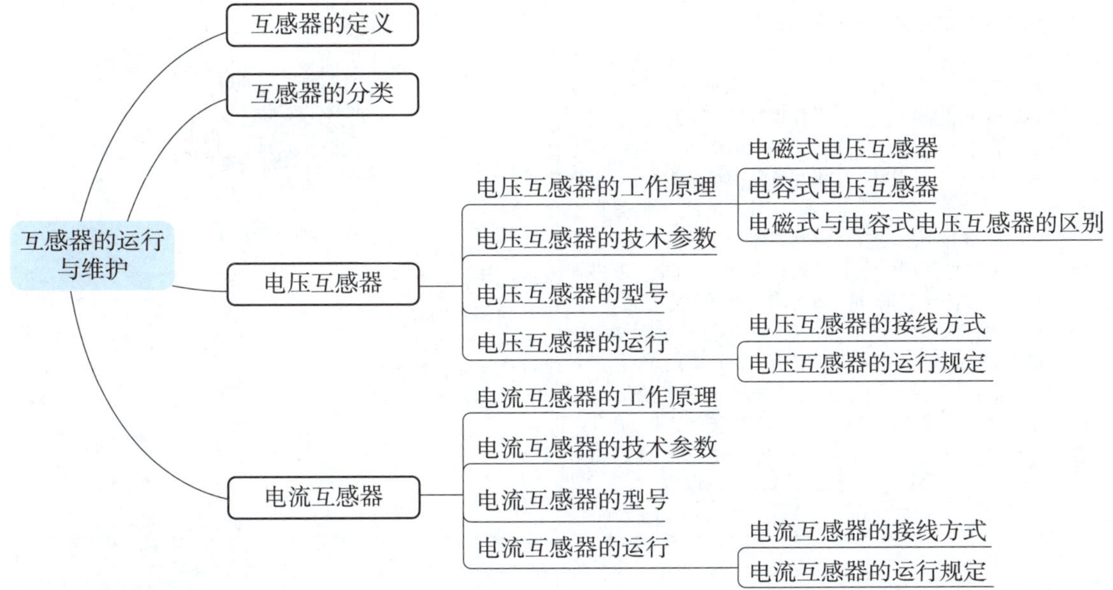

学习任务单

学习任务单见表5-1。

表5-1 学习任务单

• 任务描述	• 基于工作过程的学习	• 学习载体
对牵引变电所的电压互感器和电流互感器进行实物辨识、结构分析、工作原理分析,结合设备功能及特性,着重理解其作用,能进行运行和维护	资讯:根据资讯单中的资讯问题进行任务导入,学生通过预习、查找信息资料,建立总体印象	电压互感器(见图5-1)和电流互感器(见图5-2): (1)结构

<table>
<tr><th>● 知识目标</th><th>● 基于工作过程的学习</th><th>● 学习载体</th></tr>
<tr><td>(1)明确电压互感器和电流互感器的作用、结构和工作原理
(2)明确电压互感器和电流互感器在运行中的要求
(3)对电压互感器和电流互感器的日常巡视做出规划，确定所要涉及的内容、仪表、工具等
(4)了解电压互感器和电流互感器运行中和检修时的注意事项</td><td>计划：与小组成员、老师或师傅讨论电压互感器和电流互感器在牵引变电所中的作用和影响
决策：确定工作步骤、所需工具和达成目标
实施：进行行动化学习，发现问题，共同分析，遇到无法解决的问题时请老师或师傅帮助解决
检查：工具准备、生产文件、安全事项
评价：进行点评和专业交流，给出改进建议</td><td rowspan="3">
图 5-1　电压互感器
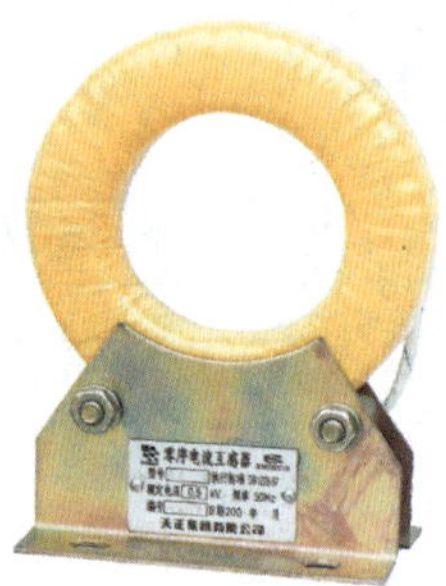
图 5-2　电流互感器
(2)工作原理
(3)铭牌内容
(4)接线方式
(5)正常巡视内容
(6)运行方式</td></tr>
<tr><th>● 职业能力与职业素质</th><th>● 行动化学习任务</th></tr>
<tr><td>(1)能读懂电压互感器和电流互感器的铭牌
(2)能弄清电压互感器和电流互感器的结构
(3)能对电压互感器和电流互感器进行正确接线
(4)能进行电压互感器和电流互感器的正常巡视和特殊巡视
(5)能理解电压互感器和电流互感器的工作原理
(6)树立高压安全意识，培养遵章守规的行为习惯
(7)培养团队精神，鼓励协作
(8)培养爱岗敬业精神和吃苦耐劳品质</td><td>第一部分：进行电压互感器和电流互感器知识的学习
(1)查阅运行检修规程中有关电压互感器和电流互感器的要求
(2)查阅各种资料，熟悉电压互感器和电流互感器的结构和接线方式
(3)列出电压互感器和电流互感器的结构表
(4)列出电压互感器和电流互感器的巡视表
第二部分：进行电压互感器和电流互感器日常巡视
(5)完成电压互感器和电流互感器结构表的填写
(6)画出电压互感器和电流互感器的接线方式
(7)完成电压互感器和电流互感器的巡视
(8)总结安全注意事项</td></tr>
</table>

任务资讯

资讯单见表 5-2。

表 5-2　资讯单

<table>
<tr><td>学习任务 5</td><td>互感器的运行与维护</td><td>推荐学时</td><td>6</td></tr>
<tr><td>资讯方式</td><td colspan="3">在图书馆、专业杂志、互联网上查询问题；咨询任课教师</td></tr>
<tr><td rowspan="3">资讯问题</td><td colspan="3">(1)互感器在牵引变电所中的作用是什么？它分为哪几种</td></tr>
<tr><td colspan="3">(2)电压互感器、电流互感器分布在牵引变电所中的哪些地方</td></tr>
<tr><td colspan="3">(3)互感器的基本组成是什么</td></tr>
</table>

学习任务 5	互感器的运行与维护	推荐学时	6
资讯问题	(4)电压互感器分为哪几种		
	(5)电流互感器分为哪几种		
	(6)电压互感器的接线方式有哪几种？有何作用		
	(7)电流互感器的接线方式有哪几种？有何作用		
	(8)正常情况下互感器在运行时的声音是什么		
	(9)正常情况下如何监测互感器的运行		
	(10)互感器的铭牌有哪些内容		
	(11)电压互感器和电流互感器的日常巡视内容是什么		
	(12)电压互感器在运行中有何规定？电流互感器在运行中有何规定		
	(13)互感器在运行与维护时需要哪些仪表和工具		
	(14)互感器的检修周期和内容是什么		
	(15)在互感器进行巡视时有什么安全注意事项		
资讯引导	以上问题可以在本课程的学习信息、《牵引变电所运行检修规程》、“牵引变电所”精品课程网站、专业资料等处查找		

计划决策

计划决策单见表 5-3。

表 5-3 计划决策单

小组协作成员(签字)		
组长：	组员 1：	组员 2：
组员 3：	组员 4：	组员 5：
计划决策		
学习步骤	学习计划	学习策略
第一步		
第二步		
第三步		
请将小组协作成员分工和计划决策内容拍照后，在线发送给授课老师，老师进行指导评价		

【知识延伸】

1980 年出生的“电网神探”冯新岩，是 2022 年“大国工匠年度人物”。冯新岩所从事的工作被形象地称为“电网医生”，为 500 kV 及以上的特高压的变压器及其他电网设备进行实验检测，及时发现隐藏在设备中的隐患并精准判别，把隐患消除在萌芽状态，为电网安全稳定运行提供技术支撑，守护万家灯火平安。在检测过程中，机器运行有很多杂音，对专心工作造成巨大干扰；在混乱的电磁场中，他必须辨别出来自设备内部的每一个异常放电，测得信号 90% 以上都是干扰信号；在接触外壳的时候还有可能带来生命危险，他要在复杂环境下通过传感器分析出纳秒级别数据的误差。从业24年，他始终保持零失误，累计开发创新创业项目25项。他在平凡的岗位上练就了不平凡的“内功”，靠着自己的一手绝活，扎根一线24年。我们青年应该向他学习，不断增强本领，坚持高标准、严要求，坚守生产一线，工作上对各项目标任务细化实化，发扬大国工匠创新精神，用新技术、新方法和新工具去解决现场碰到的问题、提升现场工作效率。

知识链接

【思考】 什么是互感器？

互感器是牵引变电所一次系统中重要的电气设备，用于解决高电压、大电流回路测量中的绝缘问题。

一、互感器的定义

互感器是电流互感器与电压互感器的统称，如图5-3所示，从基本结构和工作原理来说，互感器就是一种特殊变压器。它将一次回路中的高电压或大电流按比例转换成标准低电压（100 V或$100/\sqrt{3}$ V，额定值）或小电流（5 A或1 A，额定值），提供信号以便实现测量仪表、保护设备及自动控制设备的标准化、小型化。同时互感器还可用来隔开高电压系统，以保证人身和设备的安全。

（a）电流互感器

（b）电压互感器

图5-3 互感器

互感器是测量电器，它是电力系统中一次电路与二次电路间的联络元件，如图5-4所示。电压互感器一侧跨接在电网线间或线与地间，二次侧接电压表或功率表、电度表的电压线圈以及继电器或自动装置的电压线圈，用以测量电压。电流互感器一次侧一般串接在线路中，二次侧串接电流表或有关仪表、继电器或自动装置的电流线圈，用以测量线路中的电流。

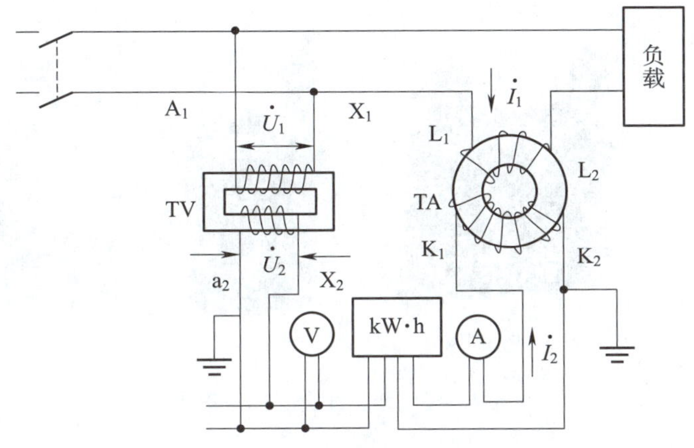

图 5-4　互感器与系统连接图

二、互感器的分类

按工作原理分，互感器可分为电磁式互感器、电容式互感器、光电式互感器，如图 5-5 所示。

（a）电磁式互感器

（b）电容式互感器

（c）光电式互感器

图 5-5　按工作原理分类的互感器

按安装位置分，互感器可分为户内型、户外型，如图 5-6 所示。

（a）户内型

（b）户外型

图 5-6　按安装位置分类的互感器

按绝缘介质分，互感器可分为干式、浇注式、油浸式、气体式，如图 5-7 所示。

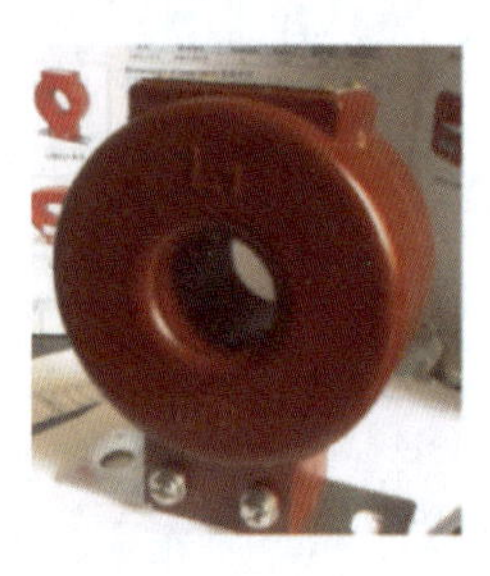
（a）干式

（b）浇注式

（c）油浸式

（d）气体式

图 5-7　按绝缘介质分类的互感器

按对地运行状态分，互感器可分为一次绕组接地、一次绕组不接地，如图 5-8 所示。

（a）一次绕组接地

（b）一次绕组不接地

图 5-8　按对地运行状态分类的互感器

按磁路结构分，互感器可分为单极式、串级式，如图 5-9 所示。

（a）单极式

（b）串级式

图 5-9　按磁路结构分类的互感器

按安装方式分，互感器可分为支柱式、套管式、母线式、贯穿式，如图 5-10 所示。

按电流比分，互感器可分为单变比式、多变比式，如图 5-11 所示。

（a）支柱式

（b）套管式

（c）母线式

（d）贯穿式

图 5-10 按安装方式分类的互感器

（a）单变比式

（b）多变比式

图 5-11 按电流比分类的互感器

三、电压互感器

1. 电压互感器的工作原理

电压互感器是一种特殊的变压器，它将高电压变换为适合于电气仪表、继电保护装置需要的低电压，使二次设备与高电压隔离，以保证人身和设备的安全，电压互感器的一次绕组匝数较多，而二次绕组匝数较少，使用时一次绕组与被测量电路并联，二次绕组与测量仪表和继电器等的电压线圈并联。

【小提示】 电压互感器的二次侧不能短路。

（1）电磁式电压互感器

电磁式电压互感器是目前应用最广泛的电压互感器，其工作原理与变压器相同。

电磁式电压互感器的结构特点：其一次绕组匝数多，二次绕组较少，相当于降压变压器。工作时，一次绕组并联在一次电路中，而二次绕组并联仪表、继电器的电压线圈。由于这些电压线圈的阻抗很大，所以电压互感器工作时二次绕组接近于空载状态。电磁式电压互感器的基本结构和接线如图 5-12 所示。

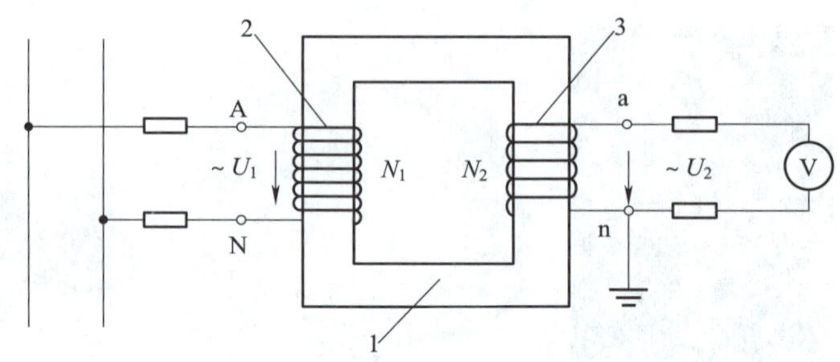

1—铁芯;2—一次绕组;3—二次绕组。

图 5-12　电磁式电压互感器的基本结构和接线

(2)电容式电压互感器

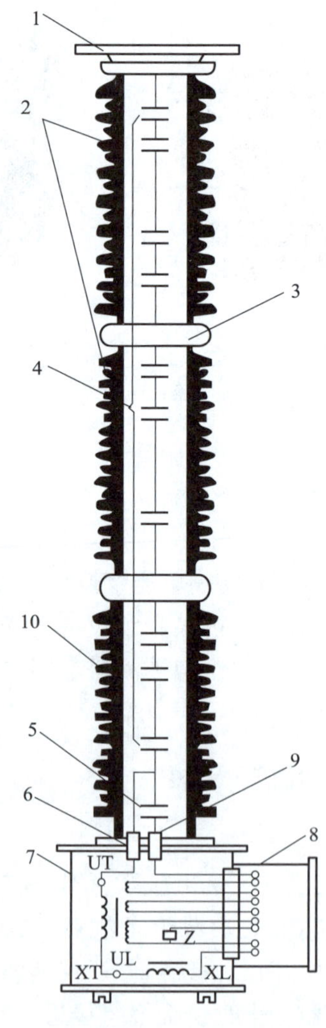

1—防晕环;2—耦合电容器;3—屏蔽罩;4—高压电容 C_1;5—中压电容 C_2;6—中压套管;7—电磁单元油箱;8—二次接线端子盒;9—低压套管;10—分压电容器;UT ~ XT—中间变压器一次绕组;UL ~ XL—补偿电抗器绕组;Z—阻尼器。

图 5-13　电容式电压互感器结构

电容式电压互感器结构如图 5-13 所示,它是根据电容串联分压的原理工作的,如图 5-14 所示,在被测设备的相与地之间串联的两个电容 C_1 和 C_2,按反比分压,K_U 为一、二侧电压比,则二次电压为

$$U_2 = U_{C_2} = \frac{C_1}{C_1 + C_2}U_1 = K_U U_1$$

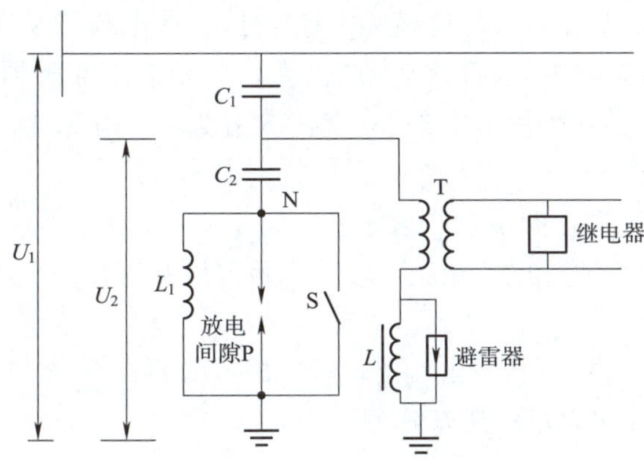

图 5-14 电容式电压互感器原理

(3)电磁式与电容式电压互感器的区别

①电磁式电压互感器特点:

a. 电力变压器型,原理与普通变压器相似。

b. 适用于 6 ~ 110 kV 系统。

c. 价格贵,容量大,误差小(相对于电容式)。

②电容式电压互感器特点:

a. 电容分压型。

b. 适用于 110 ~ 500 kV 系统。

c. 价格低,容量小,误差大(相对于电磁式)。

2. 电压互感器的技术参数

(1)型号:由 3 ~ 4 个字母及数字组成。字母表示电压互感器绕组形式、绝缘种类、铁芯结构及使用场所等。字母后面的数字表示电压等级。

(2)电压比:常以一次、二次侧绕组的额定电压标出,即电压比为

$$K_U = \frac{U_1}{U_2}$$

(3)容量:包括额定容量和最大容量。额定容量是指负荷功率因数为 0. 8 时,对应于不同准确度等级的负荷(V·A)。最大容量是指在满足绕组发热条件下,所允许的最大负荷(V·A),当按最大容量使用时,其准确度将超出规定值。

(4)误差等级:指电压互感器电压比误差的百分值,通常分为 0. 2、0. 5、1、3 及 3P、5P,使用时根据负荷需要来选用。

(5)连接组别:表明电压互感器一、二次线电压的相位关系。

(6)相角误差:指一次侧电压相量$\dot{U}_1$与转过180°的二次侧电压相量$-\dot{U}_2$在相位上的误差。

(7)准确级:指在规定的一次电压和二次负荷变化范围内,负荷功率因数为额定值时,规定的电压误差(含相位误差)的最大值。

(8)极性:按照规定,一次绕组首端标为U_1,尾端标为U_2,二次绕组首端标为u_1,尾端标为u_2。U_1和u_1、U_2和u_2是同名端。

假设一次电流从首端U_1流入,从尾端U_2流出时,二次电流则从首端u_1流出,从尾端u_2流入,这样的极性标志称为减极性;反之,为加极性。单相电压互感器有Ii12(减极性)和Ii6(加极性)两种,一般工程实际中用Ii12组,只有特殊用途才会用Ii6组。

3. 电压互感器的型号

电压互感器在工程上常用PT或TV表示。

电压互感器的型号由字母和数字组成,通常表示电压互感器绕组类型、绝缘种类、使用场所及电压等级等,如下所示:

1 2 3 4 5 - 6 7

“1”为第1位字母,用J表示电压互感器。

“2”为第2位字母,D—单相;S—三相;C—串级。

“3”为第3位字母,G—干式; J—油浸式;C—瓷绝缘;Z—浇注式。

“4”为第4位字母,W—五铁芯柱;B—带补偿角差绕组。

“5”为第1位数字,一般表示设计序号。

“6”为第2位数字,表示额定电压等级,单位是kV。

“7”为第3位数字,表示特殊环境代号。

4. 电压互感器的运行

(1)电压互感器的接线方式

电压互感器一般有单相接线、两相V/v接线、三个单相Y_0/Y_0接线和完全星形接线四种接线方式,分别适用于不同场合,如图5-15所示。

①单相接线:用于测量某相线电压或用于测量某相间电压。该接线适用于测量电压对称的三相电路。

②两相V/v接线:可供仪表、继电器接于三相三线制电路中的各个线电压,主要用于中性点不接地或经高阻抗接地的电网中。它广泛应用在工厂变配电所的6~10 kV高压配电装量中。

③Y_0/Y_0接线:供电给要求线电压的仪表、继电器和要求接于相电压的绝缘监视电压表。

④完全星形接线:三个单相三绕组电压互感器或一个三相五芯柱式电压互感器接成Y_0/Y_0-△(开口三角形)。一次绕组为星形连接,且中性点接地。基本二次绕组也为星形连接,并且中性点也接地,既可测量线电压、又可测量相电压。辅助二次绕组为开口三角形连接,图5-15(d)中KV为绝缘监察电压表,在系统正常运行时,开口三角形两端的电压接近于零,当系统发生一相接地时,开口三角形两端出现零序电压,使保护动作,发出接地预告信号,能够起到单相接地保护作用。

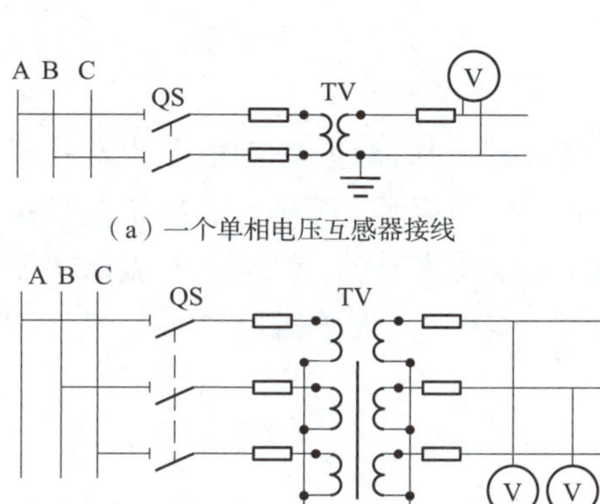

（a）一个单相电压互感器接线

（c）三个单相电压互感器Y_0/ Y_0接线

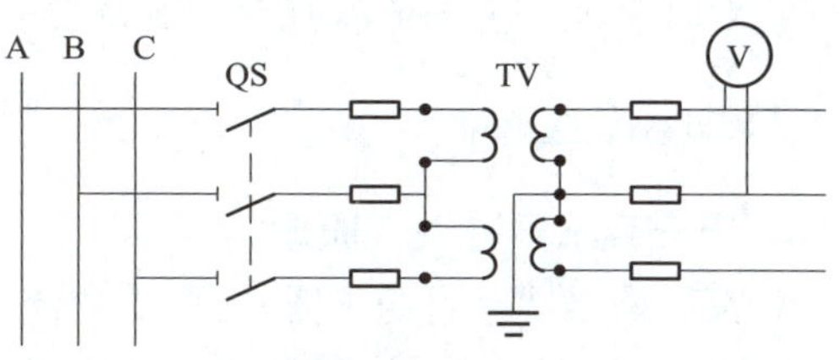

（b）两个单相电压互感器V/v接线

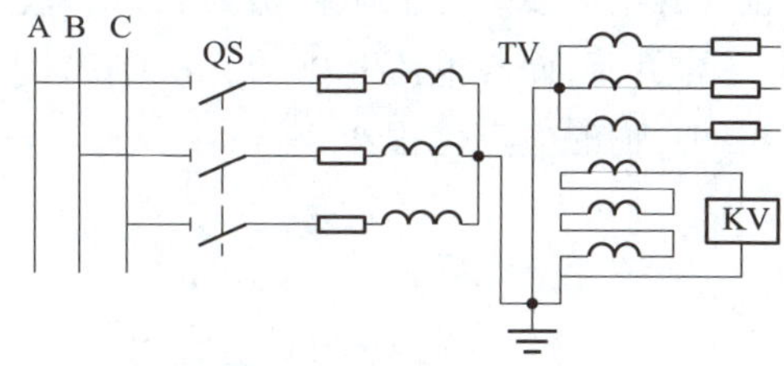

（d）三个单相三绕组电压互感器或一个三相五芯柱电压互感器Y_0/ Y_0/Δ接线

图 5-15　电压互感器的接线方式

(2)电压互感器的运行规定

①电压互感器一次额定电压与被测电路的电压应相符。

②电压互感器允许在不超过其 1.1 倍额定电压下长期运行。

③运行中电压互感器的二次侧不能短路,为防止短路,在二次侧装设熔断器或者空气开关。

④电压互感器的二次回路不受一次回路的限制,可采取不同的接线方式。但二次绕组必须有一点接地,且只能有一点接地。

⑤油浸式电压互感器装有油位计和呼吸器,正常运行时电压互感器的油位应正常,呼吸器内的吸湿剂颜色应正常(否则应更换吸湿剂)。

⑥35 kV 及以下的电压互感器,一次侧都应装熔断器,以避免互感器出现故障时使事故扩大,对于 66 kV 及以上的电压互感器,一次侧一般不装设熔断器

⑦中性点非有效接地系统中,电压互感器一次中性点应接地,为防止谐振过电压,宜在一次中性点或二次回路装设消谐装置。

⑧在电压互感器二次侧装设熔断器或自动空气断路器,当电压互感器的二次侧及回路发生故障时,能快速熔断或切断,以保证电压互感器不遭受损坏及不造成保护误动,运行中不得造成二次侧短路,下列情况下电压互感器的二次侧可不装设熔断器:

a. 在二次侧开口三角形的出线上一般不装设熔断器。因为在正常运行时开口端无电压,无法监视熔断器的接触情况。一旦熔断器接触不良,则系统接地时不能发出接地信号。但是,供零序过电压保护的开口三角形出线例外。

b. 中性线上不装设熔断器。这是因为一旦熔丝熔断或接触不良,就会使断线闭锁装置失灵或使绝缘监察电压表失去指示故障的作用。

c. 连接自动电压调整器的电压互感器二次侧不装设熔断器,这是为了防止熔断器接触不良或熔丝熔断时电压调整器误动作。

d. 66 kV 及以上的电压互感器二次侧一般都装设有空气断路器而不用熔断器。

四、电流互感器

1. 电流互感器的工作原理

电流互感器是利用变压器一、二次电流成比例制成的，其工作原理、等效电路也与一般变压器相同，如图 5-16 所示，只是其一次绕组串联在被测电路中，且匝数很少；二次绕组接电流表、继电器电流线圈等低阻抗负荷，近似短路。一次电流（即被测电流）和二次电流取决于被测线路的负荷，而与电流互感器二次侧的负荷无关。由于二次侧接近于短路，所以一、二次电压都很小，励磁电流也很小。

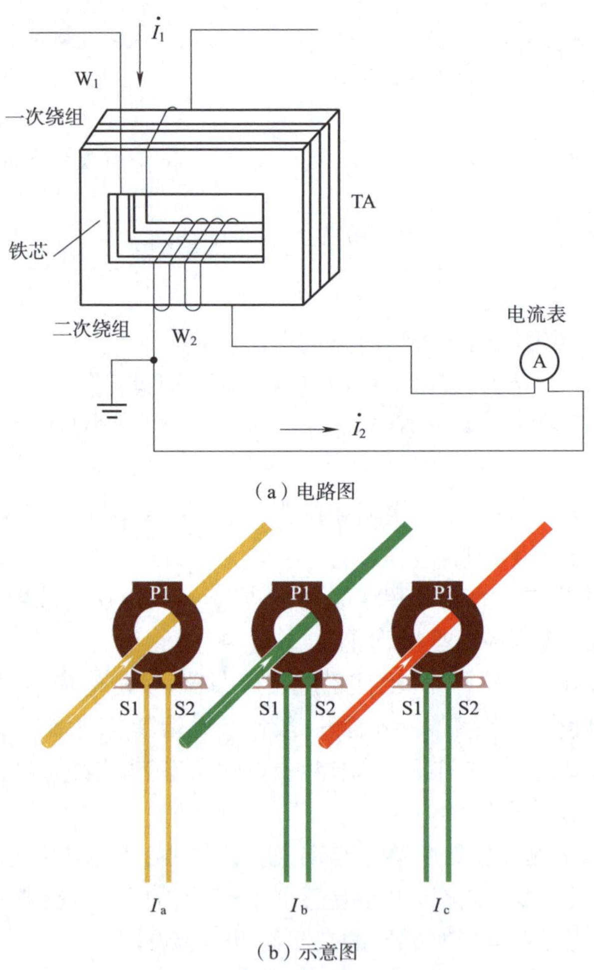

图 5-16　电流互感器的工作原理

当运行中的电流互感器二次侧开路时，此时一次电流不变，二次电流等于零，则二次电流产生的去磁磁通也消失了。这时，一次电流全部变成励磁电流，使互感器铁芯饱和，磁通也很高，将产生以下后果：

(1) 由于磁通饱和，二次侧将产生数千伏高压，且波形改变，会对人身和设备造成严重危害。

(2)由于铁芯磁通饱和,使铁芯损耗增加,产生高热,会损坏绝缘。

(3)会在铁芯中产生剩磁,使互感器电流误差(也称比误差)和角误差增大,失去准确性。

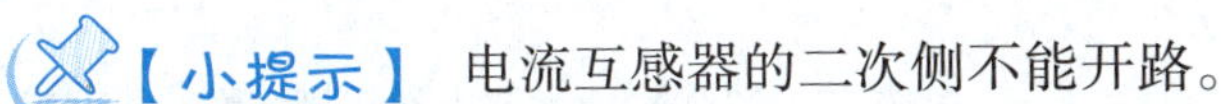

【小提示】 电流互感器的二次侧不能开路。

电流互感器二次回路中不允许接熔断器,也不允许在运行时未经旁路就拆下电流表、继电器等设备。

2. 电流互感器的技术参数

(1)额定电压:10~750 kV。

(2)额定频率:50 Hz。

(3)额定一次电流:5 A、10 A、15 A、20 A、30 A、40 A、50 A、75 A、100 A、150 A、200 A、300 A、400 A、500 A、600 A、800 A、1 000 A。

(4)额定二次电流:5 A 或 1 A。

(5)电流互感器的电流比:电流互感器的电流比常用分数形式标出,分子表示一次绕组的额定电流,分母表示二次绕组的额定电流。例如,电流比为$\frac{800}{1}$,则表示电流互感器的一次侧额定电流为 800 A,二次侧额定电流为 1 A,电流比为 800 倍。

(6)电流互感器的热稳定及动稳定倍数:电流互感器的热稳定倍数能够体现当电力系统故障时,电流互感器承受由短路电流引起的热作用和电动力作用而不致受到破坏的能力。热稳定倍数是指热稳定电流与电流互感器额定电流之比;动稳定倍数是指短路互感器所能承受的最大电流的瞬时值与其额定电流之比。

(7)电流互感器的准确级数:电流互感器的准确级数是互感器变比误差的百分值。常用电流互感器的准确等级为 0.1、0.2、0.5、1、3、5、5P、10P 八个级别。

(8)电流互感器的极性:所谓极性,即铁芯在同一磁通量作用下,一次绕组和二次绕组将感应出电动势,其中两个同时达到高电位或同时为低电位的都称为同名端。

电流互感器一次绕组有两个端口,其一为首端,记为 P1,另一端为末端,记为 P2。二次绕组也有两个端口,其一为首端,记为 S1,另一端为末端,记为 S2。由于原副边绕组是因为耦合而产生相互电流变换关系的,故二者有共同的磁通。如图 5-17 所示 P1 和 S1 是一对同名端,P2 和 S2 也是一对同名端。

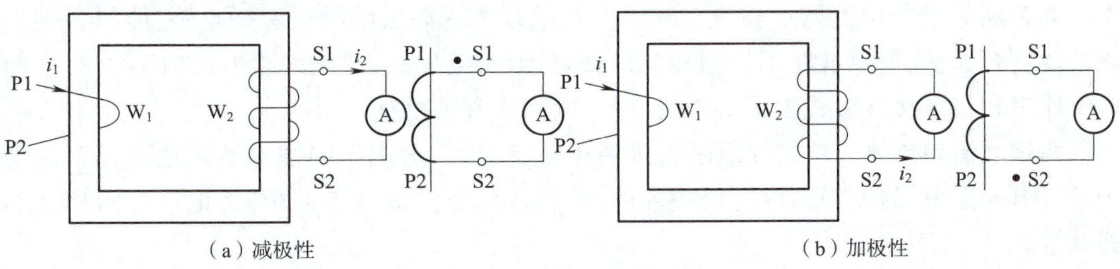

图 5-17 电流互感器极性

(9)10% 误差曲线。继电保护装置对供保护用的电流互感器提出了一个最大允许误差值的要求,即比差不超过 10%(角差不超过 7°)。在 10% 误差曲线以下时,才能保证角差小于 7°。

3. 电流互感器的型号

电流互感器在工程上常用 TA 或 CT 表示。

电流互感器的型号由字母和数字组成，通常表示电流互感器绕组类型、绝缘种类、使用场所及电压等级等，如下所示：

“1”为第 1 位字母，用 L 表示电流互感器。

“2”为第 2 位字母，M—母线式（穿心式）；D—单匝贯穿式；A—穿墙式；R—绕组裸露式；Z—支柱式；V—结构倒置式；J—零序接地检测用。

“3”为第 3 位字母，Z—浇注式；C—瓷绝缘式。

“4”为第 4 位字母，B—带保保护；D—差动保护；J—接地保护或加大容量；S—速饱和；Q—加强型。

“5”为第 1 位数字，一般表示设计序号。

“6”为第 2 位数字，表示额定电压等级，单位是 kV。

“7”为第 3 位数字，表示特殊环境代号。

【思考】 LZZBJ9-12 是什么含义？

五、电流互感器的运行

（1）电流互感器的接线方式

电流互感器一般有单相接线、两相不完全星形接线、两相电流差接线、三相完全星形接线、三角形接线和零序接线六种接线方式，如图 5-18 所示。电流互感器在接线时一定要注意极性接正确，否则将带来严重后果。

①单相接线。这种接线是以一个电流互感器接入一相中（使用中接入中间相），主要用来测量单相负荷电流或三相系统中平衡负荷的某一相，多用于低压动力线路中，供测量电流或接过负荷保护装量之用，接线简单，造价低。

②两相不完全星形接线。又称为两相 V 形接线。这种接线方式在 6 ~ 10 kV 中性点不接地系统中应用较广泛，通过公共导线上的仪表中的电流等于 A 相、C 相电流的相量和，是未接入电流互感器的 B 相电流的反相量。两相 V 形接线方式组成的继电保护电路，能对各种相间电路故障进行保护，但灵敏度不尽相同，与三相星形接线比较，灵敏度较差。由于两相 V 形接线方式比三相星形接线方式少了 1/3 的设备，因此节省了投资费用。

③两相电流差接线。该接线反映的是两相电流之差，适用于中性点不接地三相三线制电路中的过电流继电保护，该接线能反映各种相间短路，但灵敏度各不相同，也称为两相一继电器式接线。

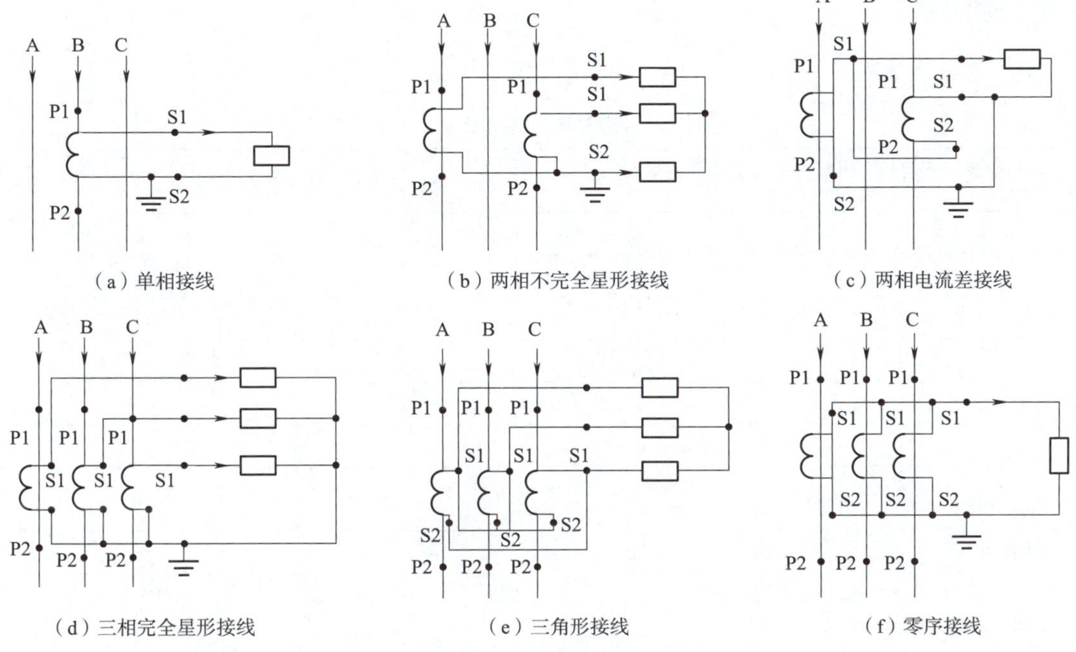

图 5-18 电流互感器的接线方式

④三相完全星形接线。三相完全星形接线由三个电流互感器和三个电流继电器组成。这种接线可以准确反映三相中每一相的真实电流。该接线方式应用在大电流接地系统中,保护线路的三相短路、两相短路和单相接地短路。

⑤三角形接线。三角形接线应用于 Y/△接线的变压器差动保护,这种接线一般是为了配合变压器保护,每相输出的电流相对于二次绕组电流在相位上移动了 30°,在数值上是原来的 $\sqrt{3}$ 倍。

⑥零序接线。这种接线由于三相正序电流之和与三相负序电流之和均为零,故该接线只能输出 3 倍的零序电流分量,也称为零序电流滤出器,主要用于继电保护中的零序电流保护。

(2)电流互感器的运行规定

①通过电流互感器的一次侧的电流允许在不大于 1.1 倍额定电流下长期运行,如果长期过负荷运行,会使测量误差加大,并使绕组过热或损坏。

②电流互感器应在铭牌规定的额定容量范围内运行。

③电流互感器是串联在线路中的,当发生短路故障时,将产生较大的短路电流,随之产生热效应和由电动力产生的机械效应,电流互感器必须具备承受这些效应的能力。

④运行中电流互感器的二次侧不能开路。

⑤电流互感器的二次侧必须有一、二次绕组间绝缘击穿时,一次侧的高电压窜入二次侧,危及人身和二次设备的安全。

⑥电流互感器与电压互感器的二次回路不允许相连接。

实施过程

操作单见表5-4。

表5-4 操作单

1. 填写电流互感器和电压互感器的日常巡视内容

设备名称	看	听	闻	巡视要求

2. 每组选派2人完成互感器的日常巡视对话

3. 问题解答

(1)画出电压互感器在电路中的接线方式。

自组织精炼回答：

【知识关联】

电压互感器的运行。

【知识反哺】

电压互感器在电路中的接线方式如下：

①一个单相电压互感器接线：用于对称的三相电路，二次侧可接仪表和继电器。

②两个单相电压互感器V/v形的接线：两个单相电压互感器的V/v形接线可以测量线电压，但不能测相电压。它广泛应用在20 kV以下中性点不接地或经消弧线圈接地的电网中。

③三个单相电压互感器Y_0/Y_0形的接线：三个单相电压互感器Y_0/Y_0形的接线方式可以供给要求测量线电压的仪表和继电器，以及要求供给相电压的绝缘监察电压表。

④三个单相三绕组电压互感器或一个三相五柱式三绕组电压互感器接成$Y_0/Y_0/\triangle$形：其接线方式接成Y_0形的二次线圈供电给仪表、继电器及绝缘监察电压表等，辅助二次线圈接成开口三角形，供电给绝缘监察电压继电器。当三相系统正常工作时，三相电压平衡，开口三角形两端电压为零。当某一相接地时，开口三角形两端出现零序电压，使绝缘监察电压继电器动作，发出信号

(2)电流互感器有什么用途？

自组织精炼回答：

【知识关联】

电流互感器。

【知识反哺】

电流互感器的主要用途有以下几点：

①用于测量和保护：电流互感器可以将较大的一次电流转换为较小的二次电流，使得对二次侧的测量和保护变得更加容易。例如，一个变比为$\frac{400}{5}$的电流互感器可以将400 A的电流转换为5 A的电流，这样就可以方便地使用测量仪表进行电流测量，或者使用继电器进行过电流保护。

②提供电气隔离：电流互感器提供了电气隔离，将一次电路和二次电路分开，防止了一次电路的故障影响到二次电路，提高了系统的安全性和稳定性。

③进行电力系统的监控和保护：电流互感器还广泛应用于电力系统的监控和保护。通过对电流的监测，我们可以及时发现电力系统的异常情况，例如短路、过载等，从而采取相应的措施进行保护，避免事故的发生

(3)电流互感器二次侧为什么必须接地？

自组织精炼回答：

【知识关联】

电流互感器的运行。

【知识反哺】

电流互感器二次侧必须接地是为了保证安全。接地可以避免二次绕组对地产生较高电压，保护二次设备和人身安全。同时，如果一次绕组和二次绕组之间的绝缘破损，高压会直接加到二次回路中，对二次设备和人身安全造成危害。因此，电流互感器的二次侧必须接地，并且只有一个接地点，不允许有多个接地点，这样可以确保安全可靠地使用

(4)电压互感器的二次侧短路对运行有什么危害？

自组织精炼回答：

【知识关联】

电压互感器的工作原理。

【知识反哺】

电压互感器二次侧短路对运行有重大危害，包括：①二次线圈产生很大短路电流，烧损电压互感器线圈，以致会引起一、二次击穿，使有关保护误动作，仪表无指示。②如果电压互感器二次侧熔断器选用不当，容易损坏电压互感器

(5)电流互感器二次侧为什么不允许开路？

自组织精炼回答：

【知识关联】

电流互感器的工作原理。

【知识反哺】

电流互感器二次侧不允许开路,因为开路会产生高压,危及人身和设备安全。正常运行时,电流互感器二次侧线圈的阻抗很小,相当于二次侧在短路状态下运行。如果二次侧开路,二次侧电流为零,但一次侧电流会全部成为励磁电流,导致铁芯中磁通量急剧上升,铁芯过饱和,铁损耗增大,互感器发热,并且二次绕组匝数很多,将会感应出危险的高电压,危及人身和设备安全

(6)变比是$\frac{400}{5}$的电流互感器接有一块最大刻度是200 A的电流表,当电流表的指示为100 A时,电流互感器一次侧流过的电流是多少?

自组织精炼回答:

【知识关联】

电流互感器的工作原理。

【知识反哺】

电流互感器的变比就是一次侧电流与二次侧电流的比例,比如$\frac{500}{5}$、$\frac{250}{5}$、$\frac{100}{5}$、$\frac{75}{5}$、$\frac{50}{5}$、$\frac{25}{5}$等,比如$\frac{500}{5}$就是说当一次电流达到500 A的时候,二次侧感应的电流为5 A

检查评价

在线测试单见表5-5。

表5-5　在线测试单

第一步	第二步	第三步
登录学习通 App	在学习通 App 中 找到考试图标并单击	输入考试码:t8061624 开始在线测试

你的得分:________　　评价等级:________(优秀/合格/不合格)

任务小结

互感器通过电磁感应原理测量电压和电流,为电力系统提供必要的数据支持。在本质上,可以将互感器理解为一种变压器。电压互感器将高电压转换为低电压,电流互感器将高电流转换为低电流。选择和使用互感器需符合系统要求,遵守接线方式和运行规定,确保准确测量和安全运行。谨记:电压互感器不能短路、电流互感器不能开路。

任务6 防雷及接地装置的运行与维护

引 言

本任务将重点介绍防雷及接地装置的运行与维护,旨在深入了解如何有效地保护电力设备和电力系统免受雷击和过电压损害。防雷及接地装置是电力系统中重要的组成部分,对于确保设备的运行安全和人身安全至关重要。避雷器、避雷线、避雷针、接地装置和放电保护器等,它们各不相同,但都是保护电力系统安全运行的重要装置。本任务介绍常见的防雷装置的工作原理、结构和应用,以及接地的概念、接地装置、接地网等,并解读接地电流、对地电压、接触电压和跨步电压等与接地相关的重要参数。通过对本任务的学习,具备评估、运行和维护防雷及接地装置的能力,熟悉和理解轨道交通供电雷电防护体系,为确保电力系统的安全运行提供有力支撑。

思维导图

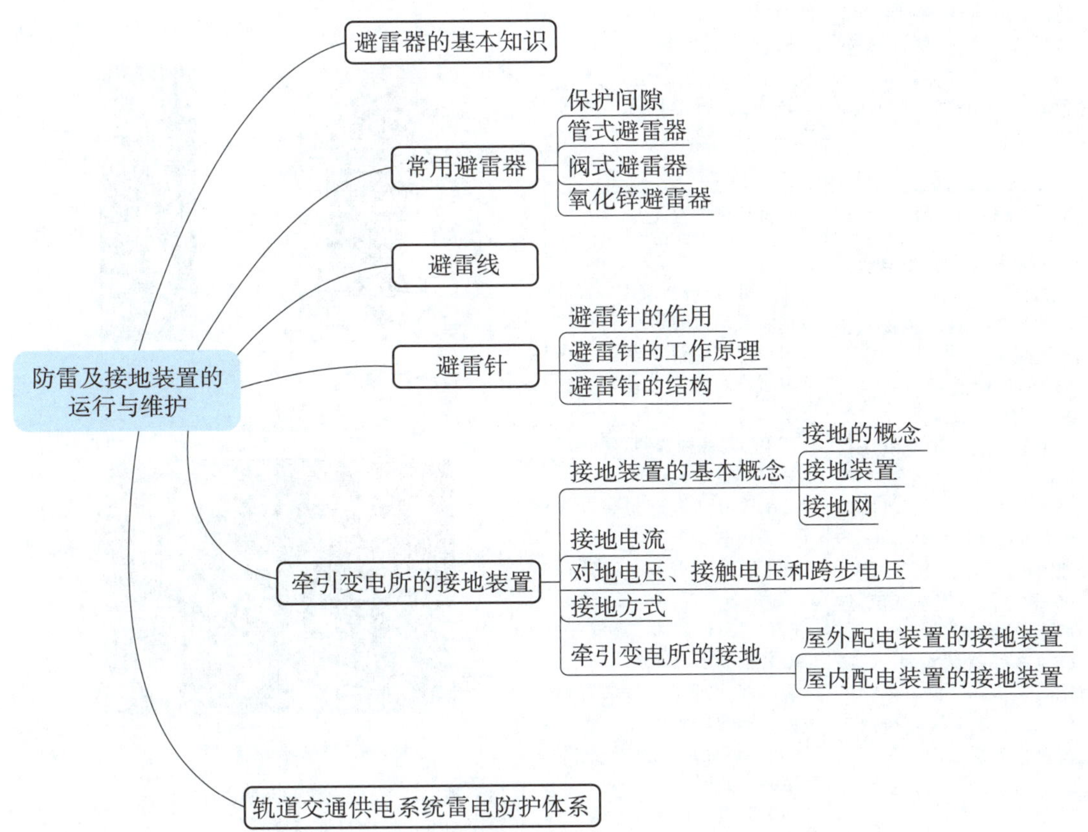

学习任务单

学习任务单见表 6-1。

表 6-1　学习任务单

<table>
<tr><td>● 任务描述</td><td>● 基于工作过程的学习</td><td>● 学习载体</td></tr>
<tr><td>对牵引变电所的防雷及接地装置进行实物辨识、结构分析，结合设备功能及特性，着重理解其作用，能进行运行和维护</td><td rowspan="3">资讯：根据资讯单中的资讯问题进行任务导入，学生通过预习、查找信息资料，建立总体印象
计划：与小组成员、老师或师傅讨论避雷装置和接地装置在牵引变电所中的作用和影响
决策：确定工作步骤、所需工具和达成目标
实施：进行行动化学习，发现问题，共同分析，遇到无法解决的问题时请老师或师傅帮助解决
检查：工具准备、生产文件、安全事项
评价：进行点评和专业交流，给出改进建议</td><td rowspan="5">（1）避雷器基本知识
避雷器的使用环境如图 6-1 所示。

图 6-1　避雷器的使用环境
（2）常用避雷器（见图 6-2）、避雷线、避雷针（见图 6-3）

图 6-2　避雷器

图 6-3　避雷针
（3）接地的基本概念和知识（见图 6-4）
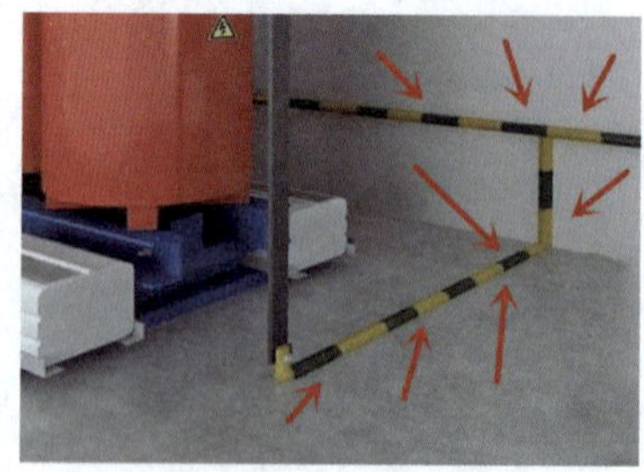
图 6-4　接地的基本概念和知识
（4）对地电压、接触电压和跨步电压
（5）牵引变电所的接地装置
（6）放电保护器</td></tr>
<tr><td>● 知识目标</td></tr>
<tr><td>（1）认识避雷装置和接地装置的作用、结构和工作原理
（2）了解避雷装置和接地装置运行中的要求
（3）对避雷装置和接地装置的日常巡视做出规划，确定所涉及的内容、仪表、工具等
（4）了解避雷装置和接地装置运行中和检修时的注意事项</td></tr>
<tr><td>● 职业能力与职业素质</td><td>● 行动化学习任务</td></tr>
<tr><td>（1）能认识牵引变电所防雷设施及接地装置
（2）能指明避雷装置和接地装置的结构
（3）能理解避雷装置和接地装置的工作原理
（4）能熟悉牵引变电所接地网
（5）能进行牵引变电所避雷装置和接地装置的巡视，并关注其运行要求
（6）树立高压安全意识，培养遵章守规的行为习惯
（7）培养团队精神，鼓励协作
（8）培养爱岗敬业精神和吃苦耐劳品质</td><td>第一部分：进行避雷装置和接地装置知识的学习
（1）查阅运行检修规程中有关避雷装置和接地装置的要求
（2）查阅各种资料，熟悉避雷装置和接地装置的结构
（3）学习理解避雷装置和接地装置的工作原理
（4）列出避雷器和避雷针的结构
（5）列出避雷器、避雷针、接地装置的巡视要点
第二部分：进行避雷装置和接地装置的日常巡视
（6）实施完成避雷器、避雷针结构表的填写
（7）实施完成牵引变电所避雷器、避雷针和接地装置的巡视
（8）总结安全注意事项</td></tr>
</table>

任务资讯

资讯单见表6-2。

表6-2 资讯单

学习任务6	防雷及接地装置的运行与维护	推荐学时	4
资讯方式	在图书馆、专业杂志、互联网上查询问题；咨询任课教师		
资讯问题	(1)避雷器、避雷针和接地装置在牵引变电所中的作用是什么		
	(2)避雷器、避雷针和接地装置分布在牵引变电所中的哪些地方		
	(3)避雷器、避雷针的基本组成是什么		
	(4)避雷器有哪几种类型		
	(5)避雷器的工作原理是什么？避雷针的工作原理是什么		
	(6)牵引变电所接地网是由什么构成的？接地处有无识别标志		
	(7)避雷器、避雷针的铭牌有哪些内容		
	(8)正常情况下如何监测避雷器、避雷针和接地装置的运行		
	(9)什么叫跨步电压？什么叫接触电压		
	(10)接地方式分哪几种		
	(11)在什么地方可以寻找高压室和控制室的接地点		
	(12)避雷器的巡视内容是什么		
	(13)避雷器、避雷针和接地装置在运行与维护时需要哪些仪表和工具		
	(14)避雷器、避雷针和接地装置进行检修吗？检修周期和内容是什么		
	(15)对避雷器、避雷针和接地装置进行巡视时有什么安全注意事项		
资讯引导	以上问题可以在本课程的学习信息、《牵引变电所运行检修规程》、“牵引变电所”精品课程网站、专业资料等处查找		

计划决策

计划决策单见表6-3。

表6-3 计划决策单

小组协作成员(签字)		
组长：	组员1：	组员2：
组员3：	组员4：	组员5：
计划决策		
学习步骤	学习计划	学习策略
第一步		
第二步		
第三步		
请将小组协作成员分工和计划决策内容拍照后，在线发送给授课老师，老师进行指导评价		

【知识延伸】

"天上电闪雷鸣，它到有什么规律？能否人工模拟？如何加以针对性防护？"2007年，谷山强毕业后选择了防雷领域工作。要防雷击，首先得发现雷电产生的规律，捕捉雷电、分析数据成了他工作的全部。在经历了一场有惊无险雷雨"袭击"后，谷山强和团队成功捕捉到了一次清晰完整的雷击放电过程，此次捕获到的雷电是首例国内外时空分辨率最高、过程最详尽的地闪图像，也是国际上首次清晰观测到长间隙放电下行先导梯级发展过程，为雷电机理研究提供了精确可靠的基础雷电数据。于是他们结合雷电监测数据、地形地貌和电网参数等要素，提出了"差异化防雷概念"，并首次运用该技术对15条线路进行了防雷评估改造，使某线路的雷击跳闸率由之前的80%降至20%。2013年研制出了首台±500 kV直流线路避雷器，填补了国内外的技术空白。并在2016研制出了±800 kV直流线路避雷器，再次实现了该领域的国际技术突破。谷山强的事迹告诉我们：成功不是一蹴而就的，需要专业的知识和坚定不移的信念并为之奋斗。

知识链接

一、避雷器的基本知识

避雷器是一种能释放过电压能量、限制过电压幅值的设备。避雷器通常接于带电导线与地之间，与被保护设备并联，如图6-5所示。当过电压值达到规定的动作电压时，避雷器立即动作，流过电荷，限制过电压幅值，保护设备的绝缘；电压值正常后，避雷器又迅速恢复原状，以保证系统正常供电。避雷器能释放雷电和电力系统操作过电压的能量，保护电气设备免受瞬时过电压危害，同时又能截断续流，不致引起系统接地短路。

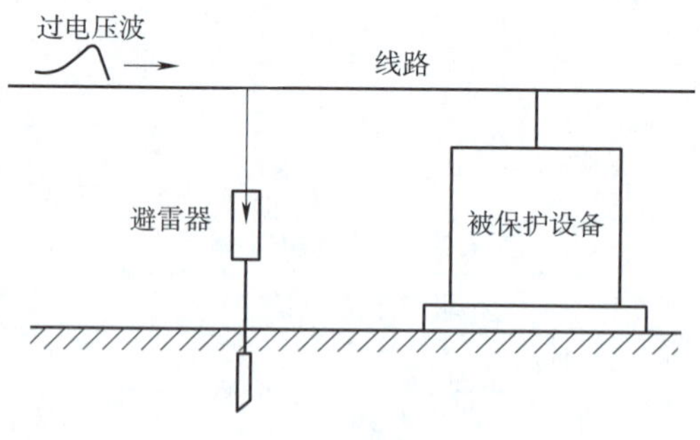

图6-5　避雷器的连接

二、常用避雷器

避雷器按发展先后可分为保护间隙、管式避雷器、阀式避雷器和氧化锌避雷器。

1. 保护间隙

保护间隙是最简单的避雷器，如图6-6所示。

工作原理：当雷电波侵入所保护的电气设备时，保护间隙首先被击穿，工作母线接地，避免被保护设备的电压升高,从而保护设备。

优点:结构简单,制造方便。

缺点:伏秒特性曲线比较陡,绝缘配合不理想。间隙动作后会形成截波,熄弧能力低,需配合自动重合闸使用。

应用范围:用于不重要场合或单相接地不会导致严重后果的场合。

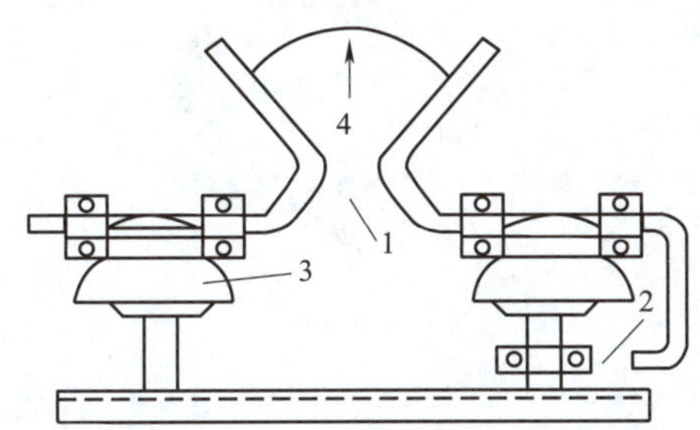

1—主间隙;2—辅助间隙;3—绝缘子;4—工频续流电弧运动方向。

图 6-6 角形保护间隙的结构

2. 管式避雷器

管式避雷器又称为排气式避雷器,也是一个保护间隙,但它在放电后能自动灭弧,如图 6-7 所示。

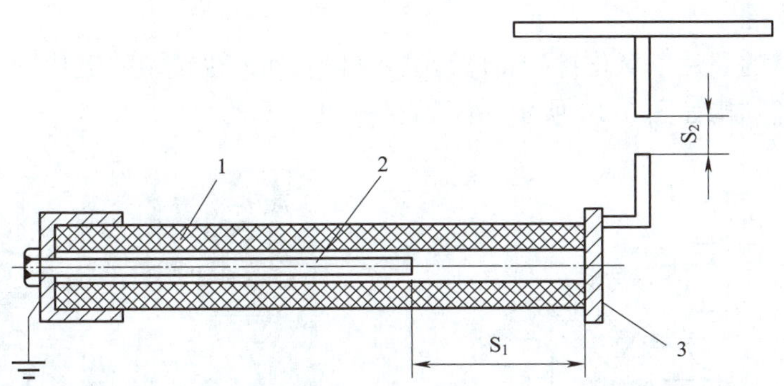

S_1—内部间隙;S_2—外部间隙;1—产气管;2—内部电极;3—端部环形电极。

图 6-7 管式避雷器的结构

工作原理:当排气式避雷器受到雷电波入侵时,内外间隙同时击穿,雷电流经间隙流入大地;过电压消失后,在工作电压作用下,流经间隙的工频续流电弧的高温使管内产气材料分解出大量气体,管内压力升高,气体从开口处喷出,从而使工频续流在第一次经过零时就被切断,实现熄弧。

特点:熄弧能力与工频续流大小有关,续流太大,产气过多,易使管子炸裂;续流太小,产气不足以熄弧,故对工频续流有上下限的规定。

优点:熄弧能力比保护间隙强。

缺点:伏秒特性曲线比较陡,且会形成截波,并受大气条件影响较大。

应用范围:只用在输电线路上绝缘比较薄弱的地方和变电所、发电厂的进线段保护。

3. 阀式避雷器

阀型避雷器是由空气间隙和一个非线性电阻(常用材料为碳化硅,SiC)串联并装在密封的瓷瓶中构成的。普通型阀式避雷器如图 6-8 所示,阀式避雷器实物图如图 6-9 所示。

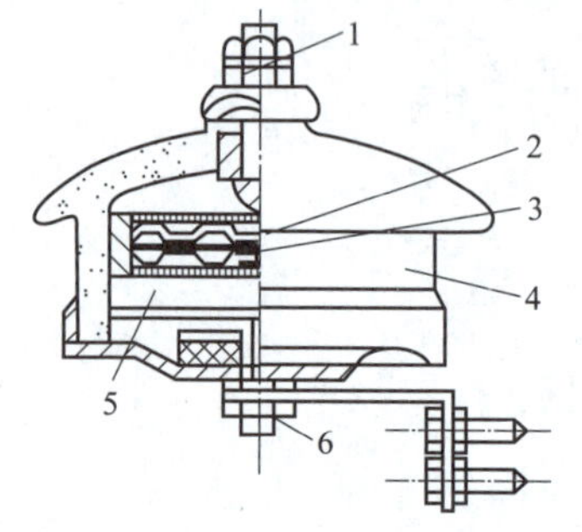

1—上接线端;2—火花间隙;3—云母片垫圈;
4—瓷套管;5—阀片;6—下接线端。

图 6-8 普通型阀式避雷器

(a)

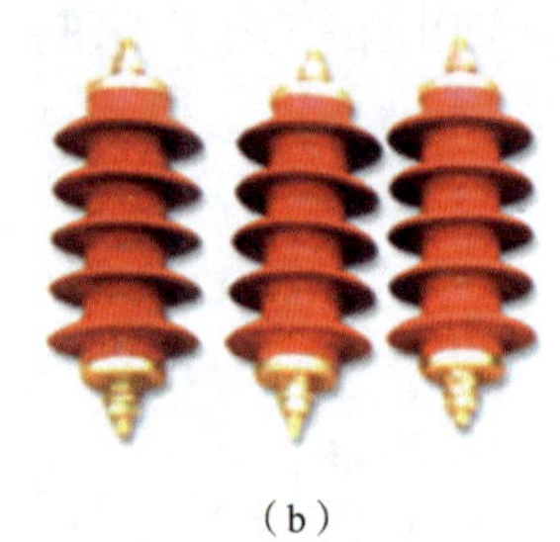

(b)

图 6-9 阀式避雷器实物图

工作原理:在雷电波侵入时,由于电压很高(即发生过电压),间隙被击穿,而非线性电阻阻值很小,雷电流便迅速进入大地,从而防止雷电波的侵入。当过电压消失之后,非线性电阻阻值很大,间隙又恢复为断路状态,随时准备阻止雷电波的入侵。

4. 氧化锌避雷器

氧化锌避雷器的阀片以氧化锌(ZnO)为主要材料,加入少量金属氧化物,在高温下烧结而成。氧化锌避雷器结构如图 6-10 所示,外形如图 6-11 所示。

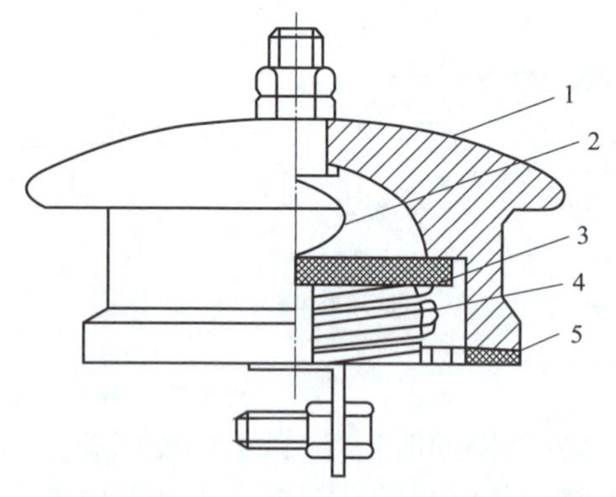

1—瓷套;2—熔丝;3—氧化锌阀片;4—弹簧;5—密封垫。

图 6-10 氧化锌避雷器结构图

图 6-11 氧化锌避雷器外形图

工作原理:在正常工作电压下,氧化锌避雷器具有极高的电阻而成绝缘状态,流经电流仅有 μA 级;当遭受过电压时,由于氧化锌压敏电阻片的非线性,避雷器呈现低电阻状态泄放雷电流,流过避雷器的电流瞬间达数千安培,避雷器处于导通状态,释放过电压能量,使与避雷器并联的电气设备的残压被抑制在设备绝缘安全值以下,待有害的过电压消失后,迅速恢复高电阻而呈绝缘状态,从而有效地保护了电气设备的绝缘免受电压的损害。

优点：无间隙、无续流；通流容量大；可使电气设备所受过电压降低；体积小、质量轻、结构简单、运行维护方便。

目前，氧化锌避雷器已经取代了阀式避雷器，在电力系统中已得到广泛应用。

三、避雷线

避雷线如图 6-12 所示，在 66 kV 及以上的架空线路上全线装设；35 kV 的架空线路上，一般只在进出变配电所的一段线路上装设；而 10 kV 及以下线路上一般不装设避雷线。

图 6-12 避雷线

四、避雷针

1. 避雷针的作用

避雷针是由接闪器、引下线和接地装置组成的防雷保护装置。避雷针一般明显高于被保护物，用于拦截没有落在避雷针保护范围内的物体上的雷击，当雷云放电临近地面时首先击中避雷针，避雷针的引流体将雷电流安全引入地中，防止避雷针周围的设备受到雷击。

分类：避雷针按安装地点可分为独立式避雷针、组合式避雷针。

2. 避雷针的工作原理

在雷云先导发展的初始阶段，因其离地面较高，其发展方向会受一些偶然因素的影响而不“固定”；但当它离地面达到一定高度时，地面上高耸的避雷针因静电感应聚集了大量与雷云电荷极性相反的电荷，使雷电场畸变，因而将雷云放电的通路由原来可能向其他物体发展的方向，吸引到避雷针本身，通过引下线和接地装置将雷电流放入大地，从而使被保护物体免受直接雷击。因此，避雷针实质上是引雷针，它把雷电波引入大地，有效地防止了直击雷。

3. 避雷针的结构

避雷针由避雷针针头、引流体和接地体三部分组成，如图 6-13 所示。

五、牵引变电所的接地装置

1. 接地装置的基本概念

(1)接地的概念

大地：一般定义为电路或系统中的零电位参考点。

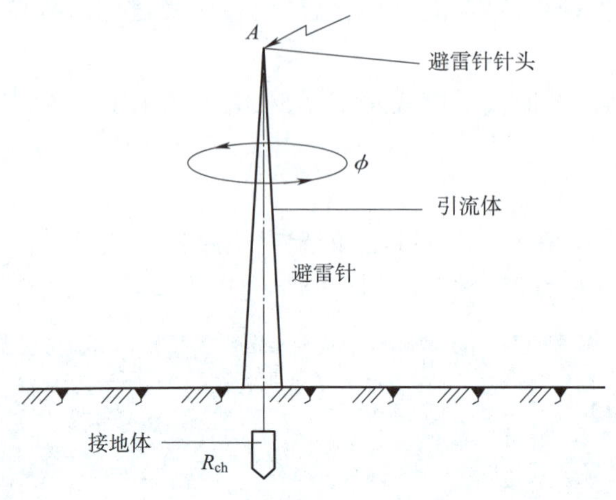

A—雷电流;ϕ—磁通;R_{ch}—接地电阻。

图 6-13　避雷针的结构

接地:电气设备的某部分与大地之间做良好的电气连接。

(2)接地装置

接地体:埋入地下直接与大地接触的金属导体。

接地线:将电气装置中接地部分与接地体连接起来的金属导体。

接地装置:接地体与接地线的总和,如图 6-14 所示。

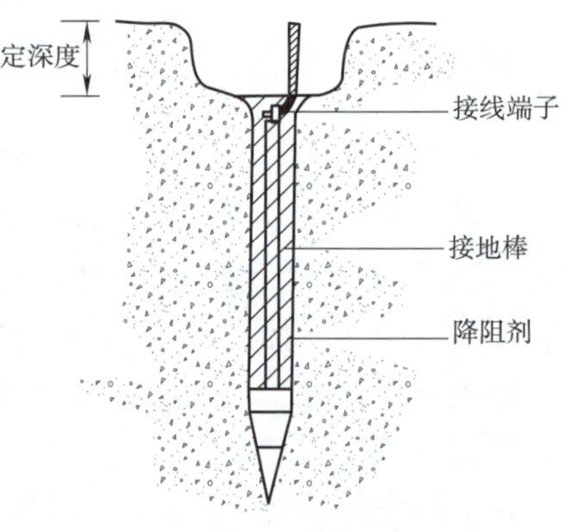

图 6-14　接地装置

接地体是埋在土壤中的金属体,又可分为自然接地体和人工接地体。

自然接地体:与大地有可靠接触的金属导体,如埋入地下的金属管道、建筑物的钢结构和钢筋、行车的钢轨、电缆金属外皮等都可作为自然接地体。

人工接地体:采用钢管、圆钢、角钢、扁钢等钢材制成。

接地体可水平埋设,也可垂直埋设。水平埋设时一般采用扁钢制作接地体,埋设深度应不小于 0.6 m。垂直埋设时,镀锌钢管的壁厚不小于 2.5 mm,镀锌角钢的厚度为 4 mm,镀锌圆钢的直径不小于 14 mm。

接地线是用扁钢焊在接地体上作为引出导体,在引出导体上焊上螺栓与其他接地线连接。接地线一般采用绝缘铜线、裸铜线。接地线的最小截面积为:绝缘铜线为 1.5 mm^2,裸铜线为 4 mm^2。

(3)接地网

接地网是由若干个接地体在大地中相互用接地线连接起来的一个整体,如图 6-15 所示。接地线又分为接地干线和接地支线,接地干线一般采用不少于两根导体在不同地点与接地网相连。

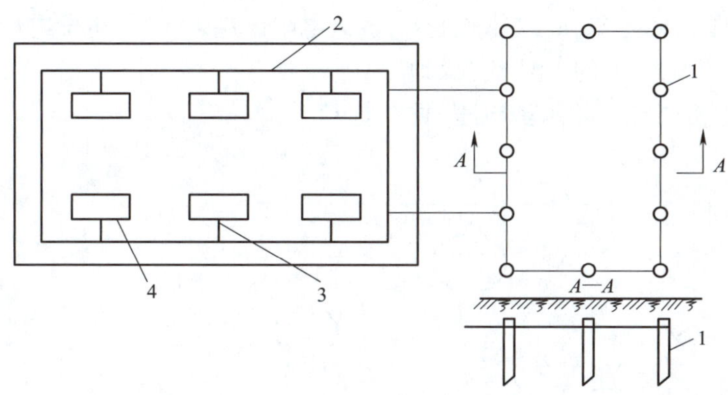

1—接地体;2—接地干线;3—接地支线;4—电气设备。

图 6-15　接地网示意图

2. 接地电流

凡从接地体流入地下的电流即属于接地电流。接地电流有正常接地电流和故障接地电流之分。正常接地电流指正常工作时,通过接地装置流入地下,经由大地形成回路的电流;故障接地电流指系统发生故障时出现的接地电流。

当电气设备发生接地故障时,接地电流 I_E 流入地下之后,通过接地体向大地作半球形散开,如图 6-16 所示,这一接地电流叫流散电流。流散电流在土壤中遇到的全部电阻称流散电阻。流散电阻与接地线的电阻之和称为接地电阻。由于接地线电阻一般很小,可以忽略不计,因此,可认为流散电阻就是接地电阻。在距接地体越远的地方球面越大,流散电阻越小。

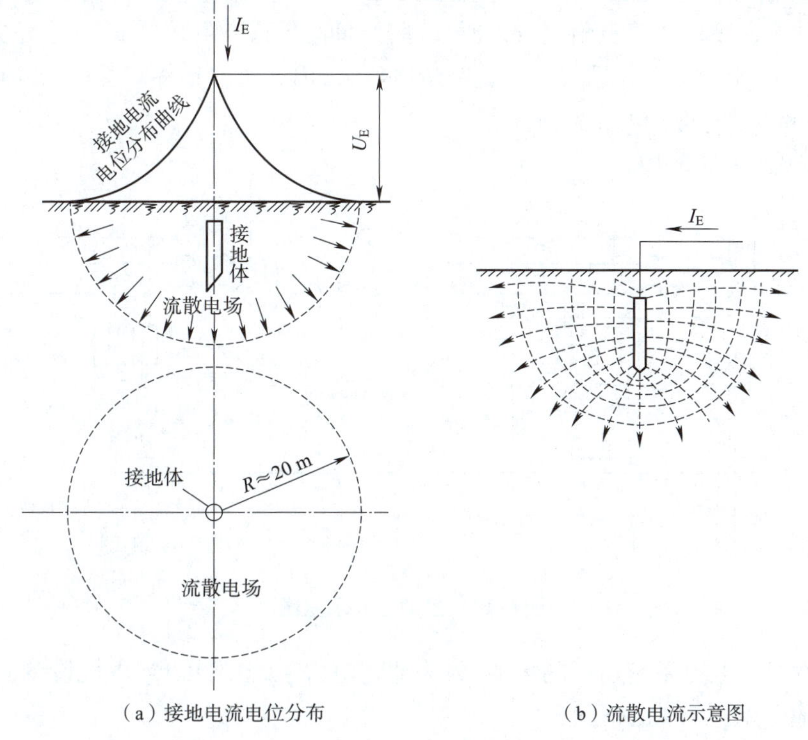

（a）接地电流电位分布　（b）流散电流示意图

图 6-16　流散电流

实践证明：在距接地体 20 m 以外的地方，散流电阻已趋近于零，也即电位趋近于零。该电位等于零的地方称为电气上的“地”或“大地”。

3. 对地电压、接触电压和跨步电压（见图 6-17）

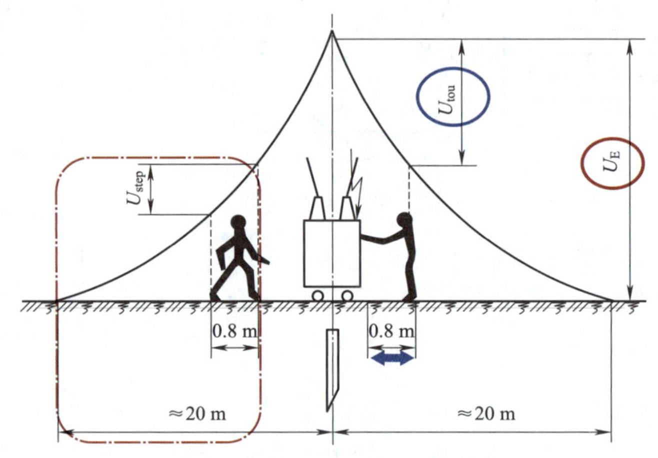

图 6-17　对地电压、接触电压和跨步电压

图 6-18　跨步电压示意图

对地电压：电气设备的接地部分与零电位地之间的电位差，称为接地部分的对地电压，用 U_E 表示。对地电压等于接地电流与接地电阻的乘积。

接触电压：人站在发生接地短路故障的设备旁边，距设备水平距离 0.8 m，人手触及设备外壳（距地面 1.8 m 处），手与脚两点之间呈现的电位差，称为接触电压 U_{tou}。

跨步电压：人在接地故障点附近行走时，两脚之间（人的跨距 0.8 m）的电位差，称为跨步电压 U_{step}，如图 6-18 所示。紧靠接地装置跨步电压大，离开了接地体承受的跨步电压小一些。离开接地体20 m 以外，跨步电压接近于零。

4. 接地方式（见图 6-19）

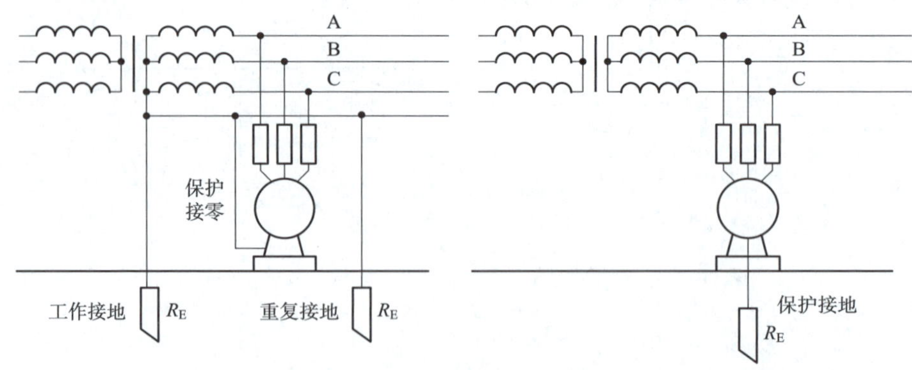

图 6-19　接地方式示意图

工作接地：根据电力系统运行的需要，人为地将电力系统中性点或电气设备的某一部分进行接地。（接地电阻记为 R_E，下同）

防止电器金属外壳漏电有两种技术措施：保护接地、保护接零。

保护接地：为保证人身安全、防止间接触电事故，将电气设备的外露可导电部分与地做良好的连接。保护接地用在中性点不接地的系统中。

保护原理：人若触及带电外壳，人体电阻和接地电阻并联，再通过另外两相对地的漏电阻形成回路，如图 6-20 所示。保护接地电阻值应小于 4 Ω。因为人体电阻比接地电阻大得多（1 000∶4）。故流过人体的电流小得多（1∶250），通常小于安全电流 10 mA，保证了安全用电。

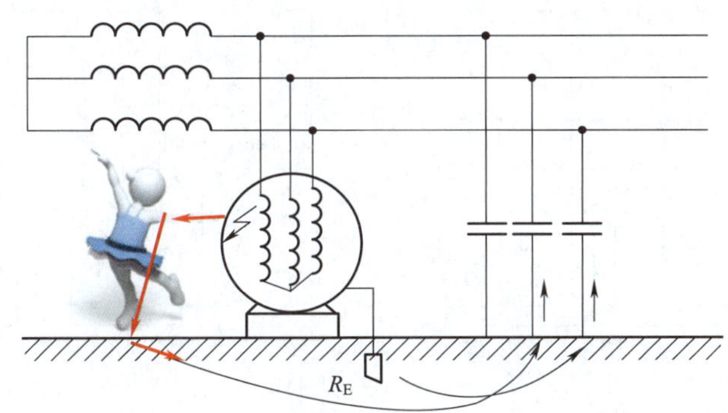

图 6-20 保护接地示意图

保护接零：就是在中性点接地的电网中，将电气设备金属外壳（在正常情况下不带电）与电网的中性线直接连接，如图 6-21 所示。保护接零用在中性点接地的系统中。

重复接地：在 TN 系统中，为了避免 PE 线或 PEN 线断开时系统失去保护作用，除在电源中性点必须采用工作接地外，PE 线或 PEN 线还应在下列地方重复接地：在架空线路末端及沿线每隔 1 km 处；在电缆和架空线路引入车间或其他大型建筑物处。图 6-22 为重复接地原理示意图。

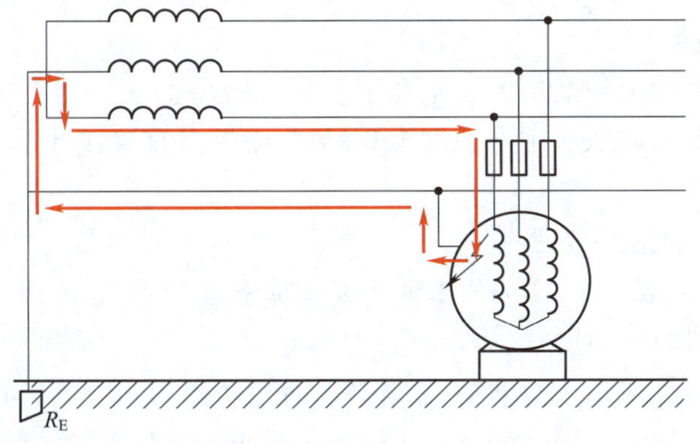

图 6-21 保护接零示意图

【小提示】

TN 系统：是指电源有一点直接接地，负载设备的外壳通过导体连接到此接地点的系统。该系统所有电气设备的外壳均接到保护线上，并与电源的接地点相连，这个接地点通常是配电系统的中性点。

PE 线:保护接地线,俗称地线,我国规定 PE 线为绿-黄双色线。

PEN 线:兼有保护接地线(PE 线)和接中性点功能(N 线,俗称零线)的导体线,既可将原中性线准确且良好地接地,又能连接被保护设备的外壳等。因此,PEN 线同时具有 PE 线的接地性质,也具有 N 线(中性线,零线)的带动负载的性质。

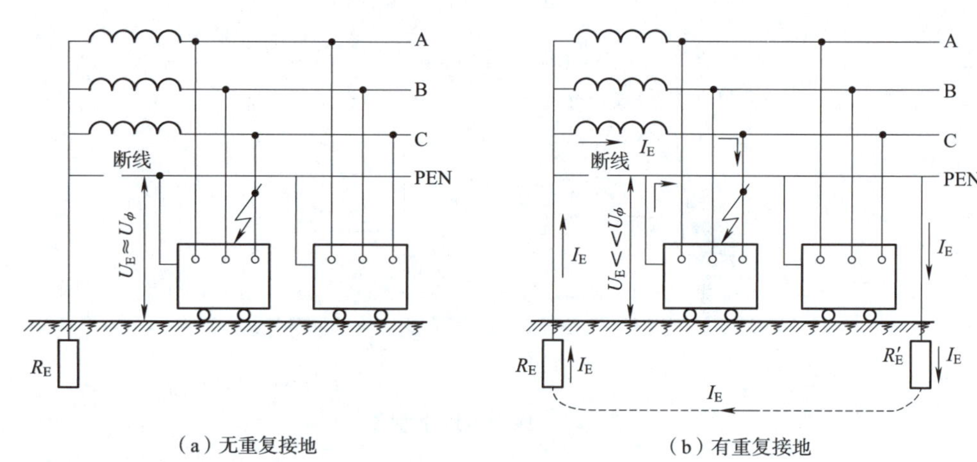

R_E、R'_E—接地电阻;U_E—接地电压;I_E—接地电流;U_ϕ—短路故障电压。

图 6-22 重复接地原理示意图

应尽量避免 PE 线和 PEN 线的断线事故,PE 线和 PEN 线一般不允许装设开关或熔断器。

防雷接地:为了使雷电流安全地向大地泄放,以保护建筑物或电气设备免受雷击而采取的接地,称为防雷接地。

5. 牵引变电所的接地

为了保证牵引变电所工作人员的安全和牵引供电设备的正常运行,牵引变电所中必须设置可靠的接地装置。牵引变电所中电源侧 110 kV 为中性点直接接地系统,其接地装置的接地电阻应小于 0.5 Ω。

(1)屋外配电装置的接地装置

牵引变电所接地网要求较高,采用垂直接地体和水平接地体组成的复合接地网。见表 6-4 为接地装置导体的最小尺寸。

垂直接地体采用钢管或角钢垂直打入地中。钢管外径为 48 ~ 60 mm,长度为 2 ~ 3 m,管壁厚度不小于 3.5 mm,角钢采用∠50 mm × 50 mm × 5 mm。在实际敷设中,是在挖出的 0.6 ~ 0.8 m 深的水平接地体埋设沟中垂直打入,目的在于打入地下深一些,接地良好些。

水平接地体是在距地面 0.6 ~ 0.8 m 深处敷设的扁钢(50 mm × 50 mm)或圆钢(ϕ10 mm),水平接地体与垂直接地体通过焊接连成一体构成复合接地网。

垂直接地体间距不小于其长度的 2 倍,一般为 4 ~ 5 m。水平接地体的间距一般为 4 ~ 5 m。水平接地体距地面一般为 0.6 m,这样可以使接地电阻不会因冬季土壤表面的冰冻和夏季水分的蒸发而引起较大的变动。

表 6-4 接地装置导体的最小尺寸

种类、规格及单位		地上	地下
圆钢直径(mm)		8	8/10
扁钢	截面积(mm^2)	48	48
	厚度(mm)	4	4
角钢厚度(mm)		2. 5	4
钢管管壁厚度(mm)		2. 5	3. 5/2. 5

复合接地网一般布置成封闭环状,外缘各角应做成圆弧形,圆弧的半径不宜小于均压带间距的一半,牵引变电所一般取 2 ~3 m。

接地线:用 20 mm ×4 mm ~40 mm ×4 mm 的扁钢。接地线与接地体之间的焊接点应涂防腐材料。在接地线引入建筑物的入口处或在检修用临时接地点处,均应刷白色底漆并标以黑色标识。同一接地体不应出现两种不同的标识。

(2)屋内配电装置的接地装置

牵引变电所内配电装置,高压室、主控制室、电容器室等本身不设接地体,是将屋外复合接地网多点连接引入接地干线。

高压室是用扁钢或圆钢固定在屋内四周墙壁下方组成接地干线,楼上、楼下的接地干线多处连接构成一体,再与屋外复合接地网多处连接;主控室利用电缆沟中的固定电缆支架扁钢作接地干线;需接地的每台电气设备应用接地支线单独与接地干线连接,严禁几台电气设备的接地支线串联后再接入接地干线。接地干线和接地支线均应涂为黑色,作为接地线的标识。

六、轨道交通供电系统雷电防护体系(见图 6-23)

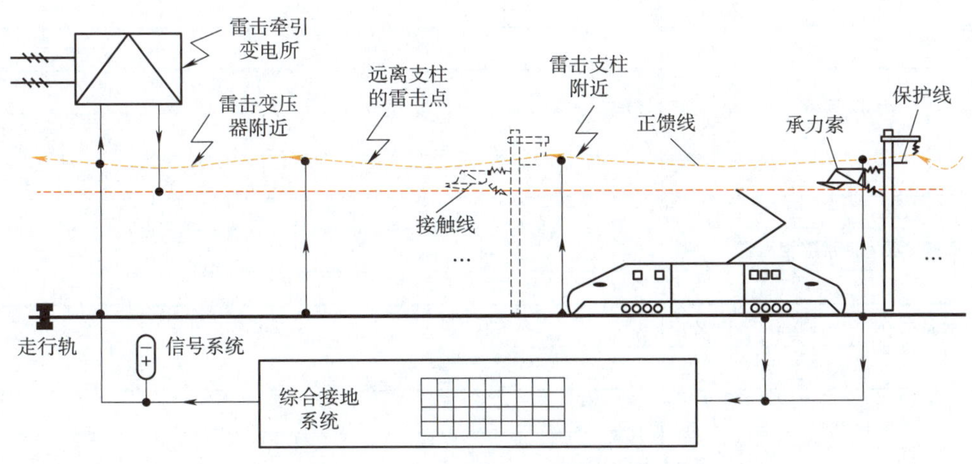

图 6-23 轨道交通供电雷电防护体系

实施过程

操作单见表 6-5。

表 6-5　操作单

1. 小组成员共同探讨保护间隙的结构和作用

序号	结构	作用
(1)		
(2)		
(3)		
(4)		
(5)		

2. 小组成员共同探讨阀式避雷器的结构和作用

序号	结构	作用
(1)		
(2)		
(3)		
(4)		
(5)		

3. 小组成员共同探讨避雷针的结构和作用

序号	结构	作用
(1)		
(2)		
(3)		
(4)		
(5)		

4. 填写避雷器的日常巡视内容

设备名称	看	听	闻	巡视要求

5. 填写避雷针的日常巡视内容

设备名称	看	听	闻	巡视要求

6. 每组选派 2 人完成避雷器的日常巡视对话及汇报安全注意事项

7. 问题解答

(1)什么叫内部过电压？内部过电压分为哪几种？

自组织精炼回答：

【知识反哺】

内部过电压，是指操作、事故或其他原因引起系统的状态发生突然变化，将出现从一种稳定状态转变为另一种稳定状态的过渡过程中可能对系统有危险的过电压。这些过电压是系统内电磁能的振荡和积聚引起的，所以叫内部过电压。内部过电压可分为操作过电压和暂时过电压。操作过电压是由于操作或事故引起系统的状态变化较快，在转变过程中因电磁振荡而产生的过电压。常见的操作过电压有开断空载线路、空载母线及重合闸等引起的过电压。暂时过电压的持续时间通常比操作过电压长，但比工频过电压和谐振过电压。暂时过电压通常在系统操作或事故时出现，例如断路器操作、电路故障或设备故障等

(2)简述避雷器的工作原理。

自组织精炼回答：

【知识关联】

避雷器的基本知识、常用避雷器。

【知识反哺】

避雷器是一种保护设备和建筑物受雷击和过电压损害的装置，接于带电导线与地之间，与被保护设备并联。有的避雷器内部包含间隙，由空气或绝缘材料填充，间隙两侧是电极。当雷电或过电压接近地面或建筑物时，电场强度超过间隙的击穿电场强度，间隙内的绝缘材料或空气电离，形成导电通路，导致电流从避雷器的一极流向另一极，将过电压引导到地面。一旦放电结束，系统过电压降低，间隙迅速恢复绝缘状态，避免电流持续流动，保护系统正常运行。有的避雷器内部电阻片采用金属氧化物，如氧化锌，具有非线性电阻特性，即在正常工作电压下是绝缘体，但在击穿电压下会变成导体。当过电压导致间隙电离时，金属氧化物的电阻迅速降低，形成导电通路，吸收过电压能量。放电结束后，金属氧化物恢复成高阻态，限制电流流动，保护系统正常运行

<table>
<tr><td>

(3)为什么要在电力电容器与其断路器之间装设一组氧化锌避雷器?

自组织精炼回答:

【知识关联】

避雷器的基本知识、常用避雷器。

【知识反哺】

在电力电容器与其断路器之间装设一组氧化锌避雷器,是为了防止操作过电压。装设氧化锌避雷器可以吸收操作过程中产生的过电压,从而保护电力电容器和系统安全

</td></tr>
<tr><td>

(4)什么叫跨步电压?什么叫接触电压?

自组织精炼回答:

【知识关联】

对地电压、接触电压和跨步电压。

【知识反哺】

跨步电压是指人站在接地短路点周围,两脚之间的电位差。它是由接地电流通过接地体向大地流散,在地面各点形成不同的电位所造成的。接触电压是指人体站在发生接地短路故障的设备旁边,与设备水平距离 0.8 m,这时人手触及设备外壳,手与脚两点之间呈现的电位差

</td></tr>
<tr><td>

(5)接地方式有哪几种?

自组织精炼回答:

【知识关联】

接地的分类

</td></tr>
</table>

检查评价

在线测试单见表 6-6。

表 6-6 在线测试单

第一步	第二步	第三步
登录学习通 App	在学习通 App 中 找到考试图标并单击	输入考试码:t8293013 开始在线测试

你的得分:________ 评价等级:________(优秀/合格/不合格)

任务小结

本任务深入探讨了防雷装置的工作原理、结构和应用，以及接地装置的原理、基本概念、接地网等，还详细讨论了与接地相关的重要参数。防雷及接地装置的运行与维护对于保护设备和系统免受雷击和过电压损害，确保人身安全，并提高电力系统可靠性至关重要，要深入理解和掌握，具备专业实践技能。

任务 7　无功补偿装置及熔断器的运行与维护

引　言

无功补偿装置是用于改善电力系统功率因数的装置，而熔断器则是用于保护电路和电气设备的电气保护装置。通过学习本任务内容，全面了解无功补偿装置和熔断器的运行原理、参数和应用，掌握它们的运行维护要点，提高保障电力系统的安全性和稳定性的能力。无功补偿装置方面，将详细解析其工作原理和类型，以及它们对电力系统功率因数的影响和优化；熔断器方面，将详细介绍其工作原理和类型，帮助理解它们在电力系统中的限流保护作用，以及如何正确选择、安装熔断器，重点掌握其操作方法；并强调无功补偿装置和熔断器的使用注意事项和维护要点。本任务中涉及的电力系统功率因数和电流过载等问题也将为后续的专业论述提供必要的背景和理论基础。

思维导图

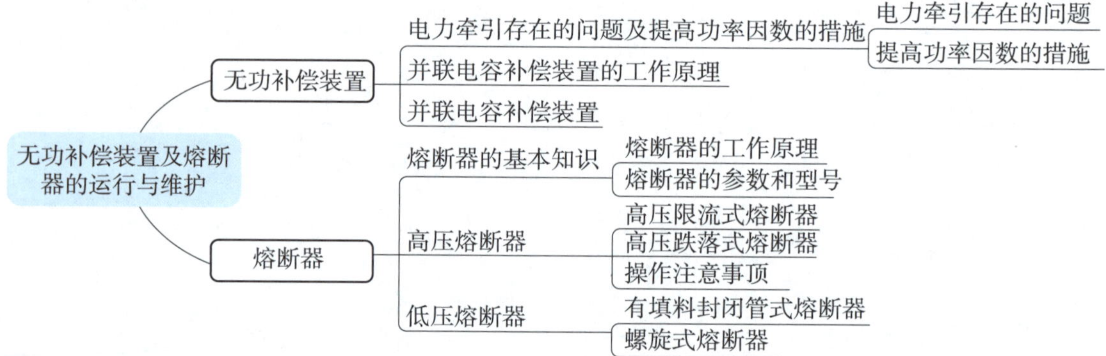

学习任务单

学习任务单见表 7-1。

表 7-1　学习任务单

• 任务描述	• 基于工作过程的学习	• 学习载体
对牵引变电所的无功补偿装置和熔断器进行实物辨识、结构分析，结合设备功能及特性，着重理解其作用，能进行运行和维护 • 知识目标 (1)明确无功补偿装置和熔断器的作用、结构及工作原理	资讯：根据资讯单中的资讯问题进行任务导入，学生通过预习、查找信息资料，建立总体印象 计划：与小组成员、老师或师傅讨论无功补偿装置和熔断器在牵引变电所中的作用和影响 决策：确定工作步骤、所需工具和达成目标	(1)无功补偿装置结构、工作原理及作用，电力电容器如图 7-1 所示 图 7-1　电力电容器

● 知识目标	● 基于工作过程的学习	● 学习载体
(2)明确无功补偿装置和熔断器运行中的要求 (3)对无功补偿装置和熔断器的日常巡视做出规划,确定所要涉及的内容、仪表、工具等 (4)了解无功补偿装置和熔断器运行中和检修时的注意事项	实施:进行行动化学习,发现问题,共同分析,遇到无法解决的问题时请老师或师傅帮助解决 检查:工具准备、生产文件、安全事项 评价:进行点评和专业交流,给出改进建议	(2)熔断器结构、工作原理及作用,熔断器如图 7-2 所示  图 7-2 熔断器 (3)铭牌内容 (4)正常巡视内容,巡视作业如图 7-3 所示  图 7-3 巡视作业 (5)运行方式和运行要求 (6)注意事项
● 职业能力与职业素质	● 行动化学习任务	
(1)能认识无功补偿装置和熔断器 (2)能理解无功补偿装置和熔断器的工作原理及作用 (3)能弄清无功补偿装置和熔断器的结构及主要功能部件 (4)能进行牵引变电所无功补偿装置和熔断器的正常巡视,能关注其运行要求 (5)树立高压安全意识,培养遵章守规的行为习惯 (6)培养团队精神,鼓励协作 (7)培养爱岗敬业精神和吃苦耐劳品质	第一部分:进行无功补偿装置和熔断器知识的学习 (1)查阅运行检修规程中有关无功补偿装置和熔断器的运行要求 (2)查阅各种资料,熟悉无功补偿装置和熔断器的结构,理解工作原理 (3)列出无功补偿装置和熔断器的结构及主要功能部件 (4)列出无功补偿装置和熔断器的巡视要点 (5)列出无功补偿装置和熔断器在运行中的重点要求 第二部分:进行无功补偿装置和熔断器的日常巡视 (6)实施完成无功补偿装置和熔断器结构表的填写 (7)实施完成无功补偿装置和熔断器的巡视 (8)总结安全注意事项	

任务资讯

资讯单见表 7-2。

表 7-2 资讯单

学习任务 7	无功补偿装置及熔断器的运行与维护	推荐学时	4
资讯方式	在图书馆、专业杂志、互联网上查询问题;咨询任课教师		
资讯问题	(1)在牵引变电所中为什么要装并联电容补偿装置		
	(2)熔断器在牵引变电所中的作用是什么		
	(3)并联电容补偿装置、熔断器分布在牵引变电所中的哪些地方		
	(4)并联电容补偿装置的工作原理是什么		
	(5)熔断器的工作原理是什么		

学习任务 7	无功补偿装置及熔断器的运行与维护	推荐学时	4
资讯问题	(6)并联电容补偿装置、熔断器的基本组成是什么		
	(7)并联电容补偿装置、熔断器的电气符号是什么		
	(8)对并联电容补偿装置、熔断器的运行有什么要求吗		
	(9)并联电容补偿装置、熔断器的巡视内容是什么		
	(10)对并联电容补偿装置、熔断器进行巡视时有什么安全注意事项		
	(11)熔断器分哪几种类型		
	(12)并联电容补偿装置、熔断器在运行与维护时需要哪些仪表和工具		
	(13)并联电容补偿装置、熔断器进行检修吗？检修周期和内容是什么		
	(14)正常情况下如何监测并联电容补偿装置、熔断器的运行		
	(15)电容器的巡视内容是什么		
资讯引导	以上问题可以在本课程的学习信息、《牵引变电所运行检修规程》、“牵引变电所”精品课程网站、专业资料等处查找		

计划决策

计划决策单见表 7-3。

表 7-3　计划决策单

小组协作成员(签字)		
组长：	组员 1：	组员 2：
组员 3：	组员 4：	组员 5：
计划决策		
学习步骤	学习计划	学习策略
第一步		
第二步		
第三步		
请将小组协作成员分工和计划决策内容拍照后，在线发送给授课老师，老师进行指导评价		

【知识延伸】

大国工匠卢兴福扎根变电检修一线 28 年，他勇于创新，实现了从中专生到“工人发明家”的跨越，被誉为“设备神医”。“直流融冰短接装置”是卢兴福研发时间最长、花费精力最大、倾注感情最多的一项发明。发明这项设备的念头兴起于 2008 年。那一年，贵阳遭遇特大凝冻灾害，电网受到严重损坏，造成大面积停电，卢兴福与同事奔赴抗凝前线，抢修设备、人工除冰，整整两个月没有回家。起初，卢兴福设计的图样过于复杂，没有厂家能够做出模具；成本预算太高，不利于推广制作；关键部位的凸轮、滚子，制作精度不够，达不到理想效果……尽管困难重重,卢兴福却没退缩。经过无数次地推倒重来、无数次地修改设计、无数次地改进模型,2014 年,“直流融冰短接装置”获得国家专利并广泛投入使用,此装置会快速发热融化冰层,大大降低除冰的风险。他设计出新型导线短接装置,节约人力 60%,用时缩短一半且通用性强。这些发明创造印证着卢兴福常说的那句话:“供好电、服好务是我们供电员工必须勇于承担的使命。”

知识链接

一、无功补偿装置

1. 电力牵引存在的问题及提高功率因数的措施

(1)电力牵引存在的问题

我国电气化铁道的牵引方式是单相工频整流型电力牵引。这种牵引方式存在以下问题:

①由于是单相负荷,在电力系统中易产生负序电流分量,影响电力系统的容量。

②电力牵引负荷主要是感性负荷,功率因数低,有较大的谐波电流存在。

按照《全国供用电规则》关于“无功电力应就地平衡”的原则,用户应在提高用电自然功率因数的基础上,按有关标准设计和安装无功补偿设备,并做到随其负荷和电压变动及时投入或切除,防止无功电力倒送。按电力部门的要求,电气化铁路执行功率因数标准值为 0.90。

(2)提高功率因数的措施

①提高用电自然功率因数。例如,提高电力机车的功率因数;改善牵引网的阻抗特性,包括减小牵引网单位阻抗和阻抗角,限制供电臂的长度;合理选择牵引变压器容量,提高容量利用率。

②设置并联电容补偿装置。由于牵引网阻抗的影响,牵引变压器在牵引侧母线处功率因数为 0.8 ~0.85,所以在牵引变压所牵引侧采用并联电容补偿装置,既能提高牵引负荷功率因数,又能减少牵引负荷谐波电流。

2. 并联电容补偿装置的工作原理

并联电容器是一种无功补偿设备,其并联在线路上,主要作用是补偿系统的无功功率,提高功率因数,从而降低电能损耗、提高电压质量和设备利用率。

感性无功功率:电流矢量滞后于电压矢量 90°(电动机、变压器设备等)。

容性无功功率:电压矢量滞后于电流矢量 90°(电容器、电缆输配电线路等)。

无功补偿的作用:提高功率因数 $\cos\varphi = P/S$(P 为有功功率,S 为视在功率)。

无功补偿的实现方法:把具有容性功率负荷的装置与感性功率负荷并联接在同一电路,能量在两种负荷之间相互交换。

电力牵引供电系统未补偿等效电路如图 7-4(a)所示。牵引负荷为感性负荷 Z_L,加上牵引网阻抗 Z_1,功率因数为 $\cos\varphi_1$。

当在牵引侧母线上接入并联电容 C 后，等效电路如图 7-4(b)所示，相当于在线路中并联了一个电容支路，如图 7-4(c)所示，功率因数为 $\cos\varphi_2$。此时经牵引变压器而影响电力系统的电流不再是 I_L，而是 $I = I_L + I_C$。通过分析可知，此时的 $\cos\varphi_2$ 比 $\cos\varphi_1$ 大，在输出负荷功率不变的情况下，$I < I_L$。

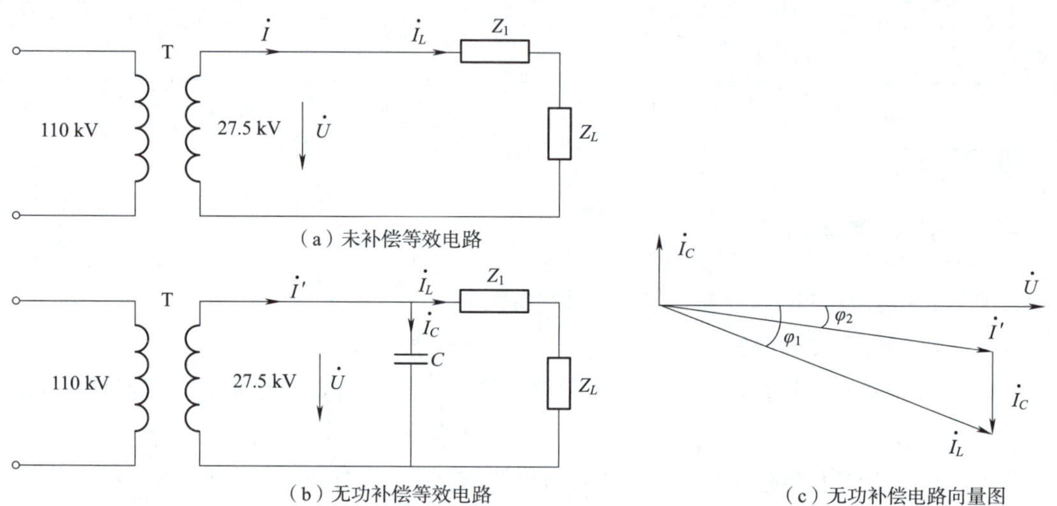

图 7-4　牵引侧并联电容原理图

3. 并联电容补偿装置

如图 7-5 所示为非 AT 供电方式(直接供电方式、带回流线的直接供电方式和 BT 供电方式)和 AT 供电方式下的牵引变电所并联电容补偿装置接线图。

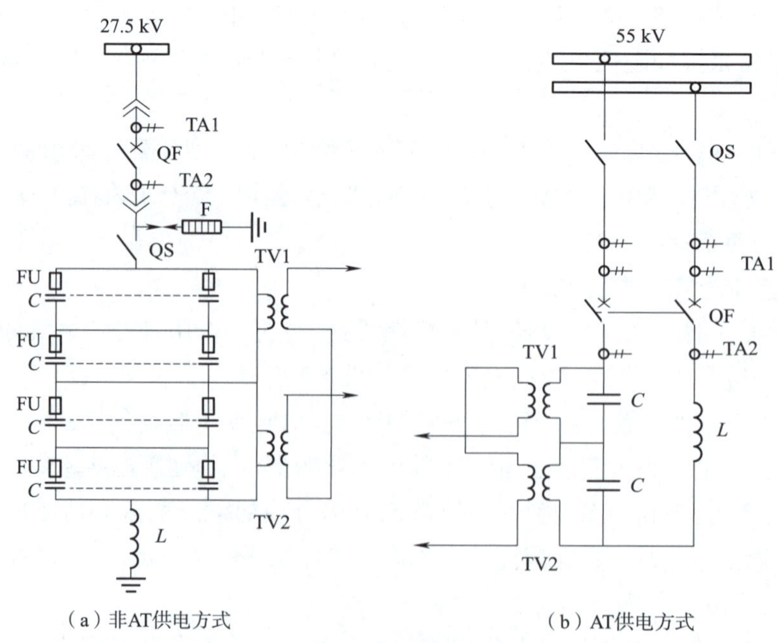

图 7-5　牵引侧并联电容原理图

主接线图上主要的设备及作用是：

(1)并联电容器组(C)：用于无功补偿，并与串联电抗器匹配，滤掉一部分谐波电流。

(2)串联电抗器(L)：限制断路器合闸涌流和分闸时的重燃电流，与电容器匹配滤掉部分谐波电流；防止并联电容补偿装置与供电系统发生高次谐波并联谐振；发生短路故障时，避免电容器组向短路点直接放电，保护电容器不受损坏。

(3)断路器(QF)：用于投切和保护并联电容器补偿装置。

(4)隔离开关(QS)：保证在维护和检查并联电容补偿装置时有明显的断口。

(5)电压互感器(TV)：实现电容器组的继电保护，并在电容器组退出运行时放电。

(6)电流互感器(TA)：实现并联电容补偿装置的电流测量和继电保护。

(7)间隙(F)：作过电压保护。

(8)熔断器(FU)：作为单台电容器的过电流保护，

并联电容补偿装置是由多台电容器串并联组成的，该设备多安装在屋外，且并联在牵引侧，会有高次谐波通过电容器，所以还应考虑多方面因素对电容器组的影响。应合理选择电容补偿装置的容量，还要考虑供电臂带电概率等因素以保证电容器的正常工作。

目前，晶闸管控制电抗器(TCR)、晶闸管投切电容器(TSC)、静止无功发生器(SVG)、有源电力滤波器(APF)等电力电子装置大量用于电力系统的无功补偿或谐波抑制，如图7-6所示。

(a)电容器组

(b)电容器

图7-6　用于无功补偿的电力电容器

二、熔断器

1. 熔断器的基本知识

熔断器是使用最早也是最简单的一种保护电器，它主要是在电路过负荷或短路时保护电路中的被保护设备免受损坏。在牵引变电所中，熔断器主要是作为电压互感器和变压器的保护电器。熔断器的电气图形及符号如图7-7所示。

(1)熔断器的工作原理

熔断器是串联在电路中，当电路中的电流增加到一定数值时，例如电路过负荷或发生短路时，过负荷电流或短路电流对熔断器的熔件加热，熔件在被保护设备的温度未达到破坏其绝缘之前熔断，使电路断开，设备得到了保护。熔断器保护特性曲线如图 7-8 所示。

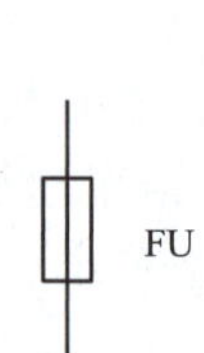

图 7-7　熔断器的电气图形及符号

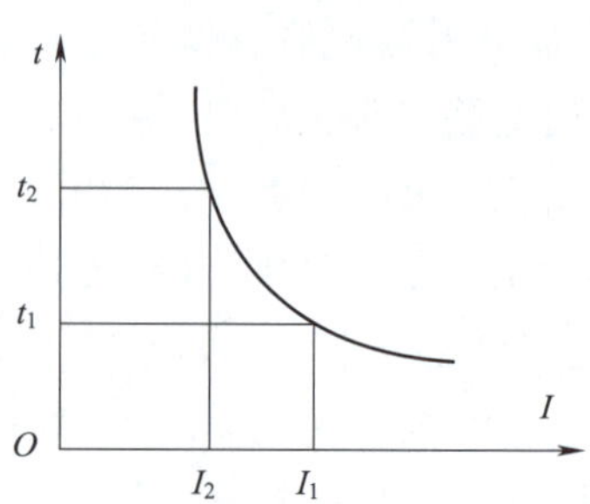

图 7-8　熔断器保护特性曲线

(2)熔断器的参数和型号

熔断器的主要技术参数有额定电压、额定电流、熔件的额定电流、极限断路电流。

①额定电压指熔断器能够长期承受的正常工作电压，即熔断器安装处电网的额定电压。

②额定电流指熔断器壳体部分和载流部分允许通过的长期最大工作电流。

③熔件的额定电流指熔件允许长期通过而不熔断的最大电流。熔件的额定电流可以和熔断器的额定电流不同，同一熔断器可装入不同额定电流的熔件，但熔件的最大额定电流不应超过熔断器的额定电流。

④极限断路电流是指熔断器所能断开的最大电流。若被断开的电流大于此电流时，有可能使熔断器损坏，或由于电弧不能熄灭引起相间短路。

2. 高压熔断器

高压熔断器是指 1 000 V 以上电压的熔断器，牵引变电所中常用 10 kV、35 kV、110 kV 等电压等级的熔断器，25 kV 电网一般使用 35 kV 高压熔断器。高压熔断器按使用环境分为户内式和户外式；按结构特点分为支柱式和跌落式；按工作特性分为限流型和非限流型。

高压熔断器的型号和含义：

1 2 3 - 4 5

"1"：用 R 表示熔断器。

"2"：用 N 表示户内，W 表示户外。

"3"：设计序号。

"4"：表示额定电压。

"5"：用表示带自动重合闸，用 T 表示带热脱扣器，用 Z 表示带自动重合闸。

例如 RW2-35 型熔断器，表示为 35 kV 户外熔断器，设计序号为 2。

(1)高压限流式熔断器

限流的含义是限制短路电流达到最大值，从而在短路电流达到最大值前的某一值时分断线路，减少短路电流对线路、电气设备的危害。

在牵引变电所中常采用RN1、RN2型高压熔断器,两者的外形基本相同,如图7-9所示,一般由熔件瓷套、触头、支持绝缘和支持底座组成,差别在于熔件不同。熔断器串联于被保护线路中,触头卡装熔件瓷套,熔件装于熔件瓷套内,瓷套两端装有铜帽,可与触头实现电连接。RN2型高压限流型熔断器熔件结构如图7-10所示。

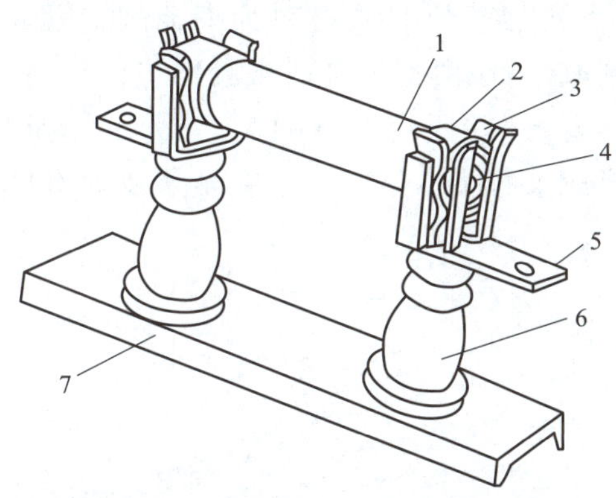

(a)示意图

(b)实物图

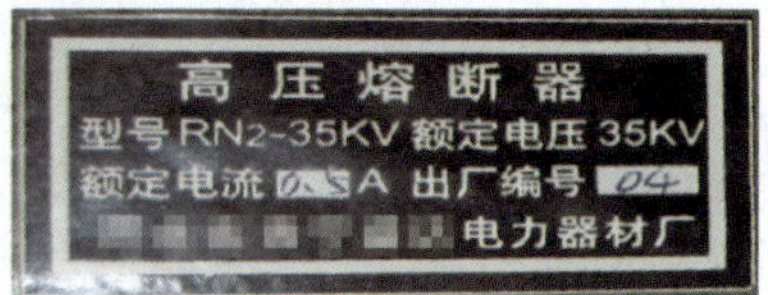

(c)铭牌1

(d)铭牌2

1—熔件管;2—铜管帽;3—弹性触座;4—熔断指示器;5—接线端子;6—绝缘子;7—底座。

图7-9 RN系列高压熔断器外形与铭牌

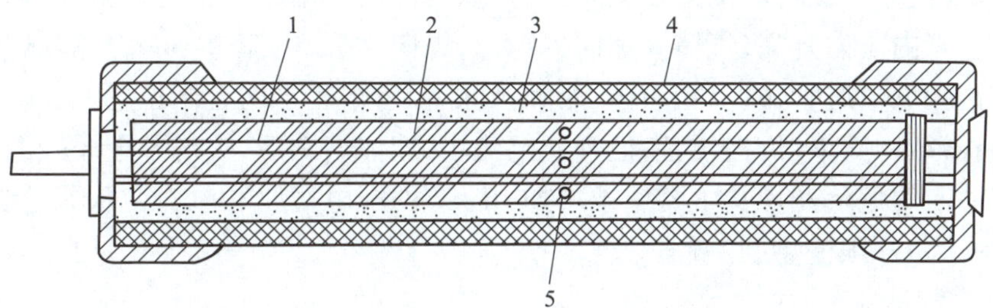

1—瓷芯;2—熔丝;3—石英砂;4—瓷管;5—锡球。

图7-10 RN2型高压限流型熔断器熔件结构

灭弧原理:当短路电流发生时,过负荷时铜丝上锡球受热熔化,铜锡分子相互渗透形成熔点较低的铜锡合金,使铜熔丝能在较低的温度下熔断。几根并联铜丝熔断时可将粗弧分细,电弧在石英砂中燃烧。

(2)高压跌落式熔断器

如图 7-11 所示为 RW3 型跌落式熔断器结构。它一般由绝缘支柱、接触导电系统和熔管构成。绝缘支柱起安装、固定、绝缘作用,材料为陶瓷。熔管起绝缘、灭弧作用。外层由酚醛纸管或环氧玻璃布管制成,内层由钢纸管或虫胶桑皮纸管等产气材料制成。熔管的两端是上下触头。熔体穿过熔管,一端固定在下触头上,另一端拉紧在可以绕轴转动的压板上,压板压在弹簧钢片上,形成上触头。熔管固定在金属支座和鸭嘴罩之间,安装时熔管与铅垂线成 30°夹角。

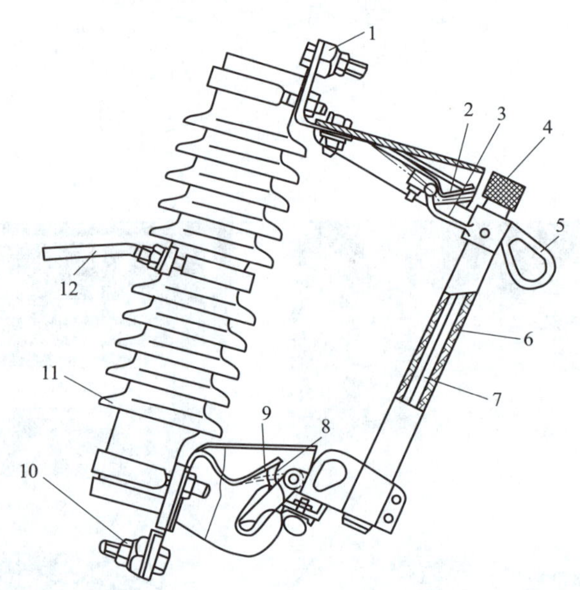

1—上接线端;2—上静触头;3—上动触头;4—管帽;5—操作环;6—熔管;7—铜熔丝;8—下动触头;9—下静触头;10—下接线端;11—绝缘瓷瓶;12—固定安装板。

图 7-11　RW3 型跌落式熔断器结构

熔体熔断后,压板在弹簧片作用下绕轴顺时针转动,上触头从鸭嘴罩抵舌上滑脱,熔断管靠自身重力绕轴逆时针旋转。倒挂在支座上,称跌落。熔体熔断产生电弧后,电弧热量使熔管内壁材料产气,管内压力升高,气体高速向外喷出,纵向吹弧,电流过零时将电弧熄灭。熔管跌落后,用绝缘钩棒取下熔管,换上新熔体,故障排除后,将熔管推向合闸位置。

这种熔断器结构简单、价格便宜,但开断电流小,熔体熔断后,火焰及金属残渣从熔断管向两端喷出,有一定的危险性。其主要用于户外 10 kV 的配电线路和电力变压器进线侧,作为短路及过载保护,为“非限流型”熔断器。

(3)操作注意事项

①操作人员在拉开跌落式熔断器时的安全防护用品如图 7-12 所示,必须使用电压等级适合、经过实验合格的绝缘杆,穿绝缘鞋,戴绝缘手套、绝缘帽和防护镜,可站在干燥的木台上,操作时有人监护,以保证人身安全。

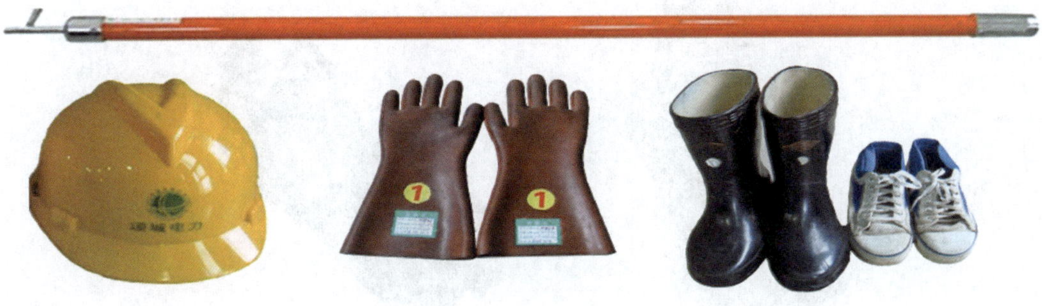

图 7-12　安全防护用品

②操作人员在拉、合跌落式熔断器开始或终了时，不得有冲击，操作速度如图 7-13 所示。

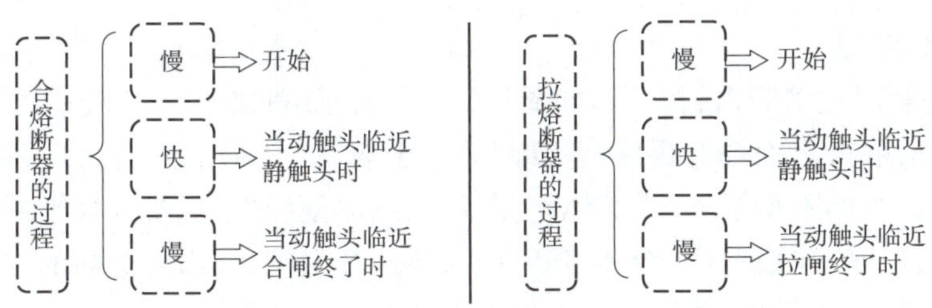

图 7-13　熔断器操作速度示意图

快：为了防止电弧造成电器短路和灼伤触头。

慢：为了防止操作冲击力，造成熔断器机械损伤。

③高压跌落式熔断器三相的操作顺序，如图 7-14 所示。

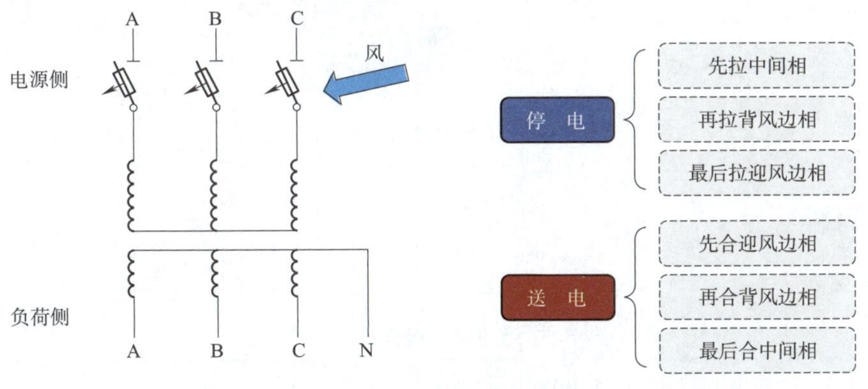

图 7-14　三相熔断器的操作顺序

3. 低压熔断器

（1）有填料封闭管式熔断器

RT0 型有填料管式熔断器是我国统一设计的一种有限流作用的低压熔断器，广泛应用在要求断流能力较强的装置中，其极限断流值可达 5 kA（有效值），其外形如图 7-15 所示。该型熔断器保护性能好，断流能力大，应用广泛，但熔体熔断后整个熔断器报废，不够经济。

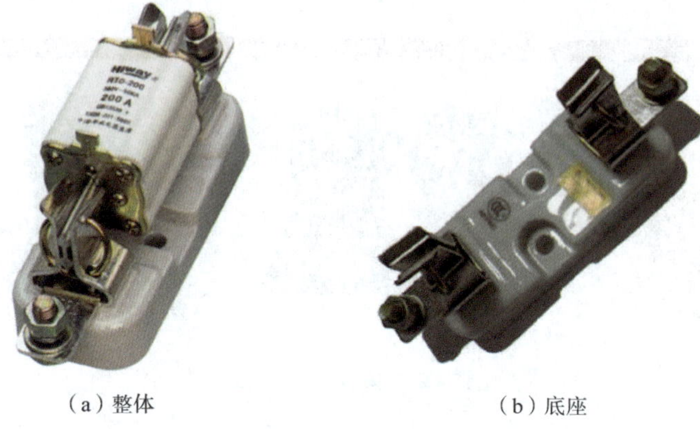

(a) 整体　　　　(b) 底座

图 7-15　有填料封闭管式熔断器

(2) 螺旋式熔断器

RL6、RL7 是螺旋式熔断器,其外形如图 7-16 所示。熔断体为一个瓷管,内装石英砂和熔体,熔体一般为细铜丝,上面焊有锡球,瓷管两端用金属帽封闭,熔体的两端焊在金属帽上,其中一端帽中央有一个熔断指示器,当熔体熔断后,指示器便弹出,透过瓷帽上的玻璃可以看见。熔体与瓷帽用弹性零件连成一体,熔体熔断后,只要旋开瓷帽,取出已熔断的熔体,装上相同规格的熔体,再旋入瓷座内即可正常使用,操作安全方便。

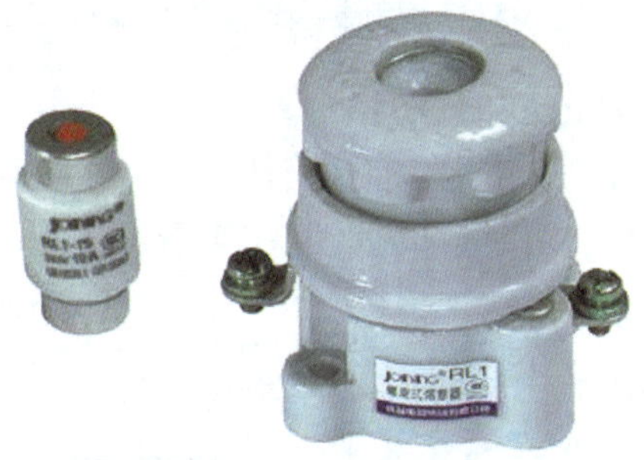

图 7-16　螺旋式熔断器

实施过程

操作单见表 7-4。

表 7-4　操作单

1. 小组成员共同探讨无功补偿装置的结构和作用

序号	结构	作用
(1)		
(2)		
(3)		
(4)		
(5)		

2. 小组成员共同探讨熔断器的结构和作用

序号	结构	作用
(1)		
(2)		
(3)		
(4)		
(5)		

3. 填写无功补偿装置的日常巡视内容

设备名称	看	听	闻	巡视要求

4. 填写熔断器的日常巡视内容

设备名称	看	听	闻	巡视要求

5. 问题解答

(1)提高电网的功率因数有什么意义？如何提高电网的功率因数？

自组织精炼回答：

【知识关联】

电力牵引存在的问题及提高功率因数的措施。

【知识反哺】

提高电网的功率因数具有重要的意义。首先，功率因数是电力系统中的一个重要指标，反映了电力设备在电源侧的负荷情况。提高功率因数可以使电力系统更高效地利用能源，减少无功损耗，提高电力设备的运行效率。其次，提高功率因数可以减小电源侧的电流，从而减小线路的损耗，降低能源消耗。

提高电网的功率因数的方法包括：①在变电所内装设无功补偿设备，如电容器组、静止补偿装置、调相机。②用户侧采取装设低压电容，对负载设备进行改造，降低无功损耗

(2)并联电容补偿装置安装在变电所的什么位置？有何作用？

自组织精炼回答：

【知识反哺】

并联电容补偿装置安装在变电所的高压母线或低压母线上，进行无功补偿，改善功率因数。

①安装在高压母线上，可对变压器高压侧之前的供电系统进行无功补偿，投资较少，运行条件较好，维护管理方便，但只能对高压部分进行无功补偿，电容器投入时会产生较大的涌流。

②安装在变电所的低压母线上，实现低压集中补偿，对变压器低压侧之后的供电系统进行无功补偿。该补偿方式的补偿效果和经济性不如高压集中补偿和低压就地补偿，容易受到用户用电设备的影响，需增加低压断路器等设备，投资成本相对较高，一般需手动进行投切，难以实现自动化控制，运行维护工作量较大。

综上，低压集中补偿和高压集中补偿的做法相似，因此都广泛应用，但只能对特定部分进行无功补偿。并联电容器组在变电站中的安装位置取决于具体的应用需求和系统设计

(3)电容器的运行要求包含哪几方面？

自组织精炼回答：

【知识反哺】

电容器的运行要求主要包括以下几个方面：

电流要求：额定电流下运行，最大运行电流不得超过额定电流的1.3倍，三相电流差不超过5%。

电压要求：额定电压下运行，不宜超过额定电压的1.05倍，最高运行电压不得超过额定电压的1.1倍。

环境要求：运行环境要求干燥、无腐蚀性气体、无明火、无爆炸危险、无蒸汽、无尘埃、无冲击、无振动、无音响干扰和光照强度不超过2 000 lx。防护等级应不低于IP20。

温度要求：运行温度不应超过指定极限温度，一般不应超过70 ℃。

其他要求：额定环境温度应为+40 ℃～-25 ℃。还应注意静电、电磁干扰等问题，进行定期检查和维护

(4)熔断器的工作原理是什么？

自组织精炼回答：

【知识关联】

熔断器的基本知识。

【知识反哺】

熔断器的工作原理是：当流经熔断器的电流达到或超过定值一定时间后，本身的熔体熔化，切断电路。其动作原理简单，安装方便，一般不单独使用，主要用来配合其他电器使用。熔断器的动作有两个关键指标：一是电流要达到一定值，二是电流达到一定值后要经过的一定时间，这两值是厂家做好的，无法更改。当过载和短路电流通过熔断器时，熔断器的熔体瞬时产生大量的热量，使熔体从固态转到液态直至汽化，于是电流中断，该过程叫作熔化过程，熔化过程的时间与电流的大小有关，电流越大，熔化时间越短。熔断器熔化时会产生电弧，熔断器通过自身的结构设计熄灭电弧

(5)手动操作三相高压跌落式熔断器的注意事项?

自组织精炼回答:

【知识关联】

熔断器。

【知识反哺】

手动操作三相高压跌落式熔断器的注意事项:

①操作人员必须穿戴经过试验合格的绝缘靴、绝缘手套、绝缘帽和护目镜或站在干燥的木台上,并有人监护,以确保人身安全。操作前应仔细检查设备名称和编号,以确定操作对象的正确性。

②操作人员在拉、合跌落式熔断器开始或终了时,不得有冲击。操作时用力应均匀,避免冲击,以防止机械损伤和电弧灼伤。合熔断器的过程用力应该是慢(开始)—快(当动触头临近静触头时)—慢(当动触头临近合闸终了时)。拉熔断器的过程用力是慢(开始)—快(当动触头临近静触头时)—慢(当动触头临近拉闸终了时)。快是为了防止电弧造成电器短路和灼伤触头,慢是为了防止操作冲击力造成熔断器机械损伤。

③高压跌落式熔断器三相的操作顺序是:停电时先拉中相,后拉两边相,这是因为考虑到中相切断时的电流要小于边相(电路一部分负荷转由两相承担),因而电弧小,对两边相无危险;送电时先合两边相,后合中间相,这是因为从电源侧逐级进行送电操作,可以减少冲击启动电流(负荷),减少电压波动,保证设备安全运行。当有大风时,其操作顺序更具体:停电时,按照先拉中间相,再拉下风侧,最后拉上风侧;而送电时,则按照先合上风侧,再合下风侧,最后合中间相,这样操作的目的是防止大风将中相或上风侧产生的电弧吹到其他两相上,造成相间短路,引起上级线路跳闸。

④在操作过程中,如果发生异常情况,应立即停止操作,并及时报告相关人员处理

检查评价

在线测试单见表7-5。

表7-5 在线测试单

第一步	第二步	第三步
登录学习通 App	在学习通 App 中 找到考试图标并单击	输入考试码:t0070500 开始在线测试

你的得分:________ 评价等级:________(优秀/合格/不合格)

任务小结

本任务主要介绍了无功补偿装置和熔断器在供电系统中的应用。无功补偿装置主要通过并联电容器补偿或抵消无功功率,提高电力系统的功率因数,改善电压质量和传输效率。熔断器则是当电路中出现过电流或短路时,会迅速切断电流,保护电路和设备不受损坏。在拉合三相跌落式熔断器时注意操作力道和操作顺序。选择合适的无功补偿装置和熔断器,并正确安装、操作和维护它们,是确保供电系统安全和稳定运行的关键。

任务 8　其他装置的运行与维护

引　言

本任务将介绍牵引供电系统其他装置的运行与维护，包括母线、电缆、绝缘子和成套设备，旨在帮助读者全面了解和掌握牵引供电系统的各个方面。母线用于传输电能和连接各种电气设备，重点介绍母线的作用和分类，包括软母线、硬母线、不同形状和封闭母线的特点，还将介绍母线的型号、着色方法和布置要求；接着将介绍电缆的结构和分类，包括控制电缆的特点，还将探讨电缆的敷设和连接方式，包括终端头、中间接头和插拔式电缆连接方式；绝缘子起到绝缘和支持作用，将介绍绝缘子的种类和特点；成套设备是一种集成多种电气设备的装置，将介绍高压开关柜、环网柜、GIS 的特点和应用。通过学习本任务，读者将能全面了解其他装置的运行原理和维护要点，提升专业知识实践能力。

思维导图

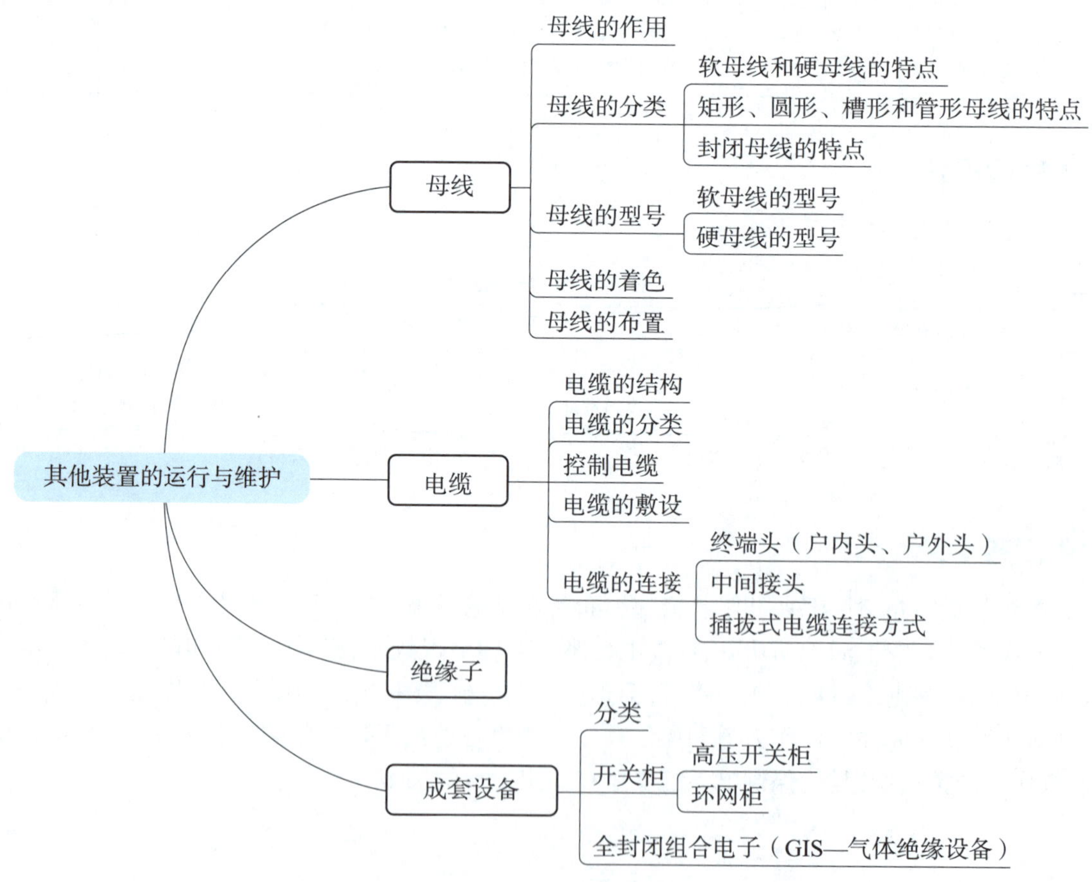

学习任务单

学习任务单见表8-1。

表8-1 学习任务单

<table>
<tr><td>● 任务描述</td><td>● 基于工作过程的学习</td><td>● 学习载体</td></tr>
<tr><td>对牵引变电所的其他装置，如母线、电缆、绝缘子、成套设备等进行实物辨识、结构分析，结合设备功能及特性，着重理解其作用，能进行运行和维护</td><td rowspan="3">资讯：根据资讯单中的资讯问题进行任务导入，学生通过预习、查找信息资料，建立总体印象
计划：与小组成员、老师或师傅讨论母线、电缆、绝缘子、成套设备在牵引变电所中的作用和影响
决策：确定工作步骤、所需工具和达成目标
实施：进行行动化学习，发现问题，共同分析，遇到无法解决的问题时请老师或师傅帮助解决
检查：工具准备、生产文件、安全事项
评价：进行点评和专业交流，给出改进建议</td><td rowspan="5">(1)母线，如图8-1所示

图8-1 母线
(2)电缆，如图8-2所示
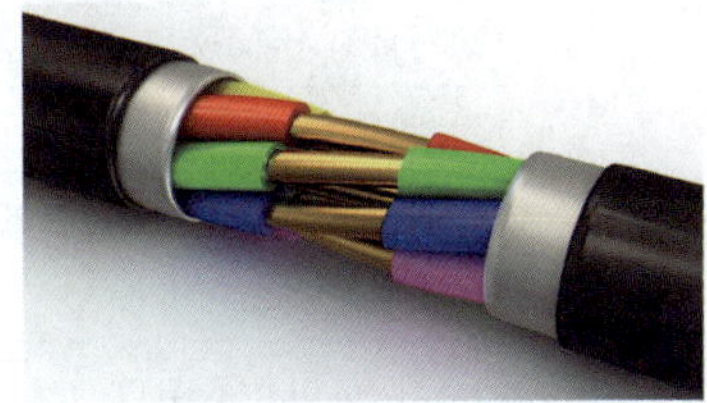
图8-2 电缆
(3)绝缘子，如图8-3所示
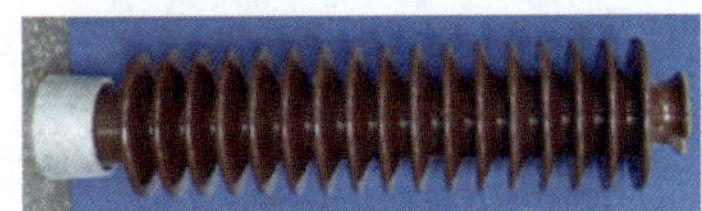
图8-3 绝缘子
(4)成套设备，如图8-4所示

图8-4 成套设备</td></tr>
<tr><td>● 知识目标</td></tr>
<tr><td>(1)明确其他装置的作用、结构及工作原理
(2)明确其他装置在运行中的要求
(3)对其他装置的日常巡视做出规划，选择所要涉及的内容、仪表、工具等
(4)了解其他装置在运行中和检修时的注意事项</td></tr>
<tr><td>● 职业能力与职业素质</td><td>● 行动化学习任务</td></tr>
<tr><td>(1)能认识母线、电缆、绝缘子、成套设备等其他装置
(2)能熟悉母线、电缆、绝缘子、成套设备的结构
(3)能进行母线、电缆、绝缘子、成套设备的正常巡视和特殊巡视，并关注其运行要求
(4)树立高压安全意识，培养遵章守规的行为习惯
(5)培养团队精神，鼓励协作
(6)培养爱岗敬业精神和吃苦耐劳品质</td><td>第一部分：进行其他装置的学习
(1)查阅运行检修规程中有关母线、电缆、绝缘子、成套设备的要求
(2)查阅各种资料，熟悉母线、电缆、绝缘子、成套设备的结构
(3)列出母线、电缆、绝缘子、成套设备的结构要点
(4)列出母线、电缆、绝缘子、成套设备的巡视要点
第二部分：进行其他装置日常巡视
(5)实施完成母线、电缆、绝缘子、成套设备结构表的填写
(6)实施完成母线、电缆、绝缘子、成套设备的巡视
(7)总结安全注意事项</td></tr>
</table>

任务资讯

资讯单见表 8-2。

表 8-2　资讯单

学习任务 8	其他装置的运行与维护	推荐学时	4
资讯方式	在图书馆、专业杂志、互联网上查询问题；咨询任课教师		
资讯问题	(1)母线、绝缘子和电缆等在牵引变电所中的作用是什么		
	(2)母线分哪几种类型？分布在牵引变电所中的哪些地方		
	(3)绝缘子分哪几种类型？分布在牵引变电所中的哪些地方		
	(4)母线着色的目的是什么？其不同的颜色表示什么		
	(5)绝缘子的材料有什么？对绝缘子有什么要求		
	(6)电缆的敷设有何要求		
	(7)正常情况下如何监测母线、绝缘子和电缆的运行		
	(8)如何测量母线上是否有电		
	(9)对母线、绝缘子和电缆的运行有什么要求吗		
	(10)母线的巡视内容是什么		
	(11)绝缘子和电缆的巡视内容是什么		
	(12)母线、绝缘子和电缆在运行与维护时需要哪些仪表和工具		
	(13)母线、绝缘子和电缆进行检修吗？检修周期和内容是什么		
	(14)对母线、绝缘子和电缆进行巡视时有什么安全注意事项		
	(15)成套设备有哪些类型		
资讯引导	以上问题可以在本课程的学习信息、《牵引变电所运行检修规程》、“牵引变电所”精品课程网站、专业资料等处查找		

计划决策

计划决策单见表 8-3。

表 8-3　计划决策单

小组协作成员(签字)		
组长：	组员 1：	组员 2：
组员 3：	组员 4：	组员 5：
计划决策		
学习步骤	学习计划	学习策略
第一步		
第二步		
第三步		
请将小组协作成员分工和计划决策内容拍照后，在线发送给授课老师，老师进行指导评价		

【知识延伸】

孙志 1992 年出生,2015 年从天津铁道职业技术学校毕业,在合肥地铁接触网检修的岗位已经干了 9 年。孙志是个爱动脑筋的人,遇到问题和困难就凭一股子韧劲解决它。每次检修作业,都需要两人进行高处作业,其中一人拆、一人扛,负荷很大。孙志带领攻关小组创新研发"针式绝缘子更换 U 形托板",实现单人检修模式,不但降低了检修过程中设备不平衡度与设备损耗,还减轻了作业人员的负重,检修效率和安全性大大提高。看到接触网各供电单元分区处无明显标志,孙志创造性地对供电分区喷涂差异化标识,使接挂地线、停电抢修等施工作业实现快速识别;看到雨水、潮气进入电缆与接线端连接处,造成电缆铜线锈蚀,孙志又牵头完成了"均回流电缆热缩管破损专项整治"项目,有效降低设备破损率。

孙志对自己严要求、勤钻研,工作备受肯定,2021 年获得了"安徽工匠"称号,在采访中孙志说道 ,工匠精神的意义对我来说是日复一日地在轨道区间穀行,是一厘一毫的检修精度把握。作为一名一线技术工人,我们应当在平凡的岗位上勇于探索,敢于实践,用青春和汗水去书写奋斗的人生,用勤劳和智慧为新时代轨道交通建设发展添砖加瓦。

知识链接

一、母线

1. 母线的作用

在牵引变电所中,各种电气设备之间以及设备与配电装置之间连接的导线称为母线。它是各级电压配电装置的中间环节,具有汇集、分配和传输电能的作用。母线在运行中传输巨大的电功率,通过很大的负荷电流,在短路时承受短路电流产生的热效应和电动力的机械效应。

2. 母线的分类

母线按结构形式可分为软母线和硬母线,硬母线按截面形式又可分为矩形截面母线、圆形截面母线、槽形截面母线和管形截面母线;按安装形式可分为敞开式母线和封闭式母线。

母线的材料有铜、铝和钢,大多数情况下采用铜和铝作母线。铜的导电率高、机械强度高、抗腐蚀性能好;铝的导电率较低、截面大、重量轻、耐腐蚀性能差;钢的导电率差、趋肤效应严重、损耗较大。

铜是很好的母线材料,但铜造价高。铝的电阻率较铜要高,但在长度、电阻完全相同的情况下,铝母线的质量仅为铜母线的一半,铝密度小,加工方便,我国铝的储量大,经济性好。

(1)软母线和硬母线的特点

硬母线:硬母线多用于室内,矩形母线是最常用的硬母线,如图 8-5(a)所示。(用于 35 kV 以下的户内配电装置)

软母线:软母线包括铝绞线、铜绞线、钢芯铝绞线、扩径空心导线等,多用于室外,如图 8-5(b)所示。室外空间大,导线间距宽,其散热效果好,施工方便,造价也较低。(用于 35 kV 以上的户外配电装置)

（a）硬母线（矩形母线水平布置平放）

（b）软母线

图 8-5　硬母线和软母线

（2）矩形、圆形、槽形和管形母线的特点

矩形母线：散热好，集肤效应小，安装简单，连接方便。常用于 35 kV 以下室内配电装置中。

圆形母线：无电场集中的现象，不易产生电晕。常用于 35 kV 以上的户外配电装置中。

槽形母线：集肤效应小、冷却条件好，金属材料利用率高，机械强度高。

管形母线：集肤效应小、可防止产生电晕，散热条件好，如图 8-6 所示。常用于 35 kV 以上的户外配电装置中。

图 8-6　管形母线

（3）封闭母线的特点

广泛用于发电厂、变电站、工业和民用电源的引线，减少接地故障，避免相间短路，减少相间短路电动力，提高运行的安全可靠性。

3. 母线的型号

（1）软母线的型号

LJ-□：普通铝绞线，L 表示铝，J 表示绞线。

LGJ-□：普通铝钢绞线（也叫钢芯铝绞线），G 表示钢，如图 8-7 所示。

（a）实物图

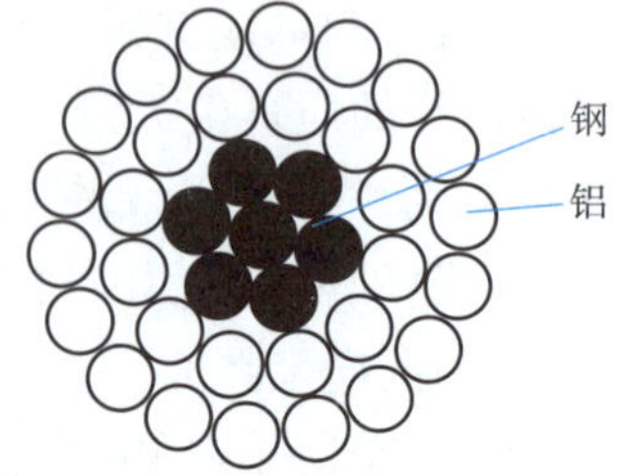

（b）截面示意图

图 8-7　普通铝钢绞线

LGJQ-□:轻型铝钢绞线,Q 表示轻型。

LGJJ-□:加强型铝钢绞线,第二个 J 表示加强型,□内的数字表示母线的截面积。

(2)硬母线的型号

LMY-□×□:LMY 表示矩形铝母线,L 表示铝。

TMY-□×□:TMY 表示矩形铜母线,T 表示铜。

4. 母线的着色

母线着色的作用是:识别相序;增加辐射散热,比不着色时提高 12%~15%;防腐蚀作用。

交流:A 相-黄色;B 相-绿色;C 相-红色。

直流:正极-红色(褐色);负极-蓝色。

中性线(零线):不接地—紫色;接地—紫色带黑色条纹。(一般三相四线制中零线可用淡蓝色)

5. 母线的布置

排列方式:

垂直排列:交流 ABC 三相由上而下排列。

水平排列:交流 ABC 三相由内向外排列。

引下线排列:交流 ABC 三相由左向右排列。

布置方式:

平放:机械抗弯强度高,对流散热效果差。

立放:对流散热效果好,机械抗弯强度高差。

综合布置方式:竖排平放、平排平放、竖排立放、平排立放。

二、电缆

电缆是传输和分配电能的一种特殊电线,具有防潮、防腐和防损伤等特点,可以直接埋在地下及敷设在隧道或沟道里,也可以敷设在水中或海底,但它的价格昂贵,敷设、维护和检修较为复杂。

1. 电缆的结构(见图 8-8)

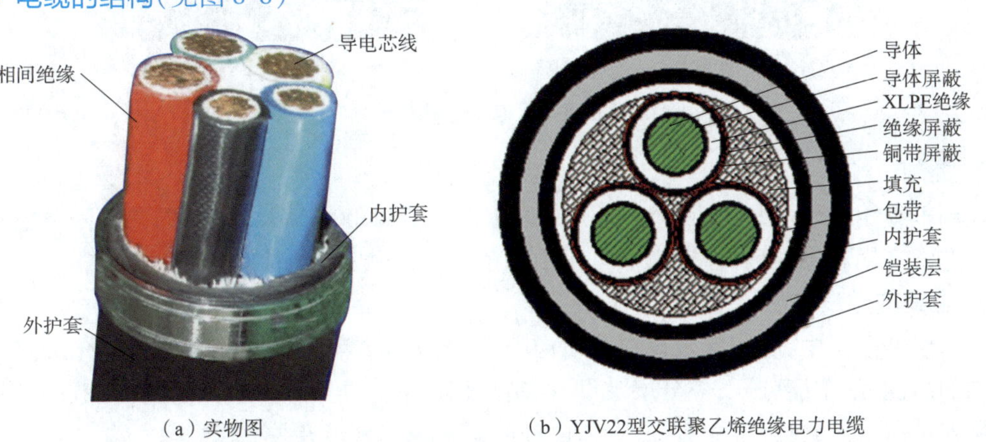

(a)实物图　　(b)YJV22型交联聚乙烯绝缘电力电缆

图 8-8　电缆的结构

(1)线芯:一般是铝芯或铜芯(单芯、三芯、四芯、五芯),其截面形状有扇形、弓形和圆形等。扇形芯线与圆形芯线比较,可以减少电缆的外径,节约绝缘材料以及外部保护层的金属耗用量。

(2)绝缘层:绝缘层主要是使导体与导体间及导体与保护层间相互绝缘,包括各芯线绝缘、相间绝缘、芯线对地绝缘。

(3)内保护层(屏蔽层):内保护层一般采用铅皮或铝皮沿电缆全长无缝包在线芯外面组成,必须严格密封,其主要作用是防止绝缘受潮和漏油,保证电缆的绝缘强度。

(4)外保护层:它一般由内护套、铠装层、外护套组成,主要作用是保护电缆不受外界机械损伤和化学腐蚀,并使电缆具有一定的机械强度。

2. 电缆的分类

(1)按电压等级可分为低压电缆(1 kV 及以下)、中压电缆(3、6、10、35 kV)、高压电缆(60 kV 及以上)。

(2)按电缆导电线芯截面可分为 2.5、4、6、10、16、25、35、50、70、95、120、150、185、240、300、400、500、625、800 mm^2。

(3)按电缆芯数可分为单芯、两芯、三芯、四芯、多芯电缆,如图 8-9 所示。

(4)按传输电能的形式可分为直流电缆和交流电缆。

(5)按特殊需求可分为输送大容量电能的电缆、阻燃电缆、光纤复合电缆。

(6)按绝缘材料和结构可分为油浸纸绝缘电缆、橡皮绝缘电缆、交联聚乙烯绝缘电缆(交联电缆)、聚氯乙烯绝缘聚氯乙烯护套电缆(全塑电缆)和高压充油电缆。

(a)四芯电缆

(b)五芯电缆

图 8-9　电缆按芯数分

3. 控制电缆

控制电缆用于配电装置中交流 500 V 及以下(直流 1 000 V 及以下)的二次回路中。控制电缆的芯线有铜和铝两种,在牵引变电所中为了可靠,一般都用铜芯控制电缆。

4. 电缆的敷设

在牵引变电所中,电缆都敷设在电缆沟中,当电力电缆与控制电缆同沟敷设时,应尽量敷设在沟的两侧,如不能分开,应分层敷设,控制电缆在下方,电力电缆在上方。在敷设时要避免绝缘和保护层受到破坏,不能有硬弯,弯曲处曲率半径应满足有关要求。

5. 电缆的连接

电缆与电缆、架空线、电机、电器等连接时要用电缆接头。

(1)终端头(户内头、户外头)

电缆终端头用于电缆与配电装置连接,如图 8-10 所示。

(a)应用图

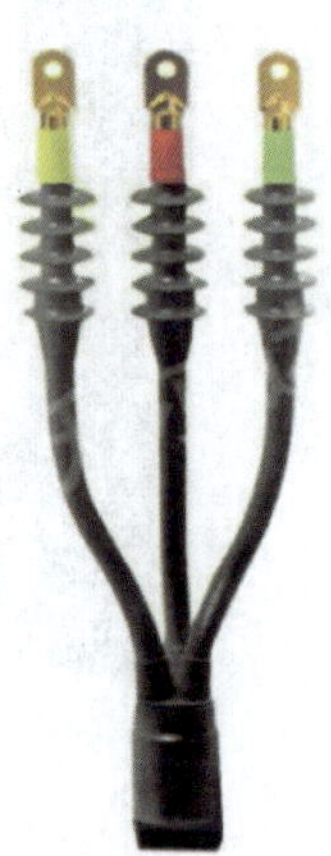

(b)实物图

图 8-10 电缆终端头

(2)中间接头

中间接头用于电缆与电缆之间连接,如图 8-11 所示。电缆连接头要求:①导体连接好;②绝缘可靠;③密封良好;④足够的机械强度。

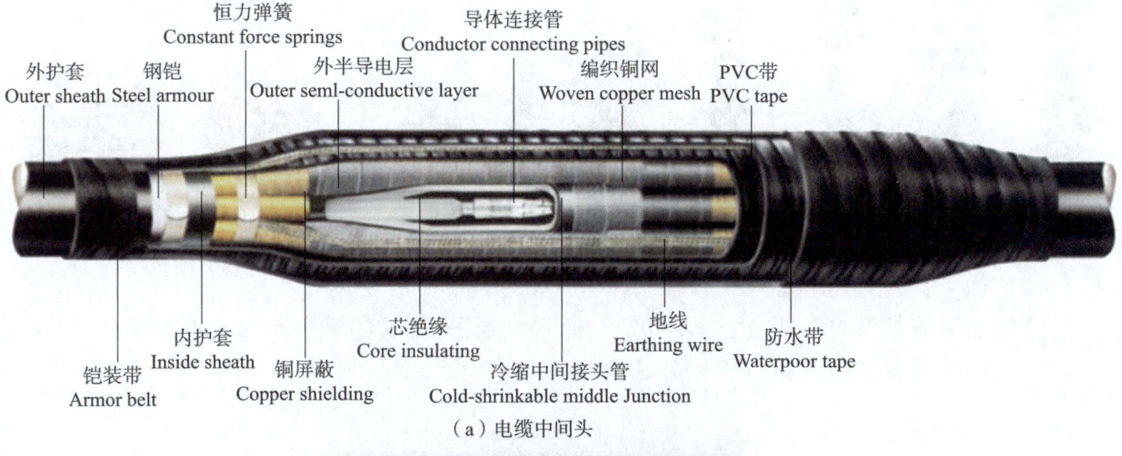

(a)电缆中间头

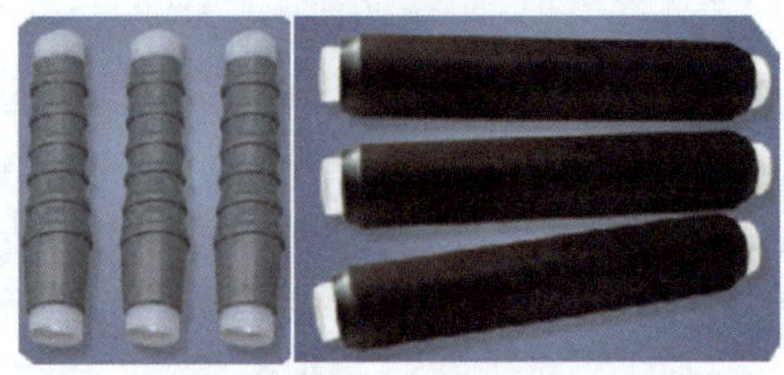

(b)电缆连接件

图 8-11 中间接头

(3)插拔式电缆连接方式(见图 8-12)

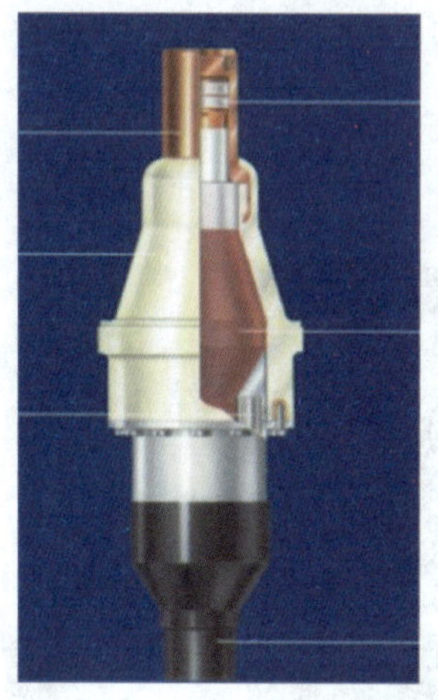
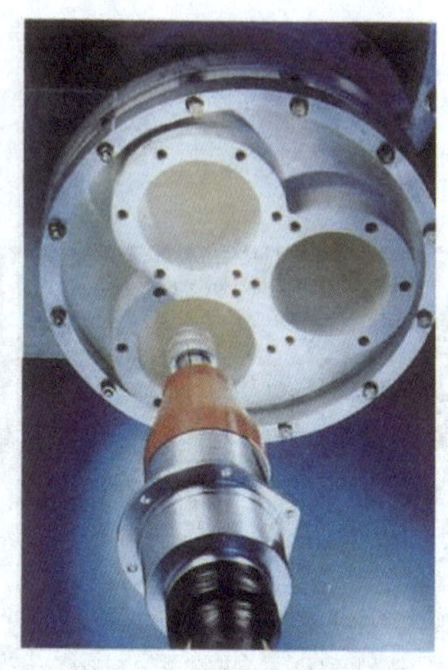

图 8-12　插拔式电缆连接方式

三、绝缘子

绝缘子广泛应用在牵引变电所的配电装置和输送电线路中,它主要用来支持和固定裸导体,并使之与地绝缘,或使装置中不同电位的载流导体之间绝缘,其结构由绝缘体和金属配件组成,如图 8-13 所示,要求其绝缘性能和机械性能良好。

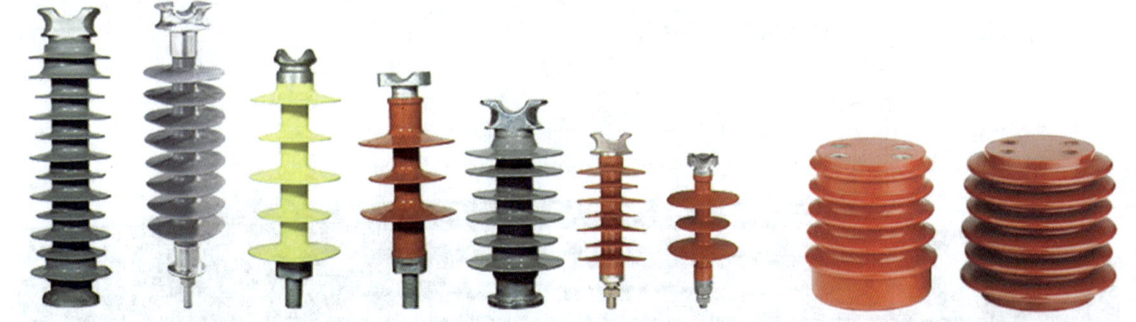

图 8-13　绝缘子

(1)绝缘子按外形可分为支柱式绝缘子、针式绝缘子、悬式绝缘子和套管绝缘子。

(2)绝缘子按安装地点可分为屋外式绝缘子和屋内式绝缘子。

四、成套设备

成套设备是制造厂成套供应的设备。成套设备是按电气主接线的要求,把开关设备、保护测量电器、母线和必要的辅助设备组合在一起,装配在一个或两个全封闭或半封闭的金属柜中,用来接受、分配和控制电能的总体装置。制造厂可生产多种一次线路方案的开关柜供用户选用。

1. 分类

按电气设备安装的地点,可分为屋内成套设备和屋外成套设备。为了节约用地,一般 35 kV 及以下成套设备宜采用屋内式。

按电压等级分成高压成套设备和低压成套设备。

按结构形式分为固定式和移开式(抽屉式)。

按开关柜隔离构成形式分为铠装式、间隔式、箱式、环网柜。

根据一次线路安装的主要元器件和用途,成套设备又可分为很多种柜,如油断路器柜、负荷开关柜、熔断器柜、电压互感器柜、隔离开关柜、避雷器柜。

低压成套设备只有屋内式一种,高压开关柜则有屋内式和屋外式两种。

2. 开关柜

开关柜由多个高压开关柜在发电厂、变电所或配电所安装后组成的电力装置。

作用:用于配电系统接受电能和分配电能。

优点:体积小、安装容易、使用和检修方便,尤其适合于室内或地下使用。

(1)高压开关柜

高压开关柜如图 8-14 所示。

(a)固定式

(b)手车式

图 8-14 高压开关柜

(2)环网柜

为提高供电可靠性,使用户可以从两个方向获得电源通常将供电网连接成环形,这种供电方式简称为环网供电。环网式高压开关柜,如图 8-15 所示,与普通高压开关柜的区别为:其采用高压负荷开关与熔断器串联代替高压断路器。

图 8-15 环网式高压开关柜

3. 全封闭组合电器(GIS—气体绝缘设备)

全封闭组合电器(GIS)将断路器、隔离开关、母线、接地开关、互感器、出线套管或电缆终端头等分别装在各自密封间中,充 SF_6 作为绝缘介质,组成一个整体,如图 8-16、图 8-17 所示。

图 8-16　地铁 110 kV GIS

图 8-17　全封闭组合电器(GIS)

实施过程

操作单见表 8-4。

表 8-4　操作单

1. 填写母线的日常巡视内容

设备名称	看	听	闻	巡视要求

2. 填写电缆的日常巡视内容

设备名称	看	听	闻	巡视要求

3. 填写绝缘子的日常巡视内容

设备名称	看	听	闻	巡视要求

4. 每组选派 2 人完成母线、绝缘子、电缆和成套设备的日常巡视对话及汇报安全注意事项

5. 问题解答

(1)为什么硬母线要装设伸缩接头?

自组织精炼回答:

【知识关联】

母线。

【知识反哺】

硬母线需要装设伸缩接头的原因是物体具有热胀冷缩的特性,母线在运行中会因发热受冷而使长度发生变化。为避免因热胀冷缩的变化使母线和支持绝缘子受到过大的应力而损坏,所以应在硬母线上装设伸缩接头

(2)变电所自用电缆的作用是什么?接线形式是什么?

自组织精炼回答:

【知识关联】

电缆。

【知识反哺】

变电所自用电缆的主要作用是提供电能,包括照明、空调、通风、动力等设备的电源,以满足变电所内部的各种需求。同时,电缆还用于传输信号,包括监控摄像头、消防报警、智能设备等信号传输。至于接线形式,一般来说,变电所自用电缆的接线方式采用"三相四线制",即电缆内部由四根电线组成,包括三根火线和一根零线。火线一般采用"黄、绿、红"三种颜色进行区分,零线则采用淡蓝色。在接线过程中,需要严格遵循相关规范和标准,确保安全可靠

(3)如何装设和拆除接地线?

自组织精炼回答:

【知识反哺】

装设和拆除接地线需要遵循一定的步骤和安全操作规程。

①装设接地线。

装设和拆除接地线时,必须两人进行。

装设接地线时,必须先验明设备确实无电,然后才能将检修设备接地,并将三相短路。

装设接地线必须使用绝缘棒并戴绝缘手套。

装设接地线必须先接接地端,后接导体端,必须接触牢固。

②拆除接地线。

拆除接地线的顺序与装设接地线相反,即先拆导体端,后拆接地端。

上述步骤完成后,确认设备无异常,人员安全撤离,此次工作结束

(4)瓷瓶绝缘子在什么情况下容易损坏?

自组织精炼回答:

【知识关联】

绝缘子。

【知识反哺】

瓷瓶绝缘子在以下几种情况下容易损坏:

绝缘子质量不佳:瓷绝缘子的胶装界面工艺如果不好,可能会导致零值绝缘子的产生。另外,如果瓷件材质差或工艺不良,导致瓷件晶体粗大,容易产生低零值绝缘子和裂纹导致掉瓷。

机械负荷过大:如覆冰严重、风速超过设计风速,使绝缘子承受过大的机械应力,导致绝缘子开裂,形成低零值绝缘子。

多次遭受雷击:多次遭受雷击后,可能会造成局部放电损伤。经过多次陡波冲击,瓷绝缘子头上的损伤会逐渐扩大,并在一定程度上导致低零值绝缘子的形成。

污染和脏污:在脏污地区,由于工业污秽颗粒的沉积,特别是其表面有导电性污染颗粒或者脏污时,绝缘性能会显著下降,容易发生闪络,导致电压不稳定或跳闸。当鸟类在绝缘子上排泄鸟粪时,会形成导电液体膜,使其耐压显著下降,导致闪络。

过压和过电负荷:过压主要是电压超过额定范围,绝缘子内部的电场强度增加,在绝缘子表面产生放电,会烧毁绝缘子的表面层,使其失去绝缘性能。过电负荷主要是电流超过额定范围,绝缘子内部的热能增加,在绝缘子内部产生热应力,使其机械强度降低,会使绝缘子变形或破裂,导致短路或漏电等。

为了避免以上情况发生,通常会采取一些预防措施,例如定期进行绝缘子检测和更换、加强清洁和维护、增加基本绝缘等

检查评价

在线测试单见表8-5。

表8-5　在线测试单

第一步	第二步	第三步
登录学习通 App	在学习通 App 中 找到考试图标并单击	输入考试码:t018583 开始在线测试

你的得分:__________　　评价等级:__________(优秀/合格/不合格)

任务小结

本任务内容涵盖了牵引供电系统中其他装置的运行和维护，包括母线、电缆、绝缘子和成套设备。首先，学习了母线的作用和分类，包括软母线、硬母线以及不同形状和封闭方式的母线。其次了解了电缆的结构、分类以及敷设和连接方式，包括终端头、中间接头和插拔式连接方式。然后学习了绝缘子的作用和种类。最后，介绍了成套设备，包括高压开关柜、环网柜和 GIS 的特点和应用。应全面了解这些装置的运行原理和维护要点，要将专业知识融入实践之中。

模块二
牵引变电所工作

任务9　认知电气主接线

引　言

电气主接线作为电力系统中的重要组成部分,承担着传输和分配电能的关键任务。电气主接线的基本要求是安全、可靠、灵活、经济。本任务将详细介绍牵引变电所电气主接线,包括牵引变电所高压侧和牵引侧,首先介绍牵引变电所高压侧电气主接线的不同形式及其特点,包括桥式接线、线路分支接线(双T接线)、单母线接线和双母线接线。然后介绍牵引变电所牵引侧电气主接线的不同形式及其特点,包括牵引侧母线主接线和牵引侧馈线主接线。为提高牵引供电系统的可靠性和灵活性,要根据具体的场合和需求选择不同形式的电气主接线方案;为确保牵引供电系统的稳定运行,要提高对电气主接线的认知,根据电气主接线进行倒闸操作。

思维导图

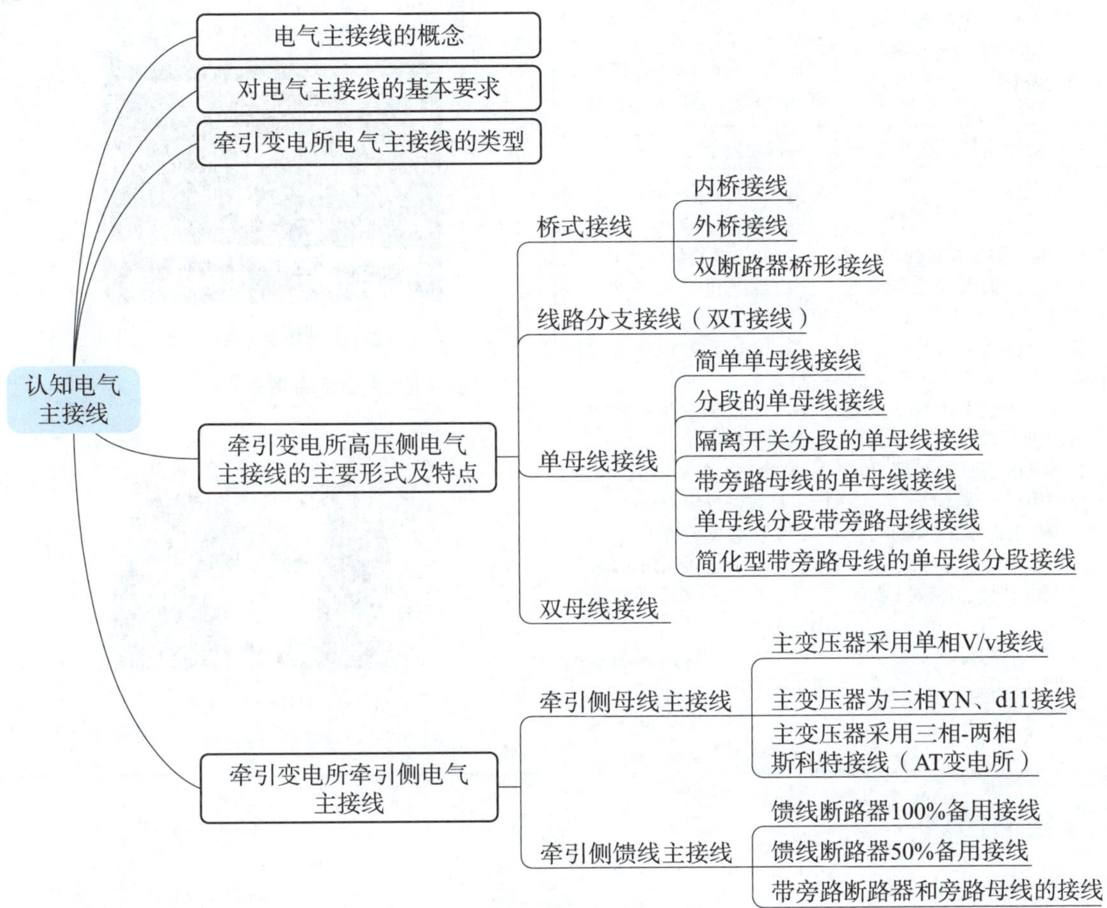

学习任务单

学习任务单见表9-1。

表9-1 学习任务单

● 任务描述	● 基于工作过程的学习	● 学习载体
熟悉各种电气设备的电气符号，了解电气主接线的定义、用途、基本形式，清楚对电气主接线的基本要求，能从电气主接线上判别供电方式 ● 知识目标 （1）了解主接线的用途 （2）识别变电所主接线的形式 （3）根据主接线图进行简单的模拟操作	资讯：根据资讯单中的资讯问题进行任务导入，学生通过预习、查找信息资料，建立总体印象 计划：与小组成员、老师或师傅讨论电气主接线在牵引变电所中的作用和影响 决策：确定工作步骤、所需工具、拟定检查评价标准和达成目标 实施：进行行动化学习，发现问题，共同分析，遇到无法解决的问题时请老师或师傅帮助解决	（1）电气主接线（见图9-1）概念及基本要求 图9-1 电气主接线图

<table>
<tr><td>● 知识目标</td><td>● 基于工作过程的学习</td><td rowspan="4">● 学习载体
(2)电气主接线类型
(3)高压侧电气主接线,如图 9-2 所示
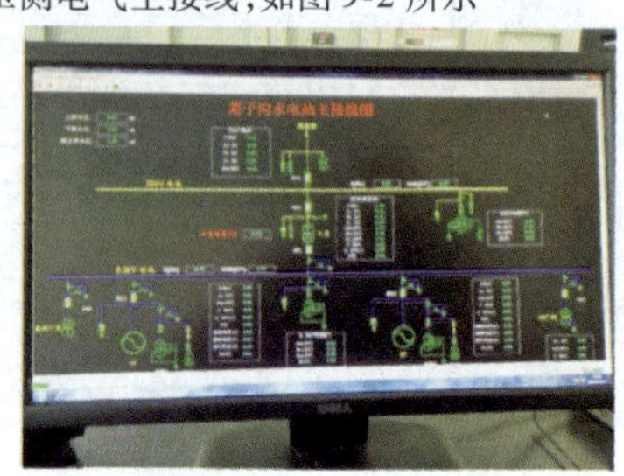
图 9-2　高压侧电气主接线
(4)牵引侧电气主接线,如图 9-3 所示

图 9-3　牵引侧电气主接线</td></tr>
<tr><td>(4)会搜集主接线上设备运行、故障、缺陷情况等试验方面的资料</td><td>检查:工具准备、生产文件、安全事项
评价:进行点评和专业交流,给出改进建议</td></tr>
<tr><td>● 职业能力与职业素质</td><td>● 行动化学习任务</td></tr>
<tr><td>(1)能了解主接线的用途
(2)能辨识电气设备的电气符号
(3)能识别牵引变电所主接线的形式
(4)能依据主接线判别变电所的供电方式
(5)能根据主接线图进行简单的模拟操作
(6)树立高压安全意识,培养遵章守规的行为习惯
(7)培养团队精神,鼓励协作
(8)培养爱岗敬业精神和吃苦耐劳品质</td><td>第一部分:进行电气主接线知识的理论学习
(1)知道主接线的用途
(2)熟悉电气设备的电气符号
(3)会识别变电所主接线的形式
(4)能根据主接线图进行简单的模拟操作。
第二部分:针对不同变电所的主接线进行识图训练
(5)采用双 T 的单线、复线三相牵引变电所识图训练
(6)复线 AT 牵引变电所识图训练
(7)桥式接线的牵引变电所识图训练
(8)实际的牵引变电所主接线识图训练</td></tr>
</table>

任务资讯

资讯单见表 9-2。

表 9-2　资讯单

学习任务 9	认知电气主接线	推荐学时	6
资讯方式	在图书馆、专业杂志、互联网上查询问题；咨询任课教师		
资讯问题	(1)什么是电气主接线		
	(2)电气主接线的用途是什么		
	(3)电气主接线的基本形式有几种？牵引变电所常用的主接线形式有哪些		
	(4)对电气主接线的基本要求有哪些		
	(5)主接线上设备的常见故障有哪些？怎么解决		
	(6)各种主接线的优缺点是什么		
	(7)牵引变电所的主接线图上的设备有哪些		
	(8)如何识别双 T 接线		
	(9)如何识别外桥、内桥接线		
	(10)牵引侧主接线包含哪几方面		
	(11)如何识别馈线侧备用方式		
	(12)怎样进行断路器、隔离开关的倒闸操作		

学习任务 9	认知电气主接线	推荐学时	6
资讯问题	(13)评价电气主接线可靠性和经济性的标准是什么		
	(14)为什么断路器不允许现场带负荷手动合闸		
	(15)电气主接线检修的流程是什么		
资讯引导	以上问题可以在本课程的学习信息、《牵引变电所运行检修规程》、“牵引变电所”精品课程网站、专业资料等处查找		

计划决策

计划决策单见表 9-3。

表 9-3 计划决策单

小组协作成员(签字)		
组长:	组员 1:	组员 2:
组员 3:	组员 4:	组员 5:
计划决策		
学习步骤	学习计划	学习策略
第一步		
第二步		
第三步		
请将小组协作成员分工和计划决策内容拍照后,在线发送给授课老师,老师进行指导评价		

【知识延伸】

2021 年 12 月 10 日,赣深高铁正式开通运营。新建赣深铁路江西段信丰西牵引变电所采用两回独立的 220 kV 电源,正常时由一路电源供电,另一路电源热备,牵引变压器侧采用线路变压器组接线方式。江西省境内的牵引变电所设两组主变,每组采用两台单相牵引变压器构成,每台重达 99.4 t。牵引变电所有全息感知、多维融合、重构自愈、智慧运维等特点,可系统地提高供电可靠性、实现无人值守,达到减员增效的目。赣深高铁连接了赣州、东莞和深圳三座城市,线路从赣州西站出发,终到深圳北站,赣深高铁的完工落实了国家“中部崛起计划”“赣闽粤原中央苏区振兴发展规划”,战略意义重大。“赣深高铁”让城市与城市成为邻里,为江西乃至中国经济发展作出了巨大贡献。

知识链接

一、电气主接线的概念

牵引变电所(包括开闭所、分区所)的电气主接线是由变电所中各种隔离开关、主变压器、母线、电流互感器、电压互感器、避雷器、断路器、电缆等主要电气设备,按一定顺序用导线连接而成的，用以接受和分配电能的电路。它反映了牵引变电所的基本结构和性能，在运行中表明电能的输送和分配关系、一次设备的运行方式，成为实际运行操作的依据。

表明一次电气设备相互连接关系和工作原理的电气接线图，称为主接线图。在主接线图上，各种设备以规定的文字符号、图形和设备之间用连线来表示，并标明各主要设备的规格、数量和型号。画主接线图时的要求：

(1)一般用单线图表示。所谓单线图是指当三相对称时，只画出其中一相，表示三相；当三相不对称时，分别画出三相。

(2)图形符号和文字符号均采用国际标准符号。

在牵引变电所工作时，往往需要根据牵引变电所的电气主接线进行倒闸操作、故障排查和设备维护，以此可评判电气主接线的优劣。

电气主接线处理的一般工作方法、工作原则和工作步骤如下：

(1)牵引变电所内倒闸作业的主要内容有：

①倒换电源。

②倒换主变压器。

③断路器的退出、投入。

(2)牵引变电所内倒闸作业要遵守的原则：

①不影响系统功率穿越。

②不中断向牵引负荷的供电。

(3)牵引变电所内倒闸作业的安全操作步骤：

①明确主接线正常运行时两回电源的供电情况及主接线中各开关的通断情况。

②停电时，先停负荷，后停电源；送电时，先送电源，后送负荷。

③隔离开关和断路器串联时，隔离开关应先合后分。

④隔离开关和断路器并联时，隔离开关应先分后合。

⑤隔离开关带接地闸刀时，送电时应先断接地闸刀、后合主闸刀，停电时应先断主闸刀、后合接地刀。

二、对电气主接线的基本要求

安全性：符合国家标准和有关设计规范的要求，能充分保证在进行各种操作时工作人员的人身安全和设备安全，以及在安全条件下进行维护检修工作。

可靠性：牵引变电所是电力系统的一级负荷，它应有独立的双回路电源供电。独立的双回路电源是指互不影响的两回 110 kV 线路。

灵活性：主接线中的任一元件检修、试验时，应很容易退出运行，并且不影响其他元件的正常工作，并且按照牵引供电系统规章与规则留下安全距离，以保证检修、试验时工作人员的安全。

经济性：在满足上述要求的前提下，主接线应力求简单，使投资最省，运行费用最低，并且节约电能和金属材料的消耗量，尽量减少占地面积，而且应适应今后的发展，便于扩建。

总之，牵引变电所主接线应在电路转换、设备检修和事故处理等情况下，保证向牵引负荷安全、可靠、灵活、经济地供电。

三、牵引变电所电气主接线的类型

牵引变电所从电力系统高压电网获取电能,经变电所变压输送给牵引网,由于牵引负荷属于一级负荷,所以引入电源至少为两路,变电所变压器一般为两台。通常把接电力系统高压电网一侧称为一次侧或高压侧,将接牵引网的一侧称为二次侧或牵引侧。牵引变电所高压侧和牵引侧的电气主接线不相同,牵引侧母线和牵引侧馈线又不相同,所以,牵引变电所的电气主接线分为高压侧主接线、牵引侧母线主接线和牵引侧馈线主接线,如图 9-4 所示。

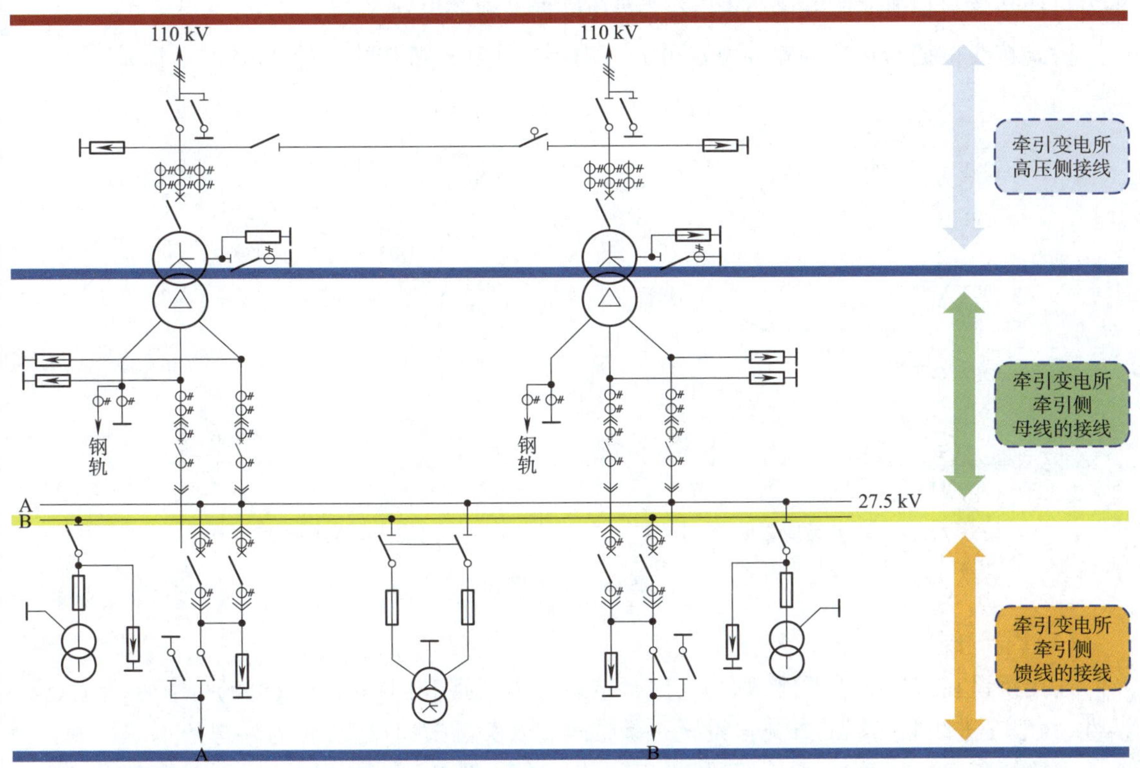

图 9-4 牵引变电所的电气主接线的类型

另外,根据牵引变电所根据在电网中的位置、重要程度和从电力系统取得电源的方式不同,牵引变电所可分为中心变电所、通过式(中间式)变电所和分接式(终端式)变电所三种,不同的变电所其主接线方式不同,如图 9-5 所示。

四、牵引变电所高压侧电气主接线的主要形式及特点

不同类型的牵引变电所采取不同形式的电气主接线,牵引变电所常见的有桥式接线、线路分支接线、单母线接线和双母线接线等。

1. 桥式接线

当只有两台变压器和两条线路时,宜采用桥式接线。通过式牵引变电所 110 kV 侧一般采用桥式接线。

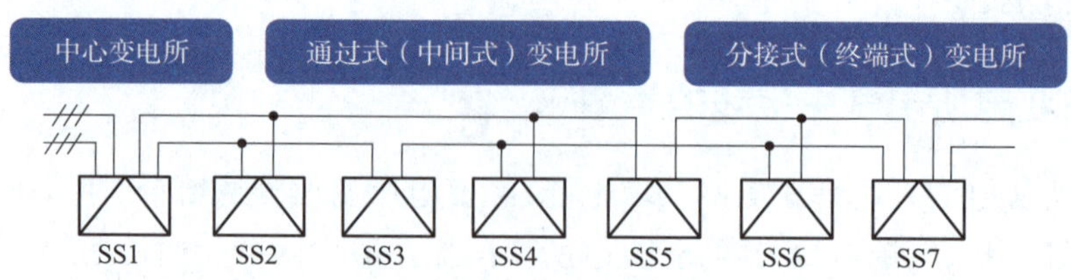

图 9-5　牵引变电所高压输电线的引入方式

桥式接线能满足牵引变电所的可靠性，具有一定的运行灵活性，使用电器少，建造费用低，在结构上便于发展为单母线或具有旁路母线的单母线接线。桥式接线没有母线，因而不会发生由母线故障或检修所引起的停电，经济性和可靠性有所提高。

桥式接线根据断路器的安装位置可分为内桥接线和外桥接线两种，如图 9-6 所示。

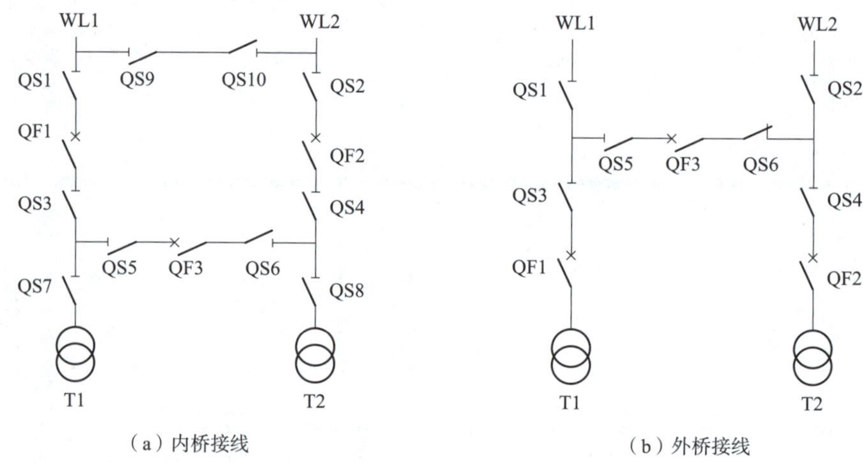

图 9-6　桥式接线

（1）内桥接线

连接桥设在靠近变压器侧，则构成内桥接线。为了提高内桥接线供电的可靠性和运行灵活性，一般在进线断路器的外侧再设置一条带隔离开关的横向母线（称为外跨条）。

主接线正常运行时，如主变压器 T1 运行，T2 备用，跨条隔离开关 QS9、QS10 断开，QS8 断开，其他开关均闭合，使系统功率从桥断路器通过，并向 T1 供电。

①断路器的退出与投入。当一路电源供电，一路电源备用，任一断路器需退出检修时，操作顺序见表 9-4。该操作既不影响系统功率穿越，也不中断向牵引负荷的供电。

表 9-4　断路器退出与投入的操作顺序

QF1 状态	操作顺序
退出	a. 闭合 QS9、QS10； b. 断开 QF1； c. 断开 QS3、QS1
投入	a. 闭合 QS1、QS3； b. 闭合 QF1； c. 断开 QS9、QS10

②倒换电源。当一路电源供电(WL1),另一路电源备用,牵引变电所内 T1 运行,T2 备用。若某电源线路故障,操作顺序见表 9-5。

表 9-5 倒换电源操作顺序

故障电源	操作顺序
WL2	a. 断开 QF2; b. 断开 QS4、QS2
WL1	a. WL1 退出,WL2 自动投入; b. 断开 QF1; c. 断开 QS3、QS1

③倒换主变压器。WL1 供电,WL2 备用,T1 运行,T2 备用,倒换主变压器的操作顺序见表 9-6。该操作存在牵引负荷短时停电。

表 9-6 倒换主变压器的操作顺序

变压器状态	操作顺序
T1 退出 T2 投入	a. 闭合 QS9、QS10; b. 断开 QF1、QF2 ; c. 断开 QS7; d. 闭合 QS8; e. 闭合 QF1、QF2 ; f. 断开 QS9、QS10

④内桥接线的特点及适用范围。内桥接线的外跨条的主要作用:在检修 110 kV 断路器和倒换主变压器的操作中,不影响系统功率穿越,不中断牵引负荷的供电,提高了主接线运行的灵活性、供电的可靠性。

外跨条投入运行时,系统功率将暂时失去保护,必须引起注意,加强监视。

内桥接线的电源线路投入、退出较为方便,而变压器投入、退出较复杂,所以内桥接线适用于电源线路较长,线路故障和检修停电机会较多,牵引变压器不需要经常切换的牵引变电所。

(2)外桥接线

若连接桥设置在线路侧(即进线断路器外侧),则构成外桥接线。外桥接线的特点是:每一主变压器回路均设有断路器,使得投入、退出主变压器的操作简单、方便。

正常运行时(如 WL1 供电,WL2 备用,变压器 T1 运行,T2 备用),除 QF2 断开外,其余开关均闭合。

外桥接线在进行以下三个任务时的操作顺序。

a. 断路器的退出与投入;b. 倒换主变压器;c. 倒换电源

外桥接线的特点及选用范围:

外桥接线与内桥接线的特点相反,因主变压器回路都有断路器,变压器故障检修或改变运行方式时，操作简单方便，不影响电源线路正常供电；但当电源线路故障检修时，由于进线断路器上无断路器，高压侧要断开对应的变压器回路和桥路两个断路器，才能切除故障电源，这将影响对变压器回路的供电。

外桥接线适用于电源线路较短，线路故障和检修停电机会较少，牵引变压器需经常切换的牵引变电所。

(3)双断路器桥形接线

内桥接线中变压器的投入与切除会影响到线路的正常运行，外桥接线中线路故障检修会影响到变压器的运行，而且更改运行方式时需利用隔离开关作为操作电器，故桥式接线的工作可靠性和灵活性较差。

为了提高供电可靠性，克服内桥、外桥接线的不足，使运行方式的调度操作更为方便，确保安全可靠供电，可在高压母线与主变压器进线之间增设断路器，变成双断路器桥形接线，如图 9-7 所示。

2. 线路分支接线(双 T 接线)

电气化牵引变电所常用的接线还有线路分支接线，即双 T 接线。两回 110 kV 电源线路经两个隔离开关和一个断路器分别向两台牵引变压器 T1、T2 送电。断路器 QF1、QF2 起控制和保护作用；隔离开关 QS5、QS6 通常处于闭合状态。两电源间无系统功率穿越，为增加运行灵活性而增设了以隔离开关组成的跨条将两路电源连接，如图 9-8 所示。

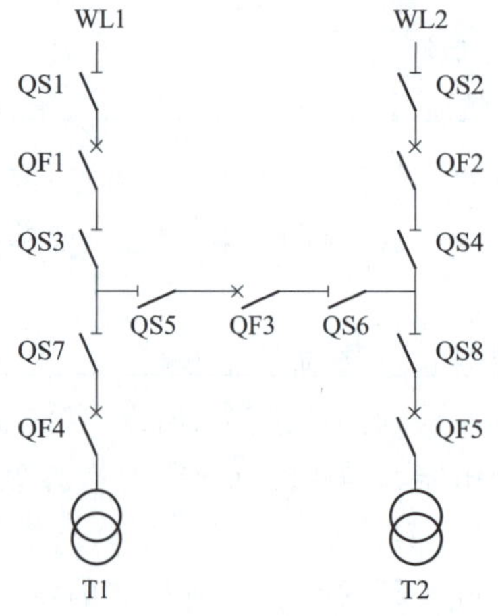

图 9-7　双断路器桥形接线

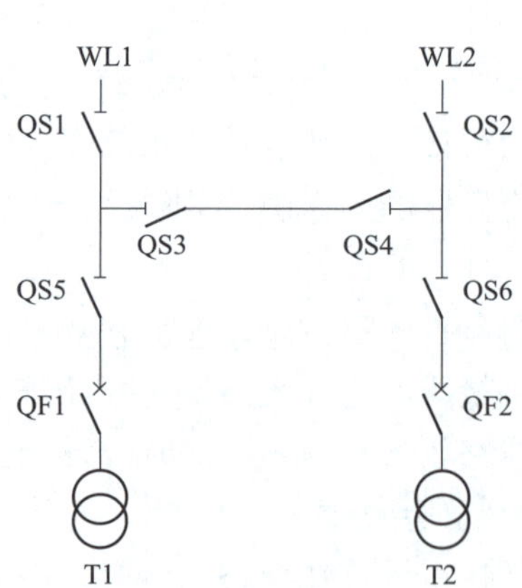

图 9-8　双 T 接线

线路分支接线的牵引变电所一般采用一回路电源线路主供，另一回路电源备用；两台主变压器中，一台投入运行，另一台备用的运行方式。实际使用中又分为直列供电和交叉供电两类供电方式。

(1)WL1 向 T1 直列供电：WL1→QS1→QS5→QF1→T1。

(2)WL2 向 T2 直列供电：WL2→QS2→QS6→QF2→T2。

(3)WL1 向 T2 交叉供电：WL1→QS1→QS3→QS4→QS6→QF2→T2。

(4)WL2 向 T1 交叉供电：WL2→QS2→QS4→QS3→QS5→QF1→T1。

该接线的特点：

(1)线路分支接线运行方式比较灵活，其运行方式可概括为：线路故障退线路，主变故障退主变。

(2)由于 110 kV 电源线路和牵引变压器上均装有备用电源自投装置,尤其在实现远动操作的电气化区段,采用线路分支接线的牵引变电所无复杂的倒闸作业。

(3)在线路分支接线中,两回电源进线、两台牵引变压器四条支路仅需要两套断路器,元件少,主接线结构简单。

(4)牵引变电所 110 kV 侧无系统功率穿越,故所内不设电源线路保护,二次接线装置相对简单,可节省投资。

3. 单母线接线

对于中心牵引变电所,电源引入回路数较多,主变压器一般为两台。为使每一台主变压器能从任一电源回路获得电能,这就需要设置汇流母线,以便将各电源回路电能汇集起来,再分配到各个用电回路,以提高供电的可靠性和经济性。母线的作用是:汇聚和分配电能,有利于电能的交换。

电源回路和用电回路都通过断路器、隔离开关接在同一套母线上,则构成单母线接线。单母线接线只有一条母线,且每一支路均有断路器。

(1)简单单母线接线

整个接线形式只有一组母线,所有电源回路和用电回路均接在母线上,每条引出线都设置断路器 QF 和隔离开关 QS,如图 9-9 所示(QSW 为靠近母线侧的隔离开关)。

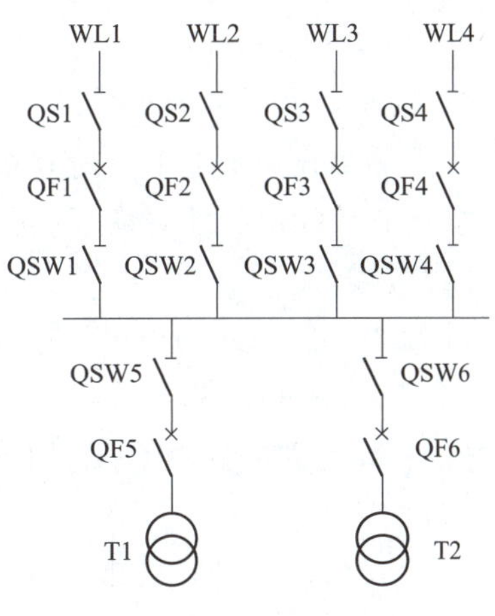

图 9-9 简单单母线接线

优点:简单、经济。

①结构简单、清晰,配电装置较少,易扩建。

②任一用电回路可从任一电源回路获得电能。

③任一回路断路器检修时,仅该回路停电,其他回路不受影响。

④每回路都有断路器可切断负荷电流或故障电流。检修断路器时,可用两侧隔离开关将断路器与电源隔离,保证检修人员安全。

缺点:不够灵活可靠。

①主母线、母隔故障或检修,全厂停电。

②任一回路断路器检修,该回路停电。

为了克服单母接线的某种缺陷,在单母接线基础上派生出了后面几种接线。

(2)分段的单母线接线

用分段断路器将母线分成两段或两段以上的单母线接线,如图 9-10 所示。

正常运行时,母联断路器 QFB 闭合,两段母线联通和单母线接线相同,具有单母线接线的所有优点;也有 QFB 断开、两侧分段运行,一侧失压、QFB 自投的运行方式。当母线故障时,母联断路器 QFB 在继电保护装置的作用下,将故障段与正常段分开,保证非故障段母线继续运行,使停电范围缩小一半。当检修某母线隔离开关时,母联断路器 QFB 断开,使停电范围也缩小一半。

其特点是:①各段母线可轮换检修;②供电可靠性较高;③线路断路器无备用。

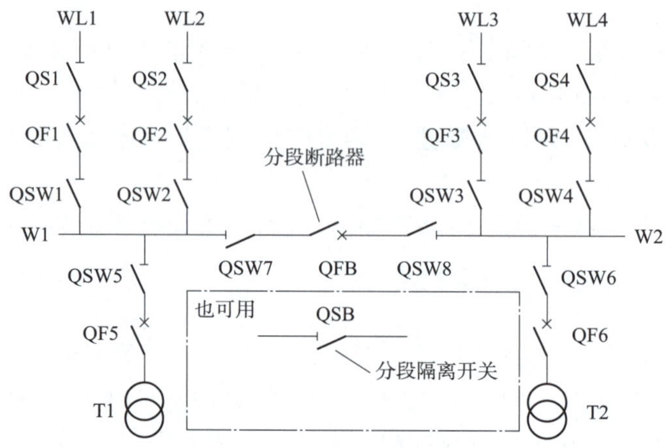

图 9-10　分段的单母线接线

单母线分段的接线，广泛应用在 10 ~ 35 kV 地区负荷、城市电牵引各种变电所和 110 kV 电源进线回路较少的接线系统。

(3)隔离开关分段的单母线接线

将图 9-10 中分段断路器去掉，其余不变，这种接线称为隔离开关分段的单母线接线。在检修母线隔离开关或母线故障时，必须通过倒闸操作，才能使停电范围缩小一半。但在母线故障时，因隔离开关不能带负荷分断，故与不分段单母线接线一样，会造成全所停电，通过倒闸作业之后，非故障母线才可恢复供电。所以，牵引变电所 110 kV 侧母线不采用隔离开关分段的单母线接线。

(4)带旁路母线的单母线接线

为了在检修支路时不停电，在单母线的基础上增加一条备用母线，在主母线和旁路母线之间增加一台旁路断路器 QFR，如图 9-11 所示。

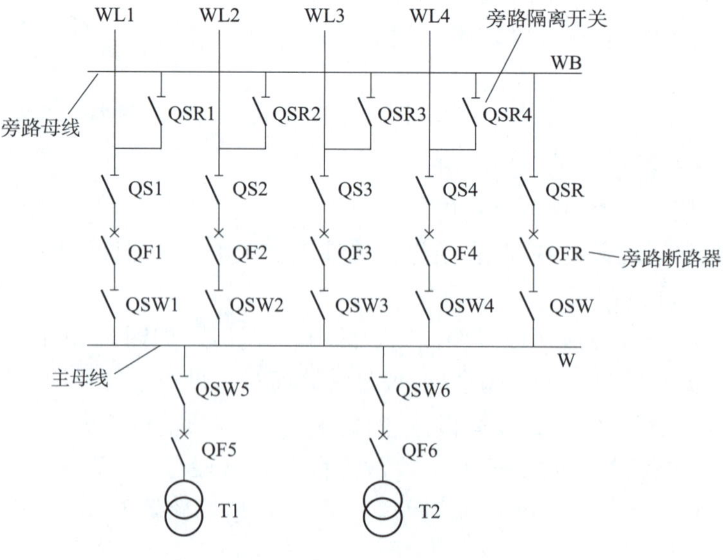

图 9-11　带旁路母线的单母线接线

正常运行时,旁路隔离开关 QSR 和旁路断路器 QFR 均断开,其他开关均闭合。此时运行状态与单母线分段接线完全一致。当任一电源进线回路需要检修时,可用旁路断路器代替其工作,使电源线路仍然可以正常工作。

其特点是:①有备用断路器,检修断路器时不中断供电,提高供电的可靠性;②增加了旁路隔离开关和旁路断路器,设备多,投资大;③倒闸作业较复杂,占地面积大,经济性较差。

带旁路母线的单母线接线广泛适用于牵引负荷和 35 kV 以上电压变电所中,特别是负荷较重要、线路中断路器多、检修时断路器不允许停电的场合。

(5)单母线分段带旁路母线接线

单母线分段带旁路母线接线提供了公共备用的断路器,如图 9-12 所示,在检修、调试、更换断路器和继电保护装置时都可不必停电。其主要缺点是设备较多,接线较复杂,倒闸作业较复杂,配电装置的占地面积大。它广泛应用于牵引负荷和 35 kV 以上线路中,特别是负荷较重要,线路断路器较多,检修断路器不允许停电的场合。

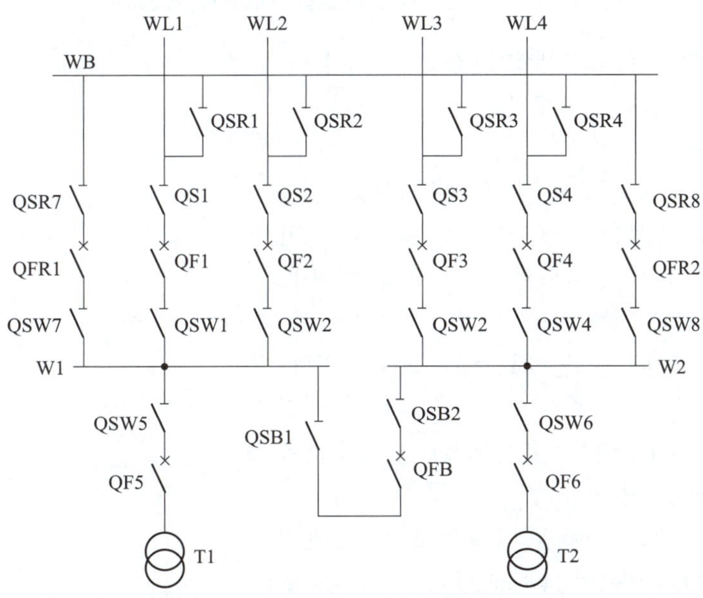

图 9-12 单母线分段带旁路母线接线

(6)简化型带旁路母线的单母线分段接线

由于母线隔离开关及线路断路器同时检修的可靠性较小,在保证供电可靠性不变的情况下,可以将母线分段断路器与旁路断路器巧妙合并,降低成本,提高经济性。如图 9-13 所示为简化型带旁路断路器的单母线分段接线图,其最大特点是断路器 QFB 具有双重身份,既是分段断路器,又是旁路断路器。

正常运行时,各线路旁路隔离开关断开,QSB 断开,其余开关均闭合,此时接线属于分段的单母线接线,隔离开关 QSW7、QSW8 与断路器 QFB 作为母线分段开关起作用。这种情况下,旁路母线是带电的,可以随时发现旁路母线的隐患,预防事故的发生。当检修线路断路器时,可让断路器 QFB 先退出母线分段断路器的工作,再投入旁路断路器工作。

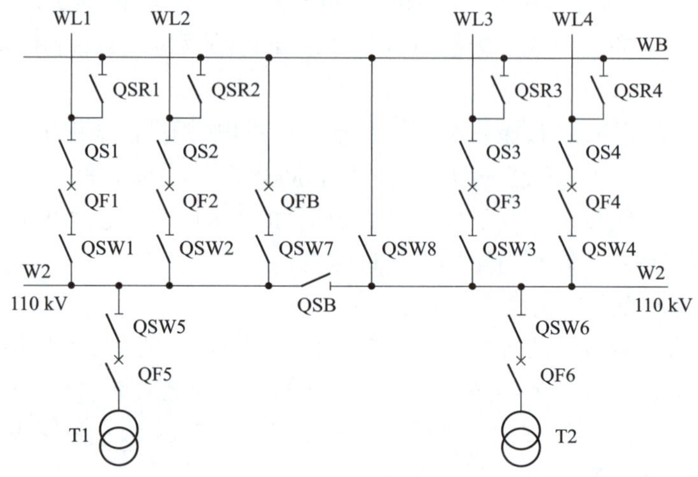

图 9-13　简化型带旁路断路器的单母线分段接线

特点:经济性较好,倒闸作业较复杂。

这种接线适用于中心变电所中。

4. 双母线接线

如图 9-14 所示这种结构设置了两条母线,两条母线之间通过母联断路器连接,每条母线进线或用户馈线都通过两台隔离开关和母线相连,正常时母联断路器断开。

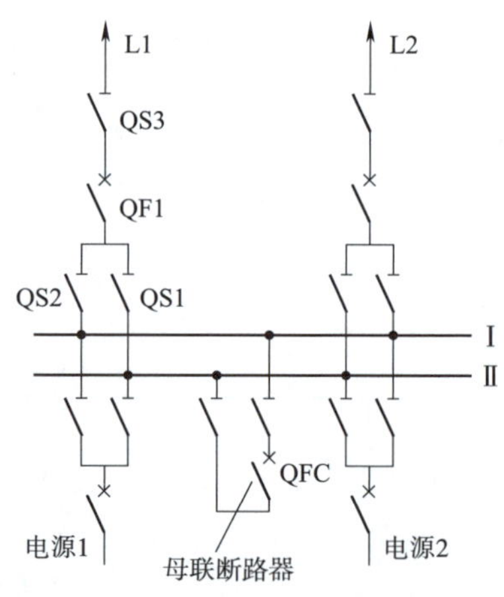

图 9-14　双母线接线

特点:缩短停电时间,供电可靠性高,较好的运行灵活性。

双母线接线派生出来的主接线形式有:双母线带旁路母线接线和双母线分段。

目前在牵引变电所中没有采用这种接线,仅适用于牵引变电所电源回路较多,且具有通过母线给其他变电所输送大功率供电回路的场合,对于 110 kV 以上电压的变电所母线,如线路较多且检修断路器不允许停电,则可采用具有旁路母线的双母线接线。

五、牵引变电所牵引侧电气主接线

牵引变电所牵引侧主接线主要由主变压器牵引侧电源进线、回流母线和牵引侧馈线组成。牵引变电所牵引侧是单相馈出,所以母线只有单相或两相,一般采用单母线和隔离开关分段的单母线接线。牵引侧的电压等级国内用的是27.5 kV 和 55 kV 两种电压等级,电压为 27.5 kV 的直接供给接触网,而电压为 55 kV 的经自耦变压器(AT)变压为 27.5 kV 供给接触网。

1. 牵引侧母线主接线

电源进线包括从主变压器牵引侧出线端子 a、b、c(或 a、x)开始至回流母线的接线,其主要任务是连接变压器出线端子至回流的母线。由于变压器运行方式相对稳定，母线故障率较低，所以该处断路器不设备用，主变差动保护和测量电流互感器接线也较简单。

(1)主变压器采用单相 V/v 接线

主变压器采用单相接线，两变压器牵引侧端子 x 经电流互感器接地和钢轨，两个端子 a、b 分别经断路器接至对应母线，由于不同相，母线中间用两台隔离开关分段。两台分段隔离开关之间的母线上设置备用变压器专用进线断路器，如图 9-15 所示。

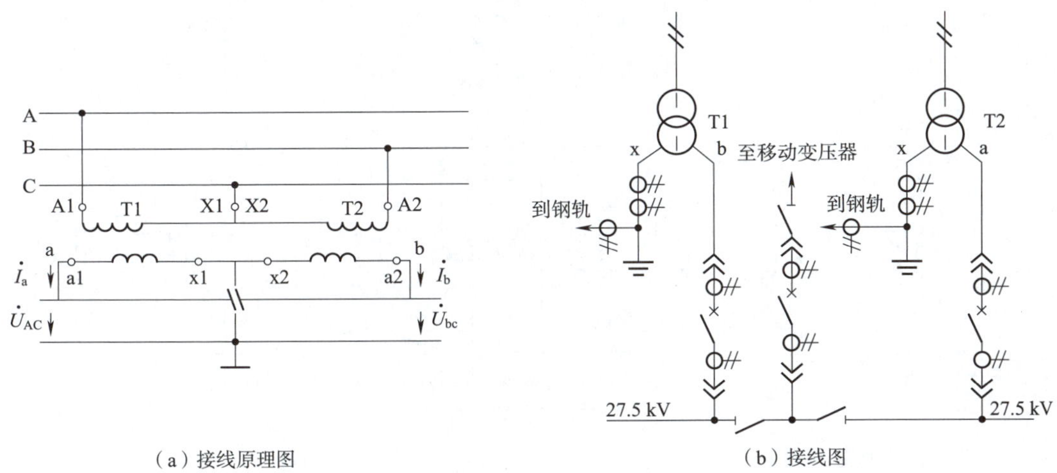

(a)接线原理图　(b)接线图

图 9-15　单相 V/v 接线主变压器 27.5 kV 侧接线

(2)主变压器为三相 Y_N、d_{11} 接线

牵引侧 c 相端子经电流互感器接地和钢轨，只设 a、b 两相母线从主变压器出线端经电流互感器和断路器分别与对应母线相连接，如图 9-16 所示。

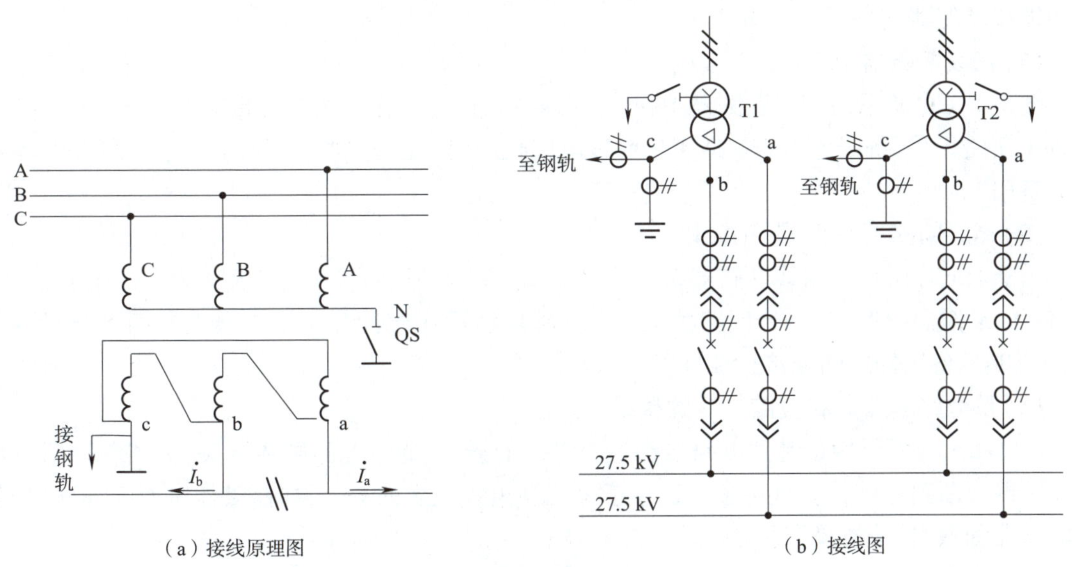

(a)接线原理图　(b)接线图

图 9-16　Y_N、d_{11} 接线主变压器 27.5 kV 侧接线

(3)主变压器采用三相—两相斯科特接线(AT 变电所)

主变压器 M 座和 T 座分别引出两根线,经电流互感器和电动隔离开关送至对应母线,母线采用两组隔离开关分段。主变压器二次侧电压为 55 kV,为配合户外配电装置,在变压器出线处安装有避雷器,并且每台主变压器负荷侧接反斯科特接线变压器,为牵引变电所提供所内用电,如图 9-17 所示。

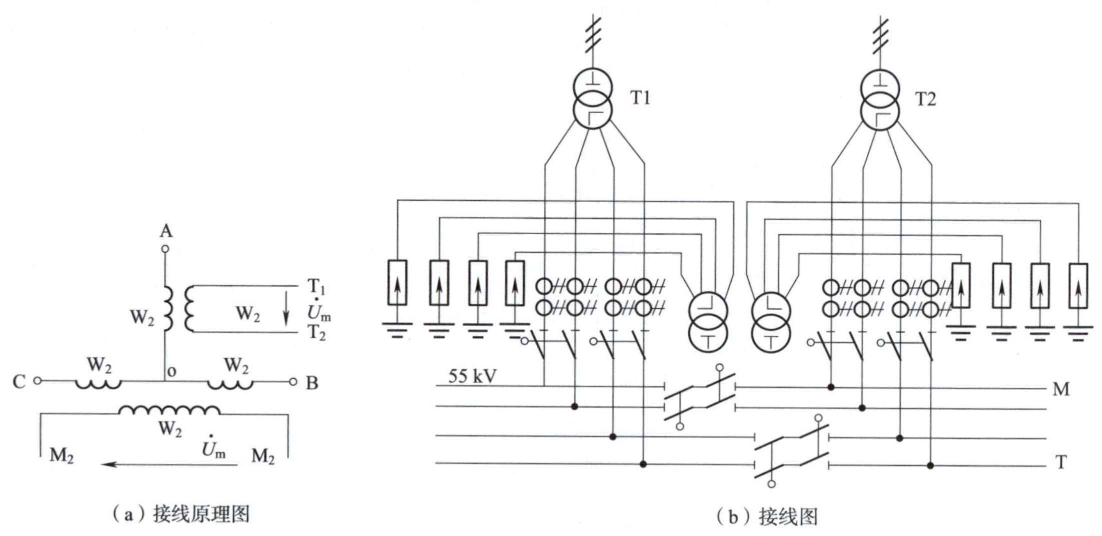

(a)接线原理图　　(b)接线图

图 9-17　斯科特接线主变压器 55 kV 侧接线

2. 牵引侧馈线主接线

牵引侧馈线主接线是指从牵引侧母线至接触网馈线间的接线。由于接触网工作环境恶劣、无备用、故障率高,所以对牵引侧馈线断路器操作频繁、要求高。对牵引侧馈线主接线往往采用馈线断路器的备用工作方式。

(1)馈线断路器 100% 备用接线

图 9-18(a)所示为馈线断路器 100% 备用接线,其优点在于当工作断路器需要检修时,可由备用断路代替,备用率 100%,适用于单线电气化区段。因为单线区段两供电臂不同相,不宜公共备用。

(2)馈线断路器 50% 备用接线

图 9-18(b)所示为馈线断路器 50% 备用接线,每两条馈线设一台备用断路器,通过隔离开关,备用断路器可代替任一台断路器工作。这种接线适用于同相牵引母线上有两条馈线的场合,比 100% 备用接线的经济性要好。

(3)带旁路断路器和旁路母线的接线

图 9-18(c)所示为带旁路断路器和旁路母线的接线,通过旁路隔离开关,旁路断路器可代替任一馈线断路器工作。这种接线适用于每相馈出线较多的场合,如铁路枢纽地区,以减少备用断路器的数量、节省投资。

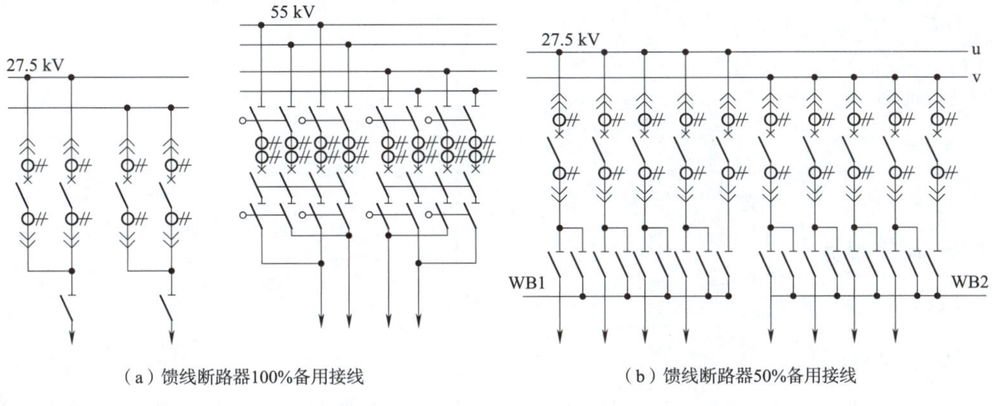

（a）馈线断路器100%备用接线　　（b）馈线断路器50%备用接线

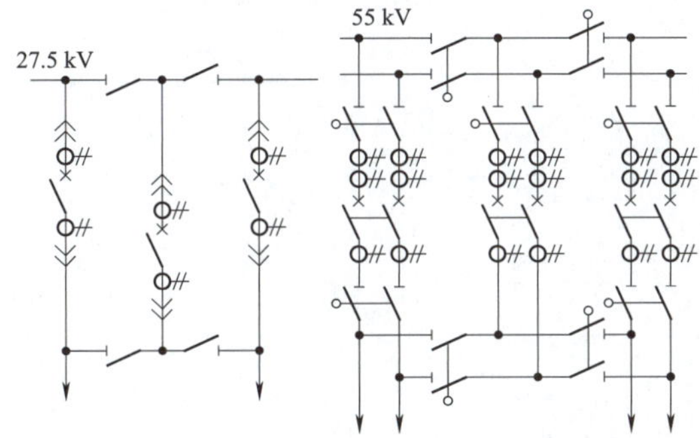

（c）带旁路断路器和旁路母线的接线

图 9-18　馈线断路器备用接线

实施过程

操作单见表 9-7。

表 9-7　操作单

1. 对照牵引变电所主接线图现场识别主要的电气设备。

序号	设备名称	数量(台)	型号
(1)			
(2)			
(3)			
(4)			
(5)			
(6)			
(7)			
(8)			
(9)			
(10)			

2. 问题解答

(1)对电气主接线的基本要求是什么?

自组织精炼回答:

【知识关联】

对电气主接线的基本要求。

【知识反哺】

电气主接线的基本要求包括安全性、可靠性、灵活性和经济性。其中,安全性要求保障工作人员和设备的安全;可靠性要求具有独立的双回路电源供电;灵活性要求方便进行电路转换、设备检修和事故处理等操作;经济性要求尽可能降低投资和运行成本,便于扩建

(2)电气主接线的基本形式有几种?牵引变电所常用的主接线形式有哪些?

自组织精炼回答:

【知识关联】

牵引变电所高压侧电气主接线的主要形式及特点。

【知识反哺】

电气主接线的基本形式:

①有母线类:单母线及单母线分段接线、双母线及双母线分段接线、带旁路母线的单母线接线、不分段的单母线带旁路母线接线、不分段与分段带旁路母线的单母线接线等。

②无母线类:桥式接线(分为内桥接线、外桥接线,在电气化铁路中,线路故障远比变压器故障多,故内桥接线在牵引变电所中的应用较为广泛)、角形接线、单元接线。

③线路分支接线(双T接线):是一种介于单母线和无母线之间的接线方式,去掉断路器是外桥接线的进一步简化。

牵引变电所中常用的电气主接线形式主要是桥式接线和有母线类,包括内桥接线、外桥接线、单母线及单母线分段接线、双母线及双母线分段接线以及带旁路母线的单母线接线。综合来看,电气主接线的形式多种多样,每种形式都有其特定的适用场景和特点。在选择电气主接线形式时,需要根据电力系统的需求、设备条件以及实际应用情况进行综合分析和决策

(3)请画出单母线分段接线示意图,并分析该电气主接线类型的优缺点。

自组织精炼回答:

【知识关联】

牵引变电所高压侧电气主接线的主要形式及特点。

【知识反哺】

单母线分段接线是一种常用的电气主接线形式,它通过将单母线分成若干段,使用分段断路器将它们连接在一起,从而实现电源和负荷的分配。

优点：

灵活性高：当其中一段母线发生故障时，可以通过分段断路器迅速隔离故障，避免影响其他段母线的正常运行。

运行操作简单：便于运行人员掌握，易于进行维护和管理。

成本较低：相较于双母线分段接线等其他主接线形式，投资较省。

缺点：

故障影响范围较大：当其中一段母线发生故障时，该段母线上所连接的电源和负荷全部停电。

扩建困难：当需要进行扩建时，需要增加分段断路器等设备，难度较大。

容量限制：一般只适用于中小型电力系统的负荷分配

(4)小组成员共同绘制牵引变电所电气主接线图(2路输入、5路输出的单母线分段接线)，并讨论此接线图的形式及优点。

自组织精炼回答：

【知识关联】

牵引变电所高压侧电气主接线的主要形式及特点。

【知识反哺】

在2路输入、5路输出的单母线分段接线中，有两条输入线路(通常来自电力系统)和五条输出线路(连接到牵引负荷)。这种接线方式采用单母线，并通过分段开关将其分成两段，每段母线分别连接一条输入线路和三条输出线路。

具体元件包括：

①两条输入线路，通过电源开关(QF1 和 QF2)和进线隔离开关(QS1 和 QS2)连接到母线。

②五条输出线路，每条输出线路都通过一个线路侧隔离开关(QS3、QS4、QS5、QS6 和 QS7)、一个线路开关(QF3、QF4、QF5、QF6 和 QF7)、一个母线侧隔离开关(QS8、QS9、QS10、QS11 和 QS12)连接到母线。

③一个分段开关(QF8)，将母线分成两段，分段开关左右两侧需两个隔离开关(QS13 和 QS14)连接。

优点：

①供电可靠性：通过分段断路器将母线分为两段，当其中一段母线发生故障时，可以自动将故障段隔离，保证正常段母线不间断供电，不致使重要用户停电。

②灵活性和适应性：可以满足重要客户双回路供电的需求，可以通过从不同段引出两个回路，有两个电源供电。

缺点：

①当一段母线或母线隔离开关故障检修时，该段母线的回路都要在检修期间内停电，减少了系统的供电量，并使该段单回路供电的用户停电。

②扩建时需要向两个方向均衡扩建。

综上，单母线分段接线适用于电源容量较小和出线数目较少的场合

检查评价

在线测试单见表9-8。

表9-8 在线测试单

第一步	第二步	第三步
登录学习通 App	在学习通 App 中 找到考试图标并单击	输入考试码：t4769363 开始在线测试

你的得分：__________ 评价等级：__________(优秀/合格/不合格)

任务小结

本任务主要介绍了牵引变电所的电气主接线,包括高压侧和牵引侧。在高压侧,介绍了不同形式的电气主接线,如桥式接线、线路分支接线、单母线接线和双母线接线;在牵引侧,介绍了牵引侧母线主接线和牵引侧馈线主接线。每种电气主接线都有其特点和适用场合,选择合适的主接线方案可以提高系统的可靠性和灵活性。进行倒闸操作也需要加强对电气主接线的认知,以保证操作的安全和准确性。

任务 10　使用常用工具

引　言

本任务的主题是关于常用工具的使用,将探讨牵引变电所中常用工具的类型、工作原理、使用方法、注意事项以及实验标准。任务中将依次介绍兆欧表、验电器、万用表、钳形电流表和安全带。对于每个工具,将详细解释它们的工作原理、使用方法和注意事项。兆欧表用于测量绝缘电阻,验电器用于判断电路是否有电,万用表可以进行多种电路参数的测量,钳形电流表利用电磁感应原理测量电路中电流值,安全带用于保护操作人员高处作业安全。同时,还将介绍这些工具的特殊应用和维护方法,以帮助更好理解它们的使用。通过学习本任务,掌握常用工具的正确使用方法,了解它们的工作原理、注意事项和维护方法,从而在牵引变电所工作中提高作业效率和保障人身安全。

思维导图

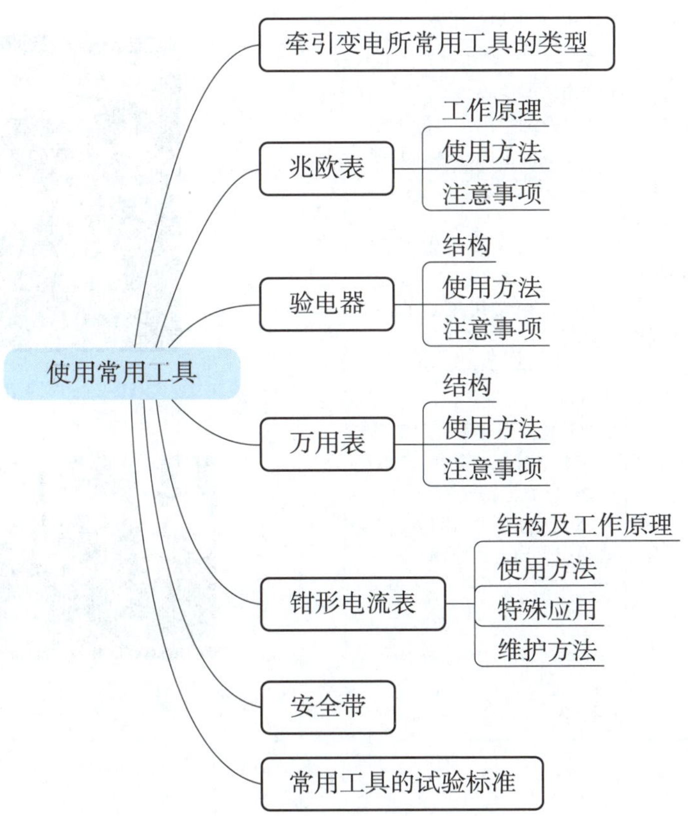

学习任务单

学习任务单见表 10-1。

表 10-1　学习任务单

<table>
<tr><td>● 任务描述</td><td>● 基于工作过程的学习</td><td>● 学习载体</td></tr>
<tr><td>掌握牵引变电所常用工具的作用，会使用常用工具，熟悉常用工具的注意事项及安全要求，清楚常用工具的缺陷处理方法，能检查常用工具，能分析常用工具试验结果异常产生的原因</td><td rowspan="3">资讯：根据资讯单中的资讯问题进行任务导入，学生通过预习、查找信息资料，建立总体印象
计划：与小组成员、老师或师傅讨论牵引变电所常用工具的作用和故障处理方法
决策：确定工作步骤、所需工具、拟定检查评价标准和达成目标
实施：进行行动化学习，发现问题，共同分析，遇到无法解决的问题时请老师或师傅帮助解决
检查：工具准备、生产文件、安全事项
评价：进行点评和专业交流，给出改进建议</td><td rowspan="6">常用工具(见图 10-1、图 10-2、图 10-3)：
(1)兆欧表
(2)验电器
(3)万用表
(4)钳形电流表
(5)安全带
(6)实验标准

图 10-1　学习载体 1

图 10-2　学习载体 2

图 10-3　学习载体 3</td></tr>
<tr><td>● 知识目标</td></tr>
<tr><td>(1)了解牵引变电所常用工具的类型
(2)明确所有常用工具的作用
(3)正确使用常用工具
(4)掌握工具的简单维护与保养
(5)理解常用工具试验结果异常产生的原因</td></tr>
<tr><td>● 职业能力与职业素质</td><td>● 行动化学习任务</td></tr>
<tr><td>(1)能熟悉牵引变电所常用工具的类型
(2)能掌握所有常用工具的作用
(3)能正确使用常用工具
(4)能对工具进行简单的维护与保养
(5)能分析常用工具试验结果异常产生的原因
(6)树立高压安全意识，培养遵章守规的行为习惯
(7)培养团队精神，鼓励协作
(8)培养爱岗敬业精神和吃苦耐劳品质</td><td>第一部分：进行常用工具理论知识的学习
(1)熟悉常用工具的类型
(2)掌握常用工具的原理
(3)掌握所有常用工具的结构
(4)掌握所有常用工具的作用
(5)了解常用工具的注意事项
第二部分：进行常用工具使用训练
(6)能正确使用常用工具
(7)能对工具进行简单的检查、维护与保养
(8)能分析常用工具试验结果产生异常的原因</td></tr>
</table>

任务资讯

资讯单见表 10-2。

表 10-2 资讯单

学习任务 10	使用常用工具	推荐学时	4
资讯方式	在图书馆、专业杂志、互联网上查询问题；咨询任课教师		
资讯问题	(1)牵引变电所常用工具有哪些？牵引变电所常用工具的作用是什么		
	(2)验电笔的作用是什么		
	(3)万用表可以测量哪些参数？万用表的作用是什么		
	(4)兆欧表的原理和作用的是什么		
	(5)钳形电流表的原理和作用是什么		
	(6)安全带的作用是什么		
	(7)接地棒的类型有哪些？它们的作用是什么		
	(8)验电器有几种？它们的作用是什么？如何检查验电器的好坏		
	(9)常用工具的故障原因及解决方法是什么		
	(10)兆欧表的使用方法及维护方法是什么		
	(11)验电器的使用方法及维护方法是什么		
	(12)万用表的使用方法及组护方法是什么		
	(13)安全带的使用方法及维护方法是什么		
	(14)接地棒的使用方法及维护方法是什么		
	(15)牵引变电所常用电气工具的试验标准是什么		
资讯引导	以上问题可以在本课程的学习信息、《牵引变电所规章与规程》、“牵引变电所”精品课程网站、专业资料等处查找		

计划决策

计划决策单见表 10-3。

表 10-3 计划决策单

小组协作成员(签字)		
组长：	组员 1：	组员 2：
组员 3：	组员 4：	组员 5：
计划决策		
学习步骤	学习计划	学习策略
第一步		
第二步		
第三步		
请将小组协作成员分工和计划决策内容拍照后，在线发送给授课老师，老师进行指导评价		

【知识延伸】

临近 2023 年春节，在中国铁路成都局集团有限公司达州供电段齐岳山变电所，变电值班员李小红(男)一个人独自坚守在大山中。这是他参加的第 9 个春运，也是在齐岳山变电所度过的第 8 个年头。

齐岳山变电所担任宜万铁路的牵引供电任务,这里有着常人无法忍受的寂静环境,周围除了高压母线发出的嗞嗞声、变压器发出的嗡嗡声外,一片静谧。

自2013年进入铁路以来,李小红就像小草一样,将根深深扎入了齐岳山这片土地。变配电所施行单人值班值守制度,李小红和另一位同事轮流单独值守在变电所里,通常轮换周期为七天。值班的日子是枯燥的,每天周而复始,重复着相同的工作。平淡中,却是沉甸甸的责任。李小红说:"变电所的日常工作,没有接触网工种那样的爬网溜索,也没有电力工种那样的跋山涉水,有的只是日复一日、年复一年、一成不变的巡视、监控设备,有点枯燥,甚至是乏味,但每当列车安全通过时,在山谷中回荡的风声告诉我这一切都值得。"

知识链接

一、牵引变电所常用工具的类型

牵引变电所常用的工具有:验电笔、尖嘴钳、剥线钳、万用表、兆欧表、钳形电流表、电度表、验电器、接地电阻测试仪、安全带、接地棒,如图10-4所示。

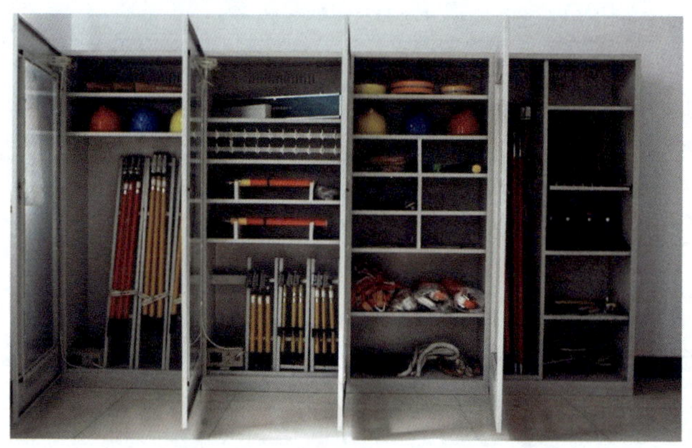

图10-4　牵引变电所常用的工具

二、兆欧表

1. 工作原理

现场普遍采用兆欧表来进行电介质的绝缘电阻的测量。测量绝缘电阻时应在绝缘上施加直流电压,使用带有手摇直流发电机的兆欧表(俗称摇表)如图10-5所示。

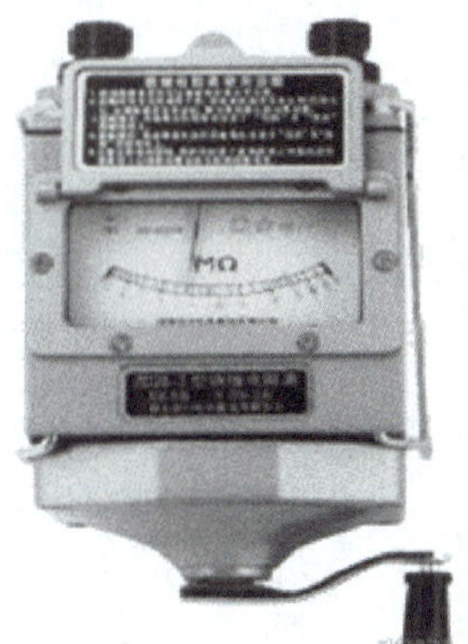

图10-5　兆欧表

兆欧表主要由三部分组成:

(1)直流电源。一般由手摇发电机和整流装置产生测量所需的直流电压。

(2)测量机构。由处于永久磁场中的电压线圈和电流线圈等组成。

(3)接线端子。兆欧表的外部有三个接线端子:线路端子 L,接地端子 E 和屏蔽端子 G,被试绝缘接在 L 和 E 之间。

测量接线图如图 10-6 所示。

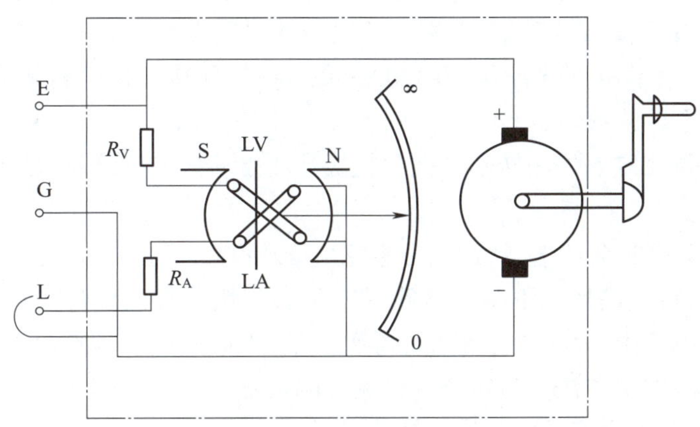

图 10-6 兆欧表原理接线图

通过转动手摇发电机转轴,产生直流电压 U 后,流过电压、电流线圈 LV 和 LA 的电流分别为

$$I_V = \frac{U}{R_V} \tag{10-1}$$

$$I_A = \frac{U}{R_A + R_X} \tag{10-2}$$

式中,R_V 为电压线圈电阻,R_A 为电流线圈电阻,R_X 为外接物体的绝缘电阻。

在两线圈上产生的转动力矩分别为

$$M_V = I_V F_V(\alpha) \tag{10-3}$$

$$M_A = I_A F_A(\alpha) \tag{10-4}$$

式中,$F_V(\alpha)$为电压线圈转矩系数,$F_A(\alpha)$为电流线圈转矩系数。

由于两线圈的绕向相反,所以 M_V和 M_A的方向相反,平衡时 $M_V = M_A$。

$$\text{偏转角度}\quad \alpha = f\left(\frac{I_V}{I_A}\right) = f\left(\frac{R_A + R_X}{R_V}\right) = F(R_X) \tag{10-5}$$

式中,$f(\quad)$、$F(\quad)$均为正相关函数。

2. 使用方法

(1)正确选用兆欧表。兆欧表的额定电压应根据被测电气设备的额定电压来选择。测量额定电压 500 V 以下的设备,选用额定电压 500 V 或 1 000 V 的兆欧表;额定电压在 500 V 以上的设备,应选用 1 000 V 或 2 500 V 的兆欧表;对于绝缘子、母线等要选用 2 500 V 或 3 000 V 的兆欧表。

(2)使用前检查兆欧表是否完好。将兆欧表水平且平稳放置,检查指针偏转情况:将 E、L 两端开路,以约 120 r/min 的转速摇动手柄,观测指针是否指到"∞"处;然后将 E、L 两端短接,缓慢摇动手柄,观测指针是否指到"0"处,经检查完好才能使用。

(3)兆欧表放置平稳牢固,被测物表面擦干净,以保证测量准确。

(4)正确接线。兆欧表有三个接线柱:线路(L)、接地(E)、屏蔽(G)。根据不同的测量对象作相应的接线:测量线路对地绝缘电阻时,E 端接地,L 端接于被测线路上;测量电机或设备绝缘电阻时,E 端接电机或设备外壳,L 端接被测绕组的一端;测量电机或变压器绕组间绝缘电阻时先拆除绕组间的连接线,将 E、L 端分别接于被测的两相绕组上;测量电缆绝缘电阻时 E 端接电缆外表皮(铅套),L 端接线芯,G 端接芯线最外层绝缘层。

(5)由慢到快摇动手柄,直到转速达 120 r/min 左右,保持手柄的转速均匀、稳定,一般转动 1 min,待指针稳定后读数。

(6)测量完毕,待兆欧表停止转动且被测物接地放电后方能拆除连接导线。

3. 注意事项

因兆欧表本身工作时会产生高压电,为避免人身及设备事故,必须重视以下几点:

(1)不能在设备带电的情况下测量其绝缘电阻。测量前被测设备必须切断电源和负载,并进行放电;已用兆欧表测量过的设备如要再次测量,也必须先接地放电。测量前、兆欧表有短路不到"0"位故障,解决方法为将短路的电流线圈接好。

(2)兆欧表测量时要远离大电流导体和外磁场。

(3)与被测设备连接的导线应用兆欧表专用测量线或选用绝缘强度高的两根单芯多股软线,两根导线切忌绞在一起,以免影响测量准确度。

(4)测量过程中,如果指针指向"0"位,表示被测设备短路,应立即停止转动手柄。

(5)被测设备中如有半导体器件,应先将其插件板拆去。

(6)测量过程中不得触及设备的测量部分,以防触电。

(7)测量电容性设备的绝缘电阻时,测量完毕,应对设备充分放电。

三、验电器

1. 结构

高压验电器主要用来检验设备对地电压在 250 V 以上的高压电气设备。目前,广泛采用的有发光型、声光型、风车式三种类型,它们一般都是由检测部分(指示器部分或风车)、绝缘部分、握手部分三大部分组成,如图 10-7 所示。绝缘部分、握手部分根据电压等级的不同其长度也不相同。

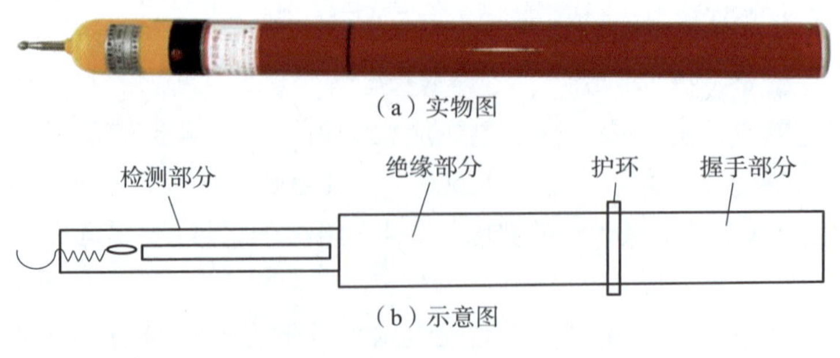

(a) 实物图

(b) 示意图

图 10-7 高压验电器

(1)检测部分为指示器部分或风车。

(2)绝缘部分是指自指示器下部金属衔接螺丝起至护环止的部分。

(3)握手部分是指护环以下的部分。

高压验电器是由电子集成电路制成的声光指示,性能稳定可靠,具有全电路自检功能和抗干扰性强等特点。高压验电器适用于220~500 V、6 kV、10 kV、35 kV、110 kV、220 kV、500 kV交流输配电线路和设备的验电,无论是白天或夜晚、室内变电所站或室外架空线上,都能正确、可靠地工作。

2. 使用方法

在使用高压验电器进行验电时,首先必须认真执行操作监护制,一人操作,一人监护,操作者在前,监护人在后。使用验电器时,必须注意其额定电压要和被测电气设备的电压等级相适应,否则可能会危及操作人员的人身安全或造成错误判断。

验电时,操作人员一定要戴绝缘手套,穿绝缘靴,防止跨步电压或接触电压对人体的伤害。操作者应手握护环以下的握手部分,先在有电设备上进行检验。检验时,应渐渐地移近带电设备至发光或发声止,以验证验电器的完好性,然后再在需要进行验电的设备上检测。对同杆架设的多层线路验电时,应先验低压,后验高压,先验下层,后验上层。

需要特别说明的是,在使用高压验电器验电前,一定要认真阅读使用说明书,检查一下验电器是否超试验周期,外表是否损坏、破伤。例如高压风车式验电器在从包中取出时,首先应观察电转指示器叶片是否有脱轴现象,脱轴者不得使用;然后将电转指示器在手中轻轻摇晃,其叶片应稍有摆动,证明良好;最后检查报警部分,警报能发出音响,证明音响良好。对于高压声光型验电器,在操作前应先对指示器进行自检试验,才能将指示器旋转固定在操作杆上,并将操作杆拉伸至规定长度,再做一次自检后才能进行试验。

【小提示】高压验电器不能检测直流电压。

3. 注意事项

(1)使用验电器进行验电操作,应遵照《电力安全工作规程》的有关规定进行。

(2)使用前,应根据被验电气设备的额定电压,选用合适型号的验电器。

(3)操作人员必须手握操作手柄并将操作杆全部拉出后方可进行验电操作。

(4)在非全部停电场合进行验电操作,应先将验电器在有电部位上测试,再到停电部位进行测试,然后回复到有电部位上复测,以确保安全。

(5)验电器必须定期进行预防性试验。试验前应先检查外观,外壳有缺损时不宜进行试验。

(6)验电时,工作人员手握验电器护环以下的握柄部分,先在有电设施上进行自检,验电器性能完好方能使用,雨天浓雾天不得使用该仪器。

(7)验电器避免跌落、挤压、强烈冲击、振动,在保管和运输中,不要使高压验电器受强烈振动或冲击;不准擅自调整拆装;不要用腐蚀性化学溶剂和洗涤剂擦洗;不要放在露天烈日下晒,经常保持清洁,存放干燥处。

(8)验电器使用前有故障,按验电器上的试验按钮,报警正常,但用验电器验电时音响警报不响,解决方法为将内部一只电阻更换为1 MΩ。

四、万用表

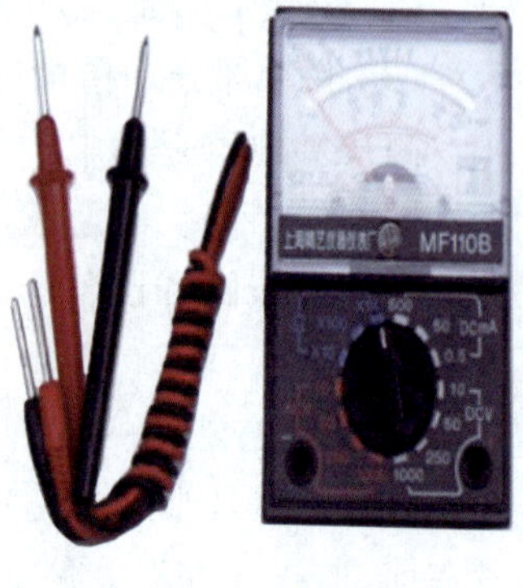

图 10-8　万用表

1. 结构

万用表由表头、测量电路及转换开关等三个主要部分组成，如图 10-8 所示。

表头是一只高灵敏度的磁电式直流电流表，万用表的主要性能指标基本上取决于表头的性能。表头的灵敏度是指表头指针满刻度偏转时流过表头的直流电流值，这个值越小，表头的灵敏度越高。测电压时的内阻越大，其性能就越好。

2. 使用方法

（1）机械调零。

（2）选择插孔和转换开关位置。

（3）测电流时，万用表与被测线路串联。测直流电流时，电流应从红表笔流入，黑表笔流出。

（4）测电压时，万用表与被测线路并联。测直流电压时，高电位接红表笔，低电位接黑表笔。

（5）测量电阻时，万用表与被测电路并联，每次换量程都要进行欧姆调零。

（6）测量结束后，将转换开关转至交流电压最高挡或空挡处。

3. 注意事项

（1）测量电流与电压不能旋错挡位。万用表不用时，应将挡位旋至交流电压最高挡。

（2）测量电阻时，不要用手触及元件的裸露的两端（或两支表棒的金属部分）。

（3）欧姆调零时，若已将调零旋钮旋至最大指针仍不在零位，应换上新电池方能准确测量。

（4）测量直流电压和直流电流时，注意“ + ”“ - ”极性，不要接错。

（5）如果不知道被测电压或电流的大小，应先用最高挡，而后再选用合适的挡位来测试，以免表针偏转过度而损坏表头。所选用的挡位愈靠近被测值，测量的数值就愈准确。

（6）有读数不稳定或无法测量故障，解决方法为清除油污或对弹片整形，重新接通。

五、钳形电流表

图 10-9　钳形电流表

1. 结构及工作原理

钳形电流表的测量部分主要由一只电磁式电流表和穿心式电流互感器组成，如图 10-9 所示。穿心式电流互感器铁芯做成活动开口，且成钳形。穿过铁心的被测电路导线就成为电流互感器的一次线圈，其中通过电流便在二次线圈中感应出电流，从而使与二次线圈相连接的电流表便有指示，即可测出被测线路的电流。

2. 使用方法

测量前：选择合适的钳形电流表；检查仪表的外观、绝缘性能及钳口；不能测裸导体电流。

测量时：应先估计被测电流或电压的大小，选择合适的量程。按紧扳手使钳口张开，将被测导线放入钳口中央，然后松开扳手使钳口闭合紧密。

测量后：一定要把调节开关放在最大电流量程位置。

3. 特殊应用

(1)测量时,钳口两个面应保证接合紧密,如有杂声可将钳口重新开合一次。

(2)测量低压熔断器或低压母线电流时,测量前应将邻近各相线路用绝缘板隔离。

(3)用钳形电流表测量电流、电压时应分别进行,不能同时测量。

(4)不能用于高压带电测量。

(5)为了测量小于 5 A 以下的电流,可将导线多绕几圈放进钳口测量,但实际电流应为读数除以放进钳口内的导线根数。

4. 维护方法

(1)严禁用低压钳形表测量高电压回路的电流。

(2)使用过程中要特别注意保持人体与带电部分的安全距离。

(3)在高压回路上测量时,禁止用导线从钳形电流表另接表计测量。

(4)不能用于高压带电测量。

(5)当电缆有一相接地时,严禁测量。

(6)有转换开关磨损故障或接触不良时,可清洗或更换表头。

六、安全带

安全带是进行高处作业保证人身安全的重要用品,它一般由尼龙编织成带状,长约1.6 m,如图 10-10 所示。

注意事项:

(1)高挂低用。

(2)每次使用前应进行外观检查,尼龙带状部分不得有严重破损;保险锁扣不良不准使用,并不准打结使用。

(3)安全带应放置于干燥、通风的仓库内,不准接触明火、高温、强酸和尖锐物件;不准长期暴晒。

(4)安全带应定期做负荷试验,变电所用安全带试验周期为 6 个月。

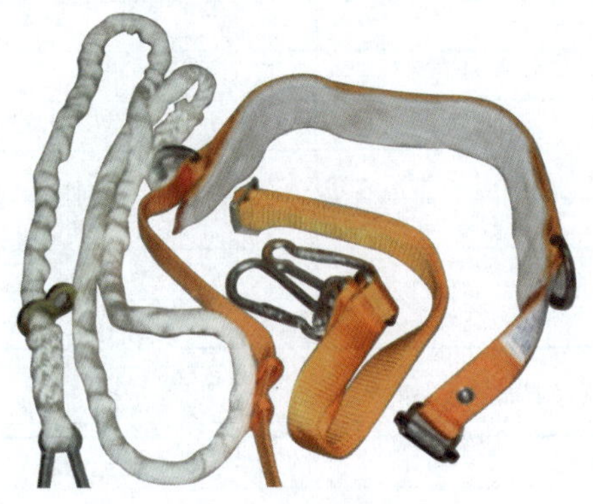

图 10-10 安全带

七、常用工具的试验标准

常用工具的试验标准见表 10-4。

表 10-4 常用工具的试验标准

<table>
<tr><th>序号</th><th>名称</th><th>周期（月）</th><th>电压等级（kV）</th><th>试验电压（kV）</th><th>负荷（N）</th><th>时间（min）</th><th>泄漏电流（mA）</th><th>合格标准</th></tr>
<tr><td rowspan="3">1</td><td>绝缘棒</td><td rowspan="3">6</td><td>110</td><td>四倍相电压</td><td rowspan="3"></td><td rowspan="3">5</td><td rowspan="3"></td><td rowspan="7">无过热、击穿和变形</td></tr>
<tr><td>杆</td><td>27.5</td><td>120</td></tr>
<tr><td>滑轮</td><td>6～10</td><td>44</td></tr>
<tr><td>2</td><td>绝缘绳</td><td>6</td><td>高压</td><td>$\frac{105}{0.5\ \text{m}}$</td><td></td><td>5</td><td></td></tr>
<tr><td rowspan="2">3</td><td rowspan="2">绝缘手套</td><td rowspan="2">6</td><td>高压</td><td>8</td><td rowspan="2"></td><td rowspan="2">1</td><td>9</td></tr>
<tr><td>低压</td><td>2.5</td><td>2.5</td></tr>
<tr><td rowspan="2">4</td><td>绝缘靴</td><td>6</td><td>高压</td><td>15</td><td></td><td>1</td><td>7.5</td></tr>
<tr><td>绝缘梯</td><td>6</td><td></td><td>2.5/cm</td><td></td><td>5</td><td></td></tr>
<tr><td rowspan="2">5</td><td rowspan="2">验电器</td><td rowspan="2">6</td><td>27.5</td><td>120</td><td rowspan="2"></td><td rowspan="2">5</td><td rowspan="2"></td><td rowspan="2">发光电压不高于额定电压25%</td></tr>
<tr><td>6～10</td><td>40</td></tr>
<tr><td rowspan="2">6</td><td>金属梯</td><td>12</td><td></td><td rowspan="2"></td><td>2 205</td><td rowspan="2">5</td><td rowspan="2"></td><td rowspan="2">任一级梯蹬加负荷后不得有裂损和永久变形</td></tr>
<tr><td>竹木梯</td><td>6</td><td></td><td>1 765</td></tr>
<tr><td>7</td><td>绳子</td><td>6</td><td></td><td></td><td>2 205</td><td>5</td><td></td><td>无破损和断股</td></tr>
<tr><td>8</td><td>安全带</td><td>6</td><td></td><td></td><td>2 205</td><td>5</td><td></td><td>无破损</td></tr>
</table>

实施过程

操作单见表 10-5。

表 10-5 操作单

1. 统计某牵引变电所常用工具的名称及其作用

序号	工具名称	数量	型号	作用
(1)				
(2)				
(3)				
(4)				
(5)				
(6)				
(7)				
(8)				

2. 演示牵引变电所工具的检查并填写下面的表格

常用工具名称	检查方法

3. 用兆欧表测量设备绝缘电阻

电动机			兆欧表		绝缘电阻					
型号	功率	接法	型号	规格	A－B 间	A－C 间	B－C 间	A 对地	B 对地	C 对地

4. 问题解答

(1)牵引变电所常用工具的试验标准是什么?

自组织精炼回答:

【知识关联】

常用工具的试验标准。

【知识反哺】

牵引变电所常用的工具包括各种绝缘手套、绝缘靴、安全带、绝缘棒、测电笔、验电器、摇表(兆欧表)、万用表、电流钳、接地电阻测试仪、压线钳、剥线钳、工具扳手、激光水平仪等。对于这些工具,实验标准包括以下几个方面:

检查合格证:对于一些重要的工具和仪表,如绝缘手套、兆欧表等,需要经过国家计量部门校准并颁发的合格证,以确保其准确性和可靠性。

校准和检验:电气测量仪表如兆欧表、微欧计、介损仪等需要定期进行精度校准,以确保测量的准确性和可靠性,校准方法可参照相关国家和行业标准。设备需要定期进行校准和检验,以确保其测量和保护的准确性和可靠性。

耐压试验:使用高压测试设备对电气设备的绝缘性能进行耐压试验,以检验其是否能够承受规定的电压和极性。试验电压和时间应符合相关标准和规定。

绝缘电阻测试:使用兆欧表等绝缘电阻测试仪器对电气设备的导电部分、绝缘体、电缆等部件进行绝缘电阻测试,以判断其是否符合规定的绝缘电阻值要求。测试时需要考虑湿度、温度、表面脏污等因素的影响。

介质损耗角测量:使用介损仪等设备对绝缘杆、绝缘子、套管等绝缘部件进行介质损耗角测量,以判断其是否符合规定的介质损耗角要求。

需要注意的是,实验标准可能因不同的设备和使用条件而有所不同,具体的实验标准应根据实际情况而定。在进行实验前,应仔细阅读相关设备的使用说明书和实验规范,以确保实验的准确性和安全性

(2)兆欧表及数字万用表的使用方法是什么?

自组织精炼回答:

【知识关联】

兆欧表、万用表。

【知识反哺】

兆欧表的使用方法如下:

①兆欧表应放在水平位置,在未摇动前,指针应该指在“∞”处。

②测量前应切断设备电源,对地短路放电。设备须在不带电的情况下测量。

③兆欧表接线柱共有三个接线柱,L 代表线路,E 代表接地,G 代表屏蔽。其中 L 接在被测设备导体部分,E 接被测设备的外壳或大地,G 接被测设备的屏蔽。兆欧表上的接线用多股软线。

④兆欧表在转动时不可变换转速,保持在 120 r/min 左右,不能忽快忽慢。

⑤测量时要边摇边读数，不能停下来读数，手千万不能碰到测试线的导电部分或被测试物。

⑥在测量完后，断开接线，并对被测设备进行充分放电。

⑦兆欧表用完后，及时做好清洁工作，保存在干燥、无尘、无腐蚀气体的地方。

数字万用表的使用方法如下：

①使用数字万用表之前，需要熟悉每个功能键的作用以及测试步骤。选择测量挡位时应从大到小逐级选择。在使用万用表时需要注意安全，不要测量高于 1 000 V 的电压或 20 A 的电流。

②测量电压时，切换到合适的电压挡位，红色表笔插在“VΩ”插孔中，黑色表笔插在“COM”插孔中，遵循“红正黑负”的规律。

③测量电阻时，选择合适的电阻挡位，红黑表笔插法与电压测量一致，保证被测物与其他部分断开连接。

④测量电流时，切换到合适的电流挡位，红色表笔插在“A”插孔中，黑色表笔插在“COM”插孔中，一定要串入电路，读取电流值时，注意电流的方向要与刻度盘上的指示箭头一致，注意单位是 A（安培）、mA（毫安）或 μA（微安）。

⑤测量电容时，切换到合适的电容（C）挡位，将电容插入万用表的“C－X”插孔，读取显示屏上数字。

⑥测量完成后，及时断开表笔，并将数字万用表放置在干燥、无尘的地方，严禁雨淋、受潮

检查评价

在线测试单见表 10-6。

表 10-6　在线测试单

第一步	第二步	第三步
登录学习通 App	在学习通 App 中 找到考试图标并单击	输入考试码：t5372243 开始在线测试

你的得分：________　　评价等级：________（优秀/合格/不合格）

任务小结

本任务主要介绍了牵引变电所中常用工具的使用，包括兆欧表、验电器、万用表、钳形电流表和安全带。详细介绍了它们的工作原理、使用方法和注意事项，以及特殊应用和维护方法。兆欧表用于测量绝缘电阻，验电器用于验电，万用表可测量多种电路参数，钳形电流表用于测量电流值，安全带用于高处作业。本任务强调了正确使用和维护的重要性，应注意兆欧表的放电处理、万用表的挡位选择、钳形电流表的夹持位置选择和安全带的定期检查。掌握这些工具的正确使用方法，可保障人身安全、提高工作效率。

任务 11 牵引变电所值班、交接班与巡视

引　言

牵引变电所值班、交接班和巡视是确保牵引变电所运行安全和稳定的关键环节。本任务将详细介绍牵引变电所值班员的工作职责、值班人员安全等级以及值班工作内容，包括巡视设备、监视设备运行状态、办理工作票、倒闸作业以及处理应急事故；还将探讨牵引变电所交接班制度及其存在的主要风险；深入讨论牵引变电所巡视种类、巡视检查方法、巡视路线、巡视周期、巡视注意事项等相关内容，并对巡视各种设备列出关键要点。通过本任务学习，可全面了解牵引变电所值班、交接班与巡视的重要性，掌握日常工作中的知识技能和相关规范准则，提高对设备运行状态的监控能力和对应急事故的处理能力，为实现牵引变电所有效运维管理提供有力支撑。

思维导图

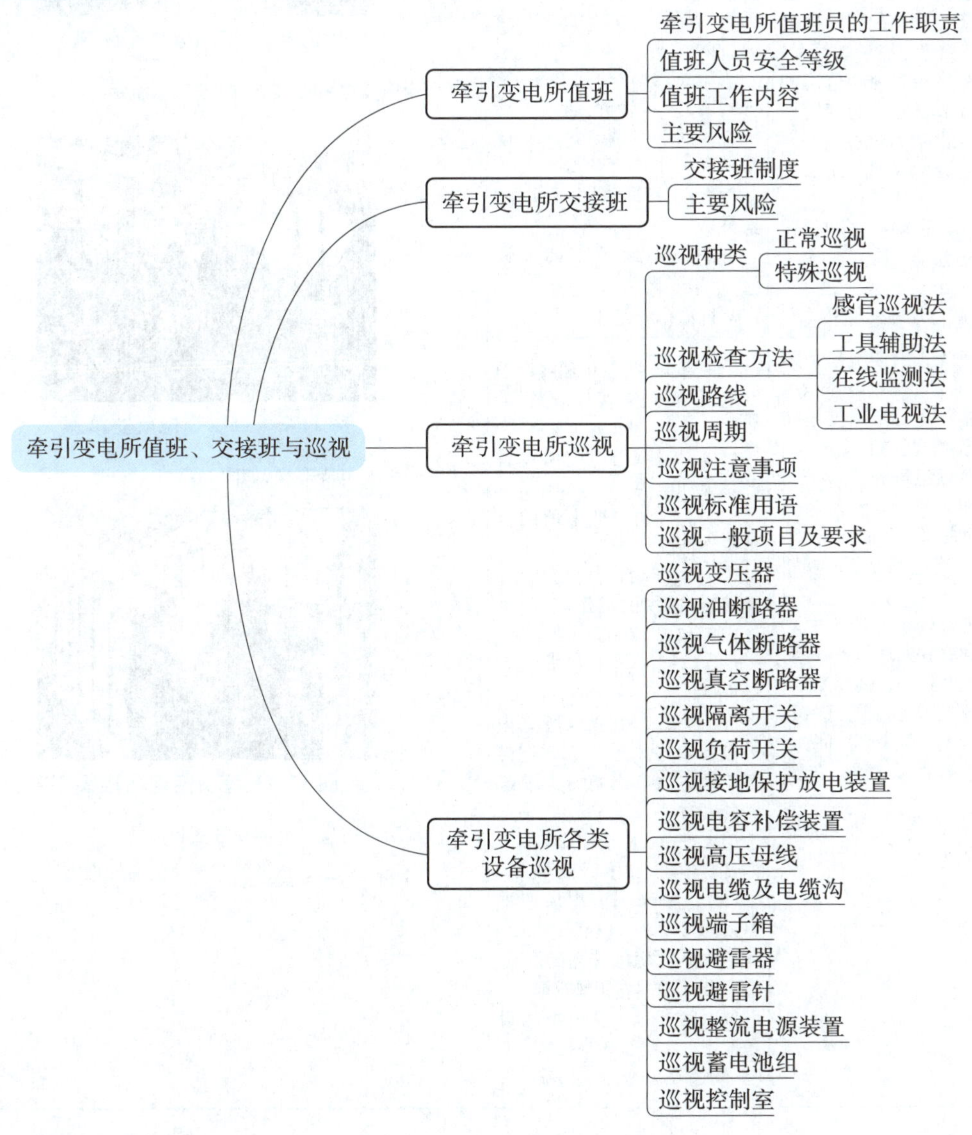

学习任务单

学习任务单见表 11-1。

表 11-1　学习任务单

● 任务描述	● 基于工作过程的学习	● 学习载体
熟悉牵引变电所的日常工作,明确值班和交接班工作流程和制度规定,掌握绘制牵引变电所巡视路线图的方法,并在值班和巡视工作中会检查设备状态及基本的维护方法	资讯:根据资讯单中的资讯问题进行任务导入,学生通过预习、查找信息资料,建立总体印象 计划:与小组成员、老师或师傅讨论牵引变电所值班、交接班和巡视的工作流程、工作内容及规章制度,讨论牵引变电所设备巡视的意义和巡视方法 决策:确定工作步骤、所需工具、拟定检查评价标准和达成目标 实施:进行行动化学习,发现问题,共同分析,遇到无法解决的问题时请老师或师傅帮助解决 检查:工具准备、生产文件、安全事项 评价:进行点评和专业交流,给出改进建议	(1)牵引变电所值班,如图 11-1 所示  图 11-1　牵引变电所值班 (2)牵引变电所交接班,如图 11-2 所示  图 11-2　牵引变电所交接班 (3)牵引变电所巡视,如图 11-3 所示  图 11-3　牵引变电所巡视 (4)牵引变电所一般巡视方法和标准 (5)设备巡视方法和设备常见缺陷的处理方法
● 知识目标		
(1)掌握合理绘制牵引变电所设备巡视路线图的技能 (2)能熟悉日常值班情况 (3)能熟悉和理解值班和交接班工作流程和制度规定 (4)能进行设备的巡视 (5)能处理设备的常见缺陷 (6)学会正确检查和使用工具的方法		
● 职业能力与职业素质	● 行动化学习任务	
(1)理解牵引变电所值班员工作职责和工作内容 (2)能够进行牵引变电所日常工作情况介绍 (3)熟悉值班和交接班工作流程和制度规定 (4)掌握巡视方法,合理绘制牵引变电所设备巡视路线图 (5)进行设备的巡视 (6)洞察和处理设备缺陷 (7)正确检查和使用工具 (8)树立高压安全意识,培养遵章守规的行为习惯 (9)培养团队精神,鼓励协作 (10)培养爱岗敬业精神和吃苦耐劳品质	第一部分:熟悉和理解牵引变电所值班、交接班、巡视的工作 (1)了解牵引变电所设备的功能和全貌 (2)了解牵引变电所的日常工作情况 (3)熟悉牵引变电所值班、交接班、巡视的工作流程、工作内容和规章制度 (4)掌握一般巡视方法和标准 (5)列出牵引变电所室内外设备和其常见缺陷,掌握设备巡视方法和设备常见缺陷的处理方法 第二部分:进行牵引变电所的日常值班、交接班、巡视 (6)绘制牵引变电所巡视路线图 (7)进行牵引变电所的值班、交接班、巡视日常工作模拟 (8)完成牵引变电所的设备巡视 (9)总结安全注意事项	

任务资讯

资讯单见表11-2。

表11-2 资讯单

学习任务11	牵引变电所值班、交接班与巡视	推荐学时	4
资讯方式	在图书馆、专业杂志、互联网上查询问题；咨询任课教师		
资讯问题	(1)牵引变电所的巡视原则是什么		
	(2)牵引变电所的主要设备有哪些		
	(3)牵引变电所设备巡视的意义是什么		
	(4)牵引变电所巡视路线是怎么确定的		
	(5)牵引变电所值班人员每班巡视的次数是多少		
	(6)牵引变电所值班人员在什么情况下要增加巡视的次数		
	(7)牵引变电所各种巡视中,一般项目的要求有哪些		
	(8)巡视牵引变压器时,巡视的项目有哪些		
	(9)特殊天气时如何对牵引变压器进行巡视		
	(10)巡视断路器时,巡视的项目有哪些		
	(11)巡视电容补偿装置时,巡视的项目有哪些		
	(12)巡视电缆及电缆沟时,巡视的项目有哪些		
	(13)蓄电池组巡视项目和要求是什么		
	(14)控制室巡视项目和要求有哪些		
	(15)对牵引变电所设备进行巡视时有什么安全注意事项		
资讯引导	以上问题可以在本课程的学习信息、《牵引变电所运行检修规程》、“牵引变电所”精品课程网站、专业资料等处查找		

计划决策

计划决策单见表11-3。

表11-3 计划决策单

小组协作成员(签字)		
组长:	组员1:	组员2:
组员3:	组员4:	组员5:
计划决策		
学习步骤	学习计划	学习策略
第一步		
第二步		
第三步		
请将小组协作成员分工和计划决策内容拍照后,在线发送给授课老师,老师进行指导评价		

【知识延伸】

变电检修人员长年跟电打交道，无异于在刀尖上跳舞，在这个行业最多见到的是男性“舞者”，不过女性因为其耐心、细心的特点，也能在变电检修工作岗位上绽放光彩。了不起的“她”——青岛地铁变电检修工刘梦茹，她面对需要五六个小时的牵引变电所变电检修流程，丝毫不觉得厌烦，反到感觉充实。做本职工作虽然累，但是每完成一个检查任务对她而言充满了成就感。在班组中，她就像一个大姐一样，在休息时间无私帮助着同事，在单位里得到了同事们的认可。对刘梦茹来说，变电检修不仅是一份工作，更是一份责任。地铁牵引变电所里的高压室、低压室，都是她的舞台，她坚持梦想，不忘初心，用自己的实际行动，为广大市民的安全出行保驾护航。

知识链接

一、牵引变电所值班

1. 牵引变电所值班员的工作职责

牵引变电所值班如图 11-4 所示。值班人员在值班时间内，负责设备的正确维护与安全运行，其主要工作有：设备巡视及维护保养，表计监视和记录，倒闸操作，办理检修作业手续，事故、故障和缺陷的处理，整理资料并进行运行分析，清洁环境等，见表 11-4。

图 11-4　牵引变电所值班

牵引变电所值班员要求做到：“五熟”和“三能”。

“五熟”是指：

（1）熟悉本所主接线和二次接线的原理及其布置和走向。

（2）熟悉本所电气设备型号、规格、工作原理、构造、性能、用途、检修标准、巡视项目、停运条件和装设位置。

（3）熟悉本所继电保护和远动、自动装置及仪表等的基本原理和装设位置。

(4)熟悉本岗位的各种规章、制度及标准化作业程序。

(5)熟悉本所正常和应急的运行方式、操作原则、操作卡片和事故处理原则。

“三能”是指:

(1)能分析运行情况。

(2)能及时发现并排除故障、缺陷。

(3)能掌握一般的维护、检修技能。

值班人员必须熟知《牵引变电所安全工作规程》《牵引变电所运行检修规程》及有关操作细则的规定(见图 11-5),并经考核合格后,方可当值。

表 11-4　牵引变电所值班员的工作职责

序号	工作职责
(1)	运行值班员在运行主值的直接领导下,负责全所设备的运行操作、检查维护、调整试验、测量记录等工作,具体承担班长安排的工作项目
(2)	在进行倒闸操作时,值班员应负责审核操作票和正确执行监护任务,并担负复杂和重要操作任务
(3)	当设备发生异常事故时,值班员应迅速进行处理,如自己处理不了时,应立即向主值汇报
(4)	值班期间,值班员应每 4 h 必须对电站所有设备进行一次全面的巡回检查,发现设备缺陷应及时报告
(5)	值班员应认真作好各种运行记录、各种安全用具、图纸资料及工具仪表的管理。保持摆放有序、干净、随时可用
(6)	值班员应作好工作范围内的清洁工作,随时保持设备和工作场地清洁整齐。同时充分作好交接班的准备工作
(7)	按规程规范填写“两票”和设备缺陷记录
(8)	协助主值作好《五项监督》(绝缘监督、金属监督、仪表监督、化学监督、继电保护监督),同时做好记录
(9)	设备检修时,值班员应按《安全规程》认真做好各种安全措施
(10)	服从调度命令和主值的安排,调整好设备的各种运行参数,使设备在最优工况下合理、经济运行
(11)	努力学习业务知识,做好技术问答及事故演习工作,具备准确判断、快速处理故障的能力
(12)	负责全站设备及工具材料、安全用具的日常管理。保持工具、仪表、仪器随时可用
(13)	负责各种运行日志的记录,各种操作、受令、缺陷、时间等记录
(14)	完成交办的其他工作任务

图 11-5　牵引变电所相关规程规定

2. 值班人员安全等级

从事牵引变电所运行和检修工作的有关人员，必须经过考试评定安全等级，取得安全合格证之后，方准参加牵引变电所运行和检修工作，表 11-5 为牵引变电所工作人员安全等级的规定。

表 11-5　牵引变电所工作人员安全等级的规定

等级	允许担当的工作	必须具备的条件
一级	进行停电检修等较简单的工作	新工人经过教育和学习，初步了解在牵引变电所内安全作业的基本知识
二级	1. 助理值班员 2. 停电作业 3. 远离带电部分的作业	1. 担当一级工作半年以上 2. 具有牵引变电所运行、检修或试验的一般知识 3. 了解规程 4. 根据所担当的工作掌握电气设备的停电作业和助理值班员的工作 5. 能处理较简单的故障 6. 会进行紧急救护
三级	1. 值班员 2. 停电作业和远离带电部分作业的工作领导人 3. 进行带电作业 4. 高压试验的工作领导人	1. 担当二级工作 1 年以上 2. 掌握牵引变电所运行、检修或试验的有关规定 3. 熟悉规程 4. 根据所担当的工作掌握电气设备的带电作业和值班员的工作 5. 能领导作业组进行停电和远离带电部分的作业 6. 会处理常见故障
四级	1. 牵引变电所工长 2. 检修或试验工长 3. 带电作业的工作领导人 4. 工作票签发人	1. 担当三级工作 1 年以上 2. 熟悉牵引变电所运行、检修和试验的有关规定 3. 根据所担当的工作熟悉下列中的有关部分，并了解其他部分：值班员的工作，电气设备的检修和试验 4. 能领导作业组进行高压设备的带电作业 5. 能处理较复杂的故障
五级	1. 领工员、供电调度人员 2. 技术主任、副主任、有关技术人员 3. 段长、副段长、总工程师	1. 担当四级工作 1 年以上，技术员及以上的各级干部具有中等专业学校或相当于中等专业学校及以上的学历者(牵引供电专业)可不受此限 2. 熟悉并会解释牵引变电所运行、检修和安全工作规程及有关检修工艺

开始参加牵引变电所运行和检修工作的人员、职务或工作单位变更时仍从事牵引变电所运行和检修工作并需提高安全等级的人员、中断工作连续 3 个月以上仍继续担当牵引变电所运行和检修工作的人员，要事先进行安全考试。其余从事牵引变电所运行和检修工作的人员，每年定期进行一次安全考试。

对违反相关规程受处分的人员，必要时降低其安全等级；需要恢复其原来的安全等级时，必须重新经过考试。

3. 值班工作内容

牵引变电所值班人员的工作内容主要有：

(1)巡视设备。设备巡视的目的是监视设备的运行状态，及时发现设备潜在的隐患。

(2)监视设备的运行状态。值班工程中，值班人员应该密切监视主电路的电压和负荷的运行情况，定时记录高低压侧的相关数据，发现故障要及时处理。

(3)办理工作票。工作票是在变电所内进行作业的书面依据。

(4)倒闸作业。高压开关的倒闸作业必须按照严格的倒闸作业程序来进行，即要编写倒闸作业卡片。在牵引变电所一般都配备常用倒闸的作业卡片，接到命令后按照相关操作卡片的内容，填写倒闸作业表，严格按照规定的顺序逐项进行。

(5)处理应急事故。遇到牵引变电所的应急事故，值班人员应做第一时间处理。

4. 主要风险

值班人员的主要风险有：擅离职守，忽视设备安全运行。

重点防控措施：

(1)值班人员应遵守值班纪律，服从指挥，坚守工作岗位，完成当值期间的运行、倒闸操作、维护、管理等各项工作，不得进行与运行工作无关的工作。

(2)认真进行运行监视，记录各项数据，并分析设备运行是否正常。

(3)严格实行监盘制度，在任何情况下，控制室(值班室)均应有值班人员监盘。

二、牵引变电所交接班

1. 交接班制度

值班人员要认真按时做好交接班工作(见图 11-6)，遵守牵引变电所的交接班制度，包含内容如下：

(1)交班人员向接班人员详细介绍设备运行情况及有关事项，接班人员要认真阅读值班日志及有关记录，熟悉上一班的情况。离开值班岗位时间较长的接班人员，还要注意了解离所期间发生的新情况。

图 11-6　牵引变电所交接班

(2)交接班人员共同巡视设备，检查核对值班日志及有关记录应与实际情况符合，信号装置、安全设施要完好。

(3)交接班人员共同检查作业有关的安全设施，核对接地线数量及编号。

(4)交接班人员共同检查工具、仪表、备品和安全用具。

(5)办完交接班手续时，由交接班人员分别在值班日志上签字，由接班人员向供电调度报告交接班情况。

(6)正在处理故障或进行倒闸作业时不得进行交接班。未办完交接班手续时，交班人员不得擅离职守，应继续担当值班工作。

2. 主要风险

(1)接班准备工作不充分

重点防控措施：

①接班人员精神状态应符合接班要求。

②接班人员认真听取交班人员工作交代、核对监控机或模拟屏、仔细阅读各种记录、澄清疑问。

③接班人员严格执行标准化作业卡，按照巡视路线进行检查，将检查情况汇报接班负责人。二次设备的巡视检查应由具有正班资格的人员担任，如有疑问，应向检查人和交班负责人询问清楚。

④接班负责人召集本班人员，根据上值移交的工作和运行情况，就本值的主要工作、安全注意事项、危险点情况、影响运行安全的设备缺陷、事故预想等方面进行交代，并进行分工。

⑤下列情况不得进行交接班：倒闸操作过程中；交接班过程中发生事故，应停止交接班，由交班人员进行事故处理，接班人员协助；接班人员数量或人员技术素质不能满足值班要求；接班人员酒后及精神状态失常。

（2）交班准备工作不充分

重点防控措施：

①交班人员核对模拟图板、监控机运行方式以及交班总结与实际设备状态一致，检查所内安全措施完好；整理本班使用过的记录、工作票、倒闸操作票，检查使用过的公共用具、仪表等。

②交班负责人组织交班人员召开班后会，就本值工作进行总结，全体交班人员在书面的交班总结上签字，不得由他人代签。

③交班人员将操作及检修工作进行情况、运行方式、潮流分布、保护及自动化装置变更情况、系统缺陷事故障碍异常情况、计划完成情况、设备安装地点、工作票等，向接班人员一一交代。做到交得清楚，接得明白。

④交班人员应陪同接班人员进行巡视检查，对接班人员提出的疑问给予准确解答；在未完成交接班手续前，交班人员不得擅离职守。

三、牵引变电所巡视

变电所设备的巡视检查是变电所运行必要的一项制度，其目的在于通过监视设备的运行状态，及时发现缺陷，采取相应的措施进行维护和检修，防止事故发生和扩大，如图 11-7 所示。

（a）室内

（b）室外

图 11-7　牵引变电所巡视

1. 巡视种类

巡视的种类有正常巡视和特殊巡视。正常巡视又分为交接班巡视、班中巡视、夜间熄灯巡视。

（1）正常巡视

①交接班巡视。在每次交接班时，由交班人员和接班人员共同进行，按照《牵引变电所运

行检修规程》有关规定对变电所内所有设备进行全面检查。

②班中巡视。在每个值班期间至少巡视一次,重点检查变压器、断路器及电气连接设备。

③夜间熄灯巡视。每周至少进行一次全所熄灯巡视,主要检查各种设备的绝缘部件和电气连接部件有无放电和过热现象。

(2)特殊巡视

在断路器跳闸后、过负荷或负荷有显著增加时、恶劣天气、气温发生剧烈变化、新装或大修后等情形下进行的巡视。

2. 巡视检查方法(见图 11-8)

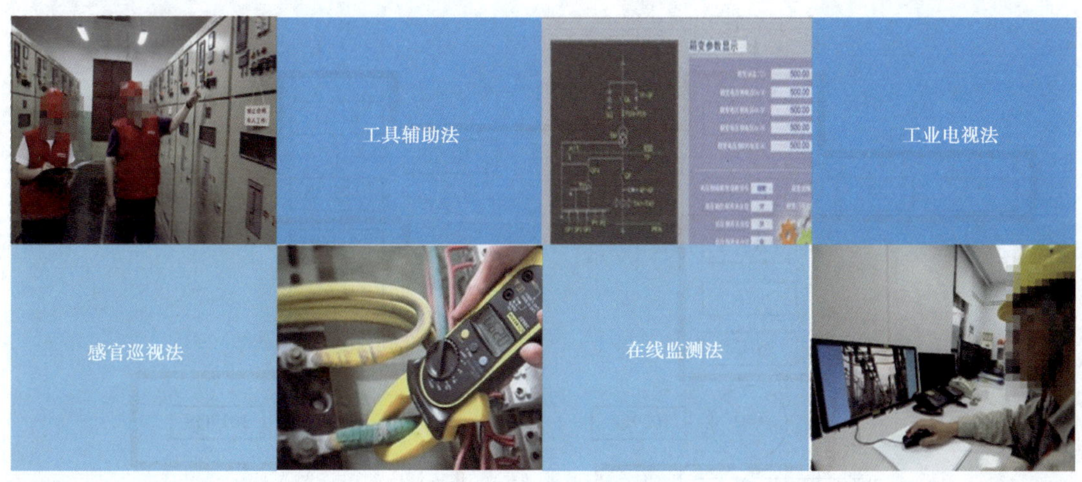

图 11-8 巡视检查方法

(1)感官巡视法

通过巡视检查人员的感官:眼看、耳听、鼻嗅、手触进行分析判断来发现设备的异常,如图 11-9 所示。

目测检查法	耳听判断法	鼻嗅判断法	手触检查法
用眼睛来检查看得见的设备部位,通过设备外观的变化来发现异常情况。	用耳朵或借助听音器械,判断设备运行时发出的声音是否正常,有无异常声音。	用鼻子辨别是否有电气设备的绝缘材料因过热而产生特殊气味等。	用手试触设备的非带电部分(如变压器的外壳、电机的外壳),以检查设备的温度是否有异常升高。

图 11-9 感官巡视法

对带电的高压设备,如运行中的变压器、消弧线圈的中性点接地装置,禁止使用手触法测试。

(2)工具辅助法

使用工器具及仪表进行检查,如红外测温仪、钳形电流表等来发现设备是否存在过热、主变铁芯是否多点接地等现象。

(3)在线监测法

目前可在线监测的项目有:避雷器、变压器铁芯、变压器绝缘油、电流互感器、电容器、

35 kV 断路器等设备的绝缘状况。

(4)工业电视法

采用红外成像仪成像,经计算机处理和电视机相连,使运行人员能随时监测有关设备情况;或在主要设备附近安装摄像机,经远动自动化装置把信号传到控制中心。

3. 巡视路线

进行巡视时,必须按照规定的巡视路线进行。确定牵引变电所设备巡视路线图的基本原则是:先 110 kV 侧,后 27.5 kV 侧;先室外,后室内;先高压室,后控制室。某牵引变电所巡视路线见图 11-10。

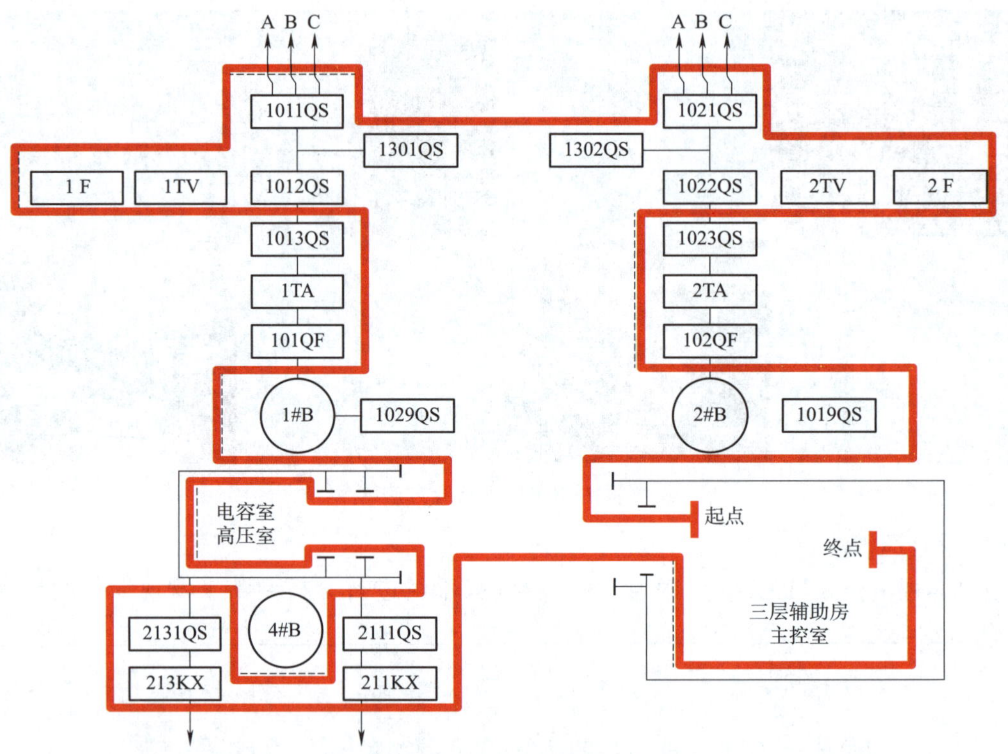

图 11-10 某牵引变电所巡视路线图

巡视时必须与带电部分保持足够的安全距离:220 kV 的带电设备必须大于 3 m,110 kV 的带电设备必须大于 1.5 m,27.5 kV 带电设备必须大于 1 m,10 kV 及以下带电设备必须大于 0.7 m 。各设备电压等级对应的无围栏安全距离见表 11-6。

表 11-6 各设备电压等级对应的无围栏安全距离

设备电压等级	无围栏安全距离
AC 35 kV	1 000 mm
DC 1 500 V	700 mm

4. 巡视周期

有人值守的牵引变电所,除交接班外,值班人员每班至少巡视 1 次;每周至少进行 1 次夜间熄灯巡视;每次断路器跳闸后对有关设备要进行巡视。

无人值班的变电所,每日至少巡视一次或按具体规定进行;每月至少进行 1 次熄灯巡视。

遇到下列情况要加强巡视:

(1)设备经过大修、改造或长期停用重新投入系统运行时。

(2)新安装的设备加入系统运行时。

(3)遇有雾、雪、大风、雷雨等恶劣天气、事故跳闸和设备运行中有异常和非正常运行时。

(4)当气温发生剧烈变化(骤冷、骤热)时。

(5)负荷较高影响设备运行时。

(6)室外电缆附近有市政工程可能影响到电缆安全运行时。

(7)值班人员对新装或大修后的变压器投入运行后 24 h 内,要每隔 2 h 巡视 1 次。

(8)法定节假日及上级通知有重要接待任务时。

5. 巡视注意事项

牵引变电所设备巡视应时遵守如下规则:

(1)遵守《牵引变电所安全工作规程》中对高压设备巡视的有关规定。

(2)巡视人员应戴安全帽,穿绝缘鞋,穿工作服,携带望远镜和通信工具,夜间巡视还要有照明用具。

(3)确定巡视路线,正常巡视必须按预先制定的设备巡视路线图进行,以防漏巡,严格执行标准巡视卡;巡视结束后,巡视人员必须按卡上要求在签名表内记录详细的巡视时间并签名。

(4)值班期间,应按规定对一、二次设备进行巡视检查;对设备的异常和缺陷要及时发现、认真分析、正确处理、做好记录并及时向班长和上级汇报。

(5)巡视高压配电装置一般应有两人同行。

(6)巡视高压设备时,人与带电体的安全距离不得小于工作规定值。任何情况下巡视,不得接触带电设备。

(7)巡视时要注意力集中,做到人到、心到、位置到,且应看听嗅相结合。

巡视中的风险及措施见表 11-7。

表 11-7 巡视中的风险及措施

风　险	措　施
巡视蓄电池室,酸雾影响人体呼吸系统	进入蓄电池室前开启风机
巡视 SF_6 室,泄漏的 SF_6 气体浓度超标使人窒息	进入 SF_6 室前 15 ~ 30 min 启动风机;使用或开启便携式测氧仪进行 SF_6 气体浓度监测
进入高压室不关门或移开防鼠板,小动物进入室内	进入高压室,应随手关门,以防小动物进入
在继电保护室内使用移动通信工具,造成保护或自动装置误动	在继电保护室禁止使用移动通信工具,防止造成保护或自动装置误动
夜间巡视设备时盖板不整齐,巡视人员踏空摔跤,造成人体挫伤、扭伤	携带照明器具,两人同时进行;注意盖板窜动,注意沟、坎,注意勿碰伤
雷雨天气巡视设备,避雷器、避雷针落雷反击造成触电	雷雨天气巡视室外高压设备时应穿绝缘靴、戴安全帽,不得靠近避雷器和避雷针。应穿雨衣巡视设备,严禁撑伞巡视
雾天巡视设备可能发生突发性污闪接地,巡视人员与设备的安全距离不足,造成触电伤害	巡视设备时应穿绝缘靴、戴安全帽。在室外巡视高压设备时严禁挥手,防止雾天感应电触电。不得触及设备外壳,必须接触设备外壳应戴绝缘手套

6. 巡视标准用语

变电站值班员在巡视设备时，应使用文明礼貌用语，做到用语准确明了、标准，巡视标准用语范例见表11-8。

表 11-8 巡视标准用语范例

范例	问	答
（1）	油断路器引线及引线连接	接触良好，张力适当；无松股、断股
（2）	隔离开关分（合）闸止钉间隙（室外手动隔离开关）	符合规定
（3）	电容补偿装置的绝缘瓷柱（绝缘套管）	清洁，无破损、裂纹、放电痕迹
（4）	交流盘端子排、连片、连线	位置正确、接触良好

7. 巡视一般项目及要求

（1）绝缘子瓷体应清洁、无破损和裂纹、无放电痕迹及现象，瓷釉剥落面积不超过300 mm^2。

（2）电气连接部分应连接牢固，接触良好，无过热、断股和散股、过紧或过松。

（3）设备音响正常，无异味。

（4）充油设备的油标、油阀、油位、油温、油色应正常，充油、充胶、充气设备应无渗漏、喷油现象。充气设备气压和气体状态应正常。

（5）设备安装牢固无倾斜，外壳应无严重锈蚀，接地良好，基础、支架应无严重破损和剥落。

四、牵引变电所各类设备巡视

1. 巡视变压器

（1）防爆筒玻璃应无破裂，密封良好。

（2）呼吸器内干燥剂颜色正常。

（3）瓦斯继电器内应无气体。

（4）冷却装置、风扇电机应齐全，运行应正常。

（5）有载调压开关装置位置指示、动作计数器显示正确，低压侧母线电压在调节范围之内。

2. 巡视油断路器

（1）排气管及其隔膜、防爆装置应正常。

（2）分合闸指示器应与实际状态相符。

3. 巡视气体断路器

（1）气压表（或气体密度表）应指示正确。

（2）分合闸指示器应与实际状态相符。

（3）分合闸计数器指示应正确。

4. 巡视真空断路器

（1）动静触头应接触良好，无发热现象。

（2）玻璃真空灭弧室内无辉光，铜部件应保持光泽。

（3）闭锁杆位置正确，止轮器良好。

（4）分合闸位置指示器应与实际情况相符。

5. 巡视隔离开关

(1)闸刀位置应正确,分闸角度或距离应符合规定。

(2)触头应接触良好,无严重烧伤。

(3)电动操作机构分合闸指示器应与实际状态相符。机构箱密封良好,部件完好无锈蚀。

(4)手动操作机构应加锁。

6. 巡视负荷开关

(1)接触部分、触头或软连接应无变色、无发光及异声。

(2)各种传动及连接零件无变形、损坏。

7. 巡视接地保护放电装置

(1)放电电容器应无渗漏油、膨胀、变形。

(2)放电间隙应光滑,无烧损现象。

(3)动作次数计数器应指示正确。

8. 巡视电容补偿装置

(1)电容器外壳应无膨胀、变形、接缝应无开裂、无渗漏油。

(2)熔断器、放电回路及附属装置应完好。

(3)电抗器无异声异味,空心电抗器线圈本体及附近铁磁件无过热现象;油浸式电抗器油位正常符合要求,无渗油现象。

(4)室内温度应符合规定,通风良好。

9. 巡视高压母线

(1)多股线应无松股、断股。

(2)硬母线应无断裂、无脱漆。

10. 巡视电缆及电缆沟

(1)电缆沟盖板应齐全、无严重破损,沟内无积水、无杂物。

(2)电缆外皮应无断裂、无锈蚀,其裸露部分无损伤。电缆头及接线盒密封良好。

11. 巡视端子箱

(1)箱体应清洁、牢固,不倾斜,密封良好,箱体内外无严重锈蚀。

(2)箱内端子排应完好、清洁、连接整齐、牢固、接触良好。闸刀接触良好、无烧伤,熔断器不松动。

12. 巡视避雷器

(1)各节连接应正直,整体无严重倾斜,均压环安装应水平。

(2)放电记录器应完好。

13. 巡视避雷针

避雷针应无倾斜、无弯曲,针头无熔化。

14. 巡视整流电源装置

(1)整流变压器、磁饱和稳压器无异音、异味和过热。

(2)整流元件无过热及放电痕迹。电容器无膨胀和渗油。

(3)直流母线电压符合规定。

15. 巡视蓄电池组

(1)蓄电池容器完好,表面清洁,碱性蓄电池无爬碱现象。

(2)电池极柱间连接片及连接线安装牢固,接触良好,无腐蚀现象。

(3)蓄电池部件完好,无脱落、损坏。

(4)检查蓄电池电解液的液面高度应符合要求。

(5)测量领示电池的电压,应符合规定。

(6)充电设备运行正常,蓄电池切换器位置正确,浮充电流、蓄电池放电电流正常,检查交直流绝缘监视表指示情况。

16. 巡视控制室

(1)各种屏(台)上的设备清洁,锈蚀面积不超过规定,安装牢固。

(2)模拟盘与实际运行方式相符。

(3)试验信号装置和光字牌应显示正确。

(4)表计指示正常。

(5)转换开关、继电保护和自动装置压板以及切换开关的位置、标示牌应正确,并与记录相符。

(6)开关、熔断器、端子安装牢固,接触良好,无过热和烧伤痕迹。

(7)继电器外壳和玻璃完整、清洁,继电器内部无异音,接点无抖动、位置正常,信号继电器无掉牌。

(8)成套保护、故障点探测仪工作正常。

(9)二次回路熔断器(或空气开关)、信号小刀闸投退位置正确,端子排的连片、跨接线应正常。

(10)硅整流器和储能电容器连接牢固,容量足够,交流电源正常供电。

(11)事故照明正常。

实施过程

操作单见表11-9。

表11-9 操作单

1. 填写牵引变电所的日常巡视内容

设备名称	看	听	闻	巡视要求

2. 认识牵引变电所：根据牵引变电所的实际情况，填写下表

户外电气设备				
高压室电气设备				
控制室设备				
进线数				
馈线数				

3. 每组选派2人完成牵引变电所的日常巡视对话

4. 问题解答

(1)牵引变电所设备巡视时应注意的问题?
自组织精炼回答：

【知识关联】

巡视注意事项、牵引变电所各类设备巡视。

【知识反哺】

在进行牵引变电所设备巡视时，以下是一些应注意的问题：
①巡视前应充分了解设备运行状态和巡视路线，并明确此次巡视的任务和重点。
②巡视时应注意安全，避免触及带电设备，遵守安全规定和操作规程。
③巡视时应用视觉、听觉、嗅觉、触觉等方法进行全面检查，注意设备的异常情况，如声音、气味、温度等。
④对于高压设备，应使用适当的绝缘工具进行操作和检查，避免触电危险。
⑤在巡视过程中，应注意保持与带电设备的安全距离，并遵守相关规定。
⑥在巡视过程中，应注意保持设备的清洁和整洁，避免杂物堆积和污染。
⑦发现设备异常或故障时，应及时报告并记录，以便及时处理和修复。
⑧巡视结束后，应将巡视结果及时汇报，并做好相关记录和资料整理工作

(2)主变压器正常巡视项目有哪些?
自组织精炼回答：

【知识关联】

巡视变压器。

【知识反哺】

主变压器正常巡视的项目包括：检查变压器本体有无异常、连接引线是否发热、颜色是否正常；变压器室及房屋是否漏雨、清洁；避雷针及避雷网是否完整良好；外壳接地是否牢固；运行声音是否正常；油位、油色、油质是否符合规定；瓦斯继电器内是否有气体；母线排列是否整齐、牢固；室内是否有杂物、门窗是否完整；照明、通风是否良好；控制测量用仪表、保护装置是否正常运行

(3)雷雨天气巡视室外高压设备有什么要求?
自组织精炼回答:

【知识关联】

巡视注意事项。

【知识反哺】

在雷雨天气巡视室外高压设备时,必须遵守以下要求:
①应穿绝缘靴,不得进行其他工作,不得移开或越过围栏,并不得靠近避雷器和避雷针。
②巡视配电装置,进出高压室,必须随手将门关好。
③巡视时,应注意保持与带电设备的安全距离,例如室内不得接近故障点 4 m 以内,室外不得接近 8 m 以内

(4)牵引变电所主要设备缺陷判断的一般方法与步骤是什么?
自组织精炼回答:

【知识关联】

牵引变电所巡视、牵引变电所各类设备巡视。

【知识反哺】

牵引变电所主要设备缺陷判断的一般方法与步骤如下:
①目测观察法:目测观察设备运行状态,及时发现不正常情况。
②听声辨振法:听声辨振,通过声音或振动判断设备是否正常工作。
③故障指示器:根据故障指示器确定故障区段和类型。
④继电保护和自动装置:观察继电保护和自动装置的动作情况,判断故障设备和位置。
⑤测量仪器:使用测量仪器获取设备参数,分析参数变化判断故障。
⑥外观检查:检查设备外表是否有异常,如变色、变形、松动等。
⑦测试试验:进行特殊测试试验,观察设备反应和测试结果,判断故障

(5)巡视配电装置进出高压室有什么要求?
自组织精炼回答:

【知识关联】

巡视注意事项。

【知识反哺】

巡视配电装置进出高压室必须随手将门关好

(6)确定牵引变电所设备巡视路线图的基本原则是?

自组织精炼回答:

【知识关联】

巡视路线。

【知识反哺】

确定牵引变电所设备巡视路线图的基本原则包括以下几点:

①保证巡视线路的完整性、合理性;先110 kV侧,后27.5 kV侧;先室外,后室内;先高压室,后控制室的设备安装层次;避免出现重复或不合理的路线,确保巡视人员能够按照规定路线进行巡视,不遗漏任何设备。

②根据设备的分布情况,合理规划巡视路线,使得巡视路线尽可能地覆盖所有设备。

③考虑设备的重要性和风险程度,对重要设备进行重点巡视。

④考虑巡视路线的安全性,确保巡视人员的人身安全。

⑤根据实际情况,不断优化和完善巡视路线图,确保其适应设备的更新和变化

检查评价

在线测试单见表11-10。

表11-10 在线测试单

第一步	第二步	第三步
登录学习通 App	在学习通 App 中 找到考试图标并单击	输入考试码:t0202795 开始在线测试

你的得分:________ 评价等级:________(优秀/合格/不合格)

任务小结

本任务重点介绍了牵引变电所值班员的值班、交接班和巡视工作。详述了值班员职责、安全等级和工作内容,包括巡视设备、监视运行状态、办理工作票、倒闸操作、应急事故处理。探讨了交接班制度及风险,并深入探讨了巡视的分类、检查方法、路线、周期和注意事项,以及各设备的巡视要点。通过学习能够全面了解这些工作的重要性,提升技能和知识。在工作中要遵章守纪,保障供电系统安全高效运行,争取做一名合格的变配电值班员!

任务 12　办理工作票

引　言

工作票是重要的工作安全管理工具，用于指导和监督各类检修作业。本任务全面介绍工作票的办理流程。首先介绍检修作业分类；其次重点讨论工作票制度，包括制度目的、内容和实施要点；然后介绍不同岗位人员在流程中的职责及有关要求；接着，详细介绍如何填写工作票，包括基本要求和内容要求，如作业地点及内容、工作时间、工作领导人、作业组成员姓名及安全等级、安全措施；最后，介绍办理工作票程序，包括申请、审批、签发和返还等流程。通过本任务的学习，要掌握工作票制度实施要点和各岗位作业人员职责，正确填写工作票，提高工作操作的安全性和效率。

思维导图

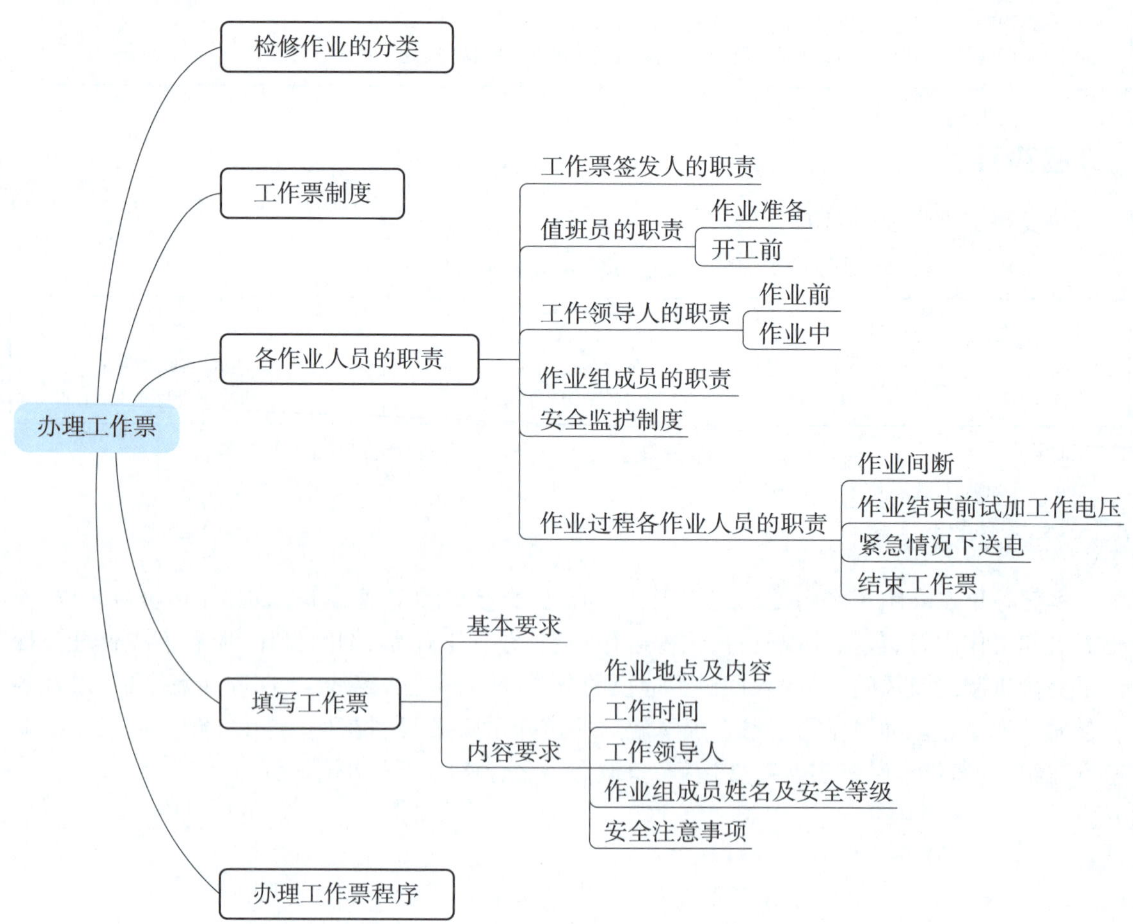

学习任务单

学习任务单见表12-1。

表 12-1 学习任务单

<table>
<tr><td>• 任务描述</td><td>• 基于工作过程的学习</td><td>• 学习载体</td></tr>
<tr><td>知道牵引变电所工作票的基本概念和作用，掌握工作票的基本要求，能读懂工作票的内容，会正确填写工作票，能根据工作票的要求进行操作和执行，具有工作票的检查和保管技能</td><td rowspan="3">资讯：根据资讯单中的资讯问题进行任务导入，学生通过预习、查找信息资料，建立总体印象
计划：与小组成员、老师或师傅讨论工作票在变电所检修操作中的意义和作用
决策：确定工作步骤、所需工具、拟定检查评价标准和达成目标
实施：进行行动化学习，发现问题，共同分析，遇到无法解决的问题时请老师或师傅帮助解决
检查：工具准备、生产文件、安全事项
评价：进行点评和专业交流，给出改进建议</td><td rowspan="5">（1）检修作业分类
（2）工作票制度，如图12-1所示

图 12-1 工作票制度
（3）作业人员职责
（4）填写工作票
（5）工作票办理程序</td></tr>
<tr><td>• 知识目标</td></tr>
<tr><td>（1）明确对工作票的基本要求
（2）能读懂工作票的内容
（3）会正确填写工作票
（4）能根据工作票的要求进行操作和执行
（5）了解工作票填写时的注意事项</td></tr>
<tr><td>• 职业能力与职业素质</td><td>• 行动化学习任务</td></tr>
<tr><td>（1）知道工作票的基本概念和作用
（2）掌握工作票的基本要求
（3）能读懂工作票的内容
（4）会正确填写工作票
（5）能根据工作票的要求进行操作和执行
（6）具有工作票的检查和保管技能
（7）树立高压安全意识，培养遵章守规的行为习惯
（8）培养团队精神，鼓励协作
（9）培养爱岗敬业精神和吃苦耐劳品质</td><td>第一部分：进行工作票填写的理论学习
（1）了解牵引变电所工作票的基本概念和作用
（2）掌握牵引变电所工作票的基本要求
（3）能读懂工作票的内容
（4）会辨别工作票的类型
第二部分：进行工作票填写的技能训练
（5）会正确填写工作票
（6）能根据工作票的要求进行操作和执行
（7）具有工作票的检查和保管技能</td></tr>
</table>

任务资讯

资讯单见表12-2。

表 12-2 资讯单

<table>
<tr><td>学习任务 12</td><td>办理工作票</td><td>推荐学时</td><td>4</td></tr>
<tr><td>资讯方式</td><td colspan="3">在图书馆、专业杂志、互联网上查询问题；咨询任课教师</td></tr>
</table>

学习任务 12	办理工作票	推荐学时	4
资讯问题	(1)牵引变电所工作票的概念是什么？牵引变电所工作票的作用是什么		
	(2)牵引变电所工作票的基本要求是什么		
	(3)牵引变电所工作票分为几类？它们各用于什么场合		
	(4)牵引变电所工作票填写几份？各由谁保管		
	(5)牵引变电所第一种工作票的格和字是什么颜色		
	(6)牵引变电所三种工作票的有效期分别是多长		
	(7)牵引变电所工作票的保存时间是几个月		
	(8)牵引变电所工作票的领导人工作职责有哪些		
	(9)牵引变电所工作票所列成员的工作职责是什么		
	(10)牵引变电所工作票所列的安全措施有哪些		
	(11)牵引变电所工作票开好加盖印章时有什么要求		
	(12)牵引变电所工作票变更作业组成员的程序是什么		
	(13)牵引变电所工作票对验电的要求有哪些		
	(14)牵引变电所对如何挂接地线有什么规定		
资讯引导	以上问题可以在本课程的学习信息、《牵引变电所运行检修规程》、“牵引变电所”精品课程网站、专业资料等处查找		

计划决策

计划决策单见表 12-3。

表 12-3　计划决策单

小组协作成员（签字）		
组长：	组员 1：	组员 2：
组员 3：	组员 4：	组员 5：
计划决策		
学习步骤	学习计划	学习策略
第一步		
第二步		
第三步		
请将小组协作成员分工和计划决策内容拍照后，在线发送给授课老师，老师进行指导评价		

【知识延伸】

没有宽带、没有快递、没有外卖……离浙江淳安千岛湖城区2 h车程,这里是深山中的王埠牵引变电所,这里有4位95后的姑娘在此坚守保障高铁供电,她们分别是:97年出生的郭佳钰、96年出生的李雪纯与95年出生的徐琳和张琪。

王阜牵引变电所是杭黄高铁的供电"心脏"。作为变电所值班员,她们两人一组,每组一周进行轮班。她们的日常是一天三次观察记录变电所设备运行情况,工作看似简单,却十分地繁琐,每一步都需要仔细地去检查。由于地处偏远,她们每次来上班都要带上一周的食品,在这样的工作环境中,姑娘们学会了做饭,也练就了通马桶、装电灯泡等种种技能。姑娘们说,忍受寂寞也是工作的一部分,如果一定要有人在这里工作,这个人也可以是我们。

新时代,新力量,90后00后已经可以担起重任。虽然责任无关大小,但贵在坚持。能力越大,责任越大,未来的青年们一定可以担负起建设国家的重任!

知识链接

一、检修作业的分类

电气设备的检修作业分五种(见图12-2):

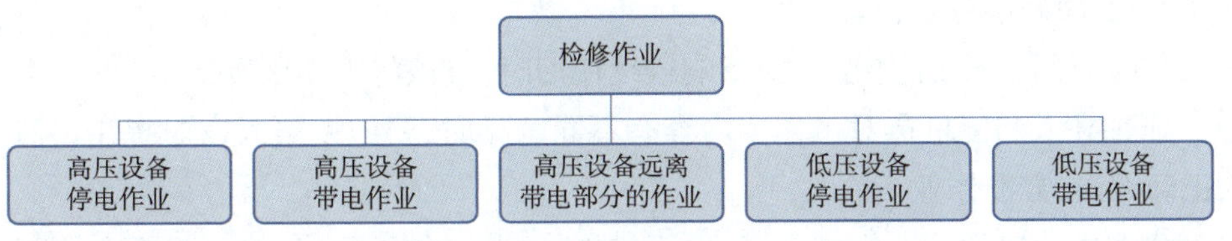

图12-2 检修作业分类

(1)高压设备停电作业:在停电的高压设备上进行的作业及在低压设备和二次回路上进行的需要高压设备停电的作业。

(2)高压设备带电作业:在带电的高压设备上进行的作业。

(3)高压设备远离带电部分的作业(简称远离带电部分的作业):当作业人员与高压设备带电部分之间保持规定的安全距离条件下,在高压设备上进行的作业。

(4)低压设备停电作业:在停电的低压设备上进行的作业。

(5)低压设备带电作业:在带电的低压设备上进行的作业。

二、工作票制度

工作票制度是检修作业的安全保证措施。工作票是变电所内进行作业的书面依据,根据作业性质的不同,工作票分三种。

第一种工作票:用于高压设备停电作业。第二种工作票:用于高压设备带电作业。第三种工作票:用于远离带电部分的作业、低压设备上的作业,以及在二次回路上进行的不需要高压设备停电的作业。

第一种工作票(白底绿字)的有效时间,以批准的检修期为限。若在规定的工作时间内作业不能完成,应在规定的结束时间前,根据工作领导人的请求,由值班员向供电调度办理延期手续。

第二种工作票(白底红字)、第三种工作票(白底黑字)的有效时间最长为 1 个工作日,不得延长。

工作票的有关规定:

(1)工作票是在牵引变电所内进行作业的书面依据,填写要字迹清楚、正确,不得用铅笔书写。

(2)工作票要 1 式 2 份,1 份交工作领导人,1 份交牵引变电所值班员。值班员据此办理准许作业手续,做好安全措施。

(3)事故抢修、情况紧急时可不开工作票,但应向供电调度报告概况,听从供电调度的指挥;在作业前必须按规定做好安全措施,并将作业的时间、地点、内容及批准人的姓名等记入值班日志中。

(4)在必须立即改变继电保护装置整定值的紧急情况下,可不办理工作票,由当班的供电调度员下令,值班员更改定值,事后供电调度员和值班员应将上述过程记录入值班日志。

(5)发票人在工作前要尽早将工作票交给工作领导人和值班员,使之有足够的时间熟悉工作票中内容及做好准备工作。

(6)因作业时间较长,工作票污损影响继续使用时,应该将工作票重新填写。

(7)工作领导人和值班员对工作票内容有不同意见时,要向发票人及时提出,经过认真分析,确认正确无误,方准作业。

(8)工作票中规定的作业组成员,一般不应更换;若必须更换时,应经发票人同意,若发票人不在,可经工作领导人同意,但工作领导人更换时必须经发票人同意,并均要在工作票上签字。工作领导人应将作业组成员的变更情况及时通知值班员。

(9)非专业人员在牵引室电所工作时须遵守下列规定:

①若需设备停电,要将停电的性质和范围填写相应的工作票,办理停电手续,并须在安全等级不低于三级人员的监护下进行工作,工作票 1 张交给当班值班员,另 1 张交监护人,监护人负责有关电气安全方面的监护职责。

②若设备不需停电,由值班员负责做好电气方面的安全措施(如加设防护栅、悬挂标示牌等),向有关作业负责人讲清安全注意事项,并记录在值班日志或有关记录中。双方签认后方准开工。必要时可派安全等级不低于二级的人员进行电气安全监护。

(10)1 个作业组的工作领导人同时只能接受 1 张工作票。1 张工作票只能发给 1 个作业组。同 1 张工作票的签发人和工作领导人不得由同 1 人担任。

牵引变电所第一种工作票填写参考见表 12-4。

表 12-4　牵引变电所第一种工作票填写参考表

×××所(亭)第　号

<table>
<tr><td>作业地点及内容</td><td colspan="4">高压场地 2CY 及 1021GK 检修维护</td></tr>
<tr><td>工作票有效期</td><td colspan="4">自 2023 年 8 月 23 日 15 时 30 分至 2023 年 8 月 23 日 18 时 00 分　止</td></tr>
<tr><td>工作领导人</td><td colspan="2">姓名:X</td><td colspan="2">安全等级:4</td></tr>
<tr><td rowspan="5">作业组成员姓名及安全等级(安全等级填在括号内)</td><td>A(　3　)</td><td>B(　3　)</td><td>C(　3　)</td><td>D(　3　)</td></tr>
<tr><td>E(　2　)</td><td>(　　)</td><td>(　　)</td><td>(　　)</td></tr>
<tr><td>(　　)</td><td>(　　)</td><td>(　　)</td><td>(　　)</td></tr>
<tr><td>(　　)</td><td>(　　)</td><td>(　　)</td><td>(　　)</td></tr>
<tr><td colspan="4">共计　6　人</td></tr>
<tr><td colspan="2">必须采取的安全措施
(本栏由发票人填写)
1. 断开的断路器和隔离开关:
110 kVⅡ回系统停电
1021、1001、1022、1023、102、202、202B
2. 安装接地线的位置:
在 1021GK 两侧各做接地线 1 组 3 根,在 2CY 靠Ⅱ回进线侧做地线 1 组 1 根,共计 7 根。
3. 装设防护栅、悬挂标示牌的位置:
在 102、202、1021、1001、1022、1023 开关手把上悬挂“有人作业　禁止合闸”标志牌,在 1001、1002、1023 下方悬挂“高压危险　禁止攀登”标示牌,作业地点设防护绳一圈。
4. 注意作业地点附近有电的设备是:
110 kVⅡ回进线 1001
5. 其他安全措施:
将 $83R_2$ 打在撤除位,断开 1001、1002 电机电源、断 $8RL_2$、8RB、$8R_2$,合上 2CY 接地刀闸。</td><td colspan="3">已经完成的安全措施
(本栏由值班员填写)
1. 已经断开的断路器和隔离开关:
110 kVⅡ回系统停电
1021、1001、1022、1023、102、202、202B
2. 接地线装设的位置及其号码:
在 1021GK 两侧做接地线 2 组 6 根,
1#　2#　3#　4#　5#　6#
在 2CY 靠Ⅱ回进线侧接地线 1 根 7#
3. 防护栅、标示牌装设的位置:
在 102、202、1021、1001、1022、1023 开关手把上悬挂“有人作业　禁止合闸”标志牌,在 1001、1002、1023 下方悬挂“高压危险　禁止攀登”标志牌。作业地点设防护绳一圈。
4. 注意作业地点附近有电的设备:
110 kVⅡ回进线 1001
5. 其他安全措施:
将 $83R_2$ 打在撤除位,断开 1001、1002 电机电源,断 $8RL_2$、8RB、$8R_2$,合上 2CY 接地刀闸。</td></tr>
<tr><td colspan="5">发票日期: 2023 年 8 月 22 日　　发　票　人: G (签字)

根据供电调度员的第 77887 号命令准予在 2023 年 8 月 23 日 15 时 30 分开始工作。
值　班　员: Y (签字)

经检查安全措施已做好,实际于 2023 年 8 月 23 日 16 时 20 分开始工作。
工作领导人: X (签字)

变更作业组成员记录:＿＿＿＿＿＿
发　票　人: G (签字)
工作领导人: X (签字)

经供电调度员＿＿＿同意工作时间延长到＿＿年＿＿月＿＿日＿＿时＿＿分。
值　班　员: Y (签字)
工作领导人: X (签字)

工作已于 2023 年 8 月 23 日 17 时 20 分全部结束。
工作领导人: X (签字)

接地线共 3 组和临时防护栅、标示牌已拆除,并恢复了常设防护栅和标示牌,工作票于 2023 年 8 月 23 日 17 时 20 分全部结束
值　班　员: Y (签字)</td></tr>
</table>

三、各作业人员的职责

1. 工作票签发人的职责

工作票签发人应由安全等级不低于四级的人担任，通常由检修设备所属的牵引变电所所长、非当班值班员或设备所属的检修工区的人员担当。其职责为：

（1）安排的作业项目是必要和可能的。

（2）采取的安全措施是正确和完备的。

（3）配备的工作领导人和作业组成员的人数和条件符合规定。

（4）检修作业结束后工作票签发人应保存该工作票3个月。

（5）发票人和值班员在填写工作票时，在“断开的断路器和隔离开关”及“已经断开的断路器和隔离开关”栏内，须将作业前所有将要断开和已经断开的断路器和隔离开关分别按编号全部填写清楚。

2. 值班员的职责

（1）作业准备

①复查工作票中必须采取的安全措施符合规定要求。

②经复查无误后，向供电调度（或用电主管单位）申请（或联系）停电或撤除重合闸。

③按照有关规定和工作票的要求做好安全措施，办理准许作业手续。

（2）开工前

值班员在做好安全措施后，要到作业地点进行下列工作：

①会同工作领导人按工作票的要求共同检查作业地点的安全措施。

②向工作领导人指明准许作业的范围、接地线和旁路设备的位置、附近有电（停电作业时）或接地（直接带电作业时）的设备，以及其他有关注意事项。

③经工作领导人确认符合要求后，双方在两份工作票上签字后，工作票一份交工作领导人，另一份值班员留存，即可开始作业。

3. 工作领导人的职责

（1）作业前

①作业范围、时间、作业组成员等符合工作票要求。

②复查值班员所做的安全措施，要符合规定要求。

③每次开工前，工作领导人要在作业地点向作业组全体成员宣讲工作票，布置安全措施。

（2）作业中

时刻在场监督作业组成员的作业安全，如果必须短时离开作业地点时，要指定临时代理人，否则停止作业，并将人员和机具撤至安全地带。

4. 作业组成员的职责

作业组成员服从工作领导人的安排，要确认各自的职责。对不安全和有疑问的命令要果断及时地提出意见。

5. 安全监护制度

（1）当进行电气设备的带电作业和远离带电部分的作业时，工作领导人主要是负责监护作业组成员的作业安全，不参加具体作业。

(2)当作业人员较多或作业范围较广，工作领导人监护不到时，可设监护人。设置的监护人员由工作领导人指定安全等级符合要求的作业组成员担当。

(3)当作业需要时可以派遣作业小组(包括监护人)到作业地点以外的处所作业。作业人员的安全等级：停电作业不低于二级，带电作业不低于三级。监护人的安全等级：停电作业不低于三级，带电作业不低于四级。

(4)牵引变电所工长和值班员要随时巡视作业地点，了解工作情况，发现不安全情况要及时提出，若属危及人身、行车、设备安全的紧急情况时，有权制止其作业，收回工作票，令其撤出作业地点。

6. 作业过程各作业人员的职责

(1)作业间断

作业中需暂时中断工作离开作业地点时，工作领导人负责将人员撤至安全地带，材料、零部件和机具要放置牢靠，并与带电部分之间保持规定的安全距离，将高压分间的钥匙和工作票交给值班员。继续工作时，工作领导人要征得值班员的同意，取回钥匙和工作票，重新检查安全措施，符合工作票要求后方可开工。

(2)作业结束前试加工作电压

在结束作业前需要试加工作电压时，应按下列规定办理：

①确认作业地点的人员、材料、部件、机具均已撤至安全地带。

②由值班员将该停电范围内所有的工作票收回，拆除妨碍送电的临时防护栅、接地线及标示牌，恢复常设防护栅和标示牌。

③按照设备停、送电的所属权限，值班员将试加工作电压的时间报告供电调度并通知有关用户，将供电调度员和接到通知的人员的姓名、所属单位及时间记入有关记录。

④工作领导人与值班员共同对有关部分进行全面检查，确认可以送电后，在牵引变电所工长或工作领导人的监护下，由值班员进行试加工作电压的操作。

⑤试加工作电压完毕，值班员要将其开始和结束的时间及试加电压的情况记入有关记录。

(3)紧急情况下送电

停电作业时，在消除命令之前，禁止向停电的设备上送电。在紧急情况下必须送电时要按下列规定办理：

①通知工作领导人，说明原因，暂时结束作业，收回工作票。对非牵引负荷，在送电前必须通知有关用户。

②拆除临时防护栅、接地线和标示牌，恢复常设防护栅和标示牌。

③属供电调度管辖的设备，由供电调度发布送电命令；其他设备由牵引变电所工长批准送电。

④值班员将送电的原因、范围、时间和批准人、联系人的姓名等记入值班日志。

(4)结束工作票

作业全部完成时，由作业组负责清理作业地点，工作领导人会同值班员检查作业中涉及的所有设备，确认可以投入运行，工作领导人在工作票中填写结束时间并签字，然后值班员即可按下列程序结束作业：

①拆除所有的接地线，点清其数目，并核对号码。

②拆除临时防护栅和标示牌，恢复常设的防护栅和标志。

③必要时应测量设备状态。

在完成上述工作后，值班员在工作票中填写结束时间并签字，作业方告结束。

使用过的工作票由发票人和牵引变电所工长负责分别保管。工作票保存时间不少于3个月。

四、填写工作票

1. 基本要求

(1)工作票应用钢笔或圆珠笔填写，一式两份。

(2)要明确许可进行工作的事项(包括工作编号、工作任务、许可时间和完工时间)。

(3)工作票不准进行任意涂改。

(4)工作票必须由签发人和工作负责人亲自办理，其他人不能代签代办。

(5)操作票应填写正确，字迹清楚。有表12-5中的情况之一者，评价为“不合格”工作票：

表12-5 工作票错误填写情况

序号	错误填写情况
(1)	工作票不是按事先编号顺序使用的(发预令的操作例外)
(2)	工作票在填写时不是用蓝色或黑色钢笔、圆珠笔书写的
(3)	一张工作票超过一个操作任务的
(4)	操作实际任务与实际不符的
(5)	字迹潦草、票面模糊不清或对个别错漏字修改遗补时涂改，使用修正液或用橡皮、指甲、小刀等擦刮的
(6)	操作四步内不得盖单步“不执行”小章或每张操作票使用单步“不执行”小章超过3次的
(7)	对遗漏操作项目在票上用补充记号进行补充或用调整记号对颠倒步骤进行调整的
(8)	未按统一命名、统一术语填写或设备名称编号不正确的
(9)	装(拆)接地线的位置不确切或漏写地线编号或地线编号颠倒的
(10)	操作时间漏填、错填或未按“年、月、日、时、分”填写的
(11)	工作票上各类人员未按实填写齐全的(包括由于审核手续不严，签名人员不符合安全规程要求，没有签名或没有签全名，由他人代签名的)
(12)	操作中打”√”不正确或漏打“√”者
(13)	操作票填写完毕未在最后一项齐末处盖“以下空白”章或使用图章的名称不正确的
(14)	已执行的操作票未盖“已执行”章的
(15)	操作中发生异常情况停止继续操作的工作票或具有“不执行”内容的操作票在“备注”栏内未作说明的(另外对作废、不合格的工作票均应注明原因，若系调度追令作废，可列入合格统计，若系值班员填写中错误作废，应属不合格统计)
(16)	工作票编号后有缺页的(缺一页计一张不合格，因故缺页不统计在内，但需说明理由)

2. 内容要求

(1)作业地点及内容

①作业地点一定要准确、具体，而且必须将所有要进行作业的范围全部涵盖。

②内容应具体到设备运行编号(或类别数量)及维修项目,按实际填写。

(2)工作时间

①正常情况下,工作时间不允许过夜(利用夜间停电点作业除外)。设备大修改造,工作时间允许过夜,以批准的检修期为限。

②时间、年份要记全称,分钟记两位。

(3)工作领导人

符合《牵引变电所安全工作规程》中对工作领导人的要求。

(4)作业组成员姓名及安全等级

①工作领导人含在作业组成员总数内,配备的作业组成员人数和条件符合规定,见表 12-6。

②作业组成员应从左到右按顺序填写,当有空余格时用斜线划掉,当格不够时可另附纸,但共计栏填写实际作业组员人数。

③安全等级用阿拉伯数字填写。

表 12-6 工作领导人和作业组员人数和条件的规定

<table>
<tr><th>作业性质</th><th>工作领导人的条件</th><th>作业组成员条件</th><th>作业组人数</th></tr>
<tr><td>高压设备的停电作业</td><td>安全等级不低于三级</td><td>简单检修作业(注油、除锈、涂漆、清扫等),安全等级可为一级,一般作业不得低于二级</td><td rowspan="3">包括领导人在内,不得少于 2 人</td></tr>
<tr><td>高压设备带电作业</td><td>安全等级不低于四级</td><td>安全等级不低于三级,且经过带电作业专门培训,并经考试合格者</td></tr>
<tr><td>远离带电部分作业</td><td>安全等级不低于三级</td><td>安全等级不得低于二级</td></tr>
<tr><td>低压设备上作业及二次回路上进行的不需高压设备停电的作业</td><td>安全等级不低于三级</td><td>带电作业:安全等级不得低于三级
停电作业:至少有一人安全等级不低于二级</td><td rowspan="2">不得少于 2 人</td></tr>
<tr><td>高压试验和测量</td><td>安全等级不低于三级</td><td>一般试验测量:安全等级不低于二级,加压时监护人员不低于三级
高压设备上测绝缘电阻及使用钳形表时,至少有一人安全等级不低于三级</td></tr>
</table>

(5)安全注意事项

①断开的断路器和隔离开关。

②安装接地线的位置。

③装设防护栅、悬挂标示牌的位置。

④注意作业地点附近有电的设备。

⑤其他安全措施。

五、办理工作票程序

办理工作票程序共分为九步,如图 12-3 所示:(1)申报计划(安排检修作业);(2)签发工作票;(3)审查工作票;(4)提报作业计划;(5)办理作业命令;(6)办理准许作业手续(会签);(7)点名;(8)开工(进行作业);(9)结束作业(清理、验收、恢复安全措施)。

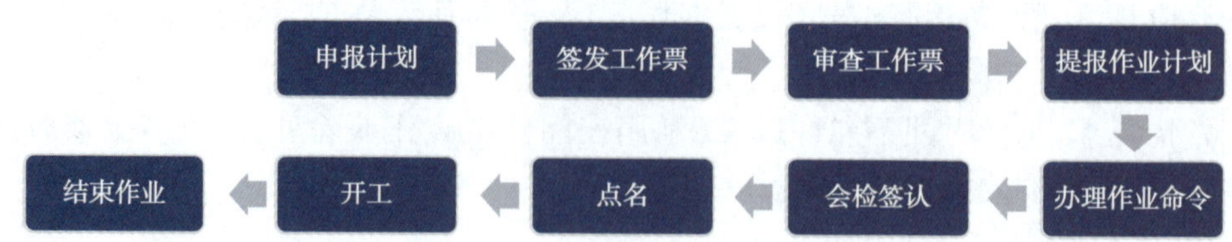

图 12-3　办理工作票作业流程图

办理工作票程序及注意事项见表 12-7。

表 12-7　办理工作票程序及注意事项

办理工作票程序	注意事项
申报计划(安排检修作业)	根据(季、月)检修计划,当需在牵引变电所内进行计划检修时,应在检修前一天由检修车间车主任或牵引变电所所长安排检修作业发票人、工作领导人、作业内容、作业组员等,并要求值班员向电调提报作业计划。 申请内容包括变电所名称、检修设备名称及编号、检修开始时间、检修修程。 标准格式:“××牵引变电所××××(设备名称及编号,如 1#主变、211 馈电线断路器等)请求于×月×日××时开始××检修”
签发工作票	工作票签发人对照设备图纸及安全和技术规定,签发工作票,并将工作内容、作业组成员通知承担该项设备检修的工作领导人
审查工作票	发票人填写完工作票后,交工作领导人和计划检修日值班员审查安全及技术措施
提报作业计划	当班值班员要根据工长安排和经工作领导人、计划检修日的值班员审查合格的工作票,向电调提报作业计划,如图 12-4 所示。 图 12-4　提报作业计划
办理作业命令	(1)申请办理工作票(申票)。检修计划前 30 min,当班值班员向电调申请办理工作票,并向对方逐项宣读工作票的内容。如果需要倒闸,要请求电调进行倒闸作业。 (2)准备倒闸 (3)倒闸:倒闸完成后,及时向电调汇报,电调及时发布完成时间 (4)要令(或通知):使用第一种和第二种工作票时,由值班员要向电调申请作业命令,电调发布作业命令及作业起止的时间。使用第三种工作票时,值班员通知电调作业的起止时间。 (5)办理安全措施:当班值班人员根据工作票要求,逐项完成安全措施(验电、接地、提示牌、围栏等)
办理准许作业手续(会签)	当班值班员根据被电调批准的工作票完成倒闸作业和其他安全措施后,与工作领导人办理准许作业手续

续表

办理工作票程序	注意事项
点名	工作领导人召集作业组全体成员在作业地点附近点名并宣读工作票，如图 12-5 所示，实地指出作业范围（附近有电进行停电作业时）或接地（带电作业）的设备以及所采取的各项安全措施，提出检修作业时的安全注意事项  图 12-5　宣读工作票
开工（进行作业）	工作领导人在作业条件完全具备后，宣布作业开始。作业过程中，工作领导人的主要职责是：时刻监护作业人员的人身安全，安排作业组成员按照检修工艺完成检修作业
结束作业（清理、验收、恢复安全措施）	经过检修，工作领导人认为补检设备符合安全与技术要求后，安排作业组清理现场，会同值班员检查被检设备，将人员和机具全部撤离作业现场，办理结束作业手续（工作领导人填写结束时间与签字），召开收工会并记录工作情况，如图 12-6 所示。  图 12-6　收工会

实施过程

操作单见表 12-8。

表 12-8 操作单

1. 根据要求填写工作票的内容

牵引变电所第一种工作票

______所(亭)　　　　　　　　　　　　　　　　　　　　　　　　第　　号

<table>
<tr><td>作业地点及内容</td><td colspan="4"></td></tr>
<tr><td>工作票有效期</td><td colspan="4">自　　年　月　日　时　分　至　　年　月　日　时　分　止</td></tr>
<tr><td>工作领导人</td><td colspan="4">姓名：　　　　　　安全等级：</td></tr>
<tr><td rowspan="5">作业组成员姓名
及安全等级
（安全等级填在括号内）</td><td>(　　)</td><td>(　　)</td><td>(　　)</td><td>(　　)</td></tr>
<tr><td>(　　)</td><td>(　　)</td><td>(　　)</td><td>(　　)</td></tr>
<tr><td>(　　)</td><td>(　　)</td><td>(　　)</td><td>(　　)</td></tr>
<tr><td>(　　)</td><td>(　　)</td><td>(　　)</td><td>(　　)</td></tr>
<tr><td colspan="4">共计　　人</td></tr>
<tr><td colspan="2">必须采取的安全措施
（本栏由发票人填写）
1. 断开的断路器和隔离开关：
2. 安装接地线的位置：
3. 装设防护栅、悬挂标示牌的位置：
4. 注意作业地点附近有电的设备是：
5. 其他安全措施：</td><td colspan="3">已经完成的安全措施
（本栏由值班员填写）
1. 已经断开的断路器和隔离开关：
2. 接地线装设的位置及其号码：
3. 防护栅、标示牌装设的位置：
4. 注意作业地点附近有电的设备是：
5. 其他安全措施：</td></tr>
<tr><td colspan="5">发票日期：______年______月______日　　　　　　发　票　人：______（签字）
根据供电调度员的第______号命令准予在______年______月______日______时______分开始工作。
值　班　员：______（签字）
经检查安全措施已做好，实际于______年______月______日______时______分开始工作。
工作领导人：______（签字）
变更作业组成员记录：____________________________
发　票　人：______（签字）
工作领导人：______（签字）
经供电调度员______同意工作时间延长到______年______月______日______时______分。
值　班　员：______（签名）
工作领导人：______（签字）
工作已于______年______月______日______时______分全部结束。
工作领导人：______（签字）
接地线共______组和临时防护栅、标示牌已拆除，并恢复了常设防护栅和标示牌，工作票于年______月______日______时______分全部结束
值　班　员：______（签字）</td></tr>
</table>

说明：本票用白色纸印绿色格和字

2. 根据工作票要求准备检修的工具、材料和安全防护用品

序号	工具/材料/安全品名称	规格	数量	备注
(1)				
(2)				
(3)				

序号	工具/材料/安全品名称	规格	数量	备注
(4)				
(5)				
(6)				
(7)				
(8)				
(9)				
(10)				

3. 问题解答

(1)工作票的使用和执行有何要求?

自组织精炼回答:

【知识关联】

工作票制度、填写工作票、办理工作票程序。

【知识反哺】

工作票的使用和执行有以下要求:

①工作票应由工作领导人填写,一式两份,内容清晰、准确、无误。

②工作票应编号,保证唯一性,必须根据调度命令填写,经过值班负责人审阅、许可后执行。

③"必须采取的安全措施"栏应由工作领导人填写,并明确安全措施的执行人、监护人以及验收人。

④"布置工作许可的安全措施"栏应由值班负责人填写,详细说明由谁负责采取哪些安全措施。

⑤"已执行的安全措施"栏应由工作许可人填写,并签字确认。

⑥工作许可人应按工作票要求完成安全措施,并报告值班负责人,经同意后通知工作领导人、工作班成员开始工作。

⑦禁止使用未经过许可的工作票,禁止在电气设备或线路上使用口头或电话命令。

⑧计划工作时间和实际工作时间不得超过规定时间。

⑨工作票的有效期以批准的检修期为限,如需延长检修期,必须重新办理工作票。

⑩若几项任务交给同一工作班执行,只能先布置其中一项任务,发一张工作票。待任务完成将工作票收回后,再布置下一个任务和发第二张工作票。

⑪值班人员在接到工作票后,要审查工作票上所提出的安全措施是否完备。发现错误或疑问时,应向签发人提出。

⑫涉及安全措施的改动必须经过工作许可人同意并签名确认。

⑬工作票一般在开工前一天交到运行值班处,并通知施工负责人。

⑭工作票的执行必须保证工作质量和进度,并遵守相关安全规定和操作规程。

⑮事故抢修时,如果情况紧急,可以不开工作票,但应向供电调度报告情况,并做好安全措施,经供电调度同意后方可进行工作

(2)举例说明什么情况下的工作票为不合格的工作票?

自组织精炼回答:

【知识关联】

工作票制度、填写工作票、办理工作票程序。

【知识反哺】

以下情况为不合格的工作票：

①工作票无编号或重号、错号。

②工作任务、内容填写不明确或遗漏，未填写设备名称和编号。

③字迹潦草或票面模糊不清，设备编号或关键词有涂改，工作票涂改处未盖章。

④工作地点填写不明确或不正确。

⑤填写工作任务时设备有双重名称而未填写。

⑥主要安全措施未填写，安全措施不正确、不具体、不完善。

⑦安全措施不全而未补充、安全措施与工作内容不符或无故扩大安全措施。

⑧未按规定签名、代签字盖章，或不符合规定或超出批准签字范围。

⑨工作票中所填工作班人员与现场工作人员不符

检查评价

在线测试单见表 12-9。

表 12-9 在线测试单

第一步	第二步	第三步
登录学习通 App	在学习通 App 中 找到考试图标并单击	输入考试码：t481469 开始在线测试

你的得分：________　　评价等级：________（优秀/合格/不合格）

任务小结

本任务详细介绍了工作票的重要性及其在工作安全管理中的作用。内容包括检修作业分类、工作票制度目的、内容和实施要点，以及不同作业人员的职责和要求。另外，还介绍了工作票的填写要求，包括作业地点、时间、工作领导人、作业组成员和安全措施等。最后，还介绍了办理工作票的程序，包括申请、审批、签发和返还等流程。在工作中要遵守工作票制度，履行各自职责，掌握工作票的填写要求和办理流程，保障检修工作的安全高效进行。

任务13 倒 闸 操 作

引 言

本任务将探讨倒闸操作的概念、原则、分类、规定和要求，以及倒闸操作流程、注意事项和操作票填写等内容。介绍电气设备的运行状态；探讨倒闸操作的概念和原则；倒闸操作分为监护操作、单人操作和检修人员操作；倒闸操作有一般规定和规程规定；倒闸操作有操作人员、电气设备、管理方面的具体要求；倒闸操作要使用常用术语；倒闸操作的流程包括准备阶段、实施阶段和结束阶段；关注倒闸操作注意事项，包括各种设备操作技术要领；介绍倒闸操作票的填写方法和注意事项。要深入了解倒闸操作的重要性和实施要点，掌握倒闸操作的基本概念、原则和技术要领，正确填写倒闸操作票，确保倒闸操作的安全和有效性。

思维导图

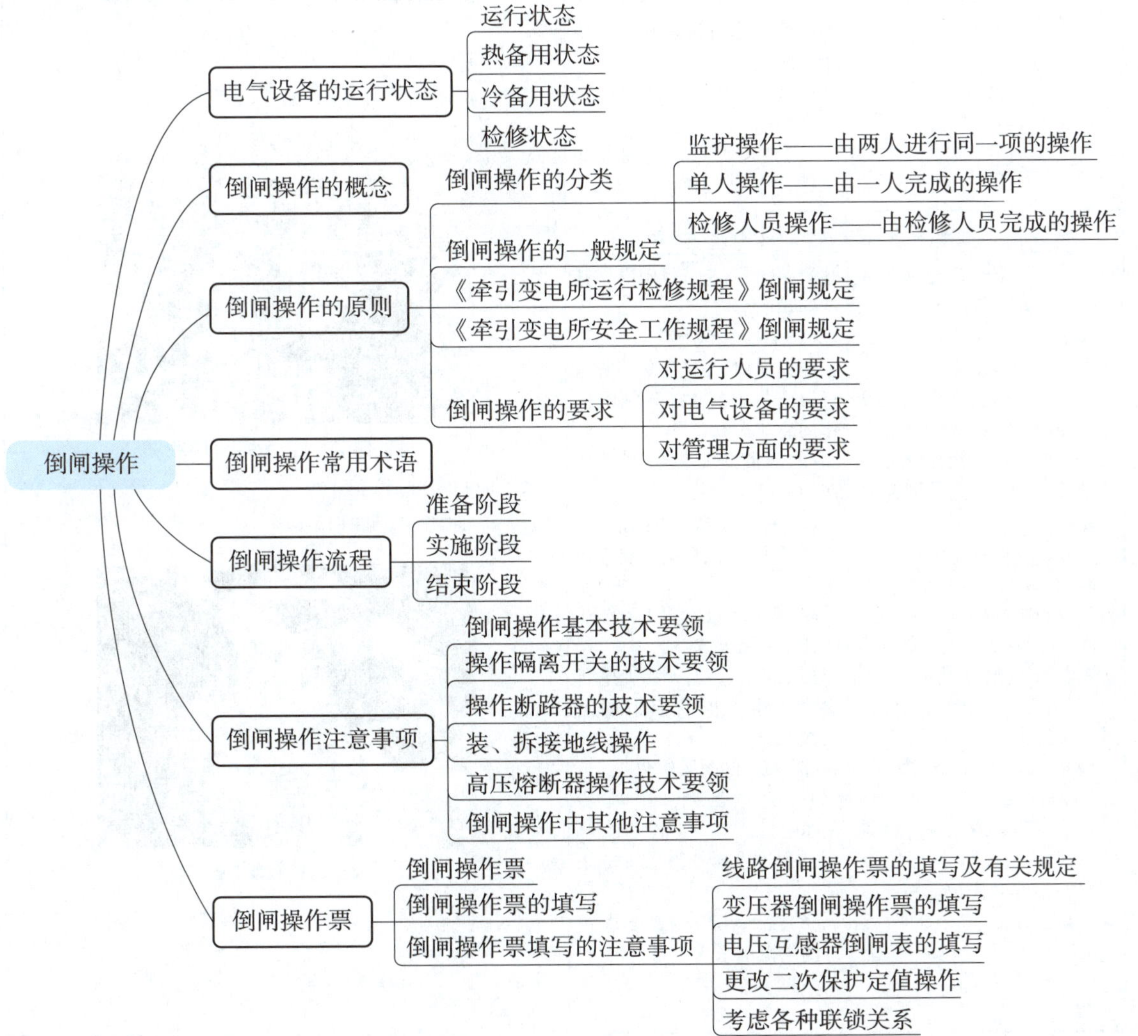

学习任务单

学习任务单见表 13-1。

表 13-1　学习任务单

<table>
<tr><td>● 任务描述</td><td>● 基于工作过程的学习</td><td>● 学习载体</td></tr>
<tr><td>正确进行倒闸作业的组织与实施，正确检查工具并填写记录</td><td rowspan="3">资讯：根据资讯单中的资讯问题进行任务导入，学生通过预习、查找信息资料，建立总体印象
计划：与小组成员、老师或师傅讨论倒闸操作在变电所中的重要性
决策：确定工作步骤、所需工具、拟定检查评价标准和达成目标
实施：进行行动化学习，发现问题，共同分析，遇到无法解决的问题时请老师或师傅帮助解决
检查：工具准备、生产文件、安全事项
评价：进行点评和专业交流，给出改进建议</td><td rowspan="5">（1）电气设备的运行状态
（2）倒闸操作概念和原则（见图 13-1）

图 13-1　倒闸操作
（3）倒闸操作常用术语
（4）倒闸操作流程（见图 13-2）

图 13-2　进行倒闸作业
（5）倒闸操作注意事项
（6）倒闸操作票（见图 13-3）

图 13-3　填写倒闸操作票</td></tr>
<tr><td>● 知识目标</td></tr>
<tr><td>（1）明确电气设备的运用状态
（2）明确倒闸操作的一般规定、基本规律和技术要领
（3）会编写倒闸操作卡片及倒闸表
（4）了解各种设备及系统的联锁关系</td></tr>
<tr><td>● 职业能力与职业素质</td><td>● 行动化学习任务</td></tr>
<tr><td>（1）认识牵引变电所的主接线形式及运行特点
（2）领会牵引变电所一二次主要设备操作的要领
（3）牢记牵引变电所安全工作规程、运行规程
（4）学会正确运用倒闸操作的专业术语填写倒闸操作票
（5）学会填写牵引变电所运行记录、倒闸操作记录、值班记录和作业命令
（6）正确执行牵引变电所的基本倒闸操作任务
（7）学会组织倒闸作业前的准备工作和安全工作
（8）树立高压安全意识，培养遵章守规的行为习惯
（9）培养团队精神，鼓励协作
（10）培养爱岗敬业精神和吃苦耐劳品质</td><td>第一部分：进行倒闸操作基本知识的学习
（1）查阅《牵引变电所安全工作规程》和《牵引变电所运行检修规程》中有关倒闸操作的要求
（2）查阅资料熟悉倒闸操作的程序
（3）列出停送电倒闸作业的准备工作、安全工作和操作程序
（4）列出停送电倒闸作业的技术质量要求
第二部分：进行牵引变电所主接线模拟屏的模拟倒闸操作
（5）领取倒闸操作命令
（6）完成倒闸操作准备工作
（7）完成倒闸操作安全工作
（8）按照技术质量要求进行倒闸操作</td></tr>
</table>

任务资讯

资讯单见表 13-2。

表 13-2 资讯单

学习任务 13	倒闸操作	推荐学时	6
资讯方式	在图书馆、专业杂志、互联网上查询问题；咨询任课教师		
资讯问题	(1)什么是倒闸操作		
	(2)牵引变电所倒闸操作必须做到”三准、两清、一稳”,其内容是什么		
	(3)变电所中涉及倒闸操作的原始记录有哪些		
	(4)变电所值班人员应做到的“三熟、三能”内容是什么		
	(5)倒闸操作程序的步骤是什么		
	(6)倒闸表中哪四项内容不得涂改		
	(7)断路器检修倒闸表的填写应注意什么？线路检修倒闸表的填写应注意什么		
	(8)新线路送电应注意什么问题		
	(9)倒闸操作前应考虑继电保护及自动装置整定值等二次部分的调整注意事项是什么？		
	(10)什么情况下应将断路器的操作电源切断		
	(11)倒闸操作有哪些注意事项？倒闸操作中对运行操作人员都有哪些要求		
	(12)倒闸操作前应了解变电所的哪些情况		
	(13)隔离开关、断路器的操作技术要领是什么		
	(14)变压器、电压互感器倒闸操作票的填写注意事项各有哪些		
	(15)装、拆接地线的操作注意事项		
资讯引导	以上问题可以在本课程的学习信息、《牵引变电所运行检修规程》、“牵引变电所”精品课程网站、专业资料等处查找		

计划决策

计划决策单见表 13-3。

表 13-3 计划决策单

小组协作成员(签字)		
组长:	组员 1:	组员 2:
组员 3:	组员 4:	组员 5:
计划决策		
学习步骤	学习计划	学习策略
第一步		
第二步		
第三步		
请将小组协作成员分工和计划决策内容拍照后,在线发送给授课老师,老师进行指导评价		

【知识延伸】

天津轨道交通集团"最美奋斗者"陈怀军在天津地铁组织工作实施了地铁 6 号线 5 个站,2 号线 3 个实验站的能源管理平台安装调试及验收的工作。作为配电车间段长,他肩负着地铁电力系统正常运行和安全用电的责任,但凡车间电气设备出现故障,都能抢在头前,并指导其他电工进行工作。车间电缆沟夏季闷热潮湿、异味扑鼻,不论环境是否恶劣都能以身作则、亲临现场排除故障。在深夜,变电所非正常跳闸或设备出现紧急事故,他在接到消息后迅速赶到,参与解决问题。在车间生产过程中,业务能力出众,带领电工团队积极配合各部门工作,安装盘柜、校对线路,凭借自己多年的实践工作经验为车间多台电气设备解决紧急故障,并及时总结各种故障现象和解决方法,并记录在案,用来指导实践,同时也更好地提高了自身的技术水平。

知识链接

一、电气设备的运行状态

电气设备的运行状态有运行状态、热备用状态、冷备用状态和检修状态,如图 13-4 所示。现场中全部带有电压的设备处于运行状态,而其中一部分带有电压或一经操作才带有电压的设备是处于备用状态或停用状态以及检修状态。

1. 运行状态

指连接设备的隔离开关及断路器都在合闸位置,电源至受电端的电路得以接通,设备已带有标称电压的运行状态。

2. 热备用状态

是指断路器在断开位置,隔离开关仍在合闸位置的状态。其特点是断路器合闸后即接通电源。

3. 冷备用状态

是指断路器和隔离开关都在断开位置的状态。其显著特点是该设备(如断路器)与其他带电部分之间有明显的断开点。

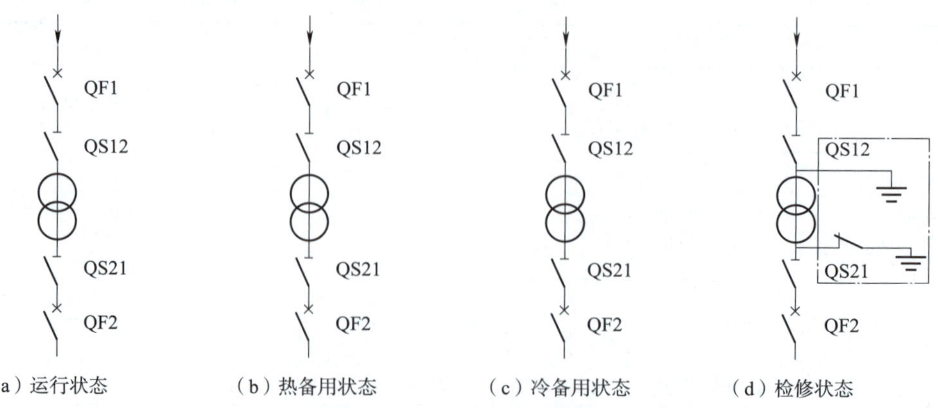

(a)运行状态　(b)热备用状态　(c)冷备用状态　(d)检修状态

图 13-4　电气设备的运行状态

4. 检修状态

是指设备的所有断路器、隔离开关均在断开位置，同时依照保证安全的技术措施的要求悬挂临时接地线，并悬挂标示牌和装好临时防护栅，处于停电检修的状态。

二、倒闸操作的概念

电气设备有多种不同的运行状态，在运行中要将电气设备由一种运行状态转变到另一种运行状态，就需要进行一系列的倒闸操作。所谓改变运行状态，就是拉开或合上某些断路器和隔离开关，包括断开或投入相应的直流回路；改变继电保护和自动装置的定值或运行状态；拆除或安装临时接地线等。

将设备由一种状态转变为另一种状态的过程称为倒闸；倒闸过程中所进行的操作叫倒闸操作。倒闸操作主要指为了适应电力系统运行方式改变的需要，而必须进行的拉、合断路器、隔离开关等（一次设备）的操作；为适应一次设备运行状态的改变，继电保护及自动装置（二次设备）运行状态亦应做相应改变的操作，如继电保护装置的投入或退出、保护定值的调整等。设备状态的改变有一定的切换顺序，如图 13-5 所示，并非任意两种运行状态间可直接切换。

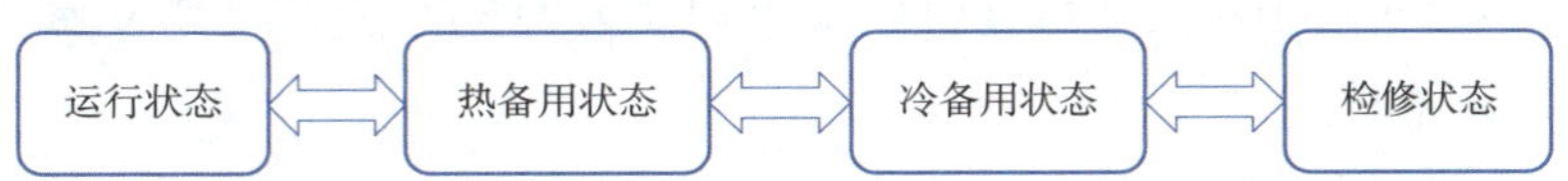

图 13-5 设备状态切换顺序

【思考】倒闸操作的基本操作方式有多少种？

三、倒闸操作的原则

1. 倒闸操作的分类

倒闸操作的主要内容为倒换电源、倒换主变压器、断路器的退出、投入。倒闸操作分为：

（1）监护操作——由两人进行同一项的操作

监护操作时，其中一人对设备较为熟悉者作监护。特别重要和复杂的倒闸操作，由熟练的运维人员操作，运维负责人监护，如图 13-6 所示。

图 13-6 监护操作

(2)单人操作——由一人完成的操作

①单人值班的变电站或发电厂升压站操作时,运维人员根据发令人用电话传达的操作指令填用操作票,复诵无误。

②若有可靠的确认和自动记录手段,调控人员可实行单人操作。

③实行单人操作的设备、项目及人员需经设备运维管理单位(部门)或调度控制中心批准,人员应通过专项考核。

(3)检修人员操作——由检修人员完成的操作

①经设备运维管理单位(部门)考试合格、批准的本单位的检修人员,可进行220 kV及以下的电气设备由热备用至检修或由检修至热备用的监护操作,监护人应是同一单位的检修人员或设备运维人员。

②检修人员进行操作的接、发令程序及安全要求应由设备运维管理单位(部门)总工程师审定,并报相关部门和调度机构备案。

2. 倒闸操作的一般规定

(1)倒闸操作须有值班负责人的命令,倒闸操作则须有电力调度的命令。

(2)一次设备的倒闸操作以及单独进行继电保护及自动装置的投切操作,应分记于两个倒闸操作命令记录簿中。

(3)倒闸作业要按操作卡片或倒闸表进行。

(4)一个变电所一次只能下达一个命令,一个命令只有一个倒闸操作。

(5)倒闸操作人、监护人均必须穿绝缘靴,戴安全帽,同时操作人还要戴绝缘手套。

(6)倒闸操作期间严禁做与操作无关的其他事,以便集中精力,确保安全。

(7)遇有危及人身或设备安全的紧急情况,值班人员可先行断开有关的断路器和隔离开关,然后再报告电力调度,但合闸时必须有电力调度或值班负责人的命令才能进行。

(8)雷电天气时禁止进行室外高压设备的就地倒闸操作。

3.《牵引变电所运行检修规程》倒闸规定

(1)值班人员接受倒闸任务后,操作前要先在模拟盘上进行模拟操作,确认无误后方可进行倒闸。在执行倒闸任务时,监护人要手执操作卡片或倒闸表与操作人共同核对设备位置,进行呼唤应答,手指眼看,准确、迅速操作。

(2)当以备用断路器代替主用断路器时,应检查、核对备用断路器的投入运行条件后,方能进行倒闸。若主用和备用断路器共用一套保护装置时,必须先断开主用断路器,将保护装置切换后再投入备用断路器。

(3)采用远动装置进行倒闸操作,值班员接到供电调度通知后,应监视设备动作情况,及时向供电调度汇报并做好记录。

4.《牵引变电所安全工作规程》倒闸规定

(1)需供电调度下令倒闸的断路器和隔离开关,倒闸前要由值班员向供电调度提出申请,供电调度员审查后发布倒闸作业命令。

(2)倒闸作业必须由助理值班员操作,值班员监护。

(3)倒闸作业完成后,值班员立即向供电调度报告,供电调度员及时发布完成时间。

(4)拆装高压熔断器必须由助理值班员操作,值班员监护。操作人和监护人均要穿绝缘靴、戴防护眼镜,操作人还要戴绝缘手套。

(5)带电更换低压熔断器时,操作人要戴防护眼镜,站在绝缘垫上,并要使用绝缘夹钳或绝缘手套。

(6)正常情况下,不应操作脱扣杆进行断路器分闸。电动操作的断路器,除操作机构中具有储能装置者外,禁止手动合闸送电。

(7)需供电调度下令进行倒闸作业的断路器和隔离开关,遇有危及人身安全的紧急情况,值班人员可先行断开有关的断路器和隔离开关,再报告供电调度,但再合闸时必须有供电调度员的命令。

5. 倒闸操作的要求

(1)对运行人员的要求

值班人员必须经过安全教育、技术培训,考试合格后,经相关部门批准后方可承担一般操作和复杂操作,或接受调度命令,进行实际操作或监护工作。值班人员须熟悉业务和有关的规章、规程规范制度。每年值班人员要进行一次考试复查。

(2)对电气设备的要求

现场一次、二次设备要有明显的标志,要有合格的工具、安全用具和设施等。

(3)对管理方面的要求

要有与现场设备标志和方式相符合的一次系统模拟图、二次回路的原理图和展开图。除事故处理外,操作时应有确切的调度命令和合格的操作票。

四、倒闸操作常用术语

倒闸操作时要求使用标准的、确切的操作术语,见表 13-4。

表 13-4　变电所常用的标准操作术语

操作术语	含　义
报告数字时:幺、两、三、四、五、六、拐、八、九、洞、幺洞、幺幺	相应为:一、二、三、四、五、六、七、八、九、零、一零、一一
设备试运行	设备新安装、大修或事故,故障处理后投入系统运行一段时间后,应进行必要的试验或检查,视具体情况可随时停止运行
设备停用	运行中设备停止运行
设备投入	停用设备恢复运行
准备倒闸	从宣布时开始即算进入倒闸操作期间,并应执行有关要求和规定
开始模拟操作	开始在模拟图上按操作卡片或倒闸表的顺序逐项读票、复诵并操作
开始操作	开始在实际设备上按操作卡片或倒闸表的顺序逐项读票、复诵、确认并操作
倒闸结束	倒闸命令完成并消令,转入正常值班
发令时间	电力调度开始下达命令的时间
批准时间	值班员(接令人)复诵法令时间、命令内容、发令人、受令人姓名、操作卡片编号后,电力调度发布命令号及批准时间(即准许倒闸开始操作的时间)
完成时间	倒闸操作全部结束后,值班员汇报
××时(读成“点”,下同)××分×××跳闸,××动作	断路器自动跳闸时

续表

操作术语	含　义
××时××分×××跳闸,××动作,重合成功(或重合不成功,或重合闸撤除,或重合闸拒绝)	馈线断路器跳闸时
××时××分×××强送第×次成功	××时××分×××断路器由操作强行合闸送电第×次成功
××时××分×××强送第×次不成功,××动作,××欧(或微安、或公里或故障测量仪拒动/撤除)	××时××分×××断路器由操作强行合闸送电第×次不成功,××保护动作,××欧(微安、公里为接触网故障探测装置的动作及指示情况,故障测量仪显示值为故障点标定装置计量部计量值
断(拉)开或合上	断(拉)开或合上×××断路器(××××隔离开关)
拉出或推上	将运行编号为×××的手车式断路器拉出至试验位置,使隔离动、静触头分开;或推上手车至运行位置,使隔离动、静触头指合上
验明无电或有电	指线路或设备停电时检查验证隔离开关一侧或断路器两侧无电。送电时则检查验证隔离开关或断路器负荷侧有电

五、倒闸操作流程

牵引变电所倒闸操作的流程分为三个阶段,见表13-5。

1. 准备阶段

操作前实地准备,召开班前会,申请调度操作预令,填写倒闸操作票草稿,检查安全工器具。

2. 实施阶段

接受调度正式命令,填写倒闸操作票,模拟倒闸,设备正式操作,悬挂标示牌,围设安全遮栏,检查所有操作项目,向调度复令。

3. 结束阶段

召开班后会。

表13-5　倒闸操作流程

作业阶段	作业流程	
准备阶段	操作前实地准备	倒闸操作前值班负责人带领相关人员查看设备实际工作情况,分析倒闸操作过程的注意点,如图13-7所示 图13-7　操作前实地准备

续表

<table>
<tr><th>作业阶段</th><th colspan="2">作业流程</th></tr>
<tr><td rowspan="4">准备阶段</td><td>召开班前会</td><td>值班负责人根据设备实地查看情况，进行倒闸操作危险点布控、工作人员分工安排，明确各人工作责任后在工作票上签字，如图 13-8 所示

图 13-8　召开班前会</td></tr>
<tr><td>申请调度操作预令</td><td>值班员向供电调度申请倒闸操作预令，值班员需重复调度命令，确认倒闸操作预令无误后，安排助理值班员填写倒闸操作票草稿，如图 13-9 所示
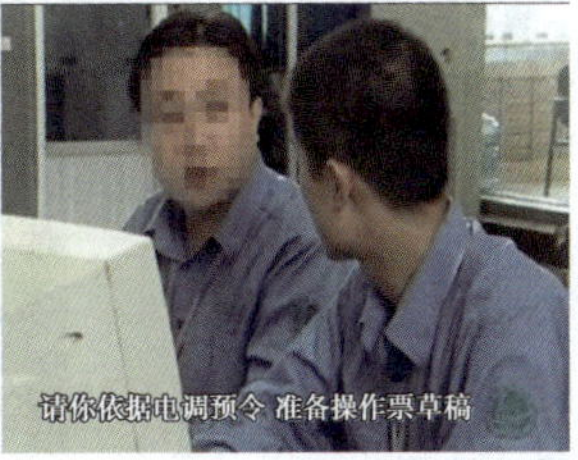
图 13-9　申请调度操作预令</td></tr>
<tr><td>填写倒闸操作票草稿</td><td>助理值班员根据倒闸操作预令和电气主接线图准备倒闸操作票草稿（填写、打印），并进行审核，如图 13-10 所示

图 13-10　填写倒闸操作票草稿</td></tr>
<tr><td>检查安全工器具</td><td>操作人应当按照工作负责人的要求，准备倒闸所需的安全工器具，如图 13-11 所示

图 13-11　检查安全工器具</td></tr>
</table>

续表

<table>
<tr><td colspan="2">作业阶段</td><td>作业流程</td></tr>
<tr><td rowspan="3">实施阶段</td><td>接受调度正式命令</td><td>调度人员下达正式操作命令,接令人应复诵应确认无误。接听调度命令时需要电话录音,重要倒闸操作任务时,需要值班班组同时接听调度命令,如图 13-12 所示

图 13-12　接受调度正式命令</td></tr>
<tr><td>填写倒闸操作票</td><td>助理值班员根据倒闸操作正式命令完成倒闸操作票,并进行三级审核,如图 13-13 所示

图 13-13　填写倒闸操作票</td></tr>
<tr><td>模拟倒闸</td><td>倒闸人员按工作分工在模拟屏前进行模拟倒闸,以确认倒闸操作票的操作顺序无误,并将模拟过程存储在电脑钥匙中,如图 13-14 所示。

图 13-14　模拟倒闸
值班员在倒闸作业前,在模拟盘上进行模拟操作,熟悉和确定倒闸作业的正确工作顺序。值班负责人宣布“开始模拟操作”,而后按操作顺序在模拟图上进行核对性操作。操作人和监护人共同进行模拟预演。监护人和操作人所在模拟盘前,由监护人持操作票逐项唱票,操作人手指模拟图上相应设备复诵,并按令改变设备状态</td></tr>
</table>

续表

作业阶段		作业流程
实施阶段	设备正式操作	根据倒闸操作票进行设备正式操作,操作过程中严格按照“三清、二准、一稳”的要求来进行,如图 13-15 所示  图 13-15　设备正式操作
	悬挂标示牌、围设安全遮栏	设备操作完毕后要挂设标示牌,围设安全遮栏,保证工作人员施工安全,如图 13-16 所示   图 13-16　悬挂标示牌、围设安全遮栏
	检查所有操作项目	所有操作项目进行完毕后,回到模拟屏前检查核对是否所有项目按顺序操作完毕,无误后锁回电脑钥匙,如图 13-17 所示  图 13-17　检查所有操作项目
	向调度复令	操作项目检查无误后,在倒闸操作票上盖“已执行”章,并将完成时间向调度复令,如图 13-18 所示   图 13-18　向电调复令

续表

作业阶段	作业流程	
结束阶段	召开班后会	倒闸操作结束后，由值班负责人召开班后会，总结本次倒闸操作过程的得失，如图 13-19 所示  图 13-19　召开班后会

六、倒闸操作注意事项

1. 倒闸操作基本技术要领（如图 13-20 所示）

（1）分工、站位。

（2）唱票、指位。

（3）复诵、复令。

（4）三准、二清、一稳。

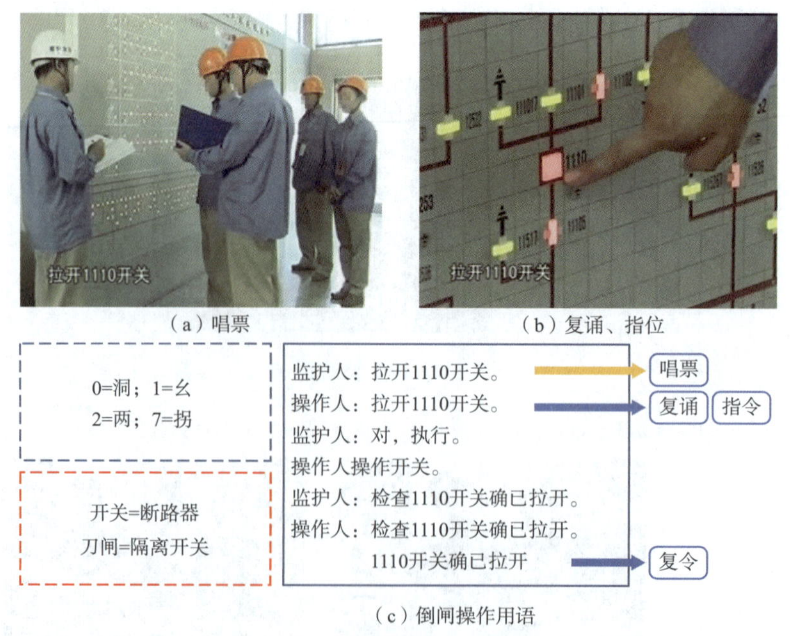

图 13-20　倒闸操作基本技术要领

倒闸作业必须执行“三准、二清、一稳”操作制度，如图 13-21 所示。

三准:倒闸作业卡片看得准;设备编号对得准;操作位置站得准。二清:唱票指位清;复诵确认清。一稳:操作开关稳。

图 13-21 三准、二清、一稳

2. 操作隔离开关的技术要领

隔离开关没有灭弧能力,因此操作时应注意与断路器的配合。图 13-22 为隔离开关错误分闸事故。倒闸作业中操作隔离开关应注意:

(1)合闸时要迅速果断,但合闸终了时不能用力过猛。

(2)操作完后应检查是否已合上,合好后应使刀闸完全进入静触头,确保严密接触。

(3)拉闸时开始要慢而谨慎,当刀闸刚离开静触头时应迅速操作。

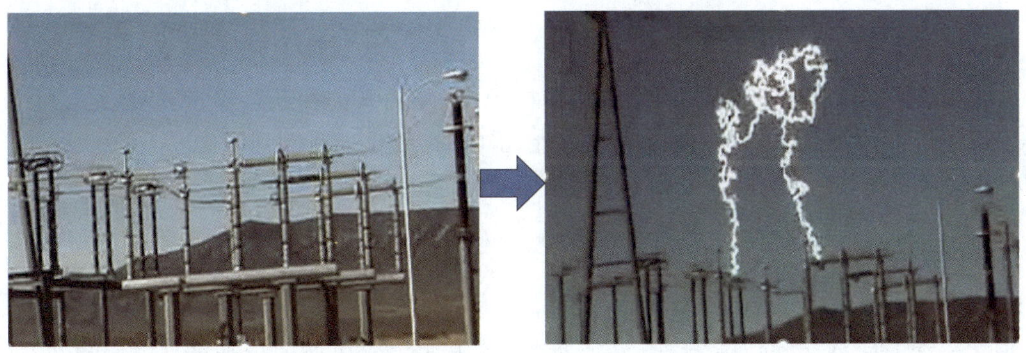

图 13-22 隔离开关错误分闸事故

3. 操作断路器的技术要领

(1)一般情况下,凡电动合闸的断路器,不应手动合闸。

(2)电动操作断路器时,扳动控制开关不要用力过猛,也不要返回过快。

(3)断路器操作后,应检查与其有关的信号及测量仪表的指示。

(4)线路中电力设备停电操作前,应先检查终端线路负荷是否到零。

(5)线路中电力设备停役时应先拉断路器再拉隔离开关。

(6)线路中电力设备复役时应先合隔离开关再合断路器。

(7)操作变压器断路器时,停役操作应先拉开负荷侧断路器,后拉电源侧断路器。复役时操作顺序相反。

(8)断路器检修前必须拉开操作熔断器和合闸熔断器,并拉开弹簧储能电源开关或熔断器。

4. 装、拆接地线操作

(1)装、拆接地线的顺序:装接地线,应先接地端,装设接地线前必须在停电设备上验明无电,然后挂接地线;拆卸接地线,应按照相反的顺序进行操作,先从线路上将接地线接触端拆下,然后再将其从接地端拆下。

(2)验电前必须检查验电器本身是否良好。

(3)接地线应有编号,并存放在固定的地点,存放的位置也应编号以便对号入座。

5. 高压熔断器操作技术要领

(1)高压熔断器通常安装在隔离开关附近,采用绝缘杆单相操作。高压熔断器的操作和隔离开关一样,不允许带负荷分、合。

(2)水平和三角形排列的高压熔断器操作顺序为:先中间,后两边;有风时,先中间,再下风,后上风。

6. 倒闸操作中其他注意事项

(1)倒闸作业命令每次只能发一个,并有命令编号和批准时间。倒闸过程中,遇有无法完成的情况,值班员应立即向供电调度员报告。

(2)高压开关的倒闸作业必须按照严格的倒闸作业程序来进行操作。

(3)倒闸操作前必须了解系统的运行是否合理,继电保护及自动装置是否与一次运行方式相适应,继电保护定值是否要调整等。在倒闸操作中,应注意监视表计,分析其指示是否正常。

(4)倒闸操作必须有两人进行。

(5)用绝缘棒拉、合隔离开关或经传动机构拉、合隔离开关和断路器,均应戴绝缘手套,雨天操作时绝缘棒应加装防雨罩,还应穿绝缘靴,雷电时,禁止进行倒闸操作。

(6)装有闭锁装置的隔离开关,应按闭锁装置要求进行操作。

七、倒闸操作票

1. 倒闸操作票

为了保证电气设备倒闸操作的正确与安全,变电所运行伊始即将常见的倒闸操作编成固定的操作卡片,值班员进行倒闸操作时即按卡片进行。遇有临时改变运行方式的操作而无操作卡片者,应由值班员编写倒闸表。倒闸表经值班负责人和电力调度审查同意后记入值班日志中,操作完成后倒闸表还应附在操作记录上。单一的操作,如拉开接地闸刀或拆除一组接地线等可直接以命令内容的方式授受,而不必编写倒闸表。

操作卡片分为单项操作卡片和综合操作卡片两种,前者指仅按本卡片内容逐步执行即可达到操作目的的卡片,后者则指该卡片中某一步骤实际是另一张操作卡片的全部内容(含某一单项卡片的各步骤),只有在逐项执行后方可达到操作目的的卡片。

编写操作卡片时应遵守一定的原则,《牵引变电所安全工作规程》中关于倒闸操作卡片的规定是:

第 31 条　倒闸作业按操作卡片进行,没有操作卡片的倒闸作业由值班员编写倒闸表并记入值班日志中,由供电调度下令倒闸的设备,倒闸表要经过供电调度员的审查同意。

第 32 条　编写操作卡片及倒闸表要遵守下列原则:

(1)停电时的操作程序:先断开负荷侧,后断开电源侧;先断开断路器后断开隔离开关。送电时,与上述操作程序相反。

(2)隔离开关分闸时,先断开主闸刀后闭合接地闸刀;合闸时,与上述程序相反。

(3)禁止带负荷进行隔离开关的倒闸作业和在接地闸刀闭合的状态下强行闭合主闸刀。

第 33 条　与断路器并联的隔离开关,只有当断路器闭合时方可操作隔离开关。

当回路中未装断路器时可用隔离开关进行下列操作:

(1)开、合电压互感器和避雷器。

(2)开、合母线和直接接在母线上的设备的电容电流。

(3)开、合变压器中性点的接地线(当中性点上接有消弧线圈时,只有在电力系统没有接地故障的情况下才可进行)。

(4)用室外三联隔离开关开、合 10 kV 及以下、电流不超过 15 A 的负荷。

(5)开、合电压 10 kV 及以下、电流不超过 70 A 的环路均衡电流。

操作卡片或倒闸表在工作中合称操作票。值班人员所进行的一切倒闸操作,包括根据调度口头指令所进行的操作和根据工作票所进行的验电、装拆接地线、取放控制回路保险器等操作,均需填写倒闸操作票。

下列操作:事故处理,分、合开关的单一操作,拉开接地闸刀或拆除全所仅有的一组接地线,主变有载调压操作,可以不用操作票,但应记入运行日志中。

2. 倒闸操作票的填写

图 13-23 为断路器运行转冷备用倒闸操作票。图 13-24 为断路器运行转检修倒闸操作票。

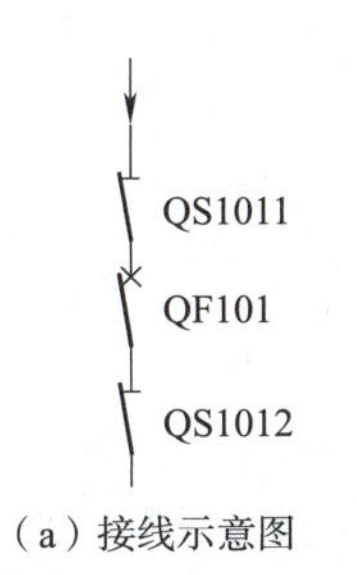

(a)接线示意图

地点:济南西牵引变电所
时间:2016年12月20日9点30分
操作任务:101 110 kV断路器运行转冷备用
备注:本月第25次倒闸操作任务。

(b)倒闸操作任务内容

牵引变电所倒闸操作票

编号:JNXQB-161225

单位:济南西牵引变电所		操作开始时间:12月20日09时30分 操作终了时间:
操作任务:101 110 kV断路器运行转冷备用		
执行√	顺序	操作项目
√	1	拉开101断路器
√	2	检查101断路器确已拉开
√	3	拉开1012隔离开关
√	4	检查1012隔离开关确已拉开
√	5	拉开1011隔离开关
√	6	检查1011隔离开关确已拉开
备注:		

操作人:张三　　监护人:李四　　值班负责人:王五

(c)倒闸操作票

图 13-23 断路器运行转冷备用倒闸操作票

(1)受令后,当值值班员、助理值班员一起核对实际运行方式,明确操作任务和操作目的,核对操作任务的安全性、必要性、可行性及正确性,确认无误开始填写操作票。

(2)一张操作票只能填写一个操作任务,一个操作任务是指根据同一个调度命令所进行的一次不间断操作。独立的操作任务填写操作票时不允许并项,操作票检查项目要单列一项。

(3)填票人应根据操作任务,对照一次系统模拟图及二次保护及设备等方面的资料,逐项填写操作步骤,填写完毕应自行对照审核,在填票人栏内亲笔签名后交值班负责人审核。

(4)倒闸操作票任务及顺序栏均应填写双重名称,即设备名称和编号。旁路、母联、分段开关应标注电压等级。

(5)倒闸操作票须连号使用,不得重复编号。

（6）倒闸操作票的票面字迹应清楚、整洁，不得涂改，涂改后为作废。签名栏必须由值班员本人亲自签名，不得代签或漏签。

（7）操作票不得使用典型操作票及计算机自动生成打印的操作票。

（8）遥控操作必须严格执行唱票、复诵和录音制度。遥控操作必须由两人进行，副值班员操作，主值班员监护。

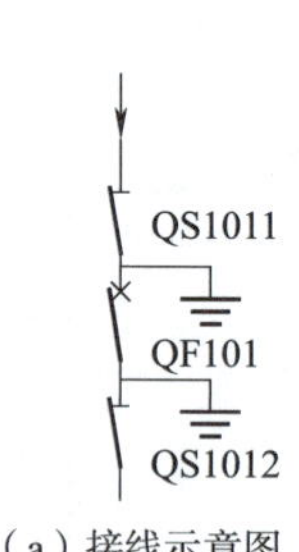

（a）接线示意图

牵引变电所倒闸操作票

编号：×××××-×××××

单位： ×××××		操作开始时间：×月×日×时×分 操作终了时间：
操作任务：101 110 kV断路器运行转检修		
执行√	顺序	操作项目
	1	拉开101断路器
	2	检查101断路器确已拉开
	3	拉开1012隔离开关
	4	检查1012隔离开关确已拉开
	5	拉开1011隔离开关
	6	检查1011隔离开关确已拉开
	7	验明101断路器与1012隔离开关间确无电压
	8	在101断路器与1012隔离开关间接地线一组
	9	检查101断路器与1012隔离开关间接地线确已挂好
	10	验明101断路器与1011隔离开关间确无电压
	11	在101断路器与1011隔离开关间挂接地线一组
	12	检查101断路器与1011隔离开关间接地线确已挂好
备注：		

操作人：×× 监护人：×× 值班负责人：××

（b）倒闸操作票

图 13-24 断路器运行转检修倒闸操作票

3. 倒闸操作票填写的注意事项

（1）线路倒闸操作票的填写及有关规定

线路倒闸分为两类：一类是断路器检修，另一类是设备停电检修。

①断路器检修倒闸表的填写。根据线路停电的原则，停电时断开断路器后要先拉负荷侧隔离开关，后拉母线隔离开关；送电时则先合母线侧隔离开关，后合负荷侧隔离开关。

②设备停电检修倒闸表的填写。设备停电检修必须把此设备各方面电源完全断开，禁止在只经断路器断开的电气设备上工作，且被检修设备与带电部分之间应有明显的断开点。

（2）变压器倒闸操作票的填写

①变压器投运时，应先从电源侧充电，后合上负荷侧断路器。

②向空载变压器充电时，应注意：充电断路器应有完备的继电保护，并保证有足够的灵敏度。大电流直接接地系统的中性点接地隔离开关应合上，检查电源电压，使充电变压器各侧电压不超过其相应分接头电压的5%。

③新投产或大修后的变压器在投运时应进行定相，有条件尽可能采取零起升压。

④变压器新投入或大修后，操作送电前应考虑除应遵守倒闸操作的基本要求外，还应注意几个问题：摇测绝缘电阻、对变压器外部进行检查、对领取系统进行检查及试验、对有载调压装置进行传动、仪表应齐全、对变压器进行全电压冲击合闸3～5次，若无异常即可投入运行等。

(3)电压互感器倒闸表的填写

①进行该项操作前，有时要考虑继电保护的配置问题。对于两台电压互感器能自动切换的变电所可直接进行电压互感器的停电。

②需考虑容量问题等。

③因变电所的每个电压等级均设置了电压互感器，应在电压互感器名称前应增写相应的电压等级及母线名称。

(4)更改二次保护定值操作

随着设备运行方式的改变，二次继电保护定值也要调整，改变定值时应注意：

①当运行值班人员接到定值通知单或调度命令需要改变保护定值时，应首先核对继电器的规范是否与之相符。

②在设备不停电的情况下更改保护定值，应先断开相应的跳闸连接片。

运行中调整保护定值的操作顺序规定如下：

①事故中反映数值上升的保护(如过电流保护)定值由大改小时，一般在运行方式改变后调整，顺序从动作时间最小值开始逐级调整。

②事故时反映数值下降保护(如过电压保护)定值的改变顺序与上述相反。

③对电压闭锁电流保护，按电流保护原则考虑。

④时限由大改小时，一般在方式改变前调整，顺序从动作时间最小侧开始；由小改大时则相反。

(5)考虑各种联锁关系

在填写操作卡片或倒闸表时应注意各设备间的联锁关系。在实际应用中除考虑一般的断路器与隔离开关、负荷侧与电源侧等的关系外，还应结合供电系统中的各种联锁关系。

实施过程

操作单见表13-6。

表13-6 操作单

1. 实践倒闸操作
(1)小组分工
确定值班员和助理值班员；确定调度兼领导一名；供电调度员发布调度命令，并说明操作目的和有关注意事项
(2)做好准备工作
①着装符合规定。 ②值班员准备好倒闸作业命令记录、笔、钥匙、操作卡片、标示牌，并检查助理值班员准备工作质量。 ③助理值班员准备安全帽、绝缘手套、操作棒、绝缘靴，并检查性能良好

(3)应办理的安全措施
①携带安全合格证,人员按规定正确使用劳保、安全防护用品。 ②安排好互控,进入高压设备区与设备的带电部分要保持规定的安全距离
(4)填写倒闸操作记录
①牵引变电所运行记录。 ②牵引变电所值班记录。 ③牵引变电所倒闸操作记录。 ④牵引变电所作业命令
(5)讨论注意事项
①票面规范。 ②票面不得出现误操作。 ③必须有全部检查项目。 ④正确使用操作术语。 ⑤名称一致。 ⑥必须有审票环节。 ⑦模拟演习必须规范进行。 ⑧操作人必须签字。 ⑨及时发现操作项目中的错项。 ⑩不得无调度指令操作。 ⑪必须检查绝缘靴、绝缘手套的使用限期,验电器的电压等级是否合格,必须佩戴安全帽。 ⑫必须正确按操作票顺序操作。 ⑬不得站错位置触摸把手。 ⑭拉合断路器必须检查电流。 ⑮拉合隔离开关必须检查开关及相关隔离开关位置。 ⑯必须按顺序分合隔离开关。 ⑰必须验电后挂地线。 ⑱不得带负荷分合隔离开关,不得带电合接地隔离开关。 ⑲操作结束必须向调度汇报。 ⑳操作结束必须办理操作票结束,并向领导汇报
(6)分组展示、评估
①值班员使用标准术语接令,并正确清楚记录,助理值班员监听接令全过程。 ②助理值班员面对值班员朗读命令内容,确认无误后在模拟盘上模拟。 ③值班员唱票、指位、监护,助理值班员复诵、确认、操作。 ④按操作卡片认真执行“三准、二清、一稳”
(7)准备所需的工具、材料
①助理值班员经值班员同意后准备倒闸,并准备好采取安全措施所用的工具备品,工具、材料有:倒闸用的防护用具(绝缘手套、绝缘靴、安全帽等)、钥匙、接地线、接地杆、验电器、操作杆、绝缘隔板。 ②检查所有接地杆、地线及连接情况。 ③将地线理顺,接地杆放在固定位置(室外沿待接地导体顺向置于其下方,室内应放在待接地导体所在房间外,且沿过道方向顺向放置)。 ④标示牌、分隔标志和防护栅等暂放在桌子上、应设置的设备下或分间外
(8)小组倒闸作业
以小组为单位进行停送电倒闸作业,手动操作断路器和隔离开关时保证操作程序和操作方法的正确。组织各小组按工作方案设计展开工作。倒闸操作完成后,值班员要将相应的标示牌悬挂于操作把手上

(9)倒闸操作结束
倒闸操作结束后,值班员要及时报告供电调度员进行消令,并做好记录(填写倒闸操作记录、牵引变电所运行记录、牵引查电所值班记录);助理值班员要收好工具、清理现场
(10)实训教师和现场兼职教师指导,并进行安全监护
(11)按照评分标准进行评分

2. 问题解答

(1)怎样进行断路器、隔离开关的倒闸操作?

自组织精炼回答:

【知识关联】

倒闸操作注意事项。

【知识反哺】

在进行倒闸操作时,为确保操作的安全性,只有在断路器处于断开的情况下,才能对隔离开关进行操作。这是因为断路器具有切断电流的能力,隔离开关无灭弧能力,不能来切断负荷电流和大电流。所以,线路分闸时必须先断开断路器,再断开隔离开关;线路合闸时必须先闭合隔离开关,再闭合断路器。

另外,在操作隔离开关时,需要注意其操作顺序。在将设备从运行状态转为检修状态时,需要先断开负荷侧的隔离开关,再断开电源侧的隔离开关。相反,在将设备从检修状态转为运行状态时,需要先合上电源侧的隔离开关,再合上负荷侧的隔离开关。这是因为在负荷侧的隔离开关断开后,设备已经没有负荷电流,此时断开电源侧的隔离开关不会对设备造成影响。

倒闸操作的重点在于断路器和隔离开关之间的操作关系,以及隔离开关的操作顺序。在进行倒闸操作时,必须严格按照操作票执行,确保操作的准确性和安全性

(2)停电时,为什么要先拉负荷侧刀闸,后拉电源侧刀闸?

自组织精炼回答:

【知识关联】

倒闸操作注意事项。

【知识反哺】

断路器尚未断开电源,先拉隔离开关刀闸,属于带负荷拉隔离开关刀闸,隔离开关刀闸的触头在断开时会产生电弧,引起弧光短路,严重时甚至会对设备造成损害或引发火灾。

假如本级断路器尚未断电,先拉负荷侧刀闸,带负荷拉隔离开关刀闸会在断路器外侧发生弧光短路,断路器开关保护动作会自动跳闸,中断负荷侧的电压和电流,该方式可以切除故障,缩小事故范围,保护设备和人身安全;假如本级断路器尚未断电,先拉电源侧刀闸,带负荷拉隔离开关刀闸会在断路器内侧发生弧光短路,电源侧电流没有中断,电源侧母线短路,对设备造成更严重损害,上一级断路器开始跳闸,扩大了事故停电范围

(3)如图 13-25 所示的系统中,如 1WL、2WL 均正常供电,跨条没有投入运行,(1)若将断路器 1QF 运行转检修,简述其倒闸操作步骤;(2)若将断路器 2QF 接入运行,简述其倒闸操作步骤。

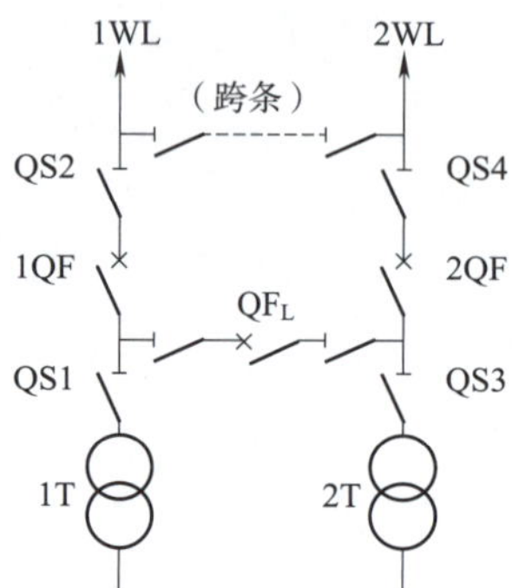

图 13-25　某电气系统

自组织精炼回答:

【知识关联】

电气设备的运行状态、倒闸操作注意事项、倒闸操作票。

【知识反哺】

将断路器 1QF 运行转检修,倒闸操作步骤:

①合上跨条隔离开关,跨条投入运行,保证 1WL、2WL 正常供电。

②将 1WL 线路断路器 1QF 分闸。

③将桥断路器 QF_L分闸。

④将负荷侧隔离开关 QS2 分闸,并合上接地刀闸。

⑤将电源侧隔离开关 QS1 分闸,并合上接地刀闸。

⑥在断路器 1QF 两侧悬挂临时接地线,并悬挂标示牌和装好临时遮栏

检查评价

在线测试单见表 13-7。

表 13-7　在线测试单

第一步	第二步	第三步
登录学习通 App	在学习通 App 中 找到考试图标并单击	输入考试码:t7319379 开始在线测试

你的得分:______　评价等级:______(优秀/合格/不合格)

任务小结

本任务详细讨论倒闸操作。电气设备有运行、热备用、冷备用、检修4种运行状态,倒闸操作有监护、单人和检修人员操作,倒闸操作要遵循相关规定,对操作人员、电气设备、管理方面也有具体要求。倒闸操作的流程分为准备、实施和结束阶段,过程中要注意各种设备操作技术要领。要正确填写倒闸操作票和关注相关注意事项。倒闸操作是电气设备运行和维护中的重要环节,可进行运行管理、保障安全、排除故障和维护设备。要正确进行倒闸操作,确保倒闸操作的安全高效。

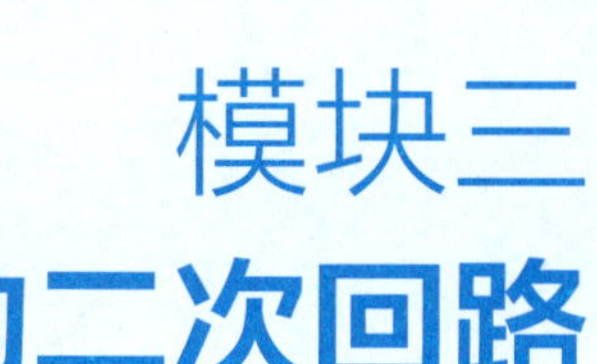

模块三
牵引变电所的二次回路

任务 14　认知二次回路

引　言

本任务重点认知二次回路，深入研究二次回路的概念、原理及其应用，从而理解电力系统的工作原理和保护装置的功能。二次回路作为电力系统中的重要组成部分，连接了继电保护装置与被保护设备，起到信号传递和保护的作用。本任务首先探讨二次回路的概念和继电保护原理；然后介绍继电器的工作原理、分类、触点类型、辅助触点状态、自保持电路和开关跳跃；最后详细介绍二次接线图的识图方法和绘制方法，以及归总式原理接线图、展开式原理图和安装接线图（屏面布置图、屏后接线图、端子排图）的具体应用。在实际工作中，理解和掌握二次回路将有助于电气设备维护和故障排除，提高对继电保护装置和断路器等一次设备的应用能力。

思维导图

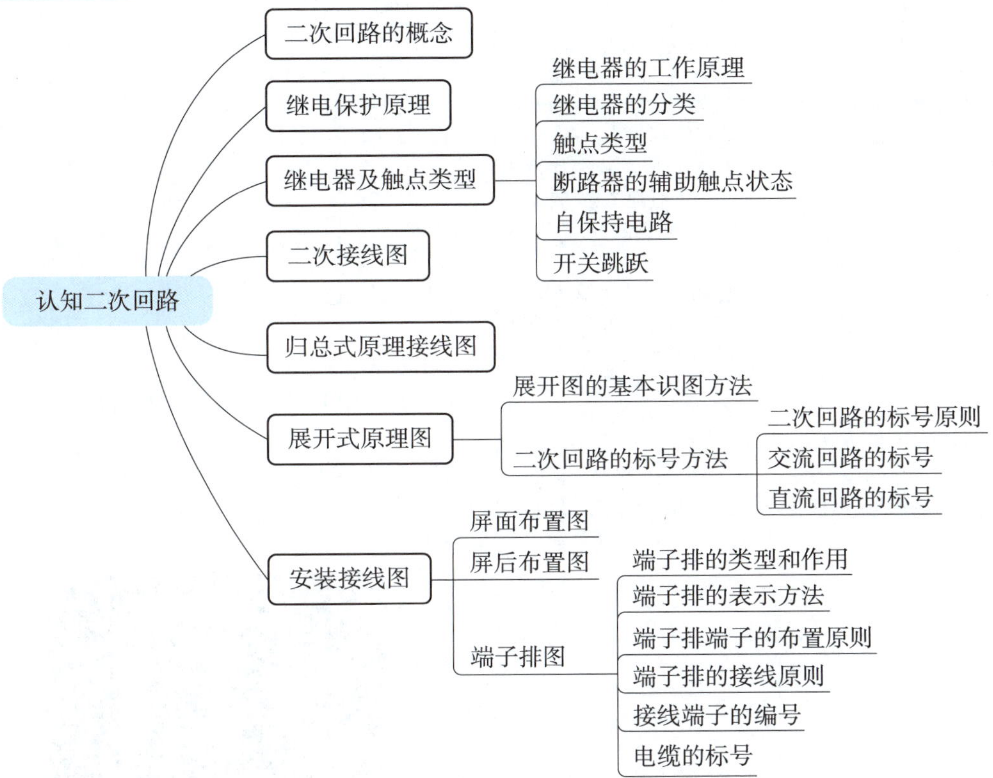

学习任务单

学习任务单见表 14-1。

表 14-1 学习任务单

● 任务描述	● 基于工作过程的学习	● 学习载体
知道二次回路的概念，理解继电保护原理，认识并熟悉继电器及触点类型，认识二次接线图、归总式原理接线图、展开式原理图、安装接线图，熟悉二次回路常见符号表示方法，熟悉二次回路标号原则和标号方法，会识别端子排表示方法和电缆的标号，会识二次图，会按图接线	资讯：根据资讯单中的资讯问题进行任务导入，学生通过预习、查找信息资料，建立总体印象 计划：与小组成员、老师或师傅讨论各二次回路的识图方法，进行按图接线 决策：确定工作步骤、所需工具、拟定检查评价标准和达成目标 实施：进行行动化学习，发现问题，共同分析，遇到无法解决的问题时请老师或师傅帮助解决 检查：工具准备、生产文件、安全事项 评价：进行点评和专业交流，给出改进建议	(1)二次回路概念(电气柜如图 14-1 所示)  图 14-1 电气柜 (2)继电保护原理 (3)继电器及触点类型 (4)归总式原理接线图，如图 14-2 所示
● 知识目标		
(1)明确二次回路的概念 (2)熟悉继电器及触点类型 (3)理解归总式原理接线图、展开式原理图、安装接线图，完成识图 (4)明确二次回路标号原则和标号方法		

续表

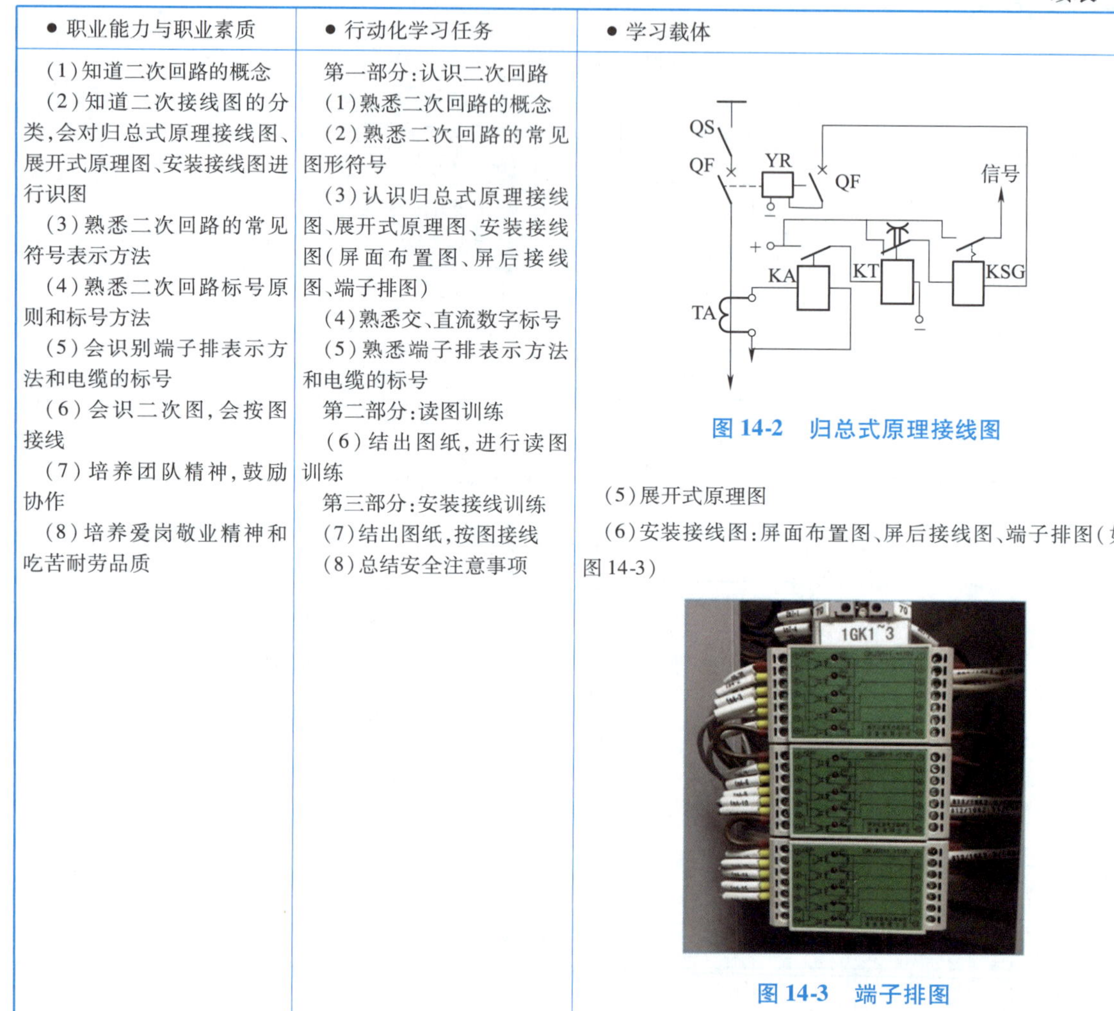

● 职业能力与职业素质	● 行动化学习任务	● 学习载体
(1)知道二次回路的概念 (2)知道二次接线图的分类,会对归总式原理接线图、展开式原理图、安装接线图进行识图 (3)熟悉二次回路的常见符号表示方法 (4)熟悉二次回路标号原则和标号方法 (5)会识别端子排表示方法和电缆的标号 (6)会识二次图,会按图接线 (7)培养团队精神,鼓励协作 (8)培养爱岗敬业精神和吃苦耐劳品质	第一部分:认识二次回路 (1)熟悉二次回路的概念 (2)熟悉二次回路的常见图形符号 (3)认识归总式原理接线图、展开式原理图、安装接线图(屏面布置图、屏后接线图、端子排图) (4)熟悉交、直流数字标号 (5)熟悉端子排表示方法和电缆的标号 第二部分:读图训练 (6)结出图纸,进行读图训练 第三部分:安装接线训练 (7)结出图纸,按图接线 (8)总结安全注意事项	QS QF YR QF 信号 KA KT KSG TA 图 14-2　归总式原理接线图 (5)展开式原理图 (6)安装接线图:屏面布置图、屏后接线图、端子排图(如图 14-3) 1GK1~3 图 14-3　端子排图

任务资讯

资讯单见表 14-2。

表 14-2　资讯单

学习任务 14	认知二次回路	推荐学时	6
资讯方式	在图书馆、专业杂志、互联网上查询问题;咨询任课教师		
资讯问题	(1)二次回路的概念是什么		
	(2)二次回路包含哪几部分?每一部分的组成和作用是什么		
	(3)什么叫常开触点?什么叫常闭触点		
	(4)断路器在合闸状态时,其常开触点的状态如何		

学习任务 14	认知二次回路	推荐学时	6
资讯问题	(5)二次回路的标号原则是什么		
	(6)交流回路有几种回路		
	(7)直流回路的编号方法是什么		
	(8)控制回路的标号方法是什么		
	(9)展开图的识图方法是什么		
	(10)安装接线图包含哪些内容		
	(11)什么叫安装接线图?安装接线图有几种		
	(12)控制盘的布置原则是什么		
	(13)端子排的安排有规律吗?电缆编号有规律吗?电源编号有规律吗		
	(14)接线端子的编号有几种方法		
资讯引导	以上问题可以在本课程的学习信息、《牵引变电所运行检修规程》、"牵引变电所"精品课程网站、互联网、专业资料等处查找		

计划决策

计划决策单见表 14-3。

表 14-3 计划决策单

小组协作成员(签字)		
组长:	组员 1:	组员 2:
组员 3:	组员 4:	组员 5:
计划决策		
学习步骤	学习计划	学习策略
第一步		
第二步		
第三步		
请将小组协作成员分工和计划决策内容拍照后,在线发送给授课老师,老师进行指导评价		

【知识延伸】

变电检修工作看似重复简单,实则责任重大。杨豪从事继电保护工作二十多年,在他心目中,继电保护对于电力系统而言是十分重要的一环。有人说,简单的工作会让人变得麻木,但杨豪认为,只要把简单工作做到极致就是不简单。20 多年来,他坚持精益求精的工作原则,一次次发现问题、解决问题,将隐患及时消除。继电保护是一门技术密集的专业,在跟设备打交道的过程中,从陌生到熟悉,从调试到维护,全过程跟踪,杨豪对设备有了特殊的感情,如果设备出了问题没找到原因,他连饭都吃不下。

都江堰市所有的变电站和主网开关站，每 4 年就要对其完成一轮检修。对于计划停电检修，杨豪和同事们要提前一个月做好审批停电计划、查勘、做预控措施等，执行着严格的精密的工作流程。一旦出现故障停电，杨豪往往第一时间抵达现场，全力抢修，争取在最短的时间内恢复正常供电。近年来，杨豪先后在多项大型继电保护工作中勇挑大梁，圆满完成了各项任务。杨豪以实际行动践行了职工追求卓越、精益求精、用户至上的工匠精神。

知识链接

一、二次回路的概念

供电系统的一次回路：负责电能输送和分配的电路。

供电系统的二次回路：用来监测、控制、调节和保护一次电路运行的电路，也称二次接线。

二次设备：构成二次回路的系列低压、弱电设备，包括控制器具、继电保护和自动装置、测量仪表、信号器具等。

二次回路是电力系统安全、经济、稳定运行的重要保障，是发电厂及变电站电气系统的重要组成部分。如图 14-4 为变电所控制室。

图 14-4　变电所控制室

二次回路按电流制式可分为直流回路和交流回路。按工作性质可分为监视、测量回路，控制回路，合闸回路，信号回路，保护回路，自动远动装置回路等。

（1）监视、测量回路：主要由测量元件及显示仪表组成，其作用是监视、测量一次设备的工作状态，为运行管理、事故分析提供参数。

（2）控制回路、合闸回路：主要由控制开关和相应的控制继电器组成，其作用是对高压开关进行分、合闸操作。

（3）信号回路：主要有开关设备的位置信号、继电保护和运动装置的动作信号和中央信号三部分，其作用是反映一次设备和二次设备的工作状态。

（4）保护回路：主要有继电保护、自动装置和相应的辅助元件，其作用是自动判别一次设备的工作状态,在事故和不正常运行状态时,继电保护装置能够自动切除故障和消除不良状态并发出报警信号。

(5)自动、远动装置回路:牵引变电所的继电保护和远动装置属于二次接线范畴,但因为它们自成一个完整的体系,将其独立看待。

二、继电保护原理

电力系统的运行状态有三种:正常运行状态、不正常状态、故障状态。不正常状态反映设备的不正常运行,要发出报警信号,以便值班人员及时作出处理。故障状态要自动、迅速、有选择性地检测故障,切除故障元件,保证非故障元件迅速恢复正常运行。

继电保护的工作原理是:利用被保护设备故障前后某些突变的物理量为信息量,当其测量值达到整定值时,启动逻辑控制环节,发出相应的跳闸脉冲或信号。

继电保护按原理可分为三部分:测量部分、逻辑部分、执行部分。测量部分为测量线路和设备的实际电力参数;逻辑部分将故障值与整定值相比较,给出逻辑判断结果;执行部分执行逻辑判断结果:故障时,保护动作于跳闸;不正常时,保护动作于报警;正常时,保护不动作,返回。继电保护原理及装置如图 14-5 所示。

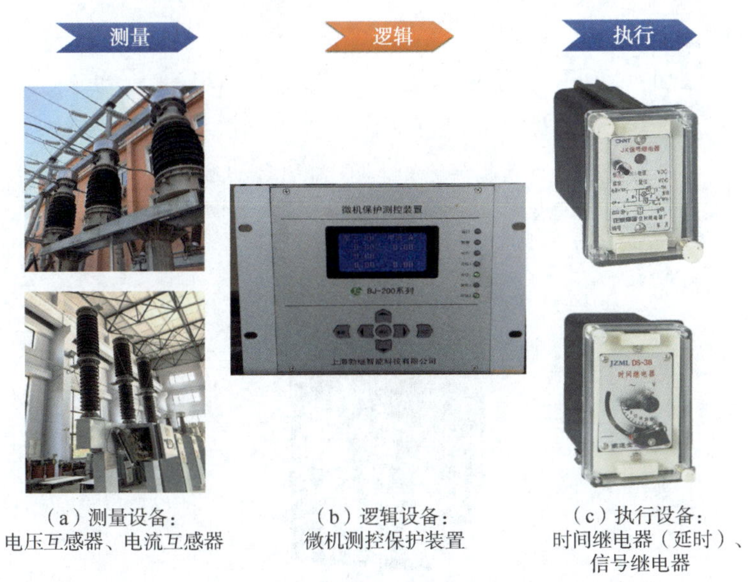

(a)测量设备:电压互感器、电流互感器　(b)逻辑设备:微机测控保护装置　(c)执行设备:时间继电器(延时)、信号继电器

图 14-5　继电保护原理及装置

熔断器就是最早的、最简单的过电流保护,但熔断器渐渐无法满足选择性和快速性的要求。20 世纪初随着电力系统的发展,二次式继电器开始广泛应用于电力系统的保护,这个时期可认为是继电保护技术发展的开端。20 世纪 90 年代开始,微机保护装置逐渐投入使用。随着科技的发展,继电保护技术沿着网络化、智能化和自适应保护的方向不断发展。

三、继电器及触点类型

1. 继电器的工作原理

当某一输入量(如电压、电流、温度、速度、压力等)达到预定数值时,使它动作,以改变控制电路的工作状态，从而实现既定的控制或保护的目的。在此过程中，继电器主要起了传递信号的作用。简单地说，继电器就是一种自动电气开关。

2. 继电器的分类

按感测信号分：电流继电器、电压继电器、速度继电器、时间继电器、压力继电器等。电流继电器：根据线圈中电流的大小而接通或断开电路的继电器。电流继电器线圈导线粗，匝数少，串联在电路中，如图 14-6 所示。电压继电器：根据线圈两端电压大小而接通或断开电路的继电器。电压继电器线圈导线细，匝数多，并联在电路中，如图 14-7 所示。

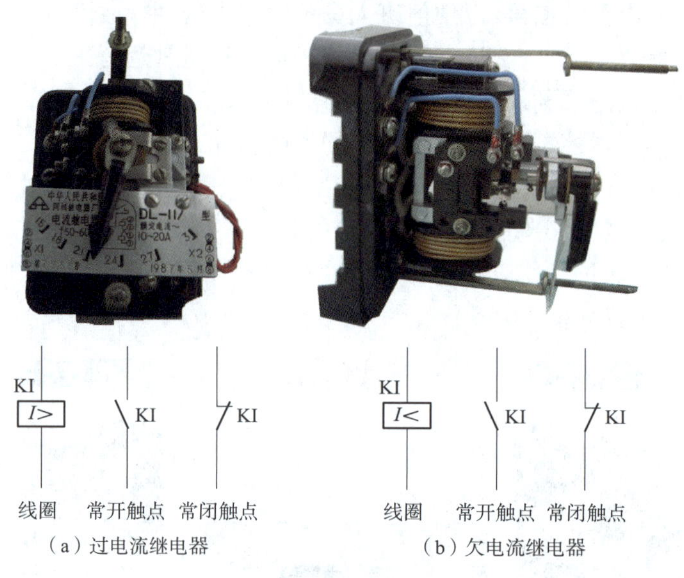

（a）过电流继电器　（b）欠电流继电器

图 14-6　电流继电器

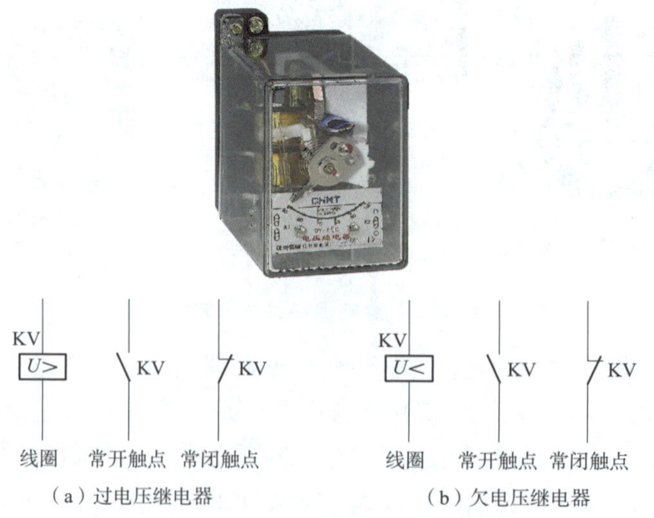

（a）过电压继电器　（b）欠电压继电器

图 14-7　电压继电器

按动作原理分：电磁式继电器、感应式继电器、热继电器、机械式继电器、电动式继电器、电子式继电器（晶体管式继电器）等。电磁型继电器：一般由磁路系统、接触系统和返回机构等几个部分组成。

按动作时间分:瞬时继电器、延时继电器。

按用途分:控制继电器、保护继电器。

按输出方式分:有触点继电器、无触点继电器。其中,有触点继电器又分为:动合型——线圈不通电时两触点是断开的,通电后,两个触点就闭合;动断型——线圈不通电时两触点是闭合的,通电后,两个触点就断开;转换型——共有三个触点,即中间是动触点,上下各一个静触点。线圈不通电时,动触点和其中一个静触点断开而另一个闭合,线圈通电后,动触点使原来断开的触头闭合,闭合的触头断开,达到转换的目的。

【思考】

电压继电器和电流继电器的区别?

(1)测量的物理量不同:测电压(线圈匝数多、导线细——阻抗大)与测电流(线圈匝数少、导线粗——阻抗小)。

(2)电路接法不同:电压继电器——线圈并联在电压互感器二次侧;电流继电器——线圈串联在电流互感器二次侧。

3. 触点类型

常规继电器,当继电器不带电的情况下,断开状态的触点是常开触点、闭合状态的触点是常闭触点。

行程开关、压力继电器等元件,在不受外力的情况下,断开状态的触点是常开触点、闭合状态的触点是常闭触点。

4. 断路器的辅助触点状态

断路器断开时:断路器的常开触点断开,常闭触点闭合。

断路器闭合时:断路器的常开触点闭合,常闭触点断开。

5. 自保持电路

用继电器的一个常开触点与使该继电器带电启动的另一个触点(也可能是另一个继电器的触点)并联。该继电器启动后,这个常开触点闭合,短接了带电启动的那个触点,即使这个触点已经返回,但因自身的常开触点闭合,仍会保持动作状态。

6. 开关跳跃

例如操动控制开关让断路器合闸于带地线电路(永久性故障),继电保护动作,断路器分闸,但控制开关仍给合闸脉冲,则断路器再次合闸,这样断路器反复合分,称为开关跳跃。

四、二次接线图

用来表明二次设备的配置、相互连接关系和工作原理的电气接线图,称为二次电路图,也称二次接线图。

二次接线图一般分为归总式原理接线图、展开式原理接线图和安装接线图。发电厂及变电站的二次接线图数量很多,对于保护回路三种图都需要,对于控制、信号和测量回路,一般只画展开式原理接线图和安装接线图。

五、归总式原理接线图

二次设备以整体的形式和主接线中有关设备画在一起表示二次回路连接关系和工作原理的接线图,称为归总式原理接线图,简称原理图。其特点为:

(1)二次电气设备以半集中形式的图形符号表示。

(2)将与二次接线有关的一次接线画在一起。

(3)二次电气设备内部结构、接线端子等一般没有画出。

优点:用统一的图形和文字符号表示,按动作顺序画出,便于分析动作原理,是绘制展开接线图等其他工程图的原始依据。

缺点:没有表明元件的内部接线、端子标号、直流部分准确来源及导线连接方法等,使图纸设计和阅读较为困难,不能作为施工图纸。因此,必须借助于二次回路的展开接线图。

原理:如图 14-8 所示为牵引变电所 27.5 kV 馈线过电流保护原理图。过电流保护装置由一个电流继电器 KA、时间继电器 KT、信号继电器 KS 组成,并通过电流互感器 TA、断路器分闸线圈 YT 与主电路联系在一起。正常运行时,各继电器均处于正常状态,常开触点断开。断路器处于合闸位置的动作状态,其常开辅助触点闭合。当一次电路发生电路故障时,馈线电流增大,TA 的二次电流也随之增大。当二次电流增大至 KA 的整定动作值时,KA 动作,其常开触点闭合,接通了 KT 线圈的直流回路,其带时限的常开触点延时闭合,使直流电源的正极经 KT 的常开触点、KS 的线圈、断路器的常开辅助触点、分闸线圈与直流电源的负极接通,分闸线圈受电,断路器操作机构动作,使断路器跳闸,自动切除故障线路。同时,信号继电器受电动作,其触点转换,发出分闸信号。

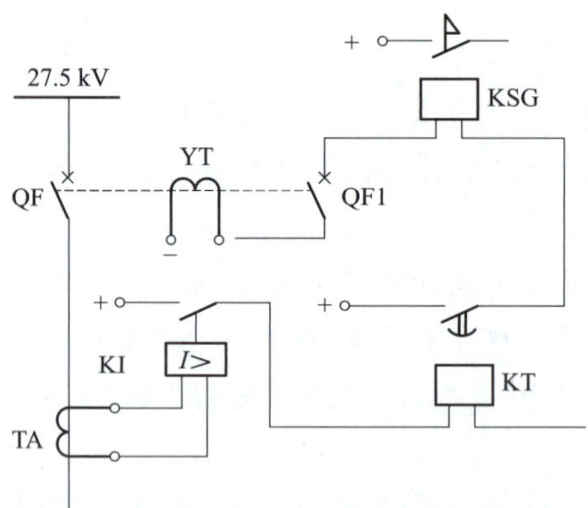

图 14-8　27.5 kV 馈线过电流保护原理图

六、展开式原理图

展开图是在归总式原理图的基础上,将整体形式的二次电路按其供电电源的性质不同,分解成交流电压、交流电流和直流回路等相对独立的部分,表示二次电路设备配置、连接关系和工作原理的二次接线图,称为展开式原理图,简称展开图。27.5 kV 馈线过电流保护展开图如图 14-9 所示,展开图特点为:

(1)按二次电气设备的供电电源不同,展开接线图由交流电流(电压)回路、直流电压(信号)回路组成。直流与交流回路分开绘制,在交流回路中把电流与电压回路分开,交流电流线圈接入电流回路,交流电压线圈接入电压回路。

(2)交流电流(电压)回路按 A、B、C 相序,直流电压(信号)回路尽可能按继电器动作顺序和便于绘图的原则,组成许多不同的行,从上到下垂直排列,每一行右侧常有对应文字说明。

(3)同一性质电路内的线圈、触点按电流通过的方向顺序从左到右连接构成各自的回路。

(4)二次电气设备不同组成部分,分别画在不同回路中;同一二次电气设备不同组成部分,用同一文字符号表示,如同一元件的线圈和触点标相同的文字符号。

(5)不同的回路,用不同的字母和数字标注不同的回路标号,表示回路的性质和特征。

特点:条理清晰,非常方便对回路的逐一分析与检查。

注意:在二次接线图中所有开关电器和继电器的触点都是按照它们的正常状态表示的,即开关电器在断路位置时继电器线圈中没有电流。

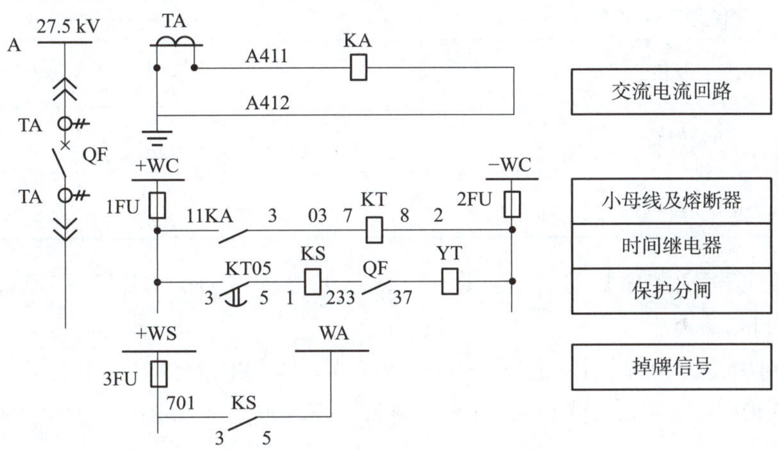

图 14-9 27.5 kV 馈线过电流保护展开图

1. 展开式原理图的基本识图方法

(1)先一次接线,后二次接线。

(2)根据展开图右侧的文字说明,了解各回路的性质,然后从上到下逐个回路看透。

(3)先交流、后直流;交流看电源,直流找线圈,抓住触点不放松,一个一个全查清。

(4)先查启动元件,后查启动元件的触点通断的电路。对各种继电器和装置,先找到启动线圈,再找相应的接点。对于事故设备分析,先找动作部分,再找相应的信号。

(5)先上后下、先左后右,屏外设备一个也不漏。

2. 二次回路的标号方法

为了满足二次回路制造、安装、检修、调试及故障处理的需要,对展开图不同的回路及回路中各元件间的连接导线分别编制不同的标号。

(1)二次回路的标号原则

①回路标号用三位或三位以上的数字组成,需要标明回路的相别或某些主要特征时,可在数字标号的前面(或后面)增注文字符号。直流回路的正电位点用奇数标号(如 1、3、5…),负

电位点用偶数标号(如2、4、6…);在交流回路数字前加A、B、C、N文字符号,以区别其相序(如A411、B411、C411、…)。对不同用途的回路规定了编号数字范围,对重要的常用回路(如直流正、负电源回路,跳、合闸回路等)都给予固定的编号。因此,在安装接线图中,由回路标号便知这一回路的性质和用途,便于维护和检修。

②标号按"等电位原则"进行,即在电气回路中,连于一点的所有导线都用同一个数字标号。回路经过线圈、电阻、电容、开关等元件相隔后,即给予不同编号。接线不经过端子而在屏内相邻设备间直接连接的回路,可不予标号。

③展开图中小母线用粗线条表示并注以文字符号。控制和信号回路的一些辅助小母线除用文字符号外还有固定的数字编号。控制电缆的编号按不同的起止地点分别规定一定的数字范围。

(2)交流回路的标号

交流回路的编号范围见表14-4。

表14-4 交流回路的编号范围

回路类别	编号范围
控制、保护及信号回路	(A,B,C,N) 1~399
电流回路	(A,B,C,N,L) 401~599
电压回路	(A,B,C,L,N) 601~799

①交流回路按相别顺序标号,它除用三位数字编号外,还加有文字标号以示区别。例如A411、B411、C411。

②对于不同用途的交流回路,使用不同的数字组。电流回路的数字标号,一般以十位数字为一组。如A401~A409,B401~B409,C401~C409,…A591~A599,B591~B599,C591~C599。

③电流互感器和电压互感器是按它们在一次接线中的顺序来分组标号。

④某些特定的交流回路(如母线电流差动保护公共回路、绝缘监察电压表的公共回路等)给予专用的标号组。

(3)直流回路的标号

直流回路的编号范围见表14-5。

表14-5 直流回路的编号范围

回路类别	编号范围
保护回路	01~099或J1~J99
控制回路	1~599
励磁回路	601~699
信号及其他回路	701~799

①直流回路编号方法是先从正电源出发,以奇数顺序编号,直到最后一个有压降的元件为止。

②对于不同用途的直流回路,使用不同的数字范围。

③对于某些特定的主要回路通常给予专用的标号组。例如:正电源为101、201,负电源为102、202。

七、安装接线图

安装接线图是制造厂或施工单位根据展开式原理图而绘制的配电屏布置及接线的实际安装图,用于表明配电屏的类型、各二次设备在屏上的安装位置、设备间的尺寸及二次设备接线情况。它是生产厂家制造控制屏、保护屏以及现场施工安装接线所依据的主要图纸,也是变电所运行维护等项工作的主要参考图。

在安装接线中,各种仪表、继电器、开关、电阻等二次设备、连接导线和端子排,都是按照它们的实际电气图形、安装位置和连接关系绘制的。它反映了二次电路的实际接线情况。为了便于接线和运行中检查,所有设备的端子和连接导线都加上走向的标志。

安装接线图一般包括屏面布置图、端子排图和屏后接线图。

1. 屏面布置图

根据配电屏及各二次设备的实际尺寸,按一定比例绘制而成的屏面设备布置图,称为屏面布置图。它表示了配电屏正面各安装单位二次设备的实际安装位置。

屏面布置总原则是:

(1)便于监视、操作、检修、试验且保证安全。

(2)设备布置对称、整齐、美观、紧凑。

(3)留有余地,利于扩建。

图上按比例画出屏上各设备的安装位置、外形尺寸及中心线的尺寸,并应附有设备表,列出屏后设备的名称、型号、技术数据及数量等,以便制造厂备料和安装加工。图14-10所示为控制盘、中央信号盘、量计盘屏面布置图。

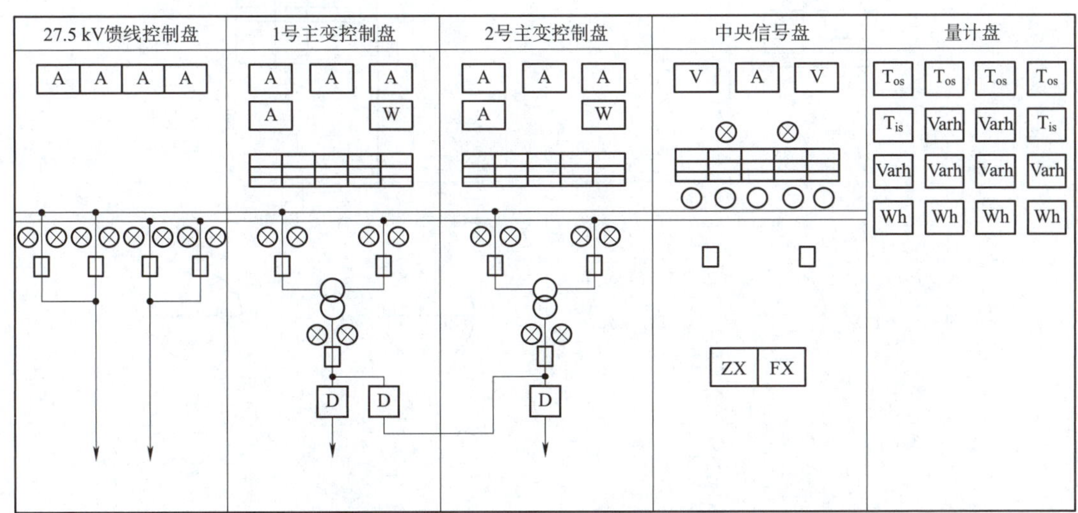

图14-10 控制盘、中央信号盘、量计盘屏面布置图

屏顶装设小母线,屏后两侧装端子排,屏背面的上方铁架上装设熔断器、小刀闸、警铃、蜂鸣器等。

布置时需注意：

(1)凡须经常监视的仪表和继电器都不要布置得太高。

(2)操作元件(如控制开关、调节手轮、按钮等)的高度要适中,使得操作、调节方便,它们之间应留有一定的距离,操作时不可影响相邻的设备。

(3)检查和试验较多的设备应布置在屏的中部,而且同一类型的设备应布置在一起,这样检查和试验都比较方便。

2. 屏后接线图

屏后接线图是根据屏面布置图、二次展开图和端子排图而绘制的实际接线图。它具体地反映了屏内各设备的实际连接状况,是变电所施工安装、运行管理不可缺少的图纸。

屏后接线图主要用于表示屏正面各设备在屏后面的接线端子间的连接状况。

屏后接线图的布置相当于配电屏从背面按左、右、顶部展开后的位置进行安排的,如图 14-11 所示。横向分为左、中、右三部分,纵向分为上、下两部分;上部左、右两侧布置屏顶小母线,中间布置屏顶设备,屏顶设备标示如图 14-12 所示;下部左、右两侧布置端子排,中间布置屏面设备。

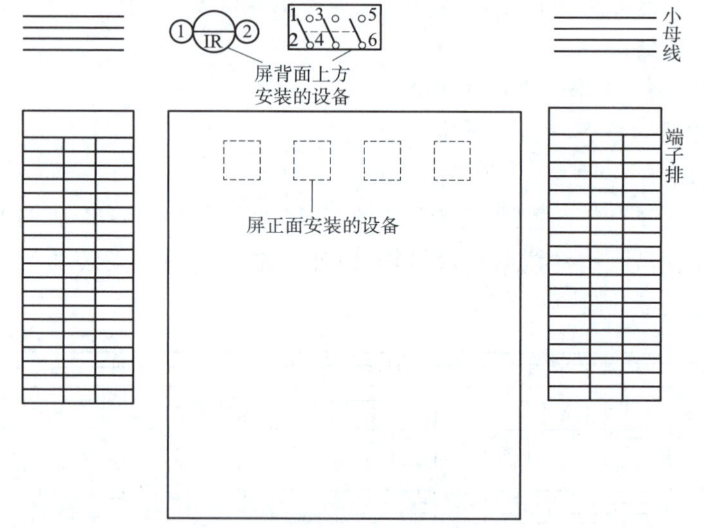

图 14-11　屏背面接线图

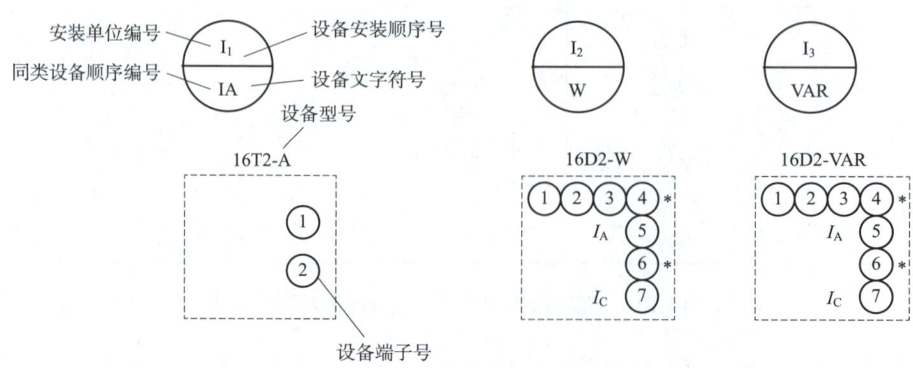

图 14-12　设备标示

3. 端子排图

端子排是二次电路中各设备间接线的过渡连接设备，由单个接线端子组成，如图 14-13 所示。表示各接线端子的组合及其与屏内外设备连接情况的图称为端子排图，它反映了配电屏上需要装设的接线端子数目、型号、导线去向，详细表明了各端子的接线情况，是变电所配电屏的生产、安装以及运行维护必不可少的图纸。

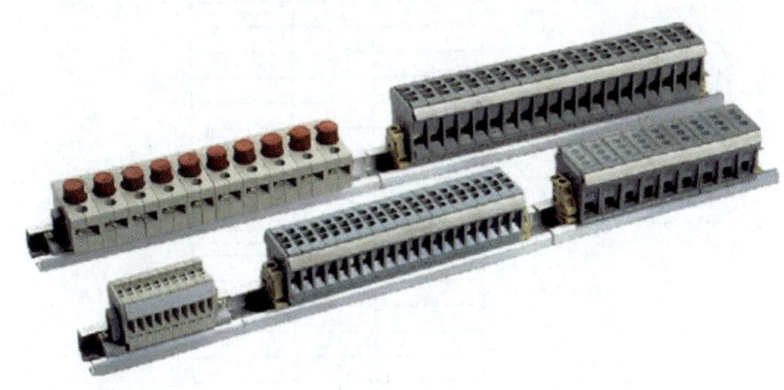

图 14-13　端子排

(1)端子排的类型和作用

目前国内通用 B_1、D_1 系列的接线端子，按用途可分为以下几种类型：

①一般端子(B_1-1)：用于屏内外导线的一般连接。

②试验端子(B_1-2 型或 D_1-S 型)：用于需要接入试验仪表的电流回路中，可以在不切断二次回路的情况下检校测量表计和继电器。一般交流回路应设置试验端子。

③连接试验端子(B_1-3 型或 D_1-SL 型)：它同时具有试验端子和连接端子的作用，用于端子上需要彼此连接的电流试验回路中。

④连接端子(B_1-4)：用于同一导线编号的多根分支线连接。此端子的绝缘隔板在正中螺钉处开置一缺口，以便通过连接片将相邻的端子连接起来。

⑤终端端子(B_1-5)：用于固定或分隔不同安装单位的端子排，终端端子不接线，上面有文字符号，表明端子排的归属。

⑥标准端子(B_1-6)：直接连接屏内外导线用。

⑦特殊端子(B_1-7)：用于需要很方便断开的回路中。如闪光母线、预告音响小母线等回路。

(2)端子排的表示方法

端子排在屏后接线图中一般采用三格表示法，如图 14-14 所示。端子排的中格表明端子顺序号及端子类型。与电缆相连接侧标明所接屏外设备的二次回路标号和所接屏顶设备的名称符号。与屏内设备相连侧应标明所接设备的编号或回路标号。端子排的起始、终端端子上，标注端子排所属的回路名称、文字符号及安装单位。同盘内有多个安装单位时，端子排按各安装单位划分成段，并以终端端子分隔。同类安装单位的端子排的结构、接线顺序相同。

(3)端子排端子的布置原则

端子排的配置应满足运行、检修、调试的要求，并适当与屏内设备的位置对应，一般布置在屏后的两侧。每一安装单位的二次电路都应有独立的端子排。端子排垂直布置时，从上到下，水平布置时从左至右都按照交流电流回路、交流电压回路、信号回路、控制回路、转接回路、其他回路分组,并按顺序依次排列。

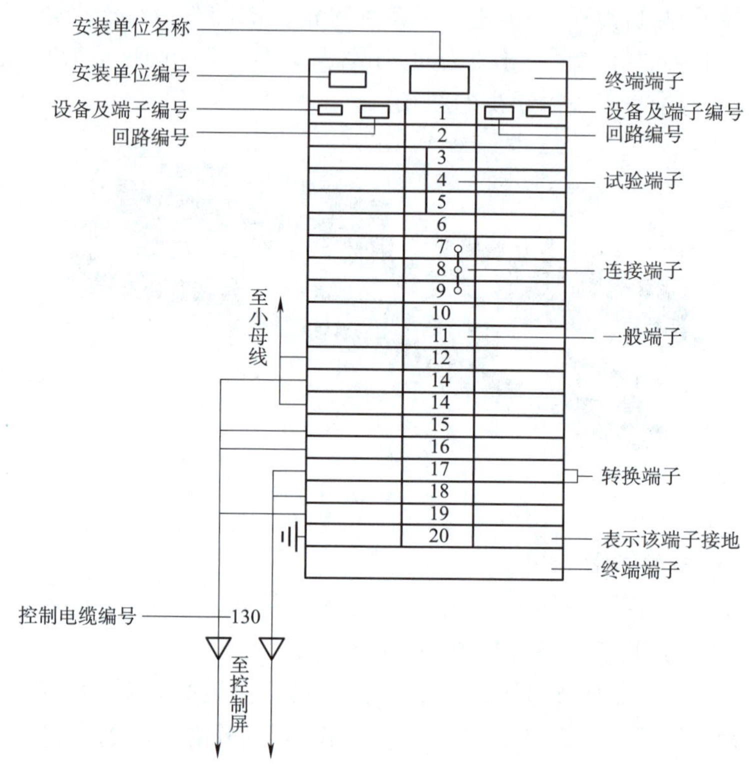

图 14-14　端子排表示方法示意图

(4)端子排的接线原则

①屏外引入线接端子排外侧。

②屏内引出线接端子排内侧。

③屏内设备与屏顶设备间的连接需经端子排。

④屏内设备与屏外设备间的连接需经端子排。

⑤同一屏内不同安装单位设备间的连接需经端子排。

(5)接线端子的编号

安装接线图中各设备间的接线编号采用“相对标号法”和“等电位标号法”两种。

①相对标号法:在每个接线端子处标明它所连接对象的编号,以表明二者间相互连接关系的一种方法。如甲、乙两端子需相连接时,就在甲端子处标明乙端子的标号,在乙端子处标明甲端子的标号,用符号标明该线段的连接去向,如图 14-15 所示。相对标号法具有表示简单、清晰、查线方便等优点,当二次接线复杂时尤为突出。因此,牵引变电所内的端子排、盘后接线圈均采用相对标号法。

②等电位标号法:在接线端子处只注明它所连接对象在二次电路中的回路编号,不具体指明所连接的设备,按等电位原则编制。这种标号法表示简单,与二次电路相对应,便于电路分析,但由于标出的回路号并不反映设备间实际的连接线段,故查线不方便。

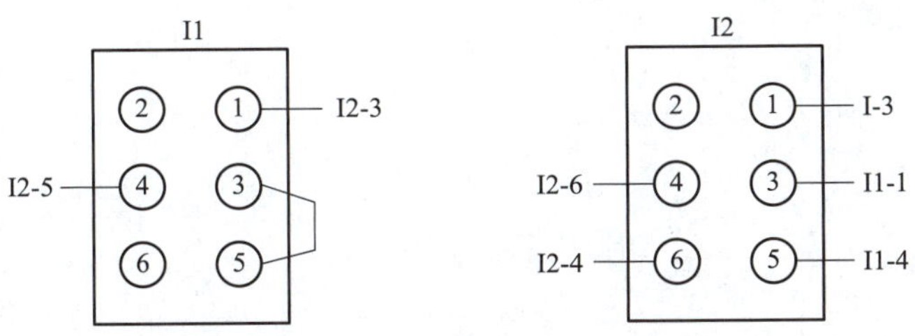

I2-4的含义是：I表示安装单位，2表示设备序号，4表示设备端子号。
I-3的含义是：I表示安装单位，3表示端子序号。

图 14-15　相对标号法编号

(6)电缆的标号

屏内二次设备与屏外设备的连接,如屏内设备与室外互感器副绕组之间的连接,主控室内设备与离服室内设备的连接,一般是采用控制电缆连接的。其编号也是用不同范围内的三位数字组成,除数字编号外,还应标明电缆所属电缆安装单位、型号和电缆去向,以便和二次回路标号区别。

实施过程

操作单见表 14-6。

表 14-6　操作单

1. 写出以下设备的电气符号

操作开关		控制母线	
电源控制开关		熔断器	
位置开关		绿色信号灯	
控制回路		红色信号灯	
保护出口继电器		断路器辅助开关	
重合闸继电器		断路器跳闸线圈	

2. 结合当地某变电所的情况,了解牵引变电所主控室的装置及屏面布置

3. 问题解答

(1)什么是二次回路？二次回路有什么功能？

自组织精炼回答：

【知识关联】

二次回路的概念。

【知识反哺】

二次回路是指由互感器的次级绕组、测量监视仪器、继电器、自动装置等通过控制电缆连成的电路,用以监视、控制、调节和保护一次回路中各参数和各元件的工作状况

(2)变电所内二次回路由哪些元件组成？

自组织精炼回答：

【知识关联】

二次回路的概念、继电保护原理。

【知识反哺】

变电所二次回路主要由测量仪表、继电保护装置、控制和同步装置、蓄电池等元件组成。测量仪表如电流表、电压表和功率表等测量供电系统参数；继电保护装置在故障时切断电源，保护系统和设备；控制和同步装置控制设备操作并保持同步；蓄电池如不间断电源(UPS)提供备用电源确保二次系统正常运行。各元件相互协作，确保整个电力系统稳定和安全

(3)二次接线图分为哪几种类型？各自应用在哪些场合？

自组织精炼回答：

【知识关联】

归总式原理接线图、展示式原理图、安装接线图。

【知识反哺】

二次接线图分为归总式原理图、展开式原理图和安装接线图三种。归总式原理图采用集中式表示方法，展示元件之间的联系和工作原理，它的优点是直观，但清晰度较差，对于复杂线路，看图较困难，因此广泛采用展开原理图。展开式原理图，条理清晰，易于阅读，主要用于二次设备的原理分析和故障排查。安装接线图用于展示二次设备的实际安装位置和布线方式，对于现场施工安装不可或缺

(4)图 14-16 是线路定时限过电流保护原理图，分析说明其工作原理。

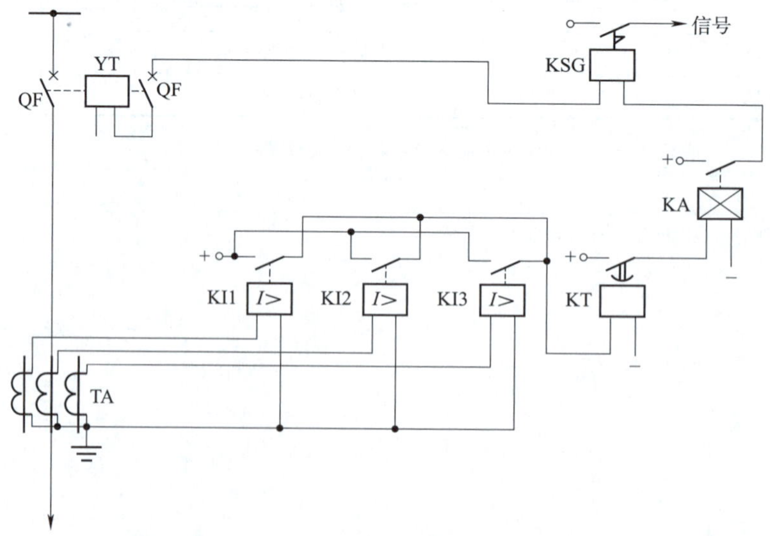

图 14-16　线路定时限过电流保护原理图

自组织精炼回答：

【知识关联】

归总式原理图。

【知识反哺】

①线路运行时，断路器 QF 处于合闸状态，断路器常开触点 QF 闭合，电流互感器 TA 检测三相线路电流；②当线路任一相发生过电流时，KI1、KI2、KI3 任一电流继电器得电，其常开触点闭合；③时间继电器 KT 得电并计时，当累计时间到达阈值 KT 的延时常开触点闭合；④中间继电器 KA 得电，其常开触点闭合，信号继电器 KSG 得电且常开触点闭合发出分闸信号；⑤由于分闸线圈 YT 已处于受电回路，断路器电动操作机构动作，断路器跳闸，自动切除故障；⑥断路器跳闸成功后，其常开触点 QF 复位至断开，分闸线圈 YT 回路断电，且过流消失

(5)安装接线图是依据什么绘制的？

自组织精炼回答：

【知识关联】

安装接线图。

【知识反哺】

安装接线图是根据电路原理和元件位置来绘制的，它展示了元件的实际安装位置和连接关系，图中所有元件的图形符号、形状、大小、位置和连接方式都与实际一致，元件之间的连接关系采用相对标号法来表示。安装接线图为电气安装、接线、维修、检查等提供重要参考依据

(6)展开式原理图的识图方法是什么？

自组织精炼回答：

【知识关联】

展开式原理图的基本识图方法。

【知识反哺】

①先一次接线，后二次接线。②根据展开图右侧的文字说明，了解各回路的性质，然后从上到下逐个回路看透。③先交流、后直流；交流看电源，直流找线圈，抓住触点不放松，一个一个全查清。④先查启动元件，后查启动元件的触点通断的电路。对各种继电器和装置，先找到启动线圈，再找相应的接点。对于事故设备分析，先找动作部分，再找相应的信号。⑤先上后下、先左后右，屏外设备一个也不漏

检查评价

在线测试单见表14-7。

表14-7　在线测试单

第一步	第二步	第三步
登录学习通App	在学习通App中 找到考试图标并单击	输入考试码:t8374079 开始在线测试

你的得分:________　　评价等级:________(优秀/合格/不合格)

任务小结

本任务介绍了二次回路的概念、原理和应用。二次回路是用来监视、控制、调节和保护一次电路运行的电路。先讨论了继电保护的工作原理、继电器的分类和触点类型,以及断路器的辅助触点状态和自保持电路等。还介绍了归总式原理接线图、展开式原理图和安装接线图的识图方法和绘制方法。在工作学习中实际应用、理解和掌握二次回路,不断提高电气设备维护和故障排除能力。

任务 15　认知高压开关的控制回路

引　言

高压开关的控制回路承担着控制高压开关动作的任务。本任务深入探讨高压开关的控制回路的相关内容。首先介绍高压开关的控制方式,按控制地点分为远方控制、就地控制和远动控制,还可按操作电源的性质、控制电路完整性监视方式细分。其次介绍控制开关和高压开关的控制要求。然后详细介绍断路器的控制回路,包括合闸回路和分闸回路,分析它们的工作原理和操作过程,并讨论事故自动分闸回路、事故信号和电气防跳回路的工作原理。最后分析隔离开关的控制回路,包括隔离开关所内距离操作(合闸和分闸操作)和断路器与隔离开关联动操作。完成本任务并掌握断路器和隔离开关的控制回路的操作方法和实现原理,为进一步学习和理解其他继电保护控制打下坚实的基础。

思维导图

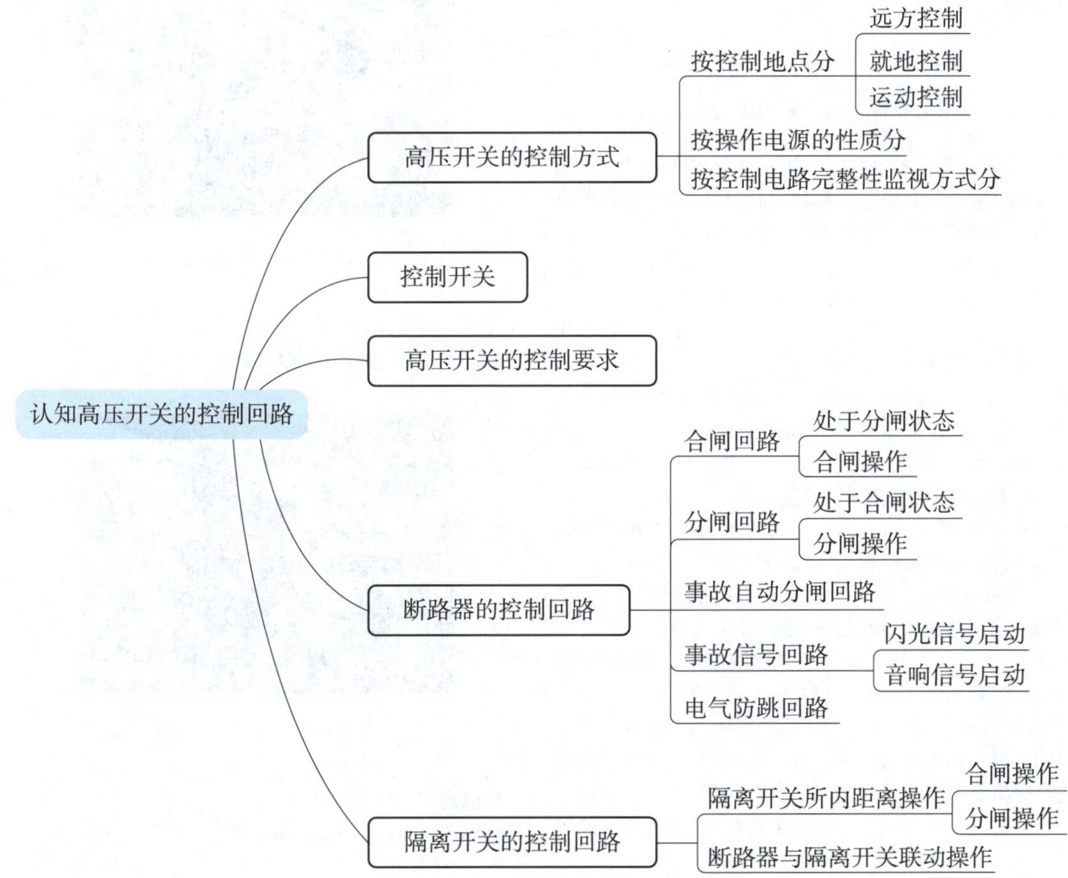

学习任务单

学习任务单见表 15-1。

表 15-1　学习任务单

<table>
<tr><td>● 任务描述</td><td>● 基于工作过程的学习</td><td>● 学习载体</td></tr>
<tr><td>学会牵引变电所高压断路器的控制信号回路的识图分析,学会牵引变电所高压隔离开关的控制信号回路的识图分析</td><td rowspan="3">资讯:根据资讯单中的资讯问题进行任务导入,学生通过预习、查找信息资料,建立总体印象
计划:与小组成员、老师或师傅讨论如何读断路器控制和信号回路图、隔离开关控制和信号回路图
决策:确定工作步骤,所需工具、拟定检查评价标准和达成目标
实施:进行行动化学习,发现问题,共同分析,遇到无法解决的问题时请老师或师傅帮助解决
检查:工具准备、生产文件、安全事项
评价:进行点评和专业交流,给出改进建议</td><td rowspan="5">(1)高压开关控制方式(见图 15-1)

图 15-1　高压开关
(2)控制开关(见图 15-2)

图 15-2　控制开关
(3)高压开关控制要求
(4)断路器控制回路(见图 15-3)

图 15-3　断路器控制
(5)隔离开关控制回路
(6)断路器和隔离开关的联动操作</td></tr>
<tr><td>● 知识目标</td></tr>
<tr><td>(1)识别牵引变电所各高压开关的运行状态
(2)对所内各高压断路器和隔离开关进行距离控制,进行分合闸操作
(3)依据断路器控制信号回路图纸进行识图分析
(4)依据隔离开关控制信号回路图纸进行识图分析</td></tr>
<tr><td>● 职业能力与职业素质</td><td>● 行动化学习任务</td></tr>
<tr><td>(1)熟悉牵引变电所一次、二次设备的文字符号
(2)熟悉断路器、隔离开关的正常运行状态
(3)熟悉各种二次设备的连接关系
(4)熟悉二次回路常用符号
(5)熟悉断路器与隔离开关的控制关系
(6)学习断路器控制信号回路,并分析图纸
(7)学习隔离开关控制信号回路,并分析图纸
(8)树立高压安全意识,培养遵章守规的行为习惯
(9)培养团队精神,鼓励协作
(10)培养爱岗敬业精神和吃苦耐劳品质</td><td>第一部分:进行断路器控制信号回路和隔离开关控制信号回路分析的学习
(1)熟悉牵引变电所一次、二次设备的文字符号
(2)熟悉二次回路常用符号
(3)熟悉断路器、隔离开关的正常运行状态
(4)熟悉各种二次设备的连接关系
(5)熟悉断路器和隔离开关的闭锁关系
(6)对断路器控制信号回路进行分析
(7)对隔离开关控制信号回路进行分析
第二部分:读图训练
(8)电磁型操作机构的断路器控制信号回路
(9)电磁型操作机构的隔离开关控制信号回路
(10)联动操作的断路器与隔离开关的控制信号回路</td></tr>
</table>

任务资讯

资讯单见表 15-2。

表 15-2 资讯单

学习任务 15	认知高压开关的控制回路	推荐学时	4
资讯方式	在图书馆、专业杂志、互联网上查询问题；咨询任课教师		
资讯问题	(1)分析断路器的控制信号回路的关键点是什么		
	(2)如何读断路器的控制信号回路图		
	(3)断路器的控制方式有几种		
	(4)分析电磁操动机构的断路器的控制信号回路时有哪几个回路		
	(5)看隔离开关的控制信号回路的关键点是什么		
	(6)如何读隔离开关的控制信号回路图		
	(7)隔离开关的控制方式有几种		
	(8)隔离开关在操作时遵循的原则是什么		
	(9)隔离开关在合闸状态时，其常开辅助接点和常闭辅助接点的状态是什么		
	(10)绿灯、红灯分别表明隔离开关的位置状态是什么		
	(11)白灯表明隔离开关的位置状态是什么		
	(12)在隔离开关与断路器的联动操动中需注意什么内容		
	(13)电动操动的隔离开关和手动操动的隔离开关在备用时状态一样吗		
资讯引导	以上问题可以在本课程的学习信息、《牵引变电所运行检修规程》、“牵引变电所”精品课程网站、专业资料等处查找		

计划决策

计划决策单见表 15-3。

表 15-3 计划决策单

小组协作成员（签字）		
组长：	组员 1：	组员 2：
组员 3：	组员 4：	组员 5：
计划决策		
学习步骤	学习计划	学习策略
第一步		
第二步		
第三步		
请将小组协作成员分工和计划决策内容拍照后，在线发送给授课老师，老师进行指导评价		

【知识延伸】

有这么一支守护铁路安全的幕后供电小组，由8名平均年龄不超过30岁的年轻姑娘组成，该小组已经成立5年了，担负着福州电务段管内继电器设备检修和故障修任务。现场运用继电器设备总数共2万多台，看似不起眼的继电器却有着极其繁杂的检修流程。自小组成立以来，小组里面的“姐妹”精检细修，保持着“零”故障的纪录，她们也是女汉子，平均每台继电器约1.6 kg，10台继电器放在一个铁箱子里约20 kg，每月要装卸上百箱。她们就是一支当代的红色娘子军，她们的工作保障了列车安全运行。广大青年学子应以勤奋努力的劳动人民为榜样，好好学习专业知识，为轨道交通供电事业贡献自己的一份力量。

知识链接

一、高压开关的控制方式

高压开关包括断路器、隔离开关、高压负荷开关等。断路器是变电所最重要的开关设备。其作用是正常运行时接通和断开一次回路，改变一次设备和主系统的运行方式；在系统故障情况下能可靠地切断短路电流，保证主系统安全运行。隔离开关实行距离控制时，断路器的合、分闸操作通过电动操作机构实现。高压开关的控制方式有以下几种：

1. 按控制地点分

（1）远方控制

在控制室的控制屏上用控制开关或按钮，通过控制电缆去接通在高压室或屋外配电场所中的高压开关的合闸线圈（或分闸线圈），使之合闸（或分闸）。

（2）就地控制

在开关柜上对高压开关直接进行分、合闸操作（可手动或电动）。

（3）远动控制

在电力调度端由电力调度通过计算机系统对高压开关进行分、合闸操作，也称遥控。这种方式可实现变电所无人值班，有利于实现管理控制自动化。

2. 按操作电源的性质分

操作电源是指供高压断路器控制回路、继电保护回路、信号回路、监测装置及自动化装置等二次回路所需的工作电源。对操作电源的要求：充分可靠，容量足够并具有独立性。正常运行时操作电源应能保证断路器的合闸和跳闸；事故状态下，在母线电压降低甚至消失时，操作电源应能保证继电保护系统可靠地工作。

操作电源分为直流操作电源（见图15-4）和交流操作电源。直流操作电源一般采用蓄电池组或硅整流装置供电（48 V、24 V、12 V），用于大、中型变配电所，可靠性高；交流操作电源一般采用所用变压器、电压互感器或电流互感器供电（220 V、110 V），常用于小型变配电所，可靠性不高。

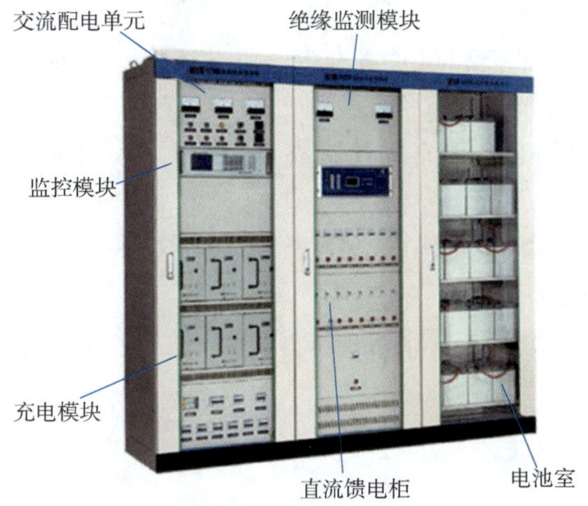

图 15-4 蓄电池组供电的直流操作电源

3. 按控制电路完整性监视方式分

可分为灯光监视控制回路和音响监视控制回路。

二、控制开关

控制开关是运行值班人员进行直接操作发出控制命令，使高压开关分闸或合闸，以改变设备运行状态的装置。

控制开关手柄平时处于“零位置”（见图 15-5），将控制开关手柄沿顺时针方向旋转 45°到达“合闸”位置，SA1-3 接点闭合，发出合闸命令脉冲。当操作完毕后控制开关手柄在弹簧力的作用下，自动沿逆时针方向转 45°返回中间零位，SA1-3 接点断开；分闸操作时，将控制开关手柄沿逆时针方向旋转 45°到达“分闸”位置，SA2-4 接点闭合，操作人员手松开后，控制开关自动恢复到中间零位，SA2-4 接点断开。

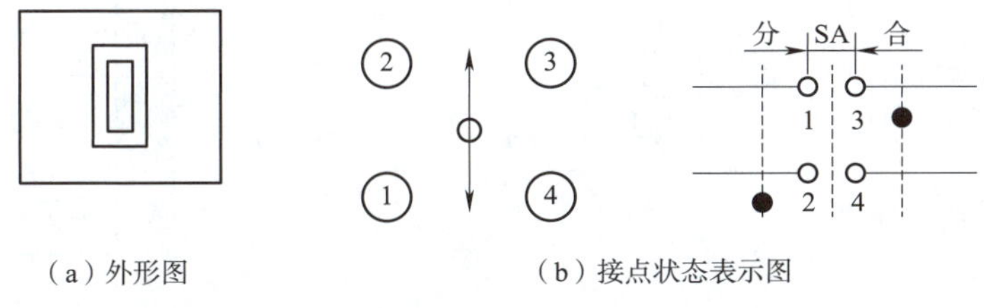

图 15-5 控制开关外形及接点状态表示图

三、高压开关的控制要求

（1）操作机构的合闸线圈和分闸线圈都是按短时通过电流设计的，在手动（或自动）分、合闸操作完成后，应立即自动解除命令脉冲，迅速断开分、合闸回路，避免线圈长时间带电而烧毁。

（2）既能远方由控制开关进行手动分闸和合闸，又可以由继电保护装置和自动装置进行自动分闸和合闸。

(3)应具有防止多次合、跳闸的电气“防跳”闭锁措施。

(4)控制回路应有短路保护和过负荷保护,同时还应具有监视控制回路及操作电源的措施。

(5)控制回路应有反映高压开关位置状态的信号。分、合闸回路应有灯光监视和音响监视。

(6)对采用气压、液压和弹簧操作的高压开关,应有对压力是否正常、弹簧是否拉紧到位的监视回路和动作闭锁回路。

(7)当隔离开关采用电动操作时,断路器与隔离开关控制电路中应设相应的闭锁措施,保证其联动操作顺序的正确性。

四、断路器的控制回路

在变电所的控制中,断路器的控制回路有多种形式,一般由合闸回路、分闸回路、防跳跃回路、位置信号回路、事故跳闸音响信号回路等几部分组成。如图 15-6 所示是变电所中常用的电磁操作机构的断路器控制信号回路图。表 15-4 为控制回路中各符号的名称及说明。

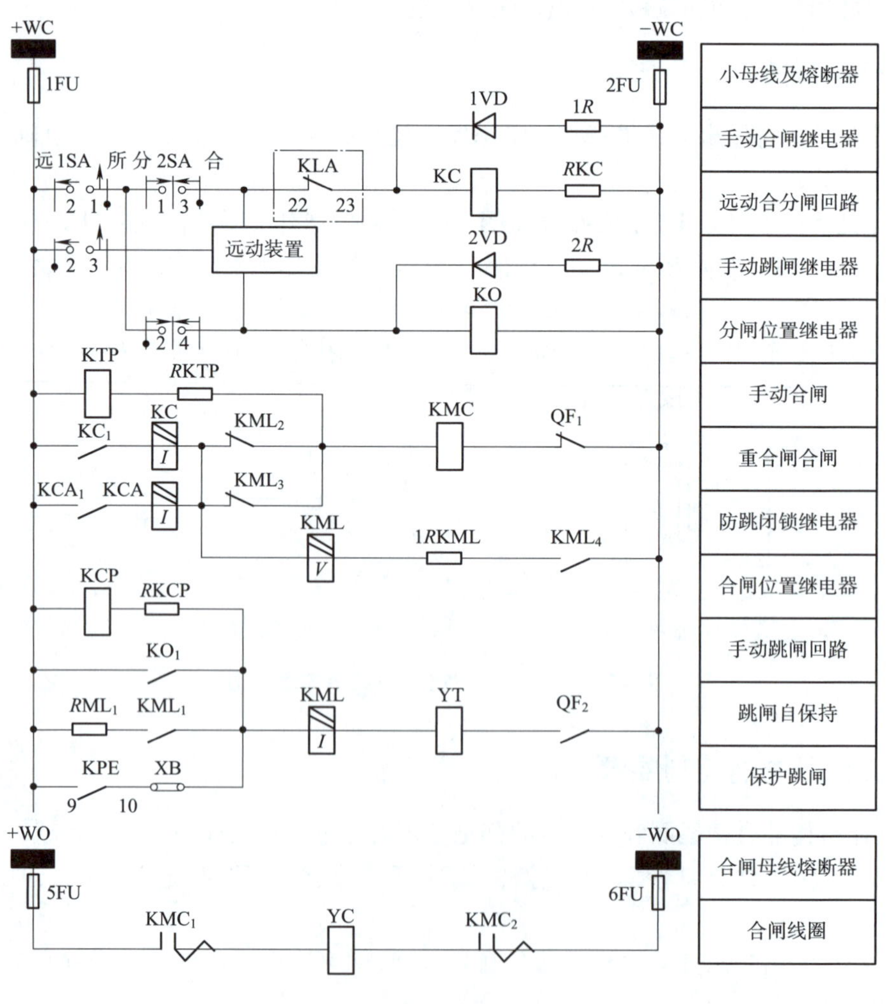

图 15-6

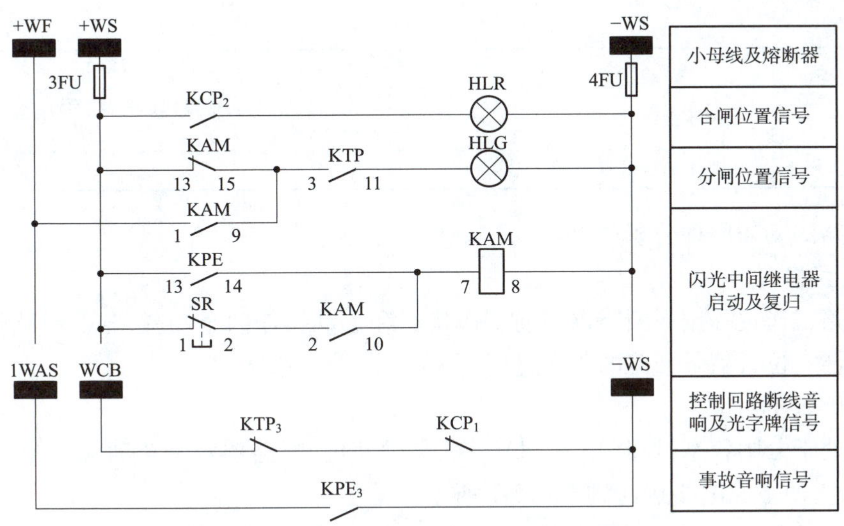

图 15-6 电磁操作机构的断路器控制信号回路

表 15-4 控制回路中各符号的名称及说明

符号	名 称	说 明
+ WC、- WC	控制电源小母线	
+ WO、- WO	合闸电源小母线	因合闸电流较大(几十安到数百安),所以与控制电源分开,设置专用的大容量合闸电源
+ WF	闪光电源小母线	
+ WAS	事故音响小母线	
+ WS、- WS	信号电源小母线	
YC	断路器的合闸线圈	
YT	断路器的分闸线圈	
QF1	断路器的辅助触点 1(动合触点)	其通断状态与断路器的主触头一致,即断路器在合闸位置时它是接通的,在分闸位置时它是断开的
QF2	断路器的辅助触点 2(常闭触点)	其通断状态与断路器的主触头相反
KMC	合闸接触器	
1FU、2FU、3FU、4FU、5FU 和 6FU	熔断器	起短路和过负荷保护作用
1SA、2SA	控制开关	1SA2-1 接通表示断路器的控制操作在变电所进行,1SA2-3 接通表示断路器的控制操作在电力调度进行
KLA	自动重合闸装置的闭锁合闸继电器	
KML	防跳继电器	是一个双线圈中间继电器,电流线圈串联在分闸回路,电压保持线圈并联在合闸接触器线圈回路中
KTP 和 KCP	高阻抗的分、合闸位置继电器	
KC	手动合闸继电器	
KCA	自动重合闸继电器	
KO	手动分闸继电器	
HLR	红灯	灯亮表示断路器在合闸状态
HLG	绿灯	灯亮表示断路器在分闸状态
VD	二极管	起防止电源反接作业
KPE	继电器保护装置触发信号	

续表

符号	名　　称	说　　明
XB	保护压板	安装在柜门上，继电保护装置故障时触发，也可人为接通或断开
KAM	闪光中间继电器	

控制回路的动作原理分析如下：

1. 合闸回路

合闸回路工作过程按照断路器当前工作状态和手动操作两个步骤，分析断路器手动合闸回路、合闸线圈、位置信号回路的工作过程。

(1)处于分闸状态

断路器处于分闸状态，控制开关2SA手柄在中间位，断路器常开辅助触点QF_2断开，常闭触点QF_1闭合，使下面电路接通，如图15-7所示。

$$+WC—1FU—KTP\text{ 线圈}—RKTP—KMC\text{ 线圈}—QF_1—2FU—-WC$$

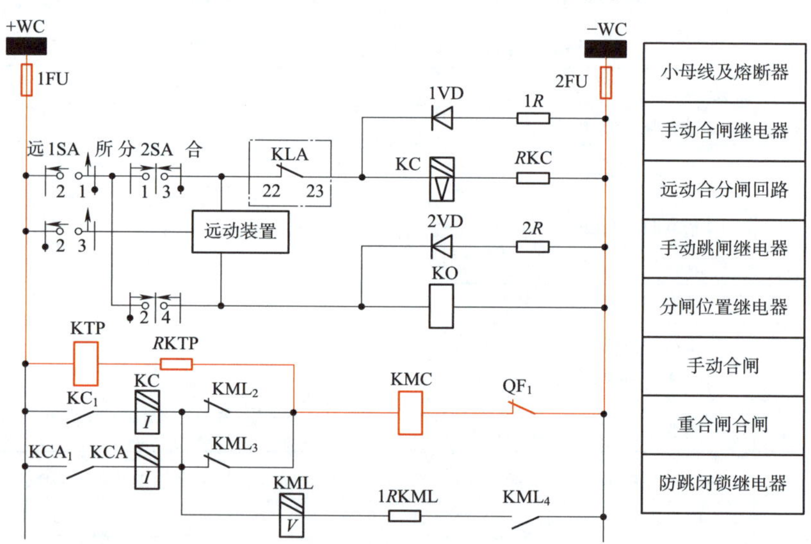

图15-7　分闸状态时接通电路1

由于分闸位置继电器KTP阻抗大，合闸接触器KMC电阻小，经分压使得KMC线圈两端电压较低，不足以使合闸接触器动作，故断路器不能合闸。但分闸位置继电器KTP线圈两端的电压较高，所以KTP受电动作，其常开触点$KTP_{3\text{-}11}$闭合；同时，由于馈线无故障，中间继电器KAM不受电，其常闭触点$KAM_{13\text{-}15}$闭合，使下面电路接通，如图15-8所示。

$$+WS—3FU—KAM_{13\text{-}15}—KTP_{3\text{-}11}—HLG—4FU—-WS$$

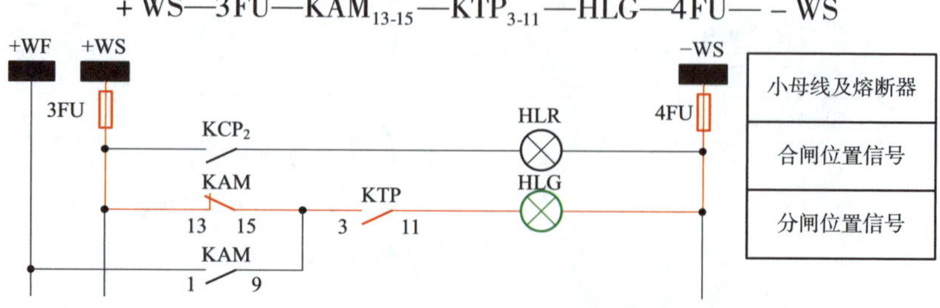

图15-8　分闸状态时接通电路2

绿色信号灯 HLG 亮，指示断路器在分闸位置。

(2)合闸操作

正常情况下，馈线上无故障，所以防跳继电器 KML 和闭锁合闸继电器 KLA 均处于正常状态，常开触点 KML_1、KML_4 断开，常闭触点 KML_2、KML_3 闭合，常闭触点 $KLA_{22\text{-}33}$ 闭合。

手动操作合闸在所内操作时，转换开关 1SA 处于“所内”位，$1SA_{2\text{-}1}$ 闭合，将控制开关 2SA 转至“合闸”位时，发出合闸操作命令脉冲，使下面电路接通，如图 15-9 所示。

$$+WC—1FU—1SA_{2\text{-}1}—2SA_{1\text{-}3}—KLA_{22\text{-}23}—KC\ 电压线圈—RKC—2FU—-WC$$

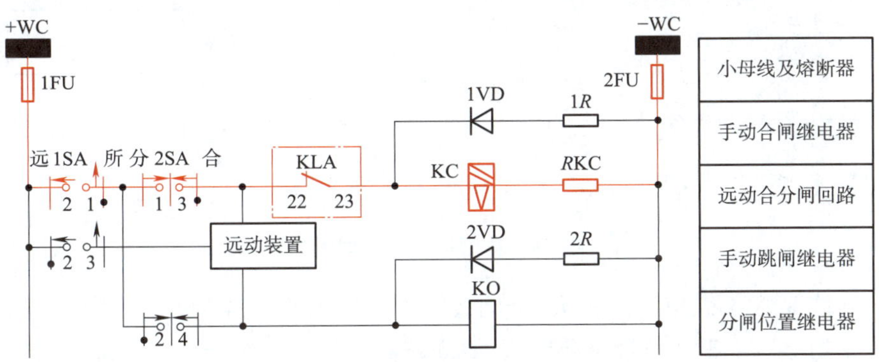

图 15-9　合闸操作时接通电路 1

手动合闸继电器 KC 电压线圈受电，常开触点 KC 闭合，使下面电路接通，如图 15-10 所示。

$$+WC—1FU—KC_1—KC\ 电流线圈—KML_2(KML_3)—KMC\ 线圈—QF_1—2FU—-WC$$

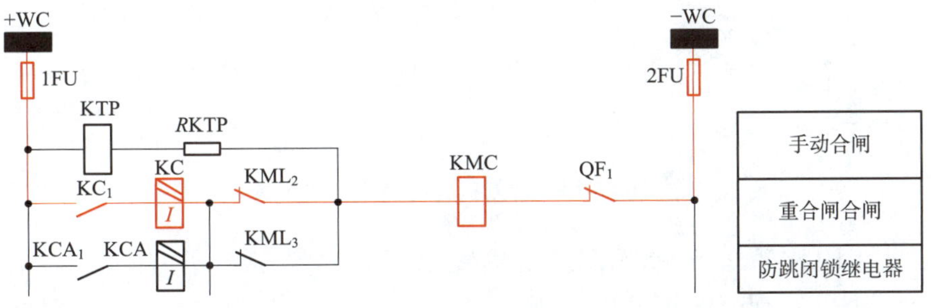

图 15-10　合闸操作时接通电路 2

手动合闸继电器 KC 电流线圈受电，使常开触点 KC_1 一直闭合，对合闸电源进行自保持。由于手动合闸继电器 KC 电流线圈电阻较小，直流母线电压几乎全部加到接触器 KMC 的线圈上，KMC 受电动作，其常开触点闭合，使下面电路接通，如图 15-11 所示。

$$+WO—5FU—KMC_1—YC\ 线圈—KMC_2—6FU—-WO$$

+WO　-WO　5FU　6FU　KMC_1　YC　KMC_2　合闸母线熔断器　合闸线圈

图 15-11　合闸操作时接通电路 3

合闸线圈 YC 受电，操作机构驱使断路器合闸。断路器合闸完毕，常闭辅助接点 QF_1 断开，常开辅助接点 QF_2 闭合，使下面电路接通，如图 15-12 所示。

+WC—1FU—KCP 线圈—RKCP—KML 电流线圈—YT 线圈—QF_2—2FU—-WC

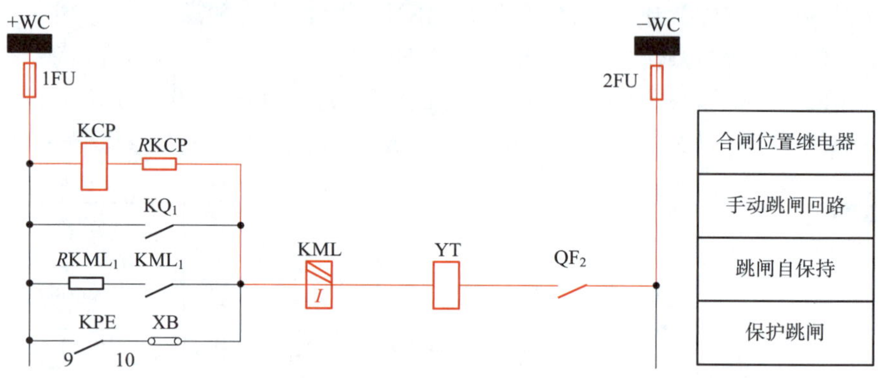

图 15-12　合闸操作时接通电路 4

由于合闸位置继电器 KCP 阻抗大，分闸线圈 YT、防跳继电器 KML 电流线圈阻抗小，使得分闸线圈承受的电压小于动作最小允许值，故断路器不分闸。而合闸位置继电器 KCP 受电动作，其常开接点 KCP_2 闭合，使下面电路接通，如图 15-13 所示。

+WS—3FU—KCP_2—HLR—4FU—-WS

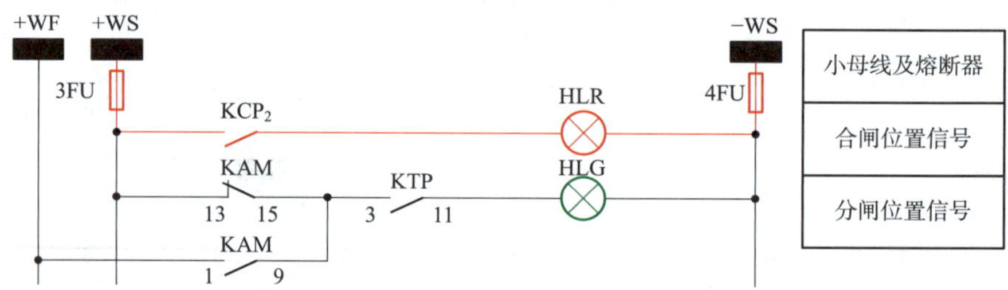

图 15-13　合闸操作时接通电路 5

红色信号灯 HLR 亮，指示断路器处于合闸位置。

断路器常闭辅助触点 QF_1 断开后，分闸位置继电器失电，各相应接点返回，绿灯熄灭，同时合闸接触器 KMC 失电，其触头断开合闸线圈回路，达到了命令脉冲自动解除的要求。

合闸操作结束后，红灯继续亮平光。

2. 分闸回路

分闸回路工作过程按照断路器当前工作状态和手动操作两个步骤，分析断路器手动分闸回路、分闸线圈和位置信号回路的工作过程。

（1）处于合闸状态

（2）分闸操作

将控制开关 2SA 转至“分闸”位时，发出分闸操作命令脉冲，使下面电路接通，如图 15-14 所示。

+WC—1FU—$1SA_{2\text{-}1}$—$2SA_{2\text{-}4}$—KO 线圈—2FU—-WC

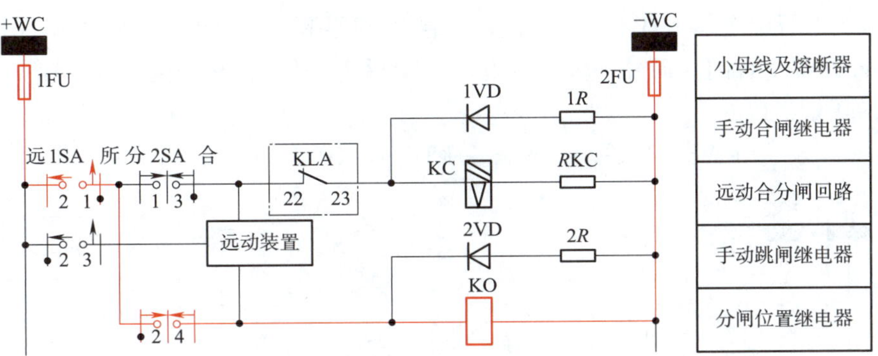

图 15-14 分闸操作时接通电路 1

手动分闸继电器 KO 电压线圈受电，常开触点 KO_1 闭合，使下面电路接通，如图 15-15 所示。

$$+WC—1FU—KO_1—KML\text{ 电流线圈}—YT\text{ 线圈}—QF_2—2FU—-WC$$

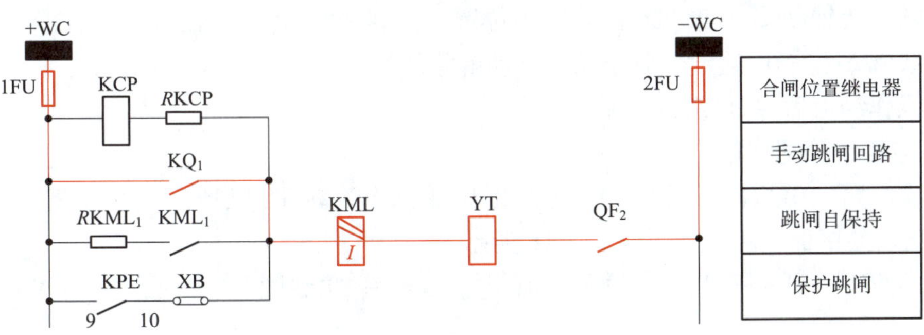

图 15-15 分闸操作时接通电路 2

防跳继电器 KML 电流线圈受电，其常开触点 KML_1 闭合，通过 $RKML_1$ 对 YT 线圈进行分闸电源自保持。由于防跳继电器 KML 电流线圈电阻较小，直流母线电压几乎全部加到分闸线圈 YT 上，YT 受电动作，操作机构使断路器分闸。

断路器分闸后，其常开辅助接点 QF_2 断开，常闭辅助接点 QF_1 闭合，使下面电路接通，如图 15-16 所示。

$$+WC—1FU—KTP\text{ 线圈}—RKTP—KMC\text{ 线圈}—QF_1—2FU—-WC$$

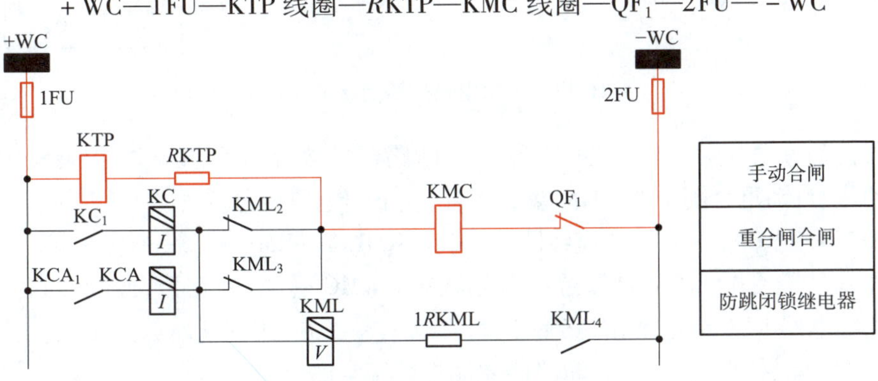

图 15-16 分闸操作时接通电路 3

由于分闸位置继电器 KTP 阻抗大，使得合闸接触器 KMC 线圈承受的电压小于动作最小允许值，故断路器不合闸。而分闸位置继电器 KTP 受电动作，其常开接点 $KTP_{3\text{-}11}$ 闭合，使下面电路接通，如图 15-17 所示。

$$+WS—3FU—KAM_{13\text{-}15}—KTP_{3\text{-}11}—HLG—4FU—-WS$$

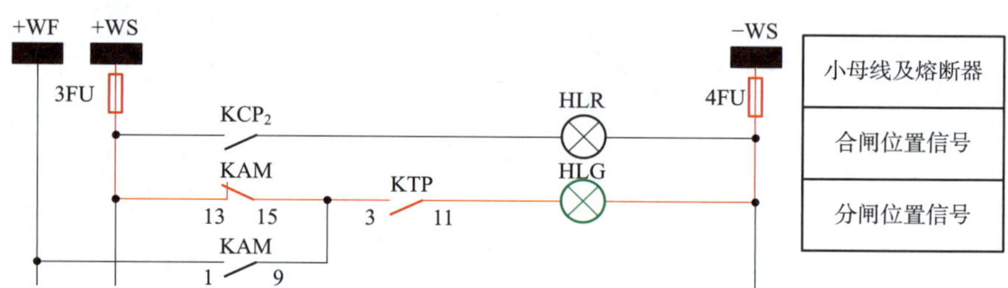

图 15-17　分闸操作时接通电路 4

绿色信号灯 HLG 亮，指示断路器处于分闸位置。

断路器常闭辅助接点 QF_2 断开后，合闸位置继电器失电，各相应接点返回，红灯熄灭，同时合闸分闸线圈 YT 失电，达到了命令脉冲自动解除的要求。

分闸操作结束后，绿灯继续亮平光。

3. 事故自动分闸回路

当一次电路发生短路故障时，相应的继电保护装置动作，保护出口继电器的常开接点 KPE_{9-10} 闭合，使下面电路接通，如图 15-18 所示。

$+WC—1FU—KPE_{9\text{-}10}—XB—KML$ 电流线圈—YT 线圈—QF_2—$2FU—-WC$

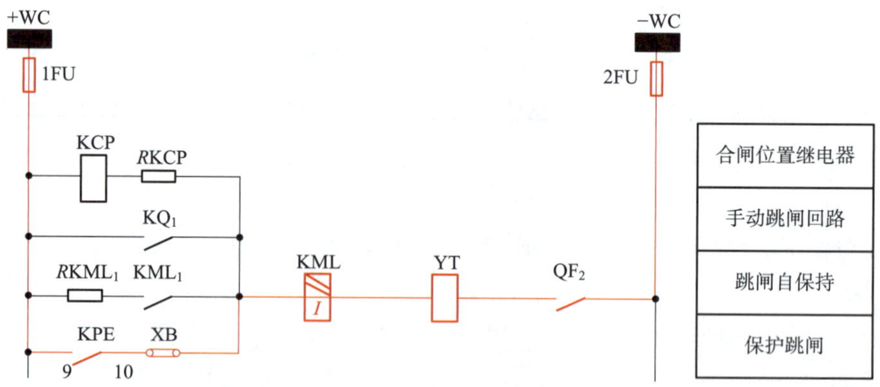

图 15-18　一次电路短路时接通电路 1

断路器自动分闸并发出相应的事故信号。断路器事故分闸后，继电保护装置中的自动重合闸装置动作，自动重合闸中的 KCA_1 接点闭合，使下面电路接通，如图 15-19 所示。

$+WC—1FU—KCA_1—KCA$ 电流线圈—KML_2（KML_3）—KMC 线圈—QF_1—$2FU—-WC$

KCA 电流线圈受电，KCA_1 自保持在动作状态。KMC 受电，断路器合闸。同时，保护装置中闭锁合闸继电器 KLA 受电动作，其常闭接点 $KLA_{22\text{-}23}$ 断开，闭锁断路器人工合闸回路。延时 3 min 以后，$KLA_{22\text{-}23}$ 接点返回闭合，断路器才能进行正常的合闸操作。

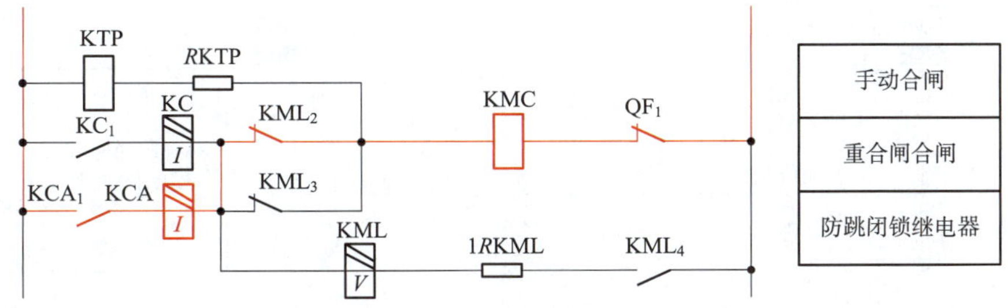

图 15-19　一次电路短路时接通电路 2

4. 事故信号回路

断路器事故分闸信号分为音响信号和灯光信号。音响信号利用蜂鸣器发出声音,但不管哪台断路器跳闸,仅起提醒作用;灯光信号是利用断路器位置指示灯发出闪光信号,具体指明事故跳闸的断路器。

(1)闪光信号启动

当保护动作于分闸时,保护出口继电器 $KPE_{13\text{-}14}$ 接点闭合,使下面电路接通,如图 15-20 所示。

$$+WS—3FU—KPE_{13-14}—KAM\text{ 线圈}—4FU—-WS$$

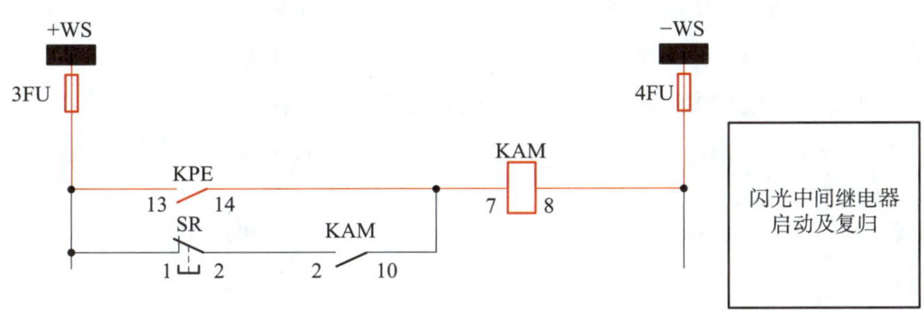

图 15-20　闪光信号启动接通电路 1

中间继电器 KAM 受电动作,其常闭接点 $KAM_{13\text{-}15}$ 打开,常开接点 $KAM_{1\text{-}9}$、$KAM_{2\text{-}10}$ 闭合。断路器自动跳闸后,分闸位置继电器受电动作,常开接点 $KTP_{3\text{-}11}$ 闭合,使下面电路接通,如图 15-21 所示。

$$+WF—KAM_{1\text{-}9}—KTP_{3\text{-}11}—HLG—4FU—-WS$$

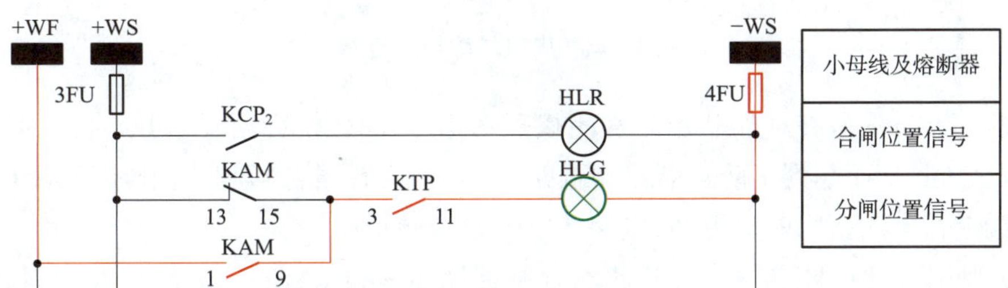

图 15-21　闪光信号启动接通电路 2

发出绿灯闪光信号,指示断路器事故跳闸。

闪光复归按钮 SR 不受外力时,常闭接点 $SR_{1\text{-}2}$ 闭合,使下面电路接通,如图 15-22 所示。

$$+WS—3FU—SR_{1\text{-}2}—KAM_{2\text{-}10}—KAM\text{ 线圈}—4FU—-WS$$

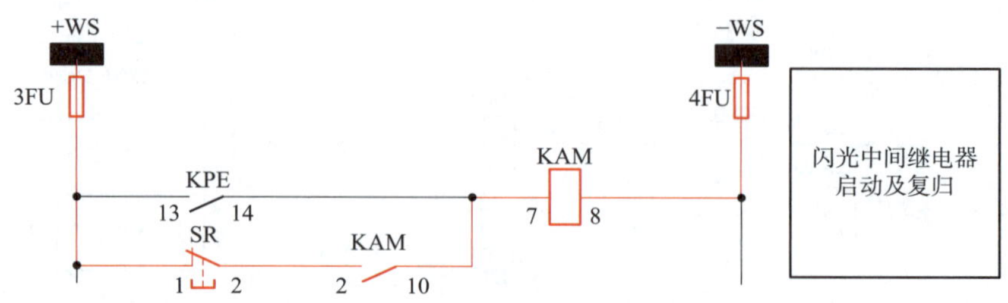

图 15-22　闪光信号启动接通电路 3

对中间继电器 KAM 电源进行自保持,使闪光继电器一直受电。绿灯不停发出闪光信号。若要解除闪光信号,运行人员只需按下闪光复归按钮 SR,$SR_{1\text{-}2}$断开,KAM 失电,即可解除闪光信号。

(2)音响信号启动

当保护动作于分闸时,保护出口继电器的接点 KPE_3闭合,使事故音响小母线 1WAS 与 -WS 接通,发出音响信号。

5. 电气防跳回路

在电路中设置防跳继电器 KML 的目的是实现电气防跳,当断路器合闸于永久性故障点时,保护出口继电器 KPE 常开接点 $KPE_{9\text{-}10}$闭合,使断路器跳闸。同时跳闸回路电流也经过防跳继电器 KML 的电流线圈,使 KML 受电动作,其常闭接点 KML_2、KML_3断开,切断合闸回路;常开接点 KML_4闭合,若此时 KC_1或接点仍在接通状态时,使下面电路接通,如图 15-23 所示。

+WC—1FU—KC_1—KC 电流线圈—KML 电压线圈—1*R*KML—KML_4—2FU— -WC

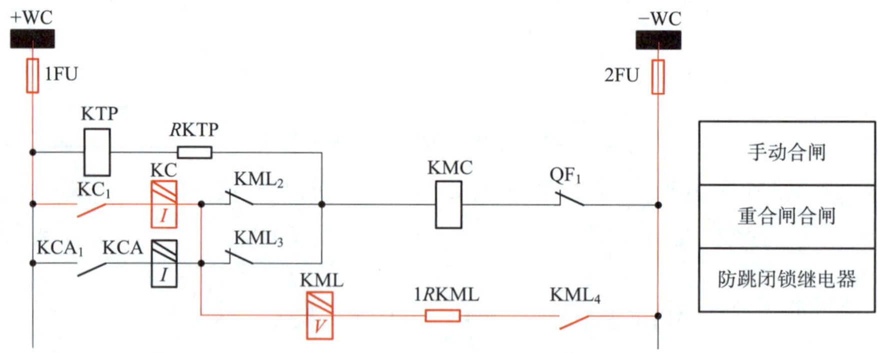

图 15-23　电气防跳接通电路

防跳继电器自保持在动作状态。常闭接点 KML_2、KML_3始终断开,切断合闸回路,避免了断路器再次合闸,从而起到了防止断路器跳跃的作用,只有当合闸脉冲消除后(如 KC_1接点断开),防跳继电器电压线圈断电返回,电路才能恢复合闸功能。

事故分闸时,防跳继电器启动,若此时合闸回路正常,KCA_1和 KC_1接点处于断开状态,防跳继电器因电压线圈回路不通而不能自保持。断路器分闸完毕后防跳继电器即返回,常闭接点 KML_2、KML_3闭合,为合闸回路做好准备。

保护分闸的同时启动重合闸装置,但由于断路器自动重合闸为延时动作,且延时时间大于断路器的分闸时间,当断路器刚分闸完毕时,自动重合闸的出口回路尚未接通。当自动重合闸出口回路接通时，防跳继电器已返回，做好了合闸回路的接通准备。故防跳设施不影响自动重合闸的正常工作。当手动合闸于短路故障点时，防跳设施动作并有可能保持，但此时重合闸不动作，所以防跳与重合闸工作不矛盾。

五、隔离开关的控制回路

如图 15-24 所示为采用 CJ_2 型电动操作机构的隔离开关控制和信号电路展开图。隔离开关的控制电路具有以下特点：

（1）通过转换开关 1SA 的切换，隔离开关即可进行远动操作及所内距离操作。通过手动/电动行程开关 3ST 的转换，隔离开关既能在操作机构箱内通过控制按钮进行就地分、合闸电动操作，又能通过机械手柄进行手动操作。

（2）依靠隔离开关控制回路中接触器的主触点切换，来改变直流串激式电动机励磁绕组的受电极性，使电动机改变转向而达到分、合闸目的。

（3）分、合闸完毕后，通过行程开关接点转换，能自动切断电动机控制回路。

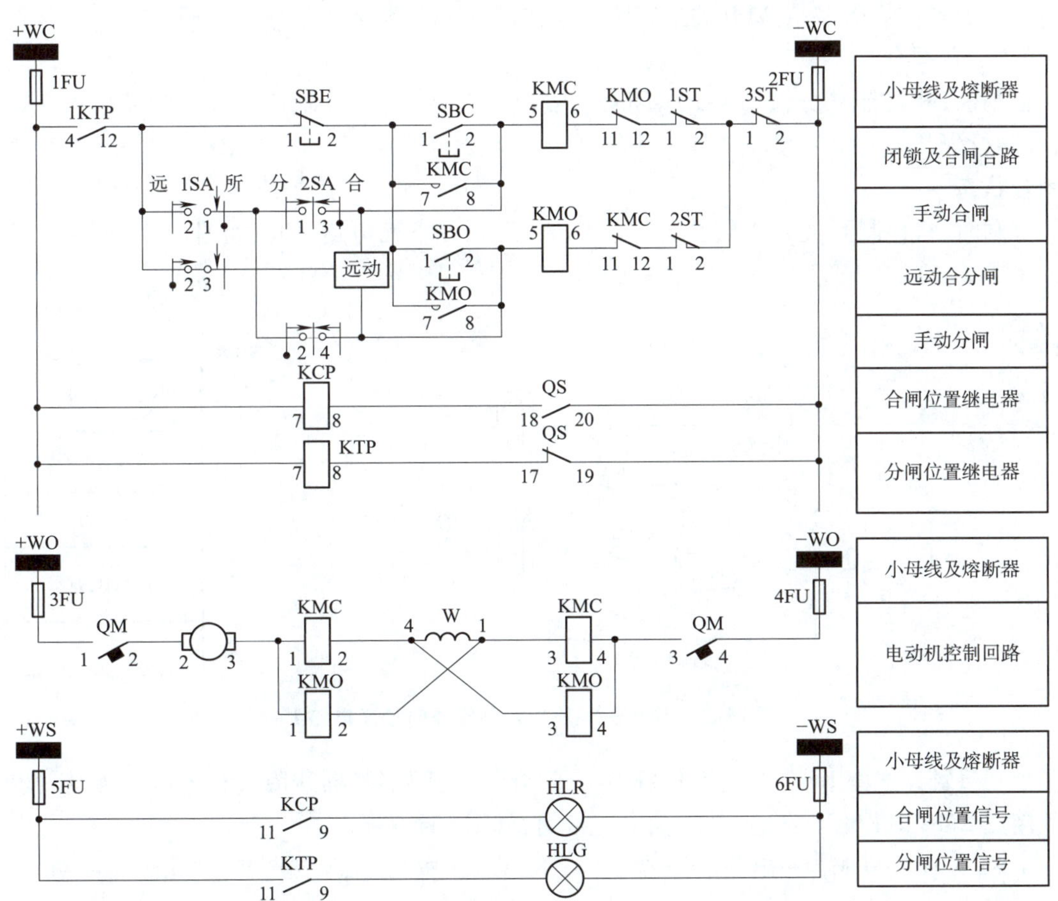

SBC—合闸按钮；SBO—分闸按钮；SBE—紧急停机按钮；QM—自动空气开关；

KMC—合闸接触器；KMO—分闸接触器

图 15-24 应用 CJ_2 型电动操作机构隔离开关控制和信号电路展开图

图 15-24 中 ST 为 LX19-001B 型行程开关，共有两对接点，$ST_{1\text{-}2}$为常闭接点(不受外力时闭合的接点)，$ST_{3\text{-}4}$为常开接点(受外力时闭合的接点)，接点的打开或闭合由主轴的定位件控制。由于分、合闸控制回路分别接在分闸行程开关 2ST、合闸行程开关 1ST 的常闭接点上，当隔离开关在合位时，主轴定位件接触并抵压合闸行程开关 1ST，$1ST_{1\text{-}2}$断开，2ST 不受主轴定位件抵压，$2ST_{1\text{-}2}$闭合，使控制回路为下次分闸做好准备。当隔离开关在分位时，则 $2ST_{1\text{-}2}$断开，$1ST_{1\text{-}2}$闭合，使控制回路为下次合闸做好准备。

3ST 是手动/电动操作转换行程开关，它要手摇分、合闸操作挡板控制。正常时，挡板处于电动位置，1ST 不受挡板抵压，3ST 闭合，隔离开关能进行电动操作分合闸。当电气控制回路故障或检修时，把挡板转换至手动操作位，挡板抵压 3ST，$3ST_{1\text{-}2}$断开，切断电动操作分合闸回路。此时，隔离开关通过机械手柄能进行当地手摇分、合闸操作，而不能进行电动操作。

1. 隔离开关所内距离操作

隔离开关所内距离操作时，“远动/所内”选择开关 1SA 处于“所内”位，$1SA_{2\text{-}1}$闭合。手动/电动选择开关 3ST 处于电动位，$3ST_{1\text{-}2}$闭合；同时，紧急停止按钮接点 $SBE_{1\text{-}2}$、电机电源空气开关 QM 处于闭合状态，为隔离开关进行距离操作做好了准备。

(1)合闸操作

合闸前，断路器在分位，$1KTP_{4\text{-}12}$闭合。隔离开关在分位，分闸行程开关常闭接点 2ST 断开，合闸行程开关的常闭接点 $1ST_{1\text{-}2}$闭合；分、合闸接触器都不受电，KMC11-12、KMO11-12 处于闭合状态。

合闸时，将控制开关 2SA 转至合闸位，2SA 闭合，使下面电路接通，如图 15-25 所示。

+ WC—1FU—$1KTP_{4\text{-}12}$—$1SA_{2\text{-}1}$—$2SA_{1\text{-}3}$—$KMC_{5\text{-}6}$—$KMO_{11\text{-}12}$—$1ST_{1\text{-}2}$—$3ST_{1\text{-}2}$—2FU— - WC

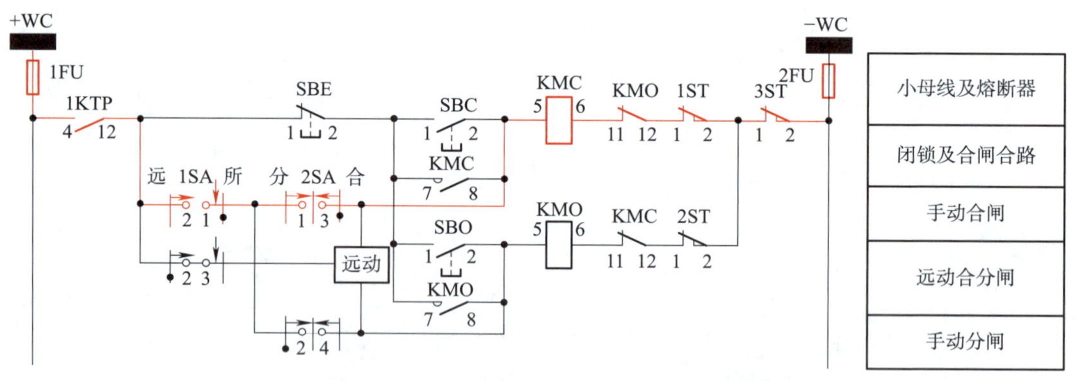

图 15-25 隔离开关所内合闸操作时接通电路 1

合闸接触器线圈 KMC 受电动作，$KMC_{7\text{-}8}$闭合，对合闸接触器线圈进行电源自保持；同时，常开接点 $KMC_{1\text{-}2}$、$KMC_{3\text{-}4}$闭合，使下面电路接通，如图 15-26 所示。

+ W0—3FU—$QM_{1\text{-}2}$—电机转子绕组$_{2\text{-}3}$—$KMC_{1\text{-}2}$—电机励磁绕组 $W_{4\text{-}1}$—$KMC_{3\text{-}4}$—$QM_{3\text{-}4}$—4FU— - WO

电动机顺时针方向旋转，通过机械传动装置，推动隔离开关合闸。隔离开关将合闸到位时，分闸行程开关 2ST 不再受主轴定位件的抵压，其常闭接点 $2ST_{1\text{-}2}$闭合，为隔离开关的分闸操作做好准备。同时，主轴上的定位件接触并抵压合闸行程开关 1ST，$1ST_{1\text{-}2}$断开，合闸接触器线圈失电，$KMC_{1\text{-}2}$、$KMC_{3\text{-}4}$断开返回，自动切断电机回路，使电机停转。隔离开关合闸到位时，隔离开关本体辅助接点$QS_{18\text{-}20}$闭合，合闸位置继电器KCP受电，$KCP_{11\text{-}9}$闭合，位置信号灯HLR亮红光，指示隔离开关在合闸位置。

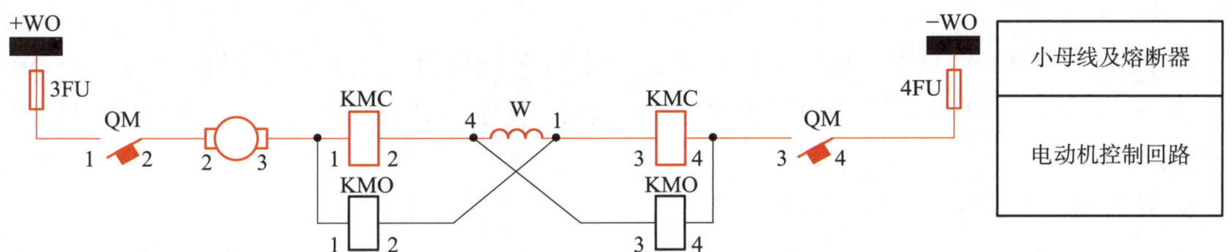

图15-26 隔离开关所内合闸操作时接通电路2

(2)分闸操作

隔离开关分闸时，将控制开关2SA转至分闸位，$2SA_{2\text{-}4}$闭合，使下面电路接通，如图15-27所示。

$+WC$—1FU—$1KTP_{4\text{-}12}$—$1SA_{2\text{-}1}$—$2SA_{2\text{-}4}$—$KMO_{5\text{-}6}$—$KMC_{11\text{-}12}$—$2ST_{1\text{-}2}$—$3ST_{1\text{-}2}$—2FU—$-WC$

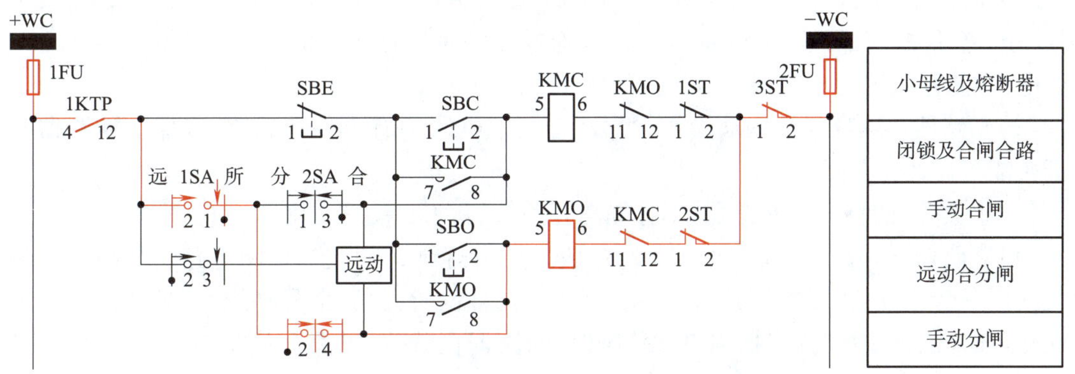

图15-27 隔离开关所内分闸操作时接通电路1

分闸接触器线圈受电动作，$KMO_{7\text{-}8}$闭合，对分闸接触器线圈进行电源自保持；$KMO_{1\text{-}2}$、$KMO_{3\text{-}4}$闭合，使下面电路接通，如图15-28所示。

$+W0$—3FU—$QM_{1\text{-}2}$—电机转子绕组—$KMO_{1\text{-}2}$—电机励磁绕组$W_{1\text{-}4}$—$KMO_{3\text{-}4}$—$QM_{3\text{-}4}$—4FU—$-WO$

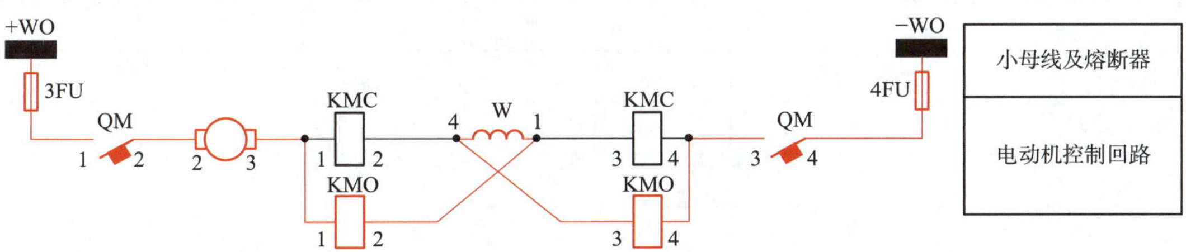

图15-28 隔离开关所内分闸操作时接通电路2

由于接通的励磁绕组极性与合闸时相反，电动机逆时针方向旋转，使隔离开关分闸。

隔离开关分闸到位后，分闸行程开关 $2ST_{1\text{-}2}$ 断开，分闸接触器线圈失电，$KMO_{1\text{-}2}$、$KMO_{3\text{-}4}$ 断开返回，自动切断电动机回路，电机停止转动。

分闸完毕后，隔离开关辅助接点 $QS_{17\text{-}19}$ 闭合，分闸位置继电器 KTP 受电，$KTP_{11\text{-}9}$ 闭合，位置信号灯 HLG 亮绿光，表示隔离开关在分位。

正常运行时，通过牵引变电所主控室或远动中心对隔离开关进行距离操作，但在事故情况或者检修、试验时可以在操作机构箱内通过控制按钮进行当地分合闸操作，其工作原理与距离操作类似。

2. 断路器与隔离开关联动操作

断路器与隔离开关联动操作时，两者的控制电路应能保证自动实现正确的操作程序，即在合闸操作时，应先操作隔离开关合闸，然后再操作断路器合闸；分闸操作时，应先操作断路器分闸，然后再操作隔离开关分闸。

断路器与隔离开关的位置联锁是由断路器的分闸位置继电器常开接点串入隔离开关的控制电路来实现的，其特点是：

（1）断路器与隔离开关联动操作时，断路器的分闸位置继电器（1KTP）常开接点串入隔离开关的分闸回路，隔离开关的合闸位置继电器（2KCP）常开接点串入断路器合闸回路，实现断路器与隔离开关的位置联锁，保证了联动操作顺序的正确性。当断路器在合闸状态时，1KTP 不受电，隔离开关控制电路因 1KTP 断开而闭锁。

（2）断路器与隔离开关联动操作时，分、合闸继电器均有自保持回路，以保证断路器和隔离开关能可靠地分合闸操作。

（3）事故分闸时，只分断路器，不分隔离开关，以利于自动重合闸。

（4）断路器与隔离开关联动操作时，一般采用三灯制音响监视控制电路。断路器与隔离开关共用一套位置信号装置，断路器与隔离开关在合位时，位置信号亮红灯，断路器与隔离开关在分位时，位置信号亮绿灯，当事故跳闸时，断路器在分位，隔离开关在合位，位置信号灯亮白灯。

实施过程

操作单见表 15-5。

表 15-5　操作单

1. 小组成员共同探讨断路器控制回路的子回路组成及作用

序号	子回路	作用
(1)		
(2)		
(3)		
(4)		
(5)		

2. 小组成员共同探讨隔离开关控制回路的子回路组成及其作用

序号	子回路	作用
(1)		
(2)		
(3)		
(4)		
(5)		

3. 每小组完成对断路器控制回路的分析,解释基本原理,并阐述要点

4. 每小组完成对隔离开关控制回路的分析,解释基本原理,并阐述要点

5. 问题解答

(1)简述断路器与隔离开关的控制方式。

自组织精炼回答:

【知识关联】

高压开关的控制方式。

【知识反哺】

①远方控制:在控制室的控制屏上用控制开关或按钮,通过控制电缆去接通在高压室或屋外配电场所中的高压开关的合闸线圈(或分闸线圈),使之合闸(或分闸)。②就地控制:在开关柜上对高压开关直接进行分、合闸操作(可手动或电动)。③远动控制:在电力调度端由电力调度通过计算机系统对高压开关进行分、合闸操作,也称遥控。这种方式可实现变电所无人值班,有利于实现管理控制自动化

(2)断路器控制回路包括哪几部分?

自组织精炼回答:

【知识关联】

断路器的控制回路。

【知识反哺】

合闸回路、分闸回路、事故自动分闸回路、事故信号回路(闪光、音响)、电气防跳回路

(3)对断路器控制电路有何要求?

自组织精炼回答:

【知识关联】

高压开关的控制要求。

【知识反哺】

①跳合闸线圈应避免过热,通电完成操作后应立即断电;②应能指示断路器跳合闸状态;③断路器既能在远方由控制开关进行手动跳合闸,又能在继电保护和自动装置作用下自动跳合闸;④应具有防断路器跳跃的闭锁装置;⑤应具有指示断路器控制回路完好性的监视信号,以便监测故障并进行维修;⑥应简单可靠,以提高系统的安全性和稳定性

(4)在运行中,断路器和隔离开关如何配合?为什么?

自组织精炼回答:

【知识关联】

断路器与隔离开关联动操作

【知识反哺】

两者串联时:合闸时应先合隔离开关后合断路器,分闸时应先分断路器后分隔离开关。两者并联时:只有当断路器闭合时方可操作隔离开关,合闸时应先合断路器后合隔离开关,分闸时应先分隔离开关后分断路器。这是因为隔离开关没有灭弧装置,不能带负荷操作

(5)断路器控制回路为什么要设置电气防跳措施?防跳原理是什么?电气防跳与自动重合闸的关系如何?

自组织精炼回答:

【知识关联】

断路器的控制回路。

【知识反哺】

电气防跳措施是为了防断路器跳跃。断路器跳跃是由于故障导致断路器反复重合闸,断路器多次开合,会使得断路器的速断能力下降,严重时会引起断路器爆炸,威胁人身安全。

防跳原理是断路器自动重合闸功能不用再起作用,断路器跳闸时,防跳回路中的电磁铁会被激活,吸引断路器上的铁芯,使断路器保持在断开状态,等故障被排除后,电磁铁会自动断电,断路器上的铁芯也会被释放,使断路器能够自动合上。

自动重合闸是断路器跳闸后自动重新合闸,避免瞬时性故障导致停电,防跳回路是为防止反复重合闸,两者并不矛盾,是相辅相成的关系,配合使用共同保障电力系统的稳定性和安全性

检查评价

在线测试单见表 15-6。

表 15-6 在线测试单

第一步	第二步	第三步
登录学习通 App	在学习通 App 中 找到考试图标并单击	输入考试码:t6740642 开始在线测试

你的得分:________ 评价等级:________(优秀/合格/不合格)

任务小结

本任务深入探讨了高压开关的控制回路,它能实现对高压开关的准确控制和操作。本任务介绍了不同的控制方式和要求,包括远方控制、就地控制和远动控制。详细讨论了断路器的合闸回路和分闸回路,以及事故自动分闸回路、事故信号和电气防跳回路的工作原理。还分析了隔离开关的控制回路的工作原理,包括所内距离操作和与断路器联动操作。理解高压开关的控制回路是学习继电保护的基础,大家要全面掌握高压开关控制的操作方法和实现原理。

任务 16 认知牵引变压器的继电保护回路

引 言

牵引变压器的继电保护回路是确保牵引变压器在运行过程中安全可靠的关键控制系统。本任务将介绍牵引变压器继电保护中的纵联差动保护、瓦斯保护以及后备保护的工作原理和二次回路。牵引变压器继电保护可分为纵联差动保护、瓦斯保护等,其中纵联差动保护是其中最重要的一种保护方式,纵联差动保护通过比较主绕组与副绕组的电流差值来判断故障,瓦斯保护是通过监测变压器内部瓦斯浓度的变化来发现潜在故障。本任务将详细介绍纵联差动保护和瓦斯保护的工作原理,并分析其二次回路的实现。还将介绍后备保护中的压力释放保护和油位保护,并详细讨论它们的工作原理,及其在继电保护回路中的应用。本任务为进一步学习和理解牵引变压器继电保护系统提供基础知识。

思维导图

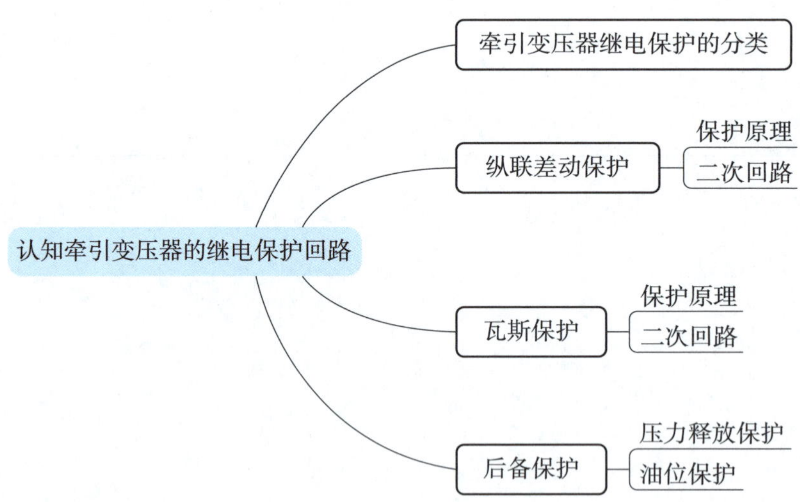

学习任务单

学习任务单见表 16-1。

表 16-1 学习任务单

<table>
<tr><td>● 任务描述</td><td>● 基于工作过程的学习</td><td>● 学习载体</td></tr>
<tr><td>认识和理解主变压器(简称主变)继电保护的工作原理,理解主变的保护控制关系,学会主变继电保护装置二次回路的识图</td><td rowspan="3">资讯:根据资讯单中的资讯问题进行任务导入,学生通过预习、查找信息资料,建立总体印象
计划:与小组成员、老师或师傅讨论主变继电保护装置对牵引变电所工作的影响和及时处理的意义
决策:确定工作步骤、所需工具、拟定检查评价标准和达成目标
实施:进行行动化学习,发现问题,共同分析,遇到无法解决的问题时请老师或师傅帮助解决
检查:工具准备、生产文件、安全事项
评价:进行点评和专业交流,给出改进建议</td><td rowspan="5">(1)牵引变压器继电保护分类(见图 16-1)

图 16-1 学习载体 1
(2)纵联差动保护(见图 16-2、图 16-3)
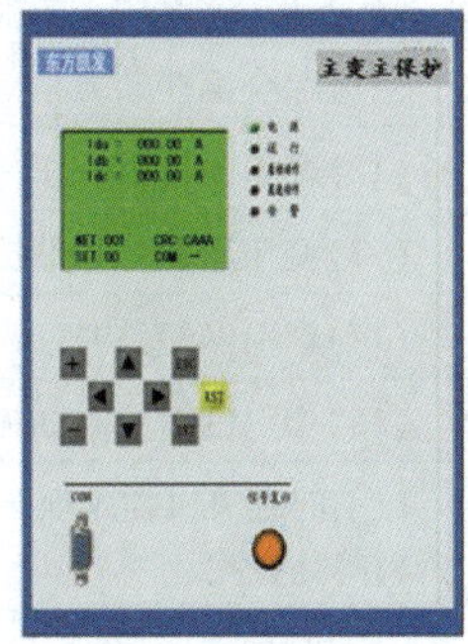
图 16-2 学习载体 2

图 16-3 学习载体 3
(3)瓦斯保护
(4)后备保护</td></tr>
<tr><td>● 知识目标</td></tr>
<tr><td>(1)识别牵引变电所主变的运行状态
(2)熟悉主变保护的类型及之间的相互关系
(3)理解主变各继电保护的工作原理
(4)依据主变继电保护回路图纸进行识图分析</td></tr>
<tr><td>● 职业能力与职业素质</td><td>● 行动化学习任务</td></tr>
<tr><td>(1)能熟悉各种二次设备的连接关系
(2)能理解主变各自继电保护的原理
(3)能熟悉主变的保护关系
(4)能熟悉主变的控制关系
(5)学习主变继电保护装置回路,并分析图纸
(6)树立高压安全意识,培养遵章守规的行为习惯
(7)培养团队精神,鼓励协作
(8)培养爱岗敬业精神和吃苦耐劳品质</td><td>第一部分:进行主变继电保护回路分析的学习
(1)熟悉熟悉各种二次设备的连接关系
(2)理解主变各继电保护的原理
(3)熟悉主变的保护方式
(4)熟悉主变的控制关系
(5)对主变测控保护各种回路进行分析
第二部分:读图训练
(6)识读主变继电保护回路图纸</td></tr>
</table>

任务资讯

资讯单见表 16-2。

表 16-2 资讯单

学习任务 16	认识牵引变压器的继电保护回路	推荐学时	4
资讯方式	在图书馆、专业杂志、互联网上查询问题;咨询任课教师		

学习任务 16	认识牵引变压器的继电保护回路	推荐学时	4
资讯问题	(1)主变测控保护装置二次回路包含哪些内容		
	(2)牵引变压器的继电保护主要分类是哪些？分类依据是什么		
	(3)检查主变测控保护装置的关键点是什么		
	(4)主变高低压侧的设备有哪些		
	(5)主变的正常运行状态有哪些		
	(6)主变的保护方式有哪些		
	(7)主变的接线方式有哪些		
	(8)主变测控保护装置有哪些图纸		
	(9)主变电流回路包含哪些内容		
	(10)在主变保护中含非电量保护吗		
	(11)综合测控装置信号回路能完成哪些功能		
	(12)牵引变压器在正常情况下运行时的声音是什么？油温是多少？油位是多少		
	(13)变压器在什么情况下应立即退出运行		
	(14)牵引网短路时会出现哪些现象		
	(15)牵引网短路时如何处理		
资讯引导	以上问题可以在本课程的学习信息、《牵引变电所运行检修规程》、“牵引变电所”精品课程网站、专业资料等处查找		

计划决策

计划决策单见表 16-3。

表 16-3 计划决策单

小组协作成员(签字)		
组长：	组员 1：	组员 2：
组员 3：	组员 4：	组员 5：
计划决策		
学习步骤	学习计划	学习策略
第一步		
第二步		
第三步		
请将小组协作成员分工和计划决策内容拍照后，在线发送给授课老师，老师进行指导评价		

【知识延伸】

呼和浩特市地铁运营有限公司供电中心二级变电运检工共产党员张雪虎，他负责检修牵引供电的二次接线部分，和负责一次部分的接触网专业同事一起配合完成供电检修工作。在他看来，地铁的供电系统就像人体的心脏，为地铁的安全稳定运行提供动力支撑和能源供给，作用至关重要，要认真执行好检修工作，谨防事故的发生！他已练就从变压器的运行声音来辨别变压器是否故障的高超本领。他深感身上责任重大，不断学习探索，刻苦钻研专业技能，保障地铁供电安全，护航市民平安出行。作为一名地铁技术工人、青年党员，他说："我将发挥青春力量，以高度的责任感和超强的专业技能，为市民平安出行保驾护航！"

知识链接

一、牵引变压器继电保护的分类

电力变压器是电力系统重要的供电设备。它的故障将对供电可靠性和系统的正常运行带来严重的影响，因此，必须根据变压器的容量和重要程度装设可靠的继电保护装置。

(1)变压器继电保护可以分为本体保护和电气保护两类：

变压器的本体保护也称为非电量保护，主要包括气体继电器动作、油位异常、油温异常等，这些现象可能是由变压器构造发生故障造成的，也有可能是电气原因造成但由非电气量反映的，例如匝间短路导致变压器油产生气体进而启动气体继电器。

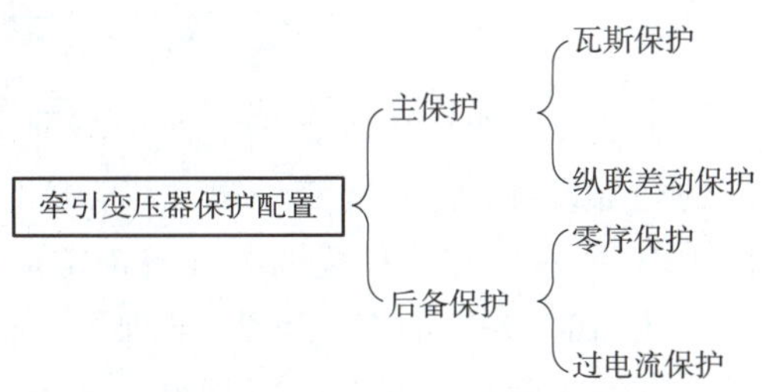

图 16-4 牵引变压器保护装置

变压器的电气保护依靠采集相关电流量、电压量完成。电气保护主要包括差动保护、电流速断保护、过负荷保护等。电气保护反映变压器的短路故障、接地故障以及变压器外部故障引起的变压器过电流等。

(2)变压器继电保护又可分为主保护和后备保护两类，如图 16-4 所示：

牵引变压器的主保护是指当牵引变压器发生故障时起主要作用的保护方式，一般必须要配置的是纵联差动保护和瓦斯保护。

后备保护则是在主保护或开关拒动时，用来切除故障的保护，作为主保护的补充，主要有变压器相间短路后备保护(包括过电流保护、低电压启动过电流保护等)和接地短路后备保护(如零序保护、零序电压保护等)。后备保护在主保护失效时，能够迅速切除故障，防止故障扩大。

微机保护模型设置有差动保护及本体保护装置、高压侧后备保护测控装置、低压侧后备保护测控装置、主变综合测控装置等，以上装置和操作把手、切换把手、复归按钮等集成在一面主变压器保护测控屏上，对运行中的变压器起保护作用。

二、纵联差动保护

1. 保护原理

纵联差动保护是根据牵引变压器的进出线两端电流差值变化而进行的保护，纵联差动保护一般反映变压器绕组及引出线的短路故障，作为变压器的电气量保护配置，如图 16-5 所示。

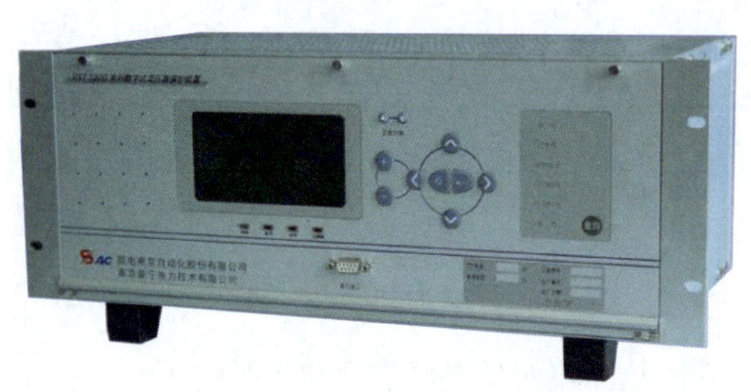

（a）PST1200系列数字式变压器保护装置

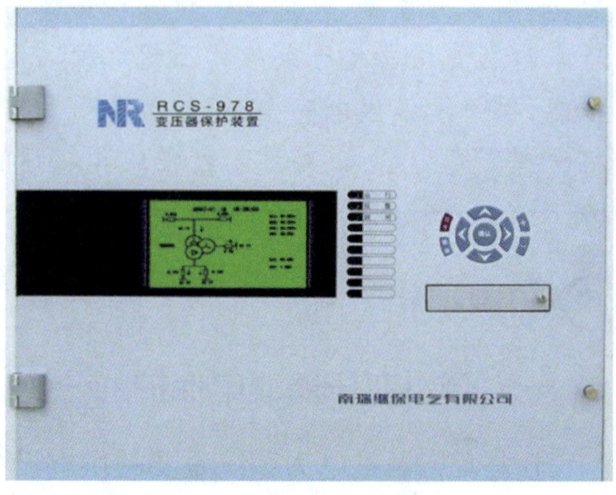

（b）RCS-978变压器保护装置

图 16-5　牵引变压器纵联差动保护装置

主变压器纵联差动保护的保护范围是主变压器各侧电流互感器用于差动保护二次绕组之间的全部设备，不仅是变压器本身，还包括导线、隔离开关等设备。纵联差动保护原理如图 16-6 所示。在保护范围内设备正常运行时，理论上差动的电流应该是零；在保护范内设备发生故障时，差动的电流不为零，保护元件即被启动。

系统正常运行或变压器绕组外部短路时：

$$I_K = I_1' - I_2' = 0\text{，继电器不动作}$$

保护范围内发生短路时：

$$I_K = I_1' - I_2' > 0\text{，继电器动作}$$

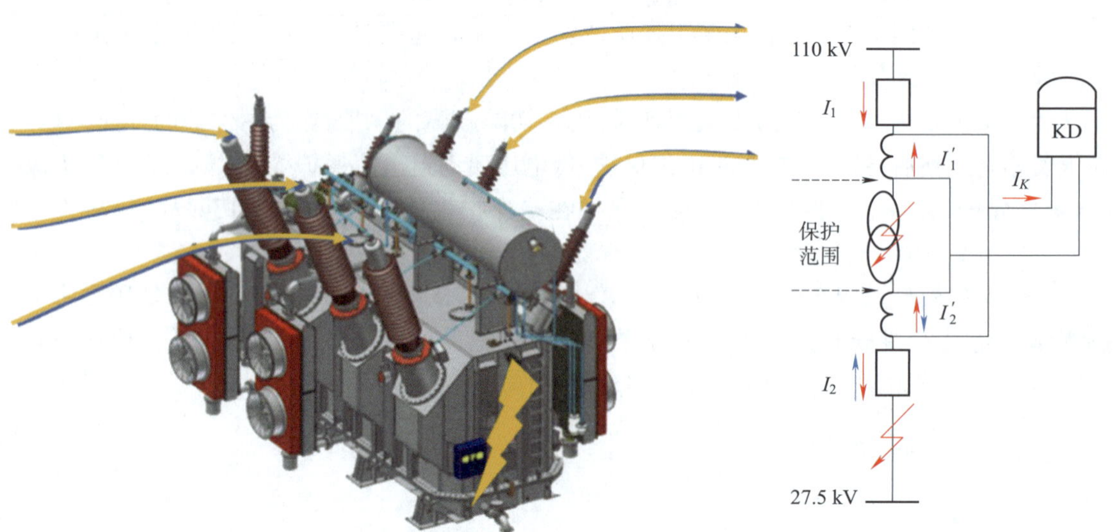

图 16-6　纵联差动保护原理

2. 二次回路

以图 16-7 所示变压器主接线图为例，主变压器模型是 V/v 接线牵引变压器 110/27.5 kV 20 MV·A，即：主变压器容量为 20 000 kV·A，电压等级为 110/27.5 kV。差动保护装置（SCH-9521 为差动保护及本体保护装置）的电流回路接线如图 16-8 所示。差动保护在变压器高、低压侧的电流互感器均为星形接线。微机型差动保护装置的各侧电流互感器之间没有直接连接在一起，它的各侧电流互感器应该分别接地，接地点设在各侧端子箱的端子排上。

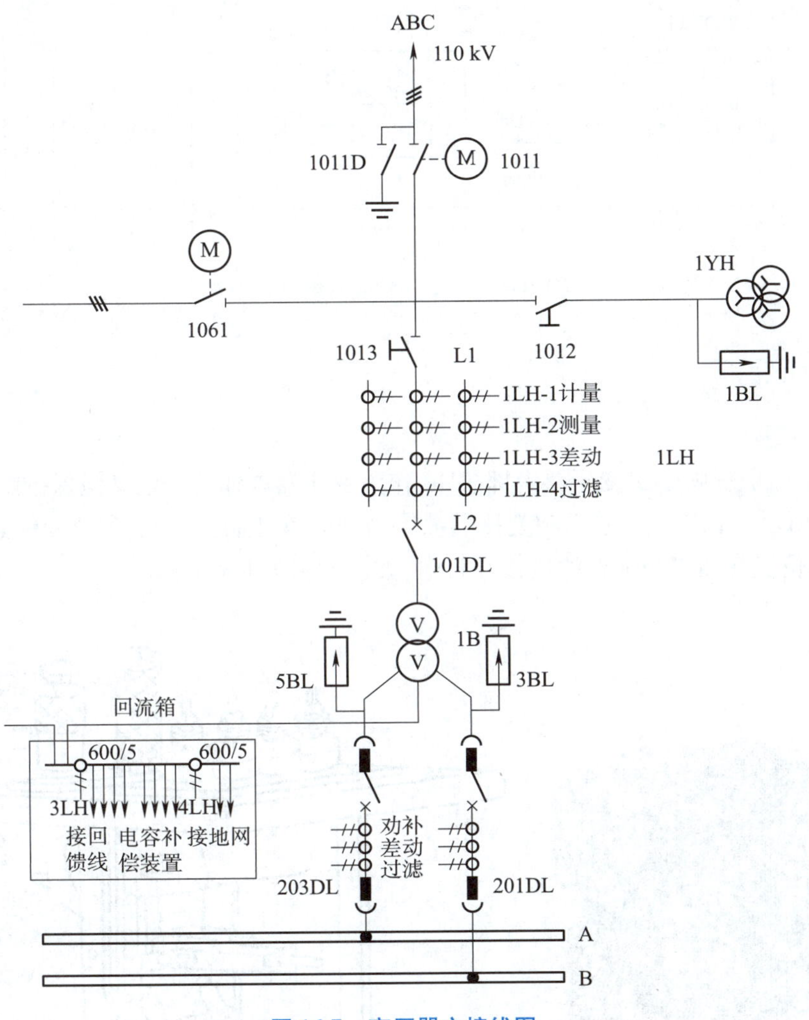

图 16-7　变压器主接线图

差动保护装置的无源接点为跳闸继电器触点。差动保护动作后，如牵引变压器的绕组内部短路时，会向主变压器各侧进线断路器发出跳闸指令，其作用方式就是将这些无源接点接进各断路器的操作箱，断路器自动跳闸，即实现主变压器差动保护动作跳闸。

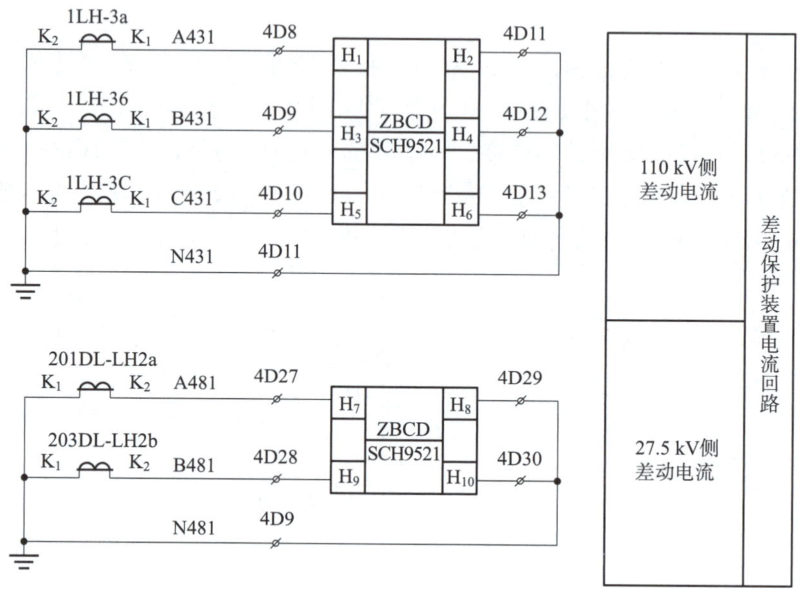

图 16-8　差动保护装置电流回路

三、瓦斯保护

1. 保护原理

瓦斯保护一般反映牵引变压器内部故障，作为变压器本体的非电气量保护配置，瓦斯继电器如图 16-9 所示。瓦斯保护能反映变压器油箱内部故障和油面降低，主要元件是瓦斯(气体)继电器，安装位置在油箱与油枕的连接导管中，如图 16-10 所示。

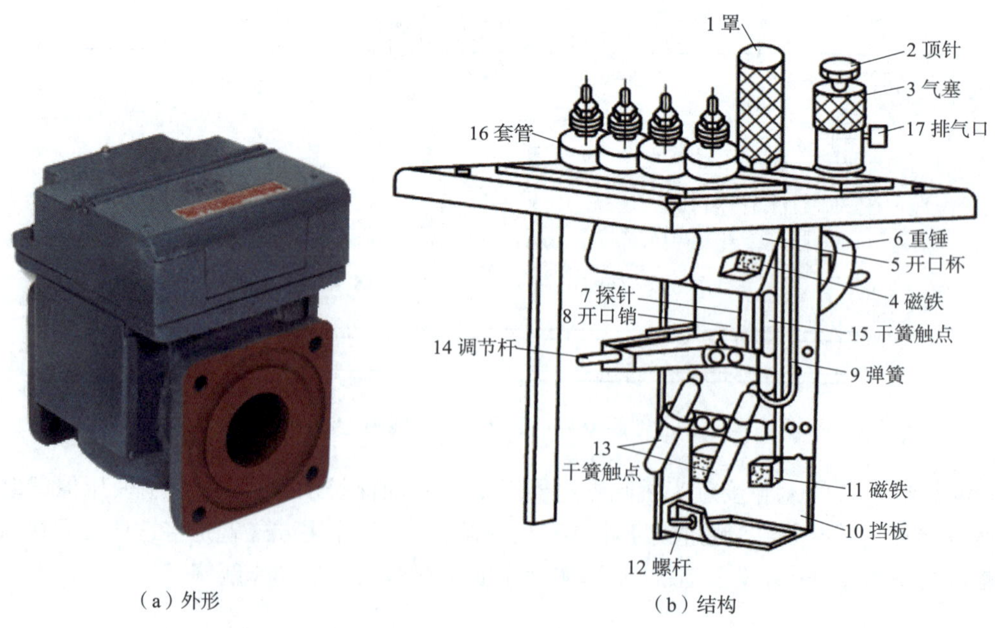

（a）外形　　（b）结构

图 16-9　QJ1-80 型瓦斯继电器

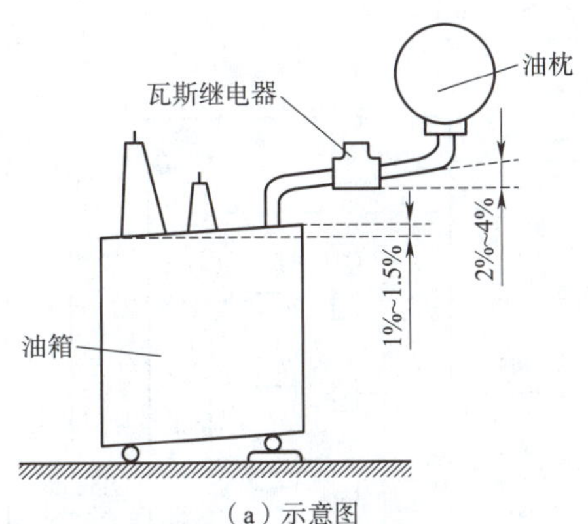

（a）示意图

（b）实物图

图 16-10　瓦斯断电器安装位置

当气体容积的范围为250 ~ 300 cm^3，瓦斯继电器发出信号，牵引变压器的瓦斯保护装置接收到轻瓦斯信号，轻瓦斯回路的相关继电器动作发出警示信号。

当油流速度范围为0.6 ~ 1.5 m/s，瓦斯继电器动作发出信号，牵引变压器的瓦斯保护装置接收到重瓦斯信号，重瓦斯回路的相关继电器动作，断路器跳闸并发信号。

2. 二次回路

从主变压器本体引来的各种非电量保护信号（主要包括：本体重瓦斯、本体轻瓦斯、有载重瓦斯、有载轻瓦斯、压力释放阀动作、油位异常、油温过高，主变压器本体提供这些信号的无源接点）都接入本体保护装置中。瓦斯保护二次回路信号接线图如图 16-11 所示。

瓦斯保护为非电量保护装置，非电量保护装置的保护功能不是由模拟量经计算而启动的，而是由外部状态量直接启动的，所以它没有电流、电压回路。

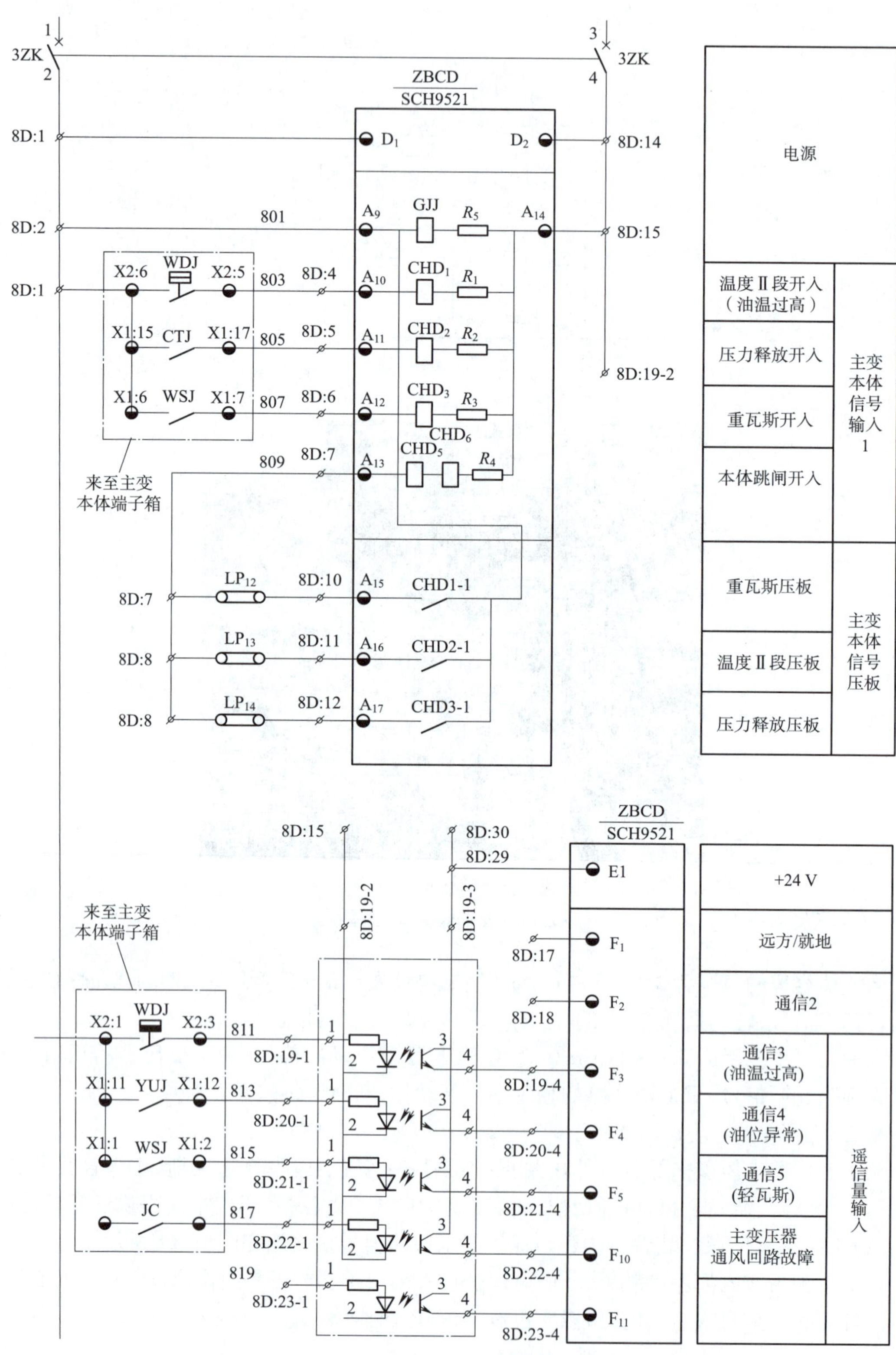

图 16-11　瓦斯保护二次回路信号接线图

四、后备保护

变压器应设置反映外部接地、相间短路引起的过电流保护及中性点过电压保护装置，以作为相邻元件及变压器内部故障的后备保护。变压器后备保护装置包括反映相间故障的后备保护和反映接地故障的后备保护。

反映相间故障的变压器后备保护有过电流保护、复合电压闭锁过电流保护。复合电压闭锁的方向过电流保护。反映接地故障的变压器后备保护有变压器零序电流保护、零序电压保护及间隙零序电流保护。

1. 压力释放保护

变压器油箱内部发生故障时，油箱内的油被分解、气化，产生大量气体，油箱内压力急剧升高。此压力如不及时释放，将造成变压器油箱变形、甚至爆裂。

压力升高至压力释放阀的开启压力时，压力释放阀迅速开启，使变压器油箱内的压力快速降低，如图 16-12 所示。

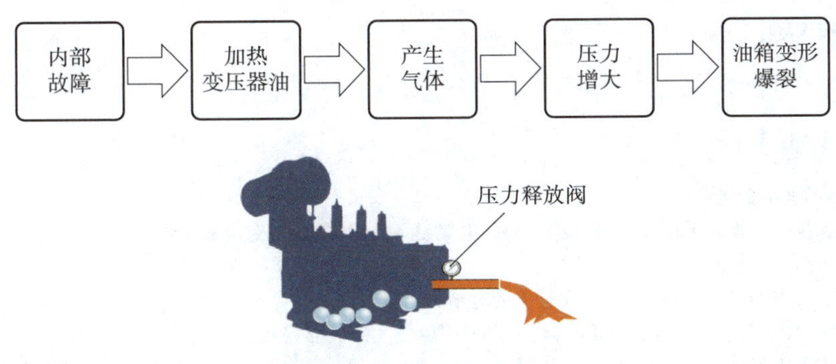

图 16-12　压力释放保护

2. 油位保护

当油位过高或过低时，油位计随之变化，带动相应接点发出油位高/低信号，以此提醒值班员，如图 16-13 所示。

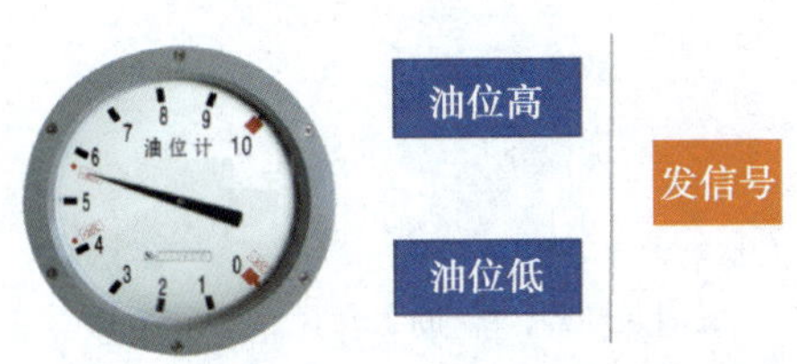

图 16-13　油位保护

实施过程

操作单见表 16-4。

表 16-4 操作单

1. 小组成员共同探讨牵引变压器继电保护的分类及其作用

序号	继电保护分类	作用
(1)		
(2)		
(3)		
(4)		
(5)		

2. 问题解答

(1)牵引变压器有哪些保护？各种保护的作用是什么？

自组织精炼回答：

【知识关联】

牵引变压器继电保护的分类。

【知识反哺】

牵引变压器有多种保护措施：

差动保护：主要保护变压器高低压侧电流互感器内的电气设备故障，包括主变内部故障。

瓦斯保护：保护主变内部故障。

过载保护：监测变压器的过负荷情况，当主变过负荷时给出信号。

过热保护：当主温度到55℃时启动主变通风，高于75℃时给出主变过热信号。

零序保护：主要用于大接地电流系统，保护变压器免受外部接地短路的影响，具有快速动作和灵活可调的特点

(2)变压器在什么情况下应立即退出运行？

自组织精炼回答：

【知识反哺】

①变压器内部音响很大，很不正常，有爆裂声。

②在正常负荷和冷却条件下，变压器上层油温异常，并不断上升。

③油枕或压力释放阀动作喷油。

④严重漏油，致使油面低于油位计指示限度。

⑤油色变化过甚，油内出现碳质。

⑥套管有严重的损坏和放电现象。

⑦变压器范围内发生人身事故。

⑧变压器着火。

⑨出现重瓦斯保护动作。

⑩由于变压器内部故障引起差动保护动作

(3)主变高低压侧的电气设备一般有哪些？

自组织精炼回答：

【知识反哺】

高压侧设备：断路器、隔离开关、电流互感器、电压互感器、避雷器、无功补偿装置、滤波设备；低压侧设备：断路器、隔离开关、电流互感器、电压互感器、避雷器、无功补偿装置、滤波设备、继电保护装置、监控和能耗管理系统

(4)正常情况下应监测牵引变压器哪些内容？

自组织精炼回答：

【知识反哺】

正常情况下应监测牵引变压器的内容，包括但不限于：

温度：变压器温度应符合相关规定，防止过热。

电压和电流：检测变压器的电压和电流是否在正常范围内，以保障其稳定运行。

负荷情况：了解变压器的负荷情况，确保其在正常范围内运行，防止过载。

绝缘电阻：绝缘电阻可以反映变压器的绝缘性能，应定期测定，防止绝缘损坏。

瓷瓶、套管等部件的状况：检查瓷瓶、套管等部件是否有破损裂纹、放电痕迹等异常现象，防止故障。

外壳接地：确保主变外壳接地点接触良好，基础稳固，防止触电风险。

有载分接开关的工作状态：检查有载分接开关的分接指示位置及电源指示是否正常，防止开关故障。

冷却系统：确认冷却系统的运行稳定，防止过热

(5)瓦斯继电器安装在什么位置？瓦斯保护能起到什么作用？

自组织精炼回答：

【知识关联】

瓦斯保护。

【知识反哺】

瓦斯继电器通常安装在变压器的储油柜和油箱之间的管道内。它是一种用于防止气体事故的保护装置，在电力系统中有着重要的作用。

当变压器内部发生故障时，会使变压器油分解产生气体或造成油流涌动，瓦斯继电器的感应装置会接收到故障信号，通过控制电路的连接，及时发出信号告警(轻瓦斯保护)或启动保护元件自动切除变压器(重瓦斯保护)。

轻瓦斯保护主要反映在运行或者轻微故障时，由油分解的气体上升进入瓦斯继电器，气压使油面下降，继电器的开口杯随油面落下，轻瓦斯干簧触点接通发出信号。当轻瓦斯内气体过多时，可以由瓦斯继电器的气嘴将气体放出。

重瓦斯保护主要反映在变压器内部故障严重时(尤其是匝间短路等其他故障，瓦斯保护的响应速度更快，差动保护、电流速断保护等其他保护不能快速动作)，强烈的故障气体推动油流冲击挡板，挡板上的磁铁吸引重瓦斯干簧触点，使触点接通而跳闸

检查评价

在线测试单见表16-5。

表16-5　在线测试单

第一步	第二步	第三步
登录学习通App	在学习通App中 找到考试图标并单击	输入考试码:t5709524 开始在线测试

你的得分:________　　评价等级:________(优秀/合格/不合格)

任务小结

本任务介绍了牵引变压器继电保护回路的工作原理和二次回路,重点讨论了纵联差动保护和瓦斯保护两种关键保护方式。纵联差动保护通过电流差值判断故障,瓦斯保护监测瓦斯浓度发现潜在故障。另外,也介绍了后备保护中的压力释放保护和油位保护,还有其他多种后备保护,希望大家举一反三。深入学习本任务,相信大家对于的变压器运行与维护能力更加精进。

任务 17　牵引变电所检修及事故处理

引　言

本任务将介绍牵引变电所检修管理和事故处理原则，以及常见的事故类型和处理步骤。首先，将探讨电气设备的检修，包括断路器检修和线路检修。其次将介绍检修计划、检修组织和检修的原则，包括“三定”“四化”和“记名检修”，强调质量验收。然后，分析出现事故时的主要现象、常见的事故类型和引起事故的主要原因，介绍事故的一般处理原则和一次设备故障后的基本处理原则。此外，还将介绍事故处理步骤以及发生事故时需要检查的设备和保护情况。最后，将详细讨论牵引变压器、断路器、母线和二次回路的故障处理，包括瓦斯保护动作、断路器拒动、母线过热等。本任务可提供牵引变电所检修及事故处理的基本知识和方法，以便在实际工作中更好地应对潜在的问题和风险。

思维导图

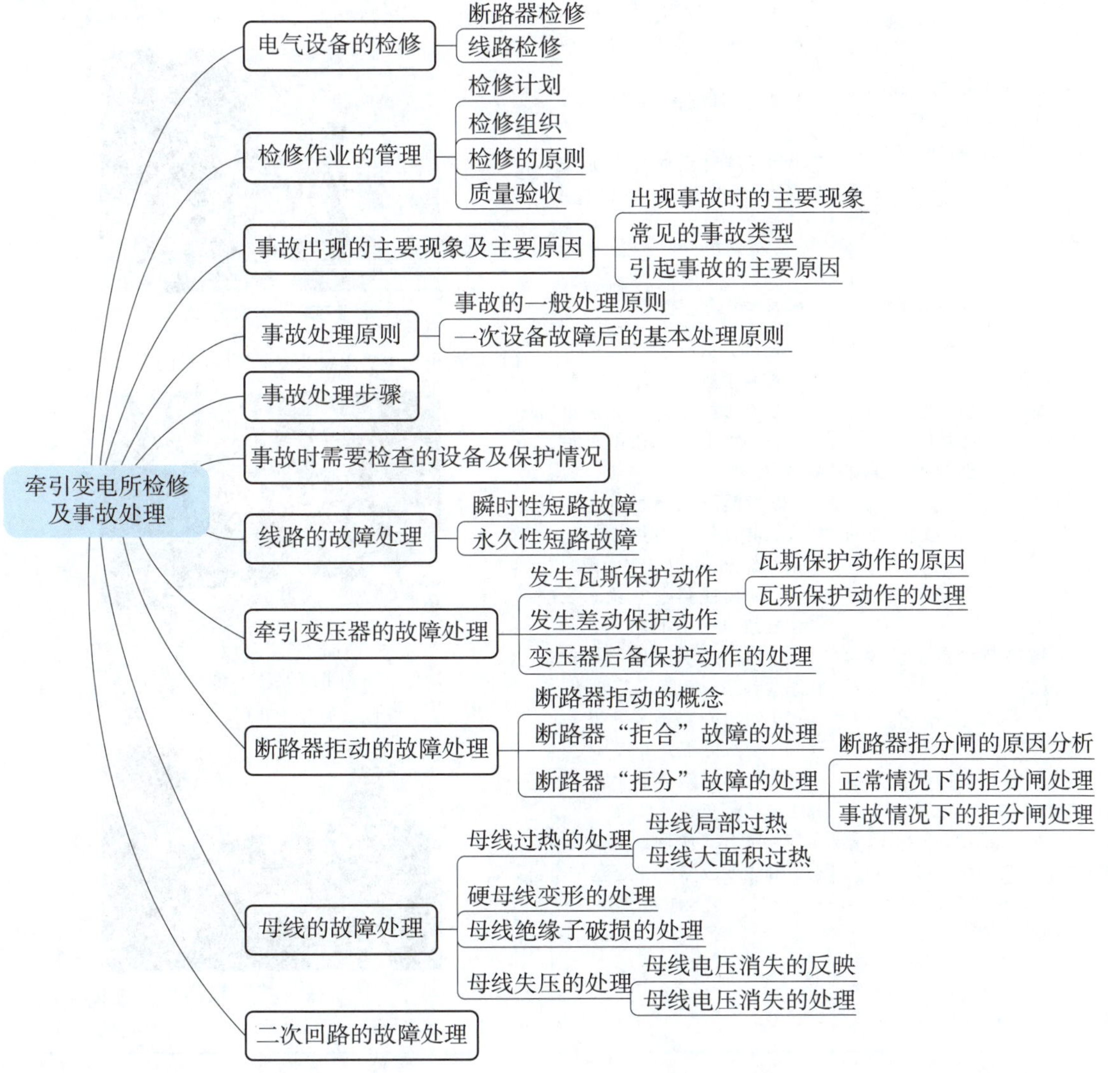

学习任务单

学习任务单见表 17-1。

表 17-1　学习任务单

<table>
<tr><td>● 任务描述</td><td>● 基于工作过程的学习</td><td>● 学习载体</td></tr>
<tr><td>熟悉牵引变电所各电气设备的正常情况和异常状态，学习变电所主要设备出现故障时的事故处理方法和应掌握的专业技能，为实际的变电运行事故处理打下基础</td><td rowspan="3">资讯：根据资讯单中的资讯问题进行任务导入，学生通过预习、查找信息资料，建立总体印象
计划：与小组成员、老师或师傅讨论电气设备异常时和事故处理对牵引变电所工作的影响和及时处理的意义
决策：确定工作步骤，所需工具和达成目标
实施：进行行动化学习，发现问题，共同分析，遇到无法解决的问题时请老师或师傅帮助解决
检查：工具准备、生产文件、安全事项
评价：进行点评和专业交流，给出改进建议</td><td rowspan="5">(1)电气设备检修（见图 17-1）

图 17-1　学习载体 1
(2)检修作业管理（见图 17-2）

图 17-2　学习载体 2
(3)事故出现主要现象及主要原因（见图 17-3）

图 17-3　学习载体 3
(4)事故处理原则和事故处理步骤
(5)各主要电气设备的故障处理（见图 17-4）

图 17-4　学习载体 4</td></tr>
<tr><td>● 知识目标</td></tr>
<tr><td>(1)明确电气设备检修分类和检修作业的管理
(2)明确各种事故出现的主要现象及主要原因
(3)明确事故处理原则和事故处理步骤
(4)明确各种电气设备出现故障时的处理方式，熟悉故障处理时的注意事项
(5)明确各种电气设备出现异常时所涉及的处理步骤、仪表、工具等</td></tr>
<tr><td>● 职业能力与职业素质</td><td>● 行动化学习任务</td></tr>
<tr><td>(1)能熟悉电气设备检修分类和检修作业的管理
(2)能理解事故出现时的主要现象及主要原因
(3)能熟悉事故处理原则和事故处理步骤
(4)掌握线路故障处理方法
(5)掌握牵引变压器故障处理方法
(6)掌握断路器拒动故障处理方法
(7)掌握母线故障处理方法
(8)掌握二次回路故障处理方法
(9)树立高压安全意识，培养遵章守规的行为习惯
(10)培养团队协作精神和爱岗敬业精神</td><td>第一部分：进行电气设备异常处理和事故处理的学习
(1)查阅检修规程有关电气设备异常状态和事故处理的要求
(2)查阅资料熟悉各种电气设备异常状态和事故处理
第二部分：模拟事故处理
(3)列出线路异常状态表和主要故障点并处理
(4)列出牵引变压器异常状态表和主要故障点并处理
(5)列出断路器异常状态表和主要故障点并处理
(6)列出母线异常状态表和主要故障点并处理
(7)列出二次回路异常状态表和主要故障点并处理
(8)总结安全注意事项</td></tr>
</table>

任务资讯

资讯单见表17-2。

表 17-2 资讯单

学习任务 17	牵引变电所检修及事故处理	推荐学时	4
资讯方式	在图书馆、专业杂志、互联网上查询问题；咨询任课教师		
资讯问题	(1)正常情况下对牵引变压器巡视时应关注哪些问题		
	(2)如何观察牵引变压器的油色？正常时应是什么颜色		
	(3) SF_6 断路器压力低如何处理		
	(4)断路器拒绝合闸如何处理？断路器拒绝分闸如何处理		
	(5)正常情况下对断路器巡视时应关注哪些问题		
	(6)正常情况下对隔离开关巡视时应关注哪些问题		
	(7)在操作中误拉、误合隔离开关时怎么办		
	(8)需要经常监察隔离开关的导热部分吗		
	(9)出现事故后,值班人员首先应做什么		
	(10)出现事故后的一般处理原则是什么？处理事故的一般步骤是什么		
	(11)线路事故时,永久性故障和瞬时故障出现的状态一样吗		
	(12)日常值班时,为防止事故的出现,应重点监测哪些仪表		
	(13)变压器出现事故时会出现哪些现象？如何处理		
资讯引导	以上问题可以在本课程的学习信息、《牵引变电所运行检修规程》、“牵引变电所”精品课程网站、专业资料等处查找		

计划决策

计划决策单见表17-3。

表 17-3 计划决策单

小组协作成员(签字)		
组长：	组员1：	组员2：
组员3：	组员4：	组员5：
计划决策		
学习步骤	学习计划	学习策略
第一步		
第二步		
第三步		
请将小组协作成员分工和计划决策内容拍照后,在线发送给授课老师,老师进行指导评价		

【知识延伸】

致敬供电人：他们是刀尖上的"舞者"，安全责任重大，确保牵引供电万无一失；他们是技艺精湛的"工匠"，精益求精，不迷茫于简单重复的工作中，高效实现供电设备"运检修"；他们是牵引变电系统的"专家"，精细研究变压器、断路器、隔离开关、互感器、继电保护、接触网等一次二次设备；他们是恪尽职守的"守法者"，执法如山，遵守每一个规程规定；他们是严格的"细节控"，细查深究，运行、巡视、检修等工作过程中不放过每一个缺陷；他们是供电设备的"医生"，运用"火眼金睛"来辨识安全和故障隐患；他们是名副其实的"蜘蛛侠"，在高处开展作业；他们是真正的"夜行侠"，在万家团圆的时刻，守候在一线；他们是牵引供电的"行家里手"，要实践经验丰富，深度训练，要技术理论扎实，凭借精湛的技术，高效工作，确保万家平安。

他们，是地铁供电设备维护的"责任人"，是地铁线路安全运行的"护航者"——地铁供电人。他们编织了一张张能量"大网"，牵引起无限动力，安全承载全体中国人民的梦想和温馨，送至远方。

知识链接

一、电气设备的检修

电气设备经过长期运行，随着绝缘的老化及有形的磨耗达到一定程度后，性能急剧变坏，这就需要对设备进行检修。

小修：属维持性修理，即对设备进行参数测试、检查、清扫、调整、涂油以及更换或整修磨损较大的零部件，使设备满足安全供电的要求。

中修：属恢复性修理，除进行小修的全部项目外，还需进行部分解体检修，通过检修及更换主要零部件，恢复设备电气和机械性能。

大修：属彻底性修理，即对设备进行全部解体检修，更换不符合标准的零部件，恢复设备原有的性能。必要时，可对设备进行技术改造。

电气设备检修根据工作性质可分为断路器检修和线路检修等。

1. 断路器检修

断路器检修是指设备的断路器与其两侧隔离开关均拉开，断路器的操作熔断器及合闸电源熔断器均已取下，在断路器两侧装设了保护接地线或合上接地隔离开关，并做好安全措施。

2. 线路检修

线路检修是指线路断路器及其两侧隔离开关拉开，并在线路出线端挂好接地线（或合上线路接地隔离开关）。如有线路电压互感器（或变压器），应将其隔离开关拉开或取下高低压熔断器。

二、检修作业的管理

牵引变电所电气设备检修作业的管理，是提高设备检修质量，保证安全运行的重要环节。

1. 检修计划

(1)明确设备检修的依据。

(2)确定计划期内设备检修的类别、时间、劳动量、检修费用预算及停运时间等。

(3)检修计划按年、季度、月编制。

(4)年度检修计划由维修或技术管理部门编制,报请上级主管部门审批后,下达后车间。

(5)季、月检修计划一般由车间根据年度检修计划详细编制,并下达到检修班组及变电所。

2. 检修组织

牵引变电所检修作业的组织分工见表17-4。

表17-4 牵引变电所检修作业的组织分工

检修作业组	检修任务
变压器检修组	检查并修理变压器、互感器、电抗器、电容器、电机等
高压开关检修组	检查并修理断路器(包括断路器本身带有的电流互感器)、负荷开关
继电保护组	检查、试验及修理继电保护及自动装置、远动装置
高压试验组	对所有高压电气设备、绝缘油、接地装置进行绝缘及特性试验
维修组	检查及修理隔离开关,高压母线,控制屏(盘),端子箱,交、直流自用电系统,按地装置,构架,避雷针,回流线及低压电缆等,并负责所有设备的日常保维护工作

3. 检修的原则

(1)计划检修与维护保养并重,以预防为主。

(2)检修组在必须保证检修质量的前提下,尽量缩短设备停运时间。

(3)采用现代化管理手段和方法,实行"三定四化"和"记名检修"。

①"三定"即定设备、定人(或班组)、定检修周期和范围。

定设备:是把电气设备的管理范围按工种划分清楚,明确分界点,以防止漏检漏修。

定人(或班组):是把设备的保管、维护和检修任务落实到人(或班组),做到分工明确,各负其责,从而加强工作责任感,以利于提高质量,减少事故。

定检修周期和范围:是根据不同的设备和修程,确定其检修周期和范围,以实现计划检修。

②"四化"即作业制度化、质量标准化、检修工艺化、检修机械和手段现代化。

作业制度化:是指检修作业和设备操作要按规定程序和安全制度执行。

质量标准化:是按技术要求精检细修,达到统一的质量标准。

检修工艺化:是坚持按工艺要求进行检修,保证质量,提高效率,降低成本。

检修机械和检测手段现代化:是利用现代科学技术及装备进行检修和测试,以适应现代技术不断发展的需要。

③"记名检修"即记录检修者和验收者的姓名。

要求检修者根据设备的技术状态提出检修依据,采取针对性措施,按工艺检修,并做到修前有计划,修中有措施,修后有结语。

4. 质量验收

设备检修后,应进行质量验收工作,以检修范围与质量标准为依据进行,执行"五不验收"的规定:

(1)检修项目和内容不完成不验收。

(2)检修质量达不到标准不验收。

(3)检修记录、试验报告不完备,无签章手续不验收。

(4)检修后场地不净不验收。

(5)设备外观不洁不验收。

三、事故出现的主要现象及主要原因

1. 出现事故时的主要现象(见图17-5)

(1)电气设备运行中出现异常声响或出现放电、爆炸。

(2)报警信号出现保护、自动控制装置动作,遥测、遥信异常变化。

(3)断路器动作跳闸。

(4)电气设备出现变形、碎裂、变色、烧毁、烟火、喷油等异常现象。

(a)

(b)

图17-5 事故现象

2. 常见的事故类型

根据运行经验和事故统计来看,牵引变电所中容易出现以下类型的故障:

(1)变压器等主要电气设备绝缘损坏,引起匝间短路或相间短路。

(2)高压断路器操动机构故障,造成操作失灵,如拒合或拒分等。

(3)绝缘子损坏、破裂或污染引起套管、瓷瓶放电闪络。

(4)继电保护和自动装置误动作或拒绝动作。

(5)雷击、雨雪、覆冰、或动物灾害所造成的事故。

(6)运行人员误操作。容易发生的误操作有:检修结束后未撤除接地线就合闸送电;带负荷分、合隔离开关等。

(7)二次回路的故障。如控制、信号回路的电源故障,动作元件的切换不到位,灯光指示不正确等。

3. 引起事故的主要原因

(1)自然灾害。

(2)设备缺陷。

(3)保护误动。

(4)运行方式不合理。

(5)检修质量不好。

四、事故处理原则

1. 事故的一般处理原则

当变电所发生电气设备事故(故障)时,值班人员应迅速报告电力调度,除按规定进行现场防护外,还应在力所能及的范围内采取措施,防止事故的发展,尽可能消除事故根源,减少事故损失。在危及人身安全或设备安全的紧急情况下,值班人员可先行断开有关的断路器和隔离开关,然后再报告电力调度。事故抢修可不要工作票,但必须有电力调度的命令,并按规定做好安全措施后才可进行。

(1)限制事故的发展,消除事故的根源,解除对人身和设备的威胁。

(2)遵循"先通后复"的原则,尽可能保持正常设备继续运行,以保证对线路的连续供电。

(3)尽量保证所用电源的安全可靠性,所用电停电时,优先恢复所用电。

(4)尽快对已停电的线路恢复供电,优先恢复重要线路的供电。

(5)调整系统的运行方式,使其恢复正常运行。

(6)在危及人身安全或设备安全的紧急情况下,必要时值班人员可以先行断开有关的断路器和隔离开关,然后再报告电力调度。

(7)事故抢修,情况紧急时可以不开工作票,但应向供电调度报告概况,听从供电调度的指挥,在作业前必须按规定做好安全措施,并将作业的时间、地点、内容及批准人的姓名等记入值班日志中。

(8)事故抢修时,变电所所长/运行队长应尽快赶到现场担任事故抢修工作领导人,如运行队长不在,即由当班值班负责人自动担任抢修领导工作。

(9)事故处理后,应将事故发生时间、报警信息、设备动作、处理经过详尽如实地记录下来,并及时组织有关人员分析事故原因,讨论处理措施是否得当,同时制订出预防措施等。

2. 一次设备故障后的基本处理原则

(1)坚持先送电、后故障处理的原则。

(2)坚持先一次设备后二次设备的故障处理原则。

(3)坚持先无备用的设备、后有备用的设备的故障处理原则。

(4)坚持先主要设备、后辅助设备的事故处理原则。

(5)坚持先处理危害大的设备、后处理一般设备的故障处理原则。

(6)坚持先故障设备停电,后进行故障处理的原则。

(7)坚持先查明事故原因,后进行事故处理的原则。

(8)坚持值班人员临时处理,专业人员最终修复和复查的故障处理原则。

简言之:保人身、保设备、保电网、保线路。

五、事故处理步骤

(1)记录事故发生时间、事故现象,将事故简要情况汇报调度,如跳闸时间、天气及设备跳闸情况等。

(2)根据事故现象初步判断事故性质及故障范围。

(3)迅速切除对人身和设备安全有严重威胁的设备。

(4)现场检查保护及自动装置动作情况、故障录波装置测距情况、跳闸设备有无异常及设备故障情况。

(5)查找到故障设备后将其隔离。

(6)将事故检查及故障隔离情况详细地汇报给调度。

(7)根据调度命令恢复无故障设备的运行。

(8)做好故障设备安全措施,等待检修。

(9)完善相关记录,并汇报变电所领导。

六、事故时需要检查的设备及保护情况

(1)检查监控机主界面,如图 17-6 所示。

(2)检查报文信息。

(3)检查细节图中断路器的位置。

(4)检查细节图中遥信量信息。

(5)检查细节图中遥测量信息

(6)检查遥测一览界面信息。

(7)检查保护信息。

(8)检查断路器位置及相关的设备。

图 17-6　检查监控机主界面

七、线路的故障处理

牵引变电所线路故障(见图 17-7)多为牵引网短路,可分为瞬时性故障和永久性故障,其中瞬时性故障出现的概率最大,为线路故障的 70%~80%。线路故障按性质可分为单相接地故障、相间接地故障、相间短路接地故障。线路发生不同类型的故障时,保护和重合闸的动作行为也有所不同。

1. 瞬时性短路故障

断路器事故分闸后,重合闸动作重合成功。信号显示:发出事故音响信号,保护及重合闸装置指示灯亮,自动装置动作光字牌亮。

处理:值班人员首先解除音响信号,复归重合闸动作信号,确认故障馈线及保护动作类型,复归其信号,向电力调度汇报并作好必要的记录。

2. 永久性短路故障

断路器事故分闸后,重合闸不成功。信号显示:发出事故音响信号,断路器绿色位置信号灯闪光,保护及重合闸装置指示灯亮,自动装置动作光字牌亮。

处理:值班人员首先解除音响信号,将事故跳闸断路器的控制开关转向对应的分闸位置,解除闪光信号,复归所有信号及动作装置,向电力调度汇报并作好必要的记录,等待送电命令。在没有电力调度命令前,不准向该馈线送电。

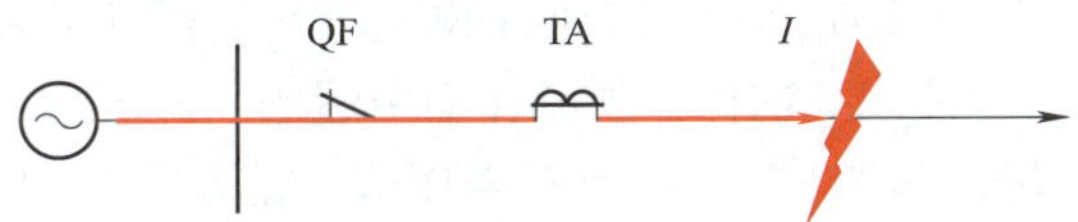

图 17-7 线路故障示意图

八、牵引变压器的故障处理

牵引变压器的正常运行(见图 17-8),是将三相 110 kV 电力降压并转换为单相 27.5 kV 或 55 kV 电力,以供牵引负荷用电。凡因变压器故障无法运行时,均应先投入备用变压器后,再进行故障处理。牵引变压器故障如图 17-9 所示。

图 17-8 牵引变压器正常运行

图 17-9 变压器故障(红外)

1. 发生瓦斯保护动作

瓦斯保护是变压器的主要保护。瓦斯继电器可以监视变压器的内部故障,当变压器内部有轻微故障时,轻瓦斯往往驱动瓦斯继电器动作于信号,发出预告音响和掉光字牌显示。若变压器内部发生严重故障时,产生的重瓦斯将驱动瓦斯继电器动作于跳闸,发出事故音响并切断电源。

(1)瓦斯保护动作的原因

①对变压器进行加油、滤油或冷却系统不密封,致使空气进入变压器油箱。

②变压器内部发生轻微故障时,其变压器油箱内产生少量的气体。

③二次保护回路故障所引起的信号误显示。

④若变压器内部出现短路、着火等严重故障时,强大的气油流将通过瓦斯继电器驱动断路器跳闸,将切断变压器电源及负载。

(2)瓦斯保护动作的处理

值班人员应立即解除音响信号,投入备用变压器后,随即检查下列内容:

①变压器有无异常现象:如油位降低、外壳有漏油等。

②将取气瓶放至瓦斯继电器放气阀外,打开放气节门,取气样进行分析,判断变压器内部的故障性质。

③若轻瓦斯保护动作时,通过对变压器的检查和气体分析,其内部是空气时,说明保护动作是因为油面降低、带电加油、滤油或二次保护误动作而引起的。此时应将瓦斯维电器内的空气通过排气阀排净,变压器可以继续运行,但往往由于变压器内部空气时不能完全排出,还会引发瓦斯继电器动作,若瓦斯保护动作时间逐渐加长最后达到稳定状态,则变压器可以安全运行。

④若重瓦斯保护动作时,经气体分析,判断是变压器内部故障时,应即时向上级汇报,并将变压器退出运行,进行检修。

2. 发生差动保护动作

1 000 kV·A 以上主变均应装有差动保护,差动保护和瓦斯保护均是主保护。在变压器故障时,差动保护和瓦斯保护都能反映出来,因为变压器内部电气故障时,油的流速反映于一次电流的增加,所以有可能两种保护同时动作。

差动保护动作会跳开主变两侧的断路器,差动保护动作后应重点进行下列检查:

(1)使用微机保护的,应先检查主变的接线组别与保护接线是否相符。

(2)检查变压器套管是否完整,连接变压器的母线上是否有闪络放电痕迹。

(3)对变压器差动保护范围内的一次设备进行全面检查,即变压器高压侧电流互感器至低压侧电流互感器之间的所有设备、引线等,以便确认保护范围内有无异常。

(4)检查变压器绕组的对地绝缘是否有接地现象。

3. 变压器后备保护动作的处理

当变压器由于限时电流速断保护动作跳闸时,解除音响,投入备用变压器后,详细检查有无越级动作的可能,检查各路馈线断路器保护装置的动作情况、各信号继电器有无掉牌、各操作机构有无卡死等现象。

查明不是越级跳闸后,则应将低压侧断路器全部断开,检查低压母线与变压器本体有无异常情况。若查不出有明显故障现象时,则将变压器空载情况下试运行,试运行无异常情况则按正常情况处理。

九、断路器拒动的故障处理

1. 断路器拒动的概念

断路器(见图 17-10)的“拒合”和“拒分”称为断路器的“拒动”。断路器拒动是变配电所中常见的故障之一。断路器拒合会引起应该送电的而无法送电,影响设备正常运行;而断路器拒分时其造成的影响可能比拒合大得多,当电气短路要求断路器跳闸,而断路器拒分时,随着拒分断路器台数越多,其影响的设备损坏越多、停电面积越广。

图 17-10 断路器

运行中的断路器拒绝分闸对系统安全运行威胁很大,一旦某一单元发生故障,断路器发生拒动,可能造成上一级断路器越级跳闸,甚至造成系统解列,扩大事故范围,因此拒分闸事故比拒合闸事故有更大的危害。因此,及时处理断路器拒动是变电值班人员必要的技能要求。当发生断路器拒动时值班人员应及时汇报并听从供电调度指挥员指挥,及时处理故障。

2. 断路器"拒合"故障的处理

(1)判断操作的正确性。

用控制开关再重新合闸一次,以判断拒合闸是否因操作不当引起的。

(2)操作电源消失引起拒合闸。

若合闸操作前,绿色指示灯不亮,应检查指示灯泡和灯具是否良好、控制回路是否断开、操作电源是否中断。如果是控制电源空气开关(熔断器)或合闸电源空气开关(熔断器)跳开(熔断),应合上(更换)控制电源空气开关(熔断器)或合闸电源空气开关(熔断器),正常后,对断路器进行合闸;如果是控制或合闸回路其他原因引起,不能查找故障或查到故障后运行人员不能处理的,应通知专业人员处理。

(3)直流母线电压不正常引起拒合闸。

合闸电源电压过低,合闸时电磁机构的铁芯不到位,使挂钩不能挂住;合闸电源电压过高,合闸时电磁机构的铁芯发生强烈冲击,使挂钩不能挂住。此时应调节蓄电池组端电压,使电压达到规定值。

(4)当操作合闸后,红灯不亮,绿灯闪光,且事故喇叭响。

说明操作手柄位置和断路器位置不对应,断路器未合上,可能是合闸接触器未动作,合闸线圈发生故障等原因造成。

(5)当操作断路器合闸后,绿灯熄灭,红灯亮,但瞬间红灯又灭,绿灯闪光,事故喇叭响。说明断路器合上后又自动跳闸,可能是合闸于故障状态而造成保护动作跳闸。

(6)因操作机构卡住而拒合闸。

操作机构不灵活或调整不准确、挂钩脱扣造成合闸后又跳闸;或因振动使跳闸机构脱扣,使断路器合不上闸。将机构处理后再合闸。

(7)合闸时间太短引起拒合闸。

手动操作控制合闸时,控制开关在合闸位置未合到底,或合到底停留时间太短就松手,控制开关自动返回,致使断路器合闸后挂钩未挂住,合闸回路电源就断开而跳闸。正确做法是控制开关在合闸位置应合到底,待红灯亮后再松手,让控制开关返回。

(8) SF_6 压力过低闭锁。

确认 SF_6 气体压力过低后，应通知专业人员处理，在未处理正常前，严禁对断路器进行合闸操作。

(9) 液压压力过低闭锁。

确认液压压力过低后，应通知专业人员处理，在未处理正常前，严禁对断路器进行合闸操作。

(10) 弹簧未储能。

若是储能电源空气开关跳开，应立即合上储能电源空气开关进行储能，若其他原因不能查找但又急需送电的，应断开储能电源开关后进行手动储能，储能正常后即可进行合闸。若弹簧储能系统部件故障不能手动储能，则通知专业人员处理。

(11) 其他不能处理的故障。

应作相应报告上报调度及相关部门，通知相关专业人员处理。

3. 断路器“拒分”故障的处理（见图 17-11）

(1) 断路器拒分闸的原因分析

断路器拒分闸的原因有：分闸电气回路失灵故障和断路器机构故障（机械故障）。

①分闸电气回路失灵故障。

第一种情况是红灯不亮分闸失灵，此时应检查：操作电源（包括电压、电池容量）是否正常；控制回路熔丝是否熔断，接触是否良好；控制断路器的接点是否良好；断路器跳闸回路常开接点是否良好；跳闸线圈是否断路；跳闸回路导线接头有无脱落；小车断路器的控制插件接点是否接通；防误闭锁编码插件接点是否接通等。

第二种情况是红灯亮而分闸失灵，表示跳闸回路完好，应检查：操作电源（包括电压、电池容量）是否正常；控制回路熔丝是否熔断，接触是否良好；控制断路器的接点是否良好。如无问题再检查断路器操动机构是否有问题。

②断路器机构故障（机械故障）。检查铁芯转动是否不良或作用力是否不够大；检查机械传动部分调整是否合理；检查自保持机构调整是否不良等。

(2) 正常情况下的拒分闸处理

正常情况下，断路器的红灯信号亮，表示跳闸回路完好。当操作控制开关分闸时，若断路器拒分闸，且控制电源电压正常，则为操动机构故障。

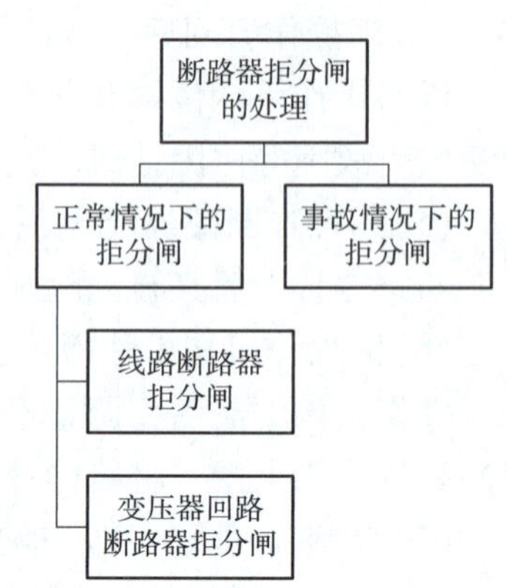

图 17-11 断路器拒分闸的处理

①线路断路器拒分闸的处理。

方式一：快速的处理方式。在该断路器操动机构的液压或气压均正常的情况下，可先断开线路侧断路器，再至现场采用手动方式分闸，然后拉开该断路器两侧的隔离开关，再对操动机构的故障进行查找和处理。

方式二：倒母线的处理方式。先倒空一组母线，让拒分闸的断路器在这组母线上单独运行，然后用母联断路器串接拒分闸的断路器解列，再拉开该断路器两侧的隔离开关，对操动机构的故障进行查找和处理。采用此种处理方法，要经过复杂的倒母线操作，处理时间较长。

②变压器组回路断路器拒分闸的处理。

当变压器组停机解列时，改组的断路器拒分闸，此时，只能倒母线，空出一组母线，由母联断路器串接拒分闸的断路器，再由母联断路器分闸解列，然后拉开该断路器两侧的隔离开关，再对操动机构的故障进行查找和处理。

(3)事故情况下的拒分闸处理

当一次系统(如线路)发生短路故障时，线路断路器拒分闸，但线路对侧的断路器分闸，拒分闸断路器的失灵保护动作，将母联断路器及故障线路所连母线上的其他元件的断路器全部分闸，该母线失压。

处理方法：先找出拒分闸的断路器，然后隔离拒分闸的断路器，恢复无故障系统的正常运行，最后查明断路器拒分闸的原因并进行处理。

十、母线的故障处理

母线起着汇集和分配电能的作用，是变电所最重要的设备之一。母线一旦发生故障，将会造成部分或全所停电。

母线的电压等级完全取决于支持绝缘子的绝缘水平。因此。母线在正常运行时，支持绝缘子和悬式绝缘子应完好无损、无放电痕迹。软母线弧垂应符合要求，相间距离应符合规定，无断股、散股现象，硬母线应平、直，不应弯曲，各种电气距离应满足规程要求。

母线通过额定电流时本身温度不应超过 70 ℃。

1. 母线过热的处理

(1)母线局部过热

母线与隔离开关连接处如接触不良，将会产生母线局部过热。另外，母线接头处如因长期氧化或固定螺栓松动等原因使接触电阻加大，也将引起母线局部过热。

(2)母线大面积过热

当运行中母线负荷超过允许值时，将会造成母线大面积过热，特别是通风不良的户内母线，在过负荷情况下，更易产生大面积过热。对牵引供电过负荷情况一般是短时的，因此应加强观察，加强通风措施。对过热严重时报告供电调度，申请减负荷(减少机车的运行密度)。

2. 硬母线变形的处理

硬母线产生变形有两方面原因：一是由于外力造成机械损伤；二是由于母线通过较大的短路冲击电流所产生电动力的作用。硬母线变形后，原来相与相、相对地间的安全距离将无法保证，可能造成相间短路或接地短路等后果。

因此发现硬母线有变形情况时，一方面应尽快报告供电调度及设备主管部门请求处理，另一方面应尽可能找出变形原因以利于消除缺陷。

3. 母线绝缘子破损的处理

绝缘子一旦破损会造成母线接地或相间短路，严重的可能由于绝缘子击穿放电将母线烧坏、烧断。值班人员对运行中的母线绝缘应加强巡视，当发现有放电、裂痕等异常情况时，应及时申请停电处理。在母线退出运行前，应加强对破损母线绝缘子的监视。

4. 母线失压的处理

母线电压消失将造成大面积停电，是变电所最严重的故障之一。

(1)母线电压消失的反映

变电所母线电压消失(电压互感器二次断线除外),分为27.5 kV母线电压消失、110 kV的1路电源母线电压消失和2路电源母线电压同时消失三种情况。

(2)母线电压消失的处理

在母线失压时,运行人员应根据仪表指示信号掉牌、继电保护和自动装置的动作情况以及电压消失时的外部迹象,来判断母线电压消失的原因和性质。母线失压时,严防出现因母线本身故障没被发现而对故障母线再次加压的现象。

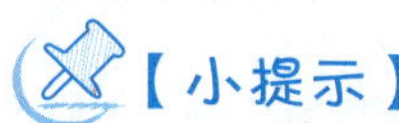

信号掉牌是指信号继电器工作时由于接触不良、线路松动以及电源电压不稳定等原因导致其无法正确执行开关或定时控制功能,出现信号丢失或虚假触发。

27.5 kV母线电压消失,先检查馈线是否有保护动作,明确是否因越级引起跳闸。排除越级因素后,根据保护动作情况进行分析,此类故障一般在高压室的范围内,对高压室母线进行详细检查,找出原因排除后再送电。

110 kV的一路电源母线电压消失,一般属于上级供电故障引起。当另一路电源电压正常时,电源自动投入装置应启动实现备用电源的自动投入运行。如另一路电源自动投入装置未启动,应向供电调度报告,在供电调度许可情况下将投入方式由远动控制改为屏控,进行当地控制操作投入备用电源。

110 kV的两路电源母线电压同时消失,一般也属于上级供电部门的原因引起,值班人员检查所内设备如无异常,报告供电调度,等候上级部门送电后再合闸送电。

十一、二次回路的故障处理

牵引变电所内二次线路较多且接线复杂,因此发生故障的几率和种类也较多。当发生故障时,值班员应保持冷静的头脑,按照信号指示来判断可能属于哪类及哪个回路的故障,并准确、迅速地进行排除。

二次回路常见故障有:回路熔断器熔断造成断线故障;转换接点接触不良造成断路器误动或拒动。二次回路的故障可以引起主要电气设备不正常状态的出现。例如断路器跳闸后不发出事故音响信号。断路器事故跳闸后,断路器的位置指示灯闪光,但无事故音响信号发出,当出现这种现象时,首先按一下事故音响试验按钮,检查中央信号的事故音响装置本身无问题。若试验时音响正常,则说明是断路器事故音响启动回路有问题,检查的原则是先易后难,先查找故障几率高的设备。实践证明,电源熔断器熔断或断路器辅助接点切换不好造成接触不良往往是故障的主要因素。

二次接线遍及全变电所,几乎与所有电气设备均有联系,有时仅从故障的表面现象很难判定故障的原因所在。因此在处理二次回路故障时,应根据信号的指示,逐项、仔细地分析查找,直至找出故障的真实所在为止。二次接线中容易出故障的是熔断器、断路器的辅助接点等切换元件。

实施过程

操作单见表 17-5。

表 17-5 操作单

1. 在现场观察牵引变电所各设备的工作状态，将观察到的情况进行汇总

设备名称	情况汇总
牵引变压器	
断路器	
隔离开关	
电压互感器	
电流互感器	
电容器	
熔断器	
避雷器	
接地装置	

2. 问题解答

(1)在运行中发生了断路器或隔离开关拒绝分、合闸怎么办？

自组织精炼回答：

【知识关联】

断路器拒动的故障处理。

【知识反哺】

检查操作机构是否正常:检查操作杆及各部件是否正常,有无生锈、机械卡死、部件损坏等情况。如果存在异常,需要进行检修处理。

检查电气回路是否故障:需要检查回路中的元件是否正常工作,如断路器、接触器等,若发现故障需要查明原因并采取相应措施。

检查防误闭锁装置是否正常:防误闭锁装置是为了防止误操作而设计的。如果防误闭锁装置出现故障,需要查明原因并采取相应措施,如按闭锁要求的条件检查相应的断路器、隔离开关位置状态,核对无误后解除防误装置闭锁再行操作

(2)变电所出现事故后的一般处理原则是什么?

自组织精炼回答:

【知识关联】

事故处理原则。

【知识反哺】

变电所出现事故后的一般处理原则可以归纳为以下几点:

迅速限制事故的发展:一旦发生事故,应立即采取措施限制事故的发展,以解除对人身和设备的威胁。

保持无故障设备继续运行:应尽一切可能保持无故障设备继续运行,以保证对用户的正常供电。

尽快恢复已停电用户的供电:当事故发生导致用户停电时,应尽快采取措施恢复供电,特别是对重要用户的供电。

调整电力系统的运行方式:应根据实际情况调整电力系统的运行方式,使其恢复正常,并防止事故扩大。

隔离故障设备:应将故障设备隔离,为检修工作做好安全措施,以便缩短抢修时间

(3)牵引变压器在正常情况下运行时的声音是什么?油温是多少?油位是多少?

自组织精炼回答:

【知识关联】

牵引变压器的故障处理。

【知识反哺】

在正常情况下,牵引变压器运行时会发出均匀的“嗡嗡”声。这是由于变压器中的电流流过导线和铁芯时所产生的磁场和震动引起的。这种声音是牵引变压器正常运行时的特征,而不是故障或问题的迹象。

牵引变压器的油温通常应保持在 80 ℃以下,且不能超过 90 ℃。在运行过程中,变压器上层油温不应超过 85 ℃,为保证变压器正常运行和散热,需定期监测变压器油温。

牵引变压器的油位应在正常油位范围内。如果油位异常,可能是变压器出现渗漏油等问题,需要立即采取措施处理

(4)二次回路常见故障是什么?

自组织精炼回答:

【知识关联】

二次回路的故障处理。

【知识反哺】

二次回路常见的故障包括以下几种:

断路故障:电路中某一个回路非自然断开,造成电流不能流通,例如断线或接触不良等。

短路和短接故障:电路中不同电位的两点被导体短接起来,造成电路不能正常工作。

接地故障:电路中的某点非正常接地。

极性故障:直流电路有正极负极,交流电路有同名端、非同名端。极性接反、同名端接错造成电气设备不能正常工作。

连接故障:任何电路都是将各元件按照一定的顺序连接起来的。如果顺序被打乱,或者一些控制元件漏接或多接,都将使电路不能正常工作。

电路参数配合故障:由电路中各种元件参数的相互协调和配合不当造成。

此外,二次回路也经常发生异常状况,如直流回路接地或绝缘降低、断路器控制回路异常、交流电压二次回路断线、电流互感器极性出错、变压器本体二次回路异常、高频保护通道异常等

检查评价

在线测试单见表 17-6。

表 17-6 在线测试单

第一步	第二步	第三步
登录学习通 App	在学习通 App 中 找到考试图标并单击	输入考试码:t7595763 开始在线测试

你的得分:________ 评价等级:________(优秀/合格/不合格)

任务小结

本任务讨论了断路器检修和线路检修的方法,讨论了电气设备的检修计划、组织和原则,明确了“三定”“四化”和“记名检修”含义,并进行质量验收标准的学习。此外,介绍了事故处理的一般原则和设备故障后的基本处理原则及事故处理步骤,还有事故时需要检查的设备和保护情况。最后,详细介绍了牵引变压器、断路器、母线和二次回路的故障处理方法。及时有效地做好牵引变电所检修及事故处理,能保障供电系统的安全稳定运行,保护人员生命财产安全,提高工作效率和运维质量。

参 考 文 献

[1] 何发武. 高电压设备测试[M]. 北京:中国铁道出版社有限公司,2020.
[2] 方彦. 基于工作过程的牵引变电所运营与维护教程[M]. 2 版. 成都:西南交通大学出版社,2017.
[3] 中华人民共和国国家质量监督检验检疫总局,中国国家标准化管理委员会. 电力安全工作规程(发电厂和变电站电气部分):GB 26860—2011[S]. 2011.
[4] 中华人民共和国铁道部. 牵引变电所安全工作规程　牵引变电所运行检修规程[S]. 北京:中国铁道出版社,2000.
[5] 国家铁路局. 铁路电力牵引供电设计规范:TB 10009—2016[S]. 北京:中国铁道出版社,2016.
[6] 徐亚辉. 城市轨道交通供变电技术[M]. 2 版. 北京:机械工业出版社,2020.
[7] 李学武. 城市轨道交通供变电技术[M]. 成都:西南交通大学出版社,2016.
[8] 回文明. 城市轨道交通供电技术[M]. 青岛:中国石油大学出版社,2015.
[9] 张莹,陶艳. 城市轨道交通供电技术[M]. 北京:人民交通出版社,2010.
[10] 林永顺. 牵引变电所[M]. 北京:中国铁道出版社,2002.
[11] 宋奇吼,李学武. 城市轨道交通供电[M]. 3 版. 北京:中国铁道出版社,2012.
[12] 铁道部劳动和卫生司,铁道部运输局. 高速铁路变配电设备检修岗位[M]. 北京:中国铁道出版社,2012.
[13] 国家电网公司. 输变电设备状态检修试验规程:Q/GDW 1168—2013[S]. 北京:中国电力出版社,2014.
[14] 马玲. 牵引供电规程与规则[M]. 北京:中国铁道出版社,2008.
[15] 王亚妮. 变电所综合自动化技术[M]. 北京:中国铁道出版社,2008.
[16] 韩笑. 电力系统继电保护[M]. 2 版. 北京:机械工业出版社,2015.
[17] 李小雄. 供配电系统运行与维护[M]. 2 版. 北京:化学工业出版社,2018.